Kohlhammer

Die Autoren

Dr. André Jacob ist Diplompsychologe und Psychologischer Psychotherapeut, leitet aktuell eine Erziehungs- und Familienberatungsstelle in Berlin und ist nebenberuflich auch als familienrechtspsychologischer Gutachter tätig.

Er publiziert und lehrt auf dem Gebiet der Psychotherapie sowie der Entwicklungs- und Familienpsychologie unter anderem an der Psychologischen Hochschule Berlin.

Er interessiert sich ferner für die Entwicklung der frühen Kindheit und veröffentlichte im Jahr 2014/2016 hierzu auch ein Arbeitsbuch zur videogestützten Interaktionsbeobachtung von Eltern und Kind.

Im Themenfeld der Hochbegabung war der Autor ebenfalls für einige Jahre tätig, entwickelte hierfür Fortbildungsreihen und veröffentlichte 2016 ein Fachbuch zur Beratung von Familien mit hochbegabten Kindern.

Rainer Zeddies ist Diplompsychologe und Psychologischer Psychotherapeut, arbeitete langjährig als Leiter einer Erziehungs- und Familienberatungsstelle in Berlin und leitet seit mehreren Jahren ein Berliner Jugendamt. Er lehrte unter anderem an der Psychologischen Hochschule Berlin im Fachgebiet der Hilfen zur Erziehung.

Er beschäftigt sich intensiv mit den Übergängen und Verknüpfungen zwischen verschiedenen institutionellen Systemen und versteht sich in Publikation und Lehre sowie im beruflichen Alltagshandeln als Brückenbauer zwischen den Systemen im Interesse verbesserter Angebote für Kinder, Jugendliche und Familien.

André Jacob
Rainer Zeddies

Elterliche Erziehung

Verstehen – Beschreiben – Unterstützen

Ein Arbeitsbuch

Verlag W. Kohlhammer

Dieses Werk einschließlich aller seiner Teile ist urheberrechtlich geschützt. Jede Verwendung außerhalb der engen Grenzen des Urheberrechts ist ohne Zustimmung des Verlags unzulässig und strafbar. Das gilt insbesondere für Vervielfältigungen, Übersetzungen, Mikroverfilmungen und für die Einspeicherung und Verarbeitung in elektronischen Systemen.

Pharmakologische Daten, d. h. u. a. Angaben von Medikamenten, ihren Dosierungen und Applikationen, verändern sich fortlaufend durch klinische Erfahrung, pharmakologische Forschung und Änderung von Produktionsverfahren. Verlag und Autor haben große Sorgfalt darauf gelegt, dass alle in diesem Buch gemachten Angaben dem derzeitigen Wissensstand entsprechen. Da jedoch die Medizin als Wissenschaft ständig im Fluss ist, da menschliche Irrtümer und Druckfehler nie völlig auszuschließen sind, können Verlag und Autor hierfür jedoch keine Gewähr und Haftung übernehmen. Jeder Benutzer ist daher dringend angehalten, die gemachten Angaben, insbesondere in Hinsicht auf Arzneimittelnamen, enthaltene Wirkstoffe, spezifische Anwendungsbereiche und Dosierungen anhand des Medikamentenbeipackzettels und der entsprechenden Fachinformationen zu überprüfen und in eigener Verantwortung im Bereich der Patientenversorgung zu handeln. Aufgrund der Auswahl häufig angewendeter Arzneimittel besteht kein Anspruch auf Vollständigkeit.

Die Wiedergabe von Warenbezeichnungen, Handelsnamen und sonstigen Kennzeichen in diesem Buch berechtigt nicht zu der Annahme, dass diese von jedermann frei benutzt werden dürfen. Vielmehr kann es sich auch dann um eingetragene Warenzeichen oder sonstige geschützte Kennzeichen handeln, wenn sie nicht eigens als solche gekennzeichnet sind.

Es konnten nicht alle Rechtsinhaber von Abbildungen ermittelt werden. Sollte dem Verlag gegenüber der Nachweis der Rechtsinhaberschaft geführt werden, wird das branchenübliche Honorar nachträglich gezahlt.

Dieses Werk enthält Hinweise/Links zu externen Websites Dritter, auf deren Inhalt der Verlag keinen Einfluss hat und die der Haftung der jeweiligen Seitenanbieter oder -betreiber unterliegen. Zum Zeitpunkt der Verlinkung wurden die externen Websites auf mögliche Rechtsverstöße überprüft und dabei keine Rechtsverletzung festgestellt. Ohne konkrete Hinweise auf eine solche Rechtsverletzung ist eine permanente inhaltliche Kontrolle der verlinkten Seiten nicht zumutbar. Sollten jedoch Rechtsverletzungen bekannt werden, werden die betroffenen externen Links soweit möglich unverzüglich entfernt.

1. Auflage 2020

Alle Rechte vorbehalten
© W. Kohlhammer GmbH, Stuttgart
Gesamtherstellung: W. Kohlhammer GmbH, Stuttgart

Grafik (Abb. 6.1, Abb. 6.2): Lydia Salzer

Print:
ISBN 978-3-17-033780-0

E-Book-Formate:
pdf: ISBN 978-3-17-033781-7
epub: ISBN 978-3-17-033782-4
mobi: ISBN 978-3-17-033783-1

Inhalt

Einführung		8
1	**Riskante Erziehung und ihre Folgen**	**15**
2	**Modelle und Theorien der elterlichen Erziehung**	**30**
2.1	Hinführung	30
2.2	Unidirektionale elternorientierte Konzeptualisierungen des Erziehungsstils und verwandte Ansätze	31
2.3	Dyadisch-interaktionelle (entwicklungspsychologische) Konzeptualisierungen	35
	2.3.1 Pragmatische implizite entwicklungspsychologische Konzepte	36
	2.3.2 Explizite entwicklungspsychologische Konzepte	37
2.4	Systemische und Integrative Konzepte der elterlichen Erziehung	50
2.5	Zusammenfassung und Einschätzung	53
3	**Die Bedingungen der elterlichen Erziehung**	**60**
3.1	Einführung	60
3.2	Familie und familiäre Beziehungen	64
3.3	Eltern: erziehungsrelevante Personmerkmale	78
3.4	Das Kind	88
3.5	Familiäre Lebenslage	96
3.6	Zusammenfassung und Überblick	105
4	**Diagnostik der elterlichen Erziehung**	**106**
4.1	Diagnostik von Erziehungsstilen und Erziehungsfaktoren	106
4.2	Diagnostik der elterlichen Erziehung, der keine Erziehungsstile zugrunde liegen	109
4.3	Bewertung der elterlichen Erziehung anhand von Skalen aus verschiedenen Klassifikationssystemen	113
4.4	Orientierungshilfe	120
5	**Diagnostik von Bedingungen der elterlichen Erziehung**	**122**
5.1	Diagnostik familiärer Einflüsse	122
5.2	Diagnostik der elterlichen Erziehungspersönlichkeit	131
5.3	Diagnostik bedeutsamer Entwicklungsbereiche des Kindes	135

	5.4	Diagnostik der familiären Lebenslage	144
6		**Beispielpfad zur Befunderstellung zur elterlichen Erziehung und deren Bedingungen**	**151**
		Fokus I: Facetten der elterlichen Erziehung	151
		Fokus II: Bedingungen der elterlichen Erziehung	153
7		**Exkurs: elterliche Erziehung und Kindeswohl**	**156**
8		**Interventionsformen der Jugendhilfe zur Unterstützung elterlicher Erziehung**	**162**
	8.1	System und rechtliche Grundlagen	162
		8.1.1 Kindeswohl und Hilfen zur Erziehung	164
		8.1.2 Verfahren der Hilfeentscheidung, -planung und -steuerung	165
	8.2	Wirksamkeit und differenzielle Indikation	167
		8.2.1 Hilfeentscheidung zwischen empirisch begründeter Expertise und partizipativer Aushandlung	169
	8.3	Präventive Interventionen	171
		8.3.1 Kindertagesbetreuung	171
		8.3.2 Erziehungsberatung	172
		8.3.3 Frühe Hilfen	174
		8.3.4 Angebote der Familienförderung	175
		8.3.5 Schulsozialarbeit	176
	8.4	Ambulante und teilstationäre Hilfen zur Erziehung	177
		8.4.1 Sozialpädagogische Familienhilfe	178
		8.4.2 Erziehungsbeistand, Betreuungshelfer	180
		8.4.3 Soziale Gruppenarbeit	181
		8.4.4 Intensive Sozialpädagogische Einzelbetreuung	183
		8.4.5 Exkurs: psychotherapeutische Hilfen zur Erziehung	184
		8.4.6 Erziehung in der Tagesgruppe	185
	8.5	Stationäre Hilfen zur Erziehung	186
		8.5.1 Vollzeitpflege	186
		8.5.2 Heimerziehung	188
		8.5.3 Besondere Konstellationen stationärer Jugendhilfe	192
	8.6	Angebotsformen der Jugendhilfe außerhalb der Hilfen zur Erziehung	196
		8.6.1 Gemeinsame Unterbringung von Mutter bzw. Vater und Kind	196
		8.6.2 Hilfe in Notsituationen	197
		8.6.3 Eingliederungshilfen für seelisch behinderte Kinder und Jugendliche	197
		8.6.4 Angebote und Auflagen für delinquente Jugendliche im Rahmen des JGG	200
	8.7	Zusammenfassende Überlegungen für die Indikationsstellung	200

Literatur 203

Verzeichnis der elektronischen Zusatzmaterialien 223

Stichwortverzeichnis 225

> **Elektronische Zusatzmaterialien:**
>
> Zum Buch gibt es zahlreiche Materialien, die kostenfrei im Internet heruntergeladen werden können. Weitere Informationen hierzu finden Sie am Ende des Buches (▶ Verzeichnis der elektronischen Zusatzmaterialien).

Einführung

Vertieft man sich in die Literatur zur elterlichen Erziehung, überrascht es, dass es so gut wie keine handlungsleitenden Definitionen der elterlichen Erziehung zu geben scheint. Zwar kann man zwischen dutzenden Begriffsbestimmungen zur »Erziehung« wählen (vgl. im Überblick Brezinka, 1999), doch die Spezifik der elterlichen Erziehung fällt in den meisten Schriften unter den Tisch. Und die Autoren fragen sich, weshalb die Bestimmung der ursprünglichsten Form des Erziehens, nämlich die durch die Eltern erfolgende, trotz aller Präsenz in den Alltagsmedien, in der pädagogischen und in der psychologischen Wissenschaft so wenig spezifische Konzeptualisierungen erfahren hat.

Denn es findet sich eine in den letzten Jahren in Quantität und auch in Bezug auf konzeptuelle Hintergründe geradezu überbordende Literatur, die das Ziel verkündet, Eltern über Erziehung zu informieren oder auch zu trainieren. Selten jedoch wird bei diesen – auch neue Medien umfassenden – Publikationen klar, welchen Konzepten sie folgt und welche Evidenz die darin behaupteten Meinungen überhaupt besitzen. So bieten – um ein Beispiel zu nennen – Fritz Jansen und Uta Streit (2010) in ihrem gut verkauften Ratgeber »Erfolgreich erziehen« zwar zahlreiche anregende und lesenswerte Erziehungshinweise, jedoch sucht man im Buch vergeblich den theoretischen und konzeptionellen Hintergrund, der den Analysen und Tipps die erforderliche Plausibilität und Konsistenz verschafft hätte. Zudem wird nur willkürlich und nicht systematisch auf entsprechende empirische Belege verwiesen.

Wir wollen – um es schon einmal vorwegzunehmen – die ganz eigene Qualität der elterlichen gegenüber der institutionellen Erziehung herausarbeiten und zugleich darstellen, wie sich die praktisch tätige Psychologin[1] zunächst konzeptionell orientieren kann, um sodann mit Hilfe von anwendungsbezogenen Anregungen eine Untersuchung der elterlichen Erziehung und ihrer Bedingungen planen zu können. Schließlich mündet dieses Buch in die Darstellung der wichtigsten Hilfen zur Erziehung, die institutionell entwickelt und angeboten werden.

Doch zunächst möchten wir all denjenigen danken, ohne deren Unterstützung dieses Buch nicht zustande gekommen wäre:

Frau Grupp und Frau Reutter, die Lektorinnen des Kohlhammer-Verlags, begleiteten uns wertschätzend, kundig und sorgfältig durch die Tiefen und Untiefen der Entstehung eines solchen Buches. Dr. Ursula Geißler bearbeitete mit Wohlwollen und mit kritischem und zugleich sehr anregendem Geist den Text. David Riha

---

[1] Wir verwenden die maskulinen und femininen Bezeichnungen zufällig und gemischt und wollen damit jeweils Personen unabhängig von ihrem Geschlecht gleichermaßen ansprechen.

und Alexa Schiel unterstützten die Erarbeitung des Elterninterviews Triple E und steuerten wesentliche Impulse und Fakten zur Vertiefung bei. Victoria Zeddies redigierte die Literatur und das Sachwortverzeichnis mit großer Akribie. Lydia Salzer gestaltete Abbildungen so, dass sie leserfreundlich wurden. Karl Wahlen und Anne Huber spendeten nicht nur Ermunterung, sondern auch wichtige inhaltliche Anregungen. Dieses Buch beinhaltet wesentliche Ergebnisse von Lehrveranstaltungen, die wir an der Psychologischen Hochschule Berlin sowie der Deutschen Psychologen Akademie gegeben haben. Wir danken dem Geschäftsführer Herrn Dr. Günter Koch, Frau Prof. Dr. Renate Volbert und Frau Dr. Ina Hinz für die Möglichkeit und das Vertrauen für diese Lehrveranstaltungen und wir danken den Studierenden für anregende Rückfragen und Debatten. Und schließlich gilt unser Dank den zahlreichen Kolleginnen und Kollegen, deren Expertise in unsere eigene praktische Arbeit seit langen Jahren einfloss, ohne dass sie vermutlich ahnten, was dies bewirkte.

Erziehung: Begriffsbestimmung

Es scheint inzwischen Übereinstimmung darin zu bestehen, Erziehung als *Handeln* zu konzipieren (Brezinka, 1999; Fritze, 1996), welches dann – und dies verlangt die Handlungstheorie (vgl. im Überblick z. B. Hacker, 1999; Kleiber, 1999) – zielorientiert erfolgt. Zieldefinitionen zum erzieherischen Handeln sind sowohl sozioökonomisch als auch soziokulturell bestimmt. Als Bestimmungsdimensionen dieser Zielorientierungen erweisen sich »Autonomie« und »Bezogenheit«, worauf wir weiter unten noch zu sprechen kommen. Diese beiden Dimensionen ermöglichen es, erzieherisches Handeln als gerichtetes interaktives, Informationen austauschendes Handeln zu charakterisieren. Erziehung ist also – zunächst sehr allgemein definiert – interaktives und kommunikatives Handeln, das sich auf die Herausbildung einer autonomen und/oder bezogenen Person orientiert.

In unserem Verständnis lenken wir den Blick auf die *personale Perspektive* der Erziehung. Wurzeln des personalistischen Denkens in der Pädagogik bilden Schleiermacher, Rosmini, Bergson u. a. Im Jahr 1936 verfasste Emmanuel Mournier das »Personalistische Manifest«, das sich einerseits und davon stark motiviert gegen die personfeindliche Ideologien der damaligen Zeit wandte und andererseits konstruktiv betont: »Der Mensch als Person hat einen freien Willen und ist Meister seiner selbst« (Wojtila zit. nach Böhm, 2004, S. 123). »Die Erziehung geht davon aus, dass der Mensch primär ein Handelnder ist, der sich selbst als verantwortlicher Urheber seiner Handlungen entwerfen und erfahren kann; zweitens versteht sich die menschliche Aktion nur als Interaktion ... es gibt keine menschliche Handlung, die sich nicht auf ethische Maßstäbe beriefe; ... Personsein ist niemals absolut, sondern immer nur annäherungsweise zu verwirklichen. Das macht die Grenzen von Erziehung aus« (Böhm, 2004, S. 123). Weigand (2004) fokussiert auf verschiedene Aspekte der Personorientierung. Dies ist erstens der Aspekt der *Autorschaft*: Der Mensch schreibt seine eigene Lebensgeschichte selbst und trägt die Verantwortung hierfür sein gesamtes Leben über bzw. erwirbt in Kindheit und Jugend die Fähigkeiten, diese Verantwortung zunehmend autonom zu übernehmen. Die Person ist zweitens »*Prozess*«. Sie ist nicht geronnene Eigenschaft oder Eigenschaftscluster, sondern in der »grundlegenden

Spannung zwischen Sein und Werden, zwischen Sein und Sollen, zwischen Potenz und Akt« (Weigand 2004, S. 86). Personsein bedeutet drittens auch die grundsätzliche Fähigkeit zur *Reflexion* und *Selbstreflexion* des Menschen. Die Erkennung des anderen und seiner selbst schließlich verweist viertens auch auf den »*relationalen Aspekt*« des Person-Begriffes. Gemeint ist hier das dialektische Verständnis von der Person als eines zugleich selbstständigen wie auch beziehungsangewiesenen Menschen (Schmidt, 2002): »Erst durch die Beziehung zu anderen Personen entfaltet und verwirklicht der Mensch sein Person-Sein: Er wird Persönlichkeit« (ebd., S. 234).

Die Person wie auch ihre Gegenüber entfalten ihre Subjektivität, indem sie sich nicht nur aktiv handelnd (und kommunizierend) aufeinander beziehen, sondern auch indem sie dies miteinander reflektieren. Gleichzeitig fordert und befördert dieses Wechselspiel auch die Entwicklung und die Bereitschaft zur Übernahme von Verantwortung für andere und für sich selbst.

Erziehung bedeutet demzufolge die Förderung dieser mehrfachen personalen Erfahrung beim Heranwachsenden mit den Zielen erstens, die Gesamtheit dieser Erfahrungen zu ermöglichen, und zweitens, Erfahrungen zu initiieren, die das Kind sich als Subjekt (also eigenaktiv und reflexiv) verstehen lassen.

Wir schließen uns einem so verstanden *personorientierten* Erziehungsbegriff an, denn er steht ebenso im Kontrast zu einem individualistisch-privatistischem wie zu einem kollektivistischen Menschenbild (Schmidt, 2002, S. 234).

Weiterhin fragten wir uns, wie es gekommen sein mag, dass Erziehung im Wesentlichen als ein Handeln von Professionellen definiert wird, dass Eltern als Erziehende praktisch keine Rolle zu spielen scheinen und wenn, dann – wie bei Alice Miller – eher als das Kind deformierende Bezugspersonen? Wir können diese Frage bisher nicht beantworten, allerdings öffnet die Suche nach Antworten den Blick zur bis zum heutigen Tag reichenden Ambivalenz erziehender Institutionen und Erziehung organisierender Institutionen wie der Jugendhilfe auf die Rolle der Eltern. Es sprengt sicherlich den Rahmen dieses Buches, eine Analyse des Verhältnisses z. B. der Jugendhilfe zur Rolle von Eltern vorzunehmen. Aber es ist unser Eindruck, dass sich Vertreter der professionellen Jugendhilfe bis heute damit schwertun, ein klares Verständnis dessen, was Elternschaft bedeutet, was eingreifende Jugendhilfe und was unterstützende Jugendhilfe leistet, zu definieren. Vermutlich hat dies eine Wurzel in der bisher nicht beachteten Dimension von emotionaler, liebevoller und vor allem lebenslang angelegter Verbundenheit zwischen Eltern und ihren Kindern, die selbstverständlich Erziehungshandeln anders determiniert und beeinflusst als sogenannte professionelle Erziehung (Wahlen, 2013).

Wir kehren nun zum Anfang zurück und wollen bei der Entwicklung einer Arbeitsdefinition von Erziehung eine Anleihe nehmen bei Schleiermacher, einem Pädagogen und Theologen, der von 1768 bis 1834 lebte[2] und der in der Tradition des

---

2 Schleiermacher ist der humanistischen Bildungstradition zuzurechnen. Im Zentrum dieses Bildungsdenkens steht der Mensch mit seinen eigenen Entwicklungs- und Entfaltungspotenzialen. »Bildung«, auch »Erziehung« gehen nicht in »Wissenserwerb« auf, vielmehr geht es zunächst um die »Entwicklung der Kräfte«, mit denen dann auch »Tätigkeiten und Fertigkeiten eingeübt und Kenntnisse erlangt werden«.

humanistischen personorientierten Denkens über Erziehung anzusiedeln ist. Seiner Vorlesung aus dem Jahr 1826 entnehmen wir die folgende Definition:

> »Erziehung ist die Einleitung und Fortführung des Entwicklungsprozesses des Einzelnen durch äußere Einwirkung« (Schleiermacher, 1959, S. 261).

Bereits zu dieser Zeit gesteht Schleiermacher dem einzelnen Kind zu, sich zu entwickeln. Der Andere (äußere) initiiert oder setzt diesen Prozess fort. »Entwicklung« ist bei Schleiermacher immer auf das Individuelle bezogen. Er ist ein Gegner der Vorstellung, man könne »aus jedem Menschen alles machen«. Das nämlich würde die »Allmacht der Erziehung« voraussetzen – für ihn eine abwegige Vorstellung. Neben dem Blick auf die Individualität der Zöglinge soll die Förderung der Selbsttätigkeit das pädagogische Handeln bestimmen. In unserer Lesart begegnen sich hier zwei Subjekte: das äußere, welches einwirkt, und das Kind als sich entwickelndes Subjekt. Ausgangspunkt und Zielrichtung ist der Entwicklungsprozess des Einzelnen. Damit wird Erziehung nicht zur totalen Einwirkung auf eine Tabula rasa, aber sie ist zugleich auch richtungsgebunden (Schleiermacher, 1959; Fritze, 1996).

Wir sollten ferner darauf achten, elterliche Erziehung als eine *besondere* Form des Erziehens zu verstehen. Das Besondere nun besteht in unserem Verständnis in der *starken emotionalen Verbindung zwischen Eltern und Kind*. Die liebevolle Gründung der elterlichen Erziehung ist nicht nur die Basis elterlichen Erziehungshandelns, sondern gibt auch die je spezifische Einfärbung der elterlichen Erziehungshandlungen. Gerade das Fehlen professioneller Distanz macht elterliche Erziehung so besonders. Wenn wir also Schleiermachers Definition aufnehmen und auf die elterliche Erziehung zuspitzen, kommen wir zu einem Arbeitsbegriff:

Elterliche Erziehung ist die Einleitung und Fortführung des Entwicklungsprozesses des Kindes durch die von tiefen Gefühlen begründete und gekennzeichnete Einwirkung auf das Kind durch seine Eltern.

Wir betten diese Definition nun in das Konzept der auf zentralen Ideen der kritischen Psychologie nach Holzkamp (1985) fußenden »individuellen Handlungsfähigkeit«. Dieses Konzept beschreibt die Möglichkeit des Menschen, *unter* den bestehenden Bedingungen zu handeln oder die Verfügung über die Bedingungen des Handelns zu erweitern (S. 241). Handlungsfähigkeit im konkreten Sinne begründet sich aus explizitem und implizitem Wissen sowie Fertigkeiten in Bezug auf Inhalte, Methoden und soziale Kommunikation (Staudt et al., 2002). Während Ansätze rund um den Begriff der »Kompetenz« in der Regel die konkreten sozialen Bedingungen, unter denen die Ausbildung von Handlungsfertigkeiten sowie das Handeln möglich werden, ausblenden, sind genau diese konkreten handlungsfördernden oder -beschränkenden Bedingungen im Ansatz der »individuellen Handlungsfähigkeit« konzipiert. Möchte man nun die elterliche Erziehung untersuchen, so ist es – dem Konzept der »individuellen Handlungsfähigkeit« folgend – erforderlich, erstens die je individuellen Potenzen des Erziehenden, zweitens sein konkretes erziehendes Handeln und schließlich drittens die diese beeinflussenden Bedingungen zu verstehen. Und unter dieser Sichtweise wird nun nachvollziehbar, dass wir »elterliche Erziehung« als »individuelles Erziehungspotenzial plus konkretes erzieherisches Handeln im je spezifischen Kontext« konzipieren.

Dies alles integrierend kommen wir – eine Definition von Brezinka (1999) aufnehmend – zu folgender für dieses Buch gültigen Definition:

> Der Begriff der auf die Person des Kindes orientierten elterlichen Erziehung bezeichnet speziell solche zumeist von tiefen Gefühlen getragenen, aus individuellem Wissen, Erleben und Können sich organisierenden sowie von konkreten Bedingungen beeinflussten elterlichen Handlungen, die darauf ausgerichtet sind, die psychischen Dispositionen und die psychische Entwicklung ihrer Kinder dauerhaft zu fördern. Diese Förderung orientiert sich an der kindlichen Sammlung von Erfahrungen als autonomes und zugleich verbundenes Wesen.

Eine letzte Bemerkung. Nach der Befassung mit den in diesem Buch versammelten Ideen, Ansätzen und Bewertungen könnte man leicht den Verdacht hegen, die Autoren wären der Meinung, dass elterliche Erziehung, wenn nicht der einzige, dann aber zumindest der wichtigste Faktor bei der Entwicklung des Kindes sei. Also ganz im Kant'schen Sinne: Der Mensch sei nichts, als was die Erziehung aus ihm mache. Doch dem ist nicht so. Zweifelsohne belegen inzwischen viele Studien übereinstimmend, dass elterliche Erziehung wirkt[3]. Allerdings müssen drei Einschränkungen zur Konzipierung und zur Methodik der dieser Aussage zugrundeliegenden Studien angemerkt werden. Erstens wird immer wieder erkennbar, dass Erziehung einen *moderierenden* (mittelbaren) und keinen kausalen Einfluss auf die Entwicklung des Kindes ausübt, dass also der Anteil aufgeklärter Varianz oder die Korrelationsstärke relativ mäßig ausgeprägt sind. Zweitens wurden sehr unterschiedliche Erziehungshandlungen und Handlungsmuster (wie bspw. Sensitivität, Gewalt, Kontrolle, Wärme u. a.) unter dem Konstrukt der »elterlichen Erziehung« untersucht, mit dem Ziel dysfunktionale oder gelingende Praktiken und Einstellungen aufzuweisen. Mithin ist deren Verallgemeinerbarkeit auf die gesamte elterliche Erziehung doch erheblich eingeschränkt. Und drittens schließlich muss angemerkt werden, dass die gemessene Wirkung selbst höchst unterschiedlich definiert worden ist. So existieren relativ viele Untersuchungen zur Wirkung von Erziehung (und anderer Bedingungen) auf die Entwicklung der Intelligenz und der kognitiven Leistungsfähigkeit des Kindes. Geforscht wurde auch zum Zusammenhang von elterlicher Erziehung und der Herausbildung sozial-emotionaler Kompetenz, emotionaler Regulationsfähigkeit, Mentalisierung oder der Entstehung von psychischen und Verhaltensauffälligkeiten. Vergleichsweise selten forschte man dagegen im Längsschnitt zum Einfluss der elterlichen Erziehung auf die spätere Lebensbewährung des Kindes, auf dessen Fähigkeit zur Liebesfähigkeit oder in Bezug auf dessen eigene Erziehungsfähigkeit. Deshalb also ist es angebracht, einerseits die elterliche Erziehung in ihren vielen Facetten als bedeutsamen Einflussfaktor für die kindliche Entwicklung zu konzipieren, zu untersuchen und auch zu unterstützen, wenn sie für die kindliche Entwicklung droht zu entgleisen. Andererseits sollte sie aber keinesfalls in ihrer Be-

---

3 In den weiteren Kapiteln geben wir dafür zahlreiche studienbasierte Belege, verzichten an dieser Stelle aber um der besseren Lesbarkeit willen darauf.

deutung überhöht werden und damit den Blick auf viele weitere Einflüsse der kindlichen Entwicklung verstellen.

Zu diesem Buch

Der Aufbau dieses Arbeitsbuches orientiert sich an dem von uns favorisierten bifokalen Verständnis von elterlicher Erziehung. Was ist darunter zu verstehen? Wir konzipieren, in Weiterführung des Modells von Jay Belsky (1984), elterliche Erziehung um zwei Brennpunkte herum. Zum einen soll elterliche Erziehung verstanden und beschrieben werden als ein Muster verschiedener auf das Kind bezogener, bedürfnisorientierter und affektiv grundierter Erziehungshandlungen. Und zum anderen werden diese elterlichen Erziehungshandlungen determiniert durch ein Bündel verschiedener sozialer, ökonomischer, ökologischer und individueller Bedingungen.

So werden dann auch – nachdem eine Reihe empirischer Belege für die Wirkung ungünstiger Erziehung zusammengestellt worden ist – im Kapitel 2 zunächst Ansätze und Modelle vorgestellt, die elterliche Erziehung konzipieren (▶ Kap. 2). Im folgenden Kapitel 3 befassen wir uns mit der Struktur und Analyse von Bedingungen, die elterliche Erziehung beeinflussen (▶ Kap. 3). Kapitel 4 widmet sich dann der Diagnostik der elterlichen Erziehung (▶ Kap. 4) und Kapitel 5 der Untersuchung der dementsprechenden Einflussbedingungen (▶ Kap. 5). Im Kapitel 6 schlagen wir – das Ganze unter der Perspektive der Praxis zusammenführend – einen Beispielpfad zur Befunderstellung nach diesem bifokalen Modell vor (▶ Kap. 6). Der Exkurs im Kapitel 7 setzt sich mit der Diagnostik der elterlichen Erziehung und ihrer Bedingungen unter dem Blickwinkel der Gefährdung der kindlichen Entwicklung auseinander (▶ Kap. 7). Das Buch wird schließlich im Kapitel 8 abgeschlossen mit der Vorstellung institutioneller Hilfen zur (elterlichen) Erziehung (▶ Kap. 8).

Das Ganze ist als Arbeitsbuch konzipiert. Dies bedeutet größtmögliche Orientierung an der praktischen Beschäftigung von Psychologinnen, Therapeuten, Beraterinnen, Gutachterinnen und Sozialpädagogen/-arbeitern mit dieser Thematik. Es bedeutet ferner, dass dieses Buch nicht unbedingt von vorn bis hinten durchgelesen werden muss, sondern je nach Fragestellung auch nur abschnittsweise zur Kenntnis genommen werden könnte. Dennoch sollte nicht auf die notwendige theoretische und empirische Grundlegung oder Rahmung verzichtet werden, damit die zur Diagnostik und zur Indikationsstellung erforderlichen Untersuchungsschritte möglichst evident begründet werden können.

1 Riskante Erziehung und ihre Folgen

Konzipiert wurde elterliche Erziehung in verschiedenen Ansätzen – empirisch und theoriebasiert untersucht dagegen eher selten. Häufiger allerdings löste man einzelne Aspekte und Facetten aus diesen Konzepten heraus und machte sie diagnostisch zugänglich. Darauf wird in den folgenden Kapiteln ausführlicher eingegangen werden.

Um es aber schon einmal vorwegzunehmen: Es wird deutlich werden, dass elterliche Erziehung – wenn sie untersucht wird – unterschiedlichen Konzepten folgen kann. Leider wird nicht selten das scheinbar effizienteste oder praktikabelste Instrument zur Diagnostik ausgewählt, unabhängig von dessen theoretischer Fundierung. Die Schlussfolgerungen aus diesen so erzielten Ergebnissen hingegen werden in einigen Darstellungen dann wiederum weit über den durch die Methode gesetzten Rahmen hinausgezogen. Außerdem wird dabei meistens übersehen, dass einige der separat untersuchten Erziehungsfaktoren vermutlich in einem komplexeren inneren Zusammenhang stehen und nicht unverbunden betrachtet werden können (Campbell, 1995; Rothbaum & Weisz, 1994). Als Beispiel seien hier zwei Studien erwähnt:

1. Verrocchio, Marchetti und Fulcheri (2015) befragten 470 italienische Erwachsene anonym zum Auftreten und Erleben von psychischem Missbrauchsverhalten der Eltern in ihrer Kindheit, zur Qualität der Eltern-Kind-Beziehung, zum Selbstwertgefühl und zu generell erlebtem psychischem Leid. Immerhin berichteten ca. 80 % der Befragten demnach, psychisches Leid durch ihre Eltern erfahren zu haben. Ungefähr 65 bis 70 % der Befragten hätten die Erziehung durch Mutter und Vater als nicht optimal wahrgenommen. Personen, die über elterliche Kontrolle verbunden mit wenig Zuneigung (wenig Fürsorge und/oder hoher Überbehütung) berichteten, beschrieben zugleich signifikant stärkere Loyalitätskonflikte zu ihren Eltern[4] im Vergleich zu Befragten, die weniger elterliche Kontrolle erfahren hätten. Statistisch signifikant korrelierten das Erleben von wenig Fürsorge, von Überbehütung sowie eines Loyalitätskonflikts des Kindes zu den Eltern positiv mit generellem psychologischem Leiden und negativ mit der eigenen Selbstwertschätzung.
2. Cina und Bodenmann (2009) untersuchten, wie familiär erlebter Stress, Erziehungshandeln und kindliche Entwicklung miteinander verknüpft sind. Die Ergebnisse der Untersuchungen an 229 Familien zeigten, dass Stress besonders mit ungünstigen Erziehungshandlungen kovariierte, welche wiederum mit einem stärkeren Ausmaß an kindlichen Verhaltensproblemen assoziiert waren.

---

4 Kann im Deutschen vermutlich besser als inkonsistente Zuneigung verstanden werden.

Jay Belsky (1984) veröffentlichte 1984 das systemische Prozessmodell des elterlichen Erziehungsverhaltens, in dem die Komplexität und die kontextualistische Fundierung elterlicher Erziehung dargestellt werden. Es ist nun sehr schwierig, die einzelnen Faktoren und Bedingungen dieses Modells in ihrer Komplexität und Dynamik empirisch zu überprüfen. Erkennbar ist allerdings, dass elterliches Erziehungshandeln nicht nur von einem, sondern von zahlreichen Faktoren beeinflusst wird. Ebenso liegt die Vermutung nah, dass die Wirkungen des erzieherischen Handelns selten kausal beschreibbar sein dürften. In der Regel nur schwach signifikante Zusammenhänge zwischen elterlichem Erziehungshandeln und dessen Wirkungen auf kindliches Erleben und Verhalten verweisen auf die dahinterliegende Komplexität und Dynamik. Anstelle einfacher Ursache-Wirkung-Analysen werden in Untersuchungen seit den 1990er Jahren daher häufig komplexere Zusammenhänge analysiert. In diesen Studien zeigt sich in der Regel, dass Beeinträchtigungen der kindlichen Entwicklung meistens auf kumulativ wirkende schwierige Bedingungen zurückzuführen sind. Dysfunktionales elterliches Erziehungshandeln bildet dabei häufig einen mediierenden, verstärkenden Faktor (vgl. hierzu bspw. Hannan & Luster, 1991; Campell, 1995; Rothbaum & Weisz, 1994; Textor, 2016 zur »NICHD Study of Early Child Care«).

Was bedeutet »dysfunktionale Erziehung«?

Legen wir die bereits weiter oben vorgestellte Definition nach Jacob und Wahlen (2006) der elterlichen Erziehung zugrunde, dann ließe sich bestimmen, dass …

… elterliche Erziehung als *dysfunktional* bewertet werden sollte, wenn sie dazu beiträgt, kindliche Dispositionen und die psychische Entwicklung des Kindes zu einem autonomen und zugleich bezogenen Wesen nicht zu fördern mit der dann wahrscheinlicher werdenden Folge, dass die Entwicklung beeinträchtigt werden kann, indem sie bspw. stagniert oder regrediert.

Weiter oben wurde ebenfalls erwähnt, dass nicht nur der Prozess gelingender sondern auch nicht gelingender Erziehung multifaktoriell und dynamisch konstruiert ist. Deshalb ist sowohl gelingendes als auch misslingendes elterliches Erziehungshandeln nur bei sehr wenigen – in der Regel sehr starken oder chronifizierten – negativen Handlungen, wie beispielsweise körperlicher Gewalt, Vernachlässigung und sexuellem Missbrauch in seiner allgemein entwicklungsbeeinträchtigenden Wirkung für das Kind auch klar zu prognostizieren. Doch selbst dies hat dann oft viele unterschiedliche Facetten und Intensitäten. Korrekterweise müsste man demzufolge bei den meisten problematischen Erziehungshandlungen und -einstellungen von deren »wahrscheinlicher Dysfunktionalität« sprechen. Aus Gründen der besseren Lesbarkeit wird das Attribut »wahrscheinlich« in den folgenden Abschnitten aber im Text fortgelassen.

Diese Vorbemerkungen sollten der Leserin ermöglichen, die weiter unten aufgeführten Befunde mit der gebotenen Vorsicht zu lesen und zu verwenden. Die Systematik der hier dargestellten Übersicht folgt im Übrigen leider auch keinem theoretisch begründeten Rahmen, denn so lange dieser selbst fehlt, kann sich ein Überblick über dysfunktionale elterliche Erziehung darüber nicht hinwegsetzen.

Die einzelnen Abschnitte sind gegliedert nach Befunden über die Wirkung verschiedener Aspekte wahrscheinlich dysfunktionalen Erziehungsverhaltens bzw. des Ausbleibens von funktionalem Erziehungsverhalten, wie sie in der Literatur anzufinden sind. Der Auswahl liegt kein theoretisches Konzept, sondern einfach nur eine thematische Clusterung zugrunde.

Mangel an elterlicher Wärme, Akzeptanz und Feinfühligkeit (dysfunktionale elterliche Bindungsangebote)

Früheste Erfahrungen mit elterlicher Zuwendung, Fürsorge und Unterstützung sammelt das Kind durch das Aktivieren elterlich intuitiven Verhaltens (Benz & Scholtes, 2015, S. 4). Erfährt das Kind prompt, entwicklungsadäquat, konsistent und kontinuierlich Trost und Schutz durch seine primären Bezugspersonen in für es bedrohlichen Situationen, entwickelt es ab dem sechsten Lebensmonat erste Konturen seines primären Bindungsmusters. Die Qualität der Bindung zwischen dem Kind und seinen Hauptbezugspersonen gilt als ein bedeutsamer Prädiktor für die sozioemotionale Entwicklung des Kindes (Gloger-Tippelt, König, Zweyer & Lahl, 2007; Bischof-Köhler, 2011). Bindung bezieht sich auf die zunächst biologisch begründete und sodann zeitlich überdauernde emotionale Qualität der Beziehung des Kindes zu seinen bedeutsamsten Bezugspersonen (meistens den Eltern). Die Qualität der Bindung ist nicht unmittelbar beobachtbar. Sie wird je nach Entwicklungsstand des Kindes in der frühen Kindheit durch Beobachtung des kindlichen Bindungsverhaltens bei der Wiedervereinigung mit der zumeist elterlichen Bindungsperson nach Trennung, Bedrohung und Schmerz erschlossen (Ainsworth & Wittig, 1969). Ab einem Alter von ungefähr vier Jahren ist sie auch auf der mentalen Repräsentationsebene erfassbar (Reichle & Gloger-Tippelt, 2007). Ab dem Vorschulalter lassen sich »innere Arbeitsmodelle von Bindung« (im Überblick: Ahnert, 2004) feststellen, welche die interiorisierten emotionalen und kognitiven Bindungserfahrungen (in Bezug auf sich selbst als auch auf die beziehungsrelevante Umwelt) in zusammengefasster Form darstellen. Es wird zwischen der sicheren, der unsicher-vermeidenden, der unsicher-ambivalenten und der hoch unsicheren Bindung unterschieden. Es folgen beispielhaft einige Befunde zur Entwicklung der Kinder in Abhängigkeit vom diagnostizierten Bindungstyp und vom elterlichen Erziehungsverhalten:

Kinder, die als *sicher gebunden* klassifiziert werden, zeigen bspw. höhere soziale Kompetenz als unsicher oder desorganisiert gebundene Kinder (Kochanska, Forman, Aksan & Dunbar, 2005). Bei unterstützendem, emotional liebevollem und fürsorglichem Verhalten der Bezugspersonen sind sicher gebundene Kinder verstärkt bereit, Normen und Regeln einzuhalten, als bei einem strafenden, ablehnenden oder vernachlässigendem Erziehungsverhalten. Sie zeigen seltener aggressives Verhalten, weniger emotionalen Rückzug (vgl. Gloger-Tippelt, 2007) und sind gut in der Lage, sich emotional adäquat selbst zu regulieren (von Suchodeletz, 2008; Petersen, Petermann & Petermann, 2017).

Ein *unsicher-vermeidender* Bindungsstil wird in Zusammenhang mit aggressiven Reaktionen und teils auch mit internalisierenden Verhaltensproblemen gebracht (z. B. Moss et al., 2006). Kinder mit einer *unsicher-ambivalenten* Bindung zeigen ein hilfloses und passives Verhalten bzw. übertriebenen Ärger oder Wut, ohne kompetente Problemlösungsstrategien zu entwickeln (Egeland, 2002). Für Kinder mit einem *desorganisierten* Bindungsmuster werden am häufigsten externalisierende und internalisierende Verhaltensstörungen berichtet (z. B. Schuengel, Bakermans-Kranenburg & van Ijzendoorn, 1999; Moss, Cyr & Dubois-Comtois, 2004). Es werden Zusammenhänge zwischen einer desorganisierten Bindung und beängstigendem (z. B. Misshandlung) oder ängstlichem (z. B. Traumatisierung) Elternverhalten vermutet (Hesse & Main, 2000; vgl. Gloger-Tippelt, 2008[5]).

Geringe positive Zuwendung und Feinfühligkeit wird auch in Zusammenhang mit Vernachlässigung von Kindern oder bei psychischer Gewalt thematisiert (vgl. auch im Überblick Egle, Hoffmann & Joraschky, 2005; Cohn, Cowan, Cowan & Pearson, 1992; Galm, Hees & Kindler, 2016, die im Übrigen auch auf Aspekte der generativen Weitergabe eingehen – S. 63 f).

Dysfunktionale Interaktionsmuster sind durch Über-, Unterregulation oder inkonsistente Regulation gekennzeichnet (Koch & Derksen, 2015, in Anlehnung an De Wolff & Van Izendoorn, 1997; ergänzt durch Petersen et al., 2017, S. 154) und zeigen in unterschiedlicher Mischung und Intensität einen Mangel an Sensitivität für kindliche Signale sowie an prompten und angemessenen Reaktionen auf die Signale des Kindes, eine nicht akzeptierende Haltung gegenüber dem Kind, mangelnde Synchronisation und Wechselseitigkeit (Reziprozität), geringe oder keine gezielte positive Zuwendung und positive Verstärkung sowie positive Verbalisationen gegenüber dem Kind, fehlende Unterstützung und kognitive Stimulation sowie Berücksichtigung der Interessen des Kindes, eine eher seltene Interaktionsaufnahme sowie fehlende Unterstützung und Förderung des Explorationsverhaltens sowie der Autonomie des Kindes[6].

So analysierten bspw. Brisch, Grossmann, Grossmann und Köhler (2010) in der umfassenden *Bielefelder und Regensburger Längsschnittstudie* 300 Kinder und deren Familien[7]. Zwei Ergebnisse seien herausgestellt: (1) Sehr ungünstige Temperamente einer Mutter erschweren den feinfühligen Umgang mit dem Säugling und (2) 3-jährige und 6-jährige Kinder mit positivem häuslichem Klima bzw. feinfühligem Mutterverhalten zeigten mehr Konzentration, weniger Belastung und weniger ausweichendes Verhalten.

Petersen et al. (2017) analysierten in einer Metaanalyse insgesamt 12 Längsschnittstudien bei Kindern ab 3 Jahren, die zwischen den Jahren 2007 und 2016 veröffentlicht wurden, zur Frage, wie sich feinfühliges Elternverhalten, das als elterliche Sensibilität, Responsivität, Akzeptanz, emotionale Ansprechbarkeit, Unterstützung, Wertschätzung und Entwicklungsanregung operationalisiert worden war, auf die Entwicklung der sozial-emotionalen Kompetenz des Kindes auswirkte. Elterliche Feinfühligkeit erwies sich dabei insgesamt als Prädiktor einer positiven sozial-emotionalen Kompetenz im Allgemeinen und auf die gelingende Emotionsre-

---

5 Gloger-Tippelt, G. (2008). Bindung in der Kindheit – Grundlagen, Auswirkung von traumatischen Erfahrungen und Prävention. In M. Franz & B. West-Leuer, B. (Hrsg.), *Bindung, Trauma, Prävention. Entwicklungschancen von Kindern und Jugendlichen als Folge ihrer Beziehungserfahrungen* (S. 39–71). Gießen: Psychosozial-Verlag.
6 Diese Merkmale können zugleich als Checkliste für Feinfühliges Elternverhalten z. B. bei der Interaktionsbeobachtung herangezogen werden.
7 ca. 100 000 Minuten Beobachtungsdaten und 60 000 Minuten Interviewdaten

gulation des Kindes im Besonderen. Sie schützt damit das Kind erheblich vor der Herausbildung internalisierender oder externalisierender Verhaltensprobleme. Wenig feinfühlendes, d. h. harsches, überkontrollierendes und feindseliges Verhalten wirkte sich dagegen negativ auf die Entwicklung von Kindern aus und begünstigt bspw. die Entstehung kindlicher Depressionen. Elterliche Verwöhnungshaltungen, kindliche Reaktivität auf Frustration sowie genetische Bedingungen beeinflussen diese Zusammenhänge.

Zusammengefasst lässt sich die Annahme empirisch belegen, dass ein Mangel an elterlicher Wärme, Sensitivität und Akzeptanz einen bedeutsamen Risikofaktor darstellt bei der Entstehung von internalisierenden (Blanz & Schneider, 2007; Petersen et al., 2017)) und externalisierenden Störungen (Stormshak, Bierman, McMahon & Lengua, 2000; Booth, Rose-Krasnor, McKinnon & Rubin, 1994) sowie von späterem problematischem Suchtmittelgebrauch (Thomasius, 1996).

Ferner bestätigten die Ergebnisse der Bielefelder und Regensburger Längsschnittstudien (Brisch et al. 2010) die bereits bspw. von Paterson und Sanson (1999) berichteten Befunde, dass elterliche Wärme und Unterstützung zentral für die Herausbildung einer sicheren Bindung seien. Eine sichere Bindung werde bereits früh befördert durch ein hohes Ausmaß an intuitiver elterlicher Kompetenz (Domogolla, 2006), ein günstiges elterliches Temperament (Brisch et al., 2010), eigene auf Sicherheit beruhende Bindungserfahrungen der Eltern (Schernhardt, 2014; Cohn et al. 1992[8]) sowie eine positive elterliche Affektivität (Mills, 2013). Sicher gebundene Kinder zeigten eine bessere Anstrengungsregulation, ausgeprägtere Sozialkompetenz, mehr empathische Reaktionen, weniger Aggressivität, effektivere Konfliktlösestrategien, mehr Optimismus sowie eine bessere Spielkonzentration (Brisch et al., 2010).

Inkonsistente elterliche Erziehung

Inkonsistenz in der elterlichen Erziehung gilt als ein zentraler Faktor für die Entstehung und Aufrechterhaltung schwierigen Verhaltens bei Kindern (Paterson & Sanson, 1999; Beelmann, Stemmler, Lösel & Jaursch, 2007). Sowohl permissive als auch autoritäre elterliche Erziehungspraktiken und insbesondere der Wechsel zwischen diesen stabilisieren kindliches Problemverhalten und tragen zur Eskalation eines negativen Interaktionsmusters bei (vgl. Beelmann & Raabe, 2007). Ein Beispiel solcher Prozesse beschreibt Saemisch (2012, S. 26): »Die Eltern wollen das Kind für ein Fehlverhalten bestrafen (z. B. Fernsehverbot). Das Kind hält sich nicht an das Verbot. Die Situation eskaliert (Kind bekommt Wutanfälle). Die Eltern geben nach (Kind darf weiter fernsehen), um ihre Ruhe zu haben. Durch das Nachgeben der

---

8 Cohn et al. (1992) fanden in ihrer Untersuchung, dass Eltern mit einer eigenen unsicheren Bindungsorganisation für die Eltern-Kind-Beziehung einen Risikofaktor darstellen. Unsicher gebundene Eltern engagieren sich in weniger positiver und strukturierter Weise mit ihren Kindern als sicher gebundene Eltern. Dies gilt für Mütter und Väter, für Mütter allerdings stärker. Ist ein Elternteil unsicher gebunden und der andere sicher, dann sinkt das Risiko einer dysfunktionalen Eltern-Kind-Beziehung

Eltern wird das Kind in seinem Verhalten positiv bestärkt und lernt zukünftig, in ähnlichen Situationen auf gleiche Art oder auch durch Gleichgültigkeit die Probleme zu regulieren«.

Auf der Handlungsebene zeigt sich Inkonsistenz durch zu viele, unzureichend begründete und/oder widersprüchliche Anweisungen, Rückmeldungen oder andere Handlungen entweder eines Elternteils gegenüber dem Kinder oder auch zwischen beiden Eltern (»Pendelerziehung«). Inkonsistentes elterliches Erziehungsverhalten behindert die Internalisierung sozialer Normen und den Aufbau einer sicheren Bindung.

Empirische Befunde aus der jüngeren Zeit belegen die These von der Dysfunktionalität inkonsistenten elterlichen Verhaltens und weisen diesem sogar prädikativen Wert für die Entstehung von Verhaltensproblemen zu (Franiek & Reichle, 2007). Zwei neuere Studien sollen hier exemplarisch kurz vorgestellt werden.

- Saemisch (2012) untersuchte Eltern von 3- bis 7-jährigen Kindern aus 218 Familien mittels Selbstbeurteilungsfragebögen. Zwei Ergebnisse sind in diesem Zusammenhang besonders interessant: (1) Inkonsistente elterliche Erziehung wurde als wichtiger Risikofaktor für die Entwicklung kindlichen Problemverhaltens insbesondere im Bereich der externalisierenden Verhaltensauffälligkeiten eruiert. (2) Die Skala Inkonsistentes Elternverhalten war signifikant positiv mit kindlichen Verhaltensproblemen korreliert.
- Schreyer-Mehlhop und Petermann (2011) untersuchten 183 Kinder aus 16 Kitas, davon 48 Kinder mit Migrationshintergrund im Alter von 4 bis 6 Jahren. Sie kamen u. a. zu dem Ergebnis, dass neben anderem problematischen Elternverhalten inkonsistentes Erziehungsverhalten korreliert sei mit kindlichen externalisierenden Verhaltensauffälligkeiten. Ebenfalls standen emotionale Probleme des Kindes auch im Zusammenhang mit inkonsistentem Erziehungsverhalten der Mütter.

Diese neueren Studien unterstützen damit Cambells Befunde, der bereits Mitte der neunziger Jahre (Campell, 1995) in einer Metaanalyse befand, dass inkonsistentes Erziehungsverhalten kindliche Verhaltensstörungen befördere. Offensichtlich entfaltet inkonsistentes elterliches Erziehungsverhalten erst im Laufe der Entwicklung der Kinder seine unheilvolle Wirkung (Frick, Christian & Wootton, 1999). Allerdings zeigt die Längsschnittstudie von Juang und Silbereisen (1999) auch, dass problematisches (delinquentes) Verhalten in der Gruppe der Kinder, die bei inkonsistent-autoritativ erziehenden Eltern leben, signifikant früher und häufiger zu beobachten war als bei Kindern und Jugendlichen mit konsistent-autoritativ erziehenden Eltern. Mit dieser Studie wird zugleich belegt, dass Jugendliche aus konsistent-autoritativen Familien geringere Depressionswerte und signifikant höhere Selbstwirksamkeitswerte aufweisen als Jugendliche aus inkonsistent-autoritativ erziehenden Elternhäusern. Im Übrigen unterstreichen die Ergebnisse die Notwendigkeit, Erziehungsstile differenziell und nicht global zu konzipieren und zu diagnostizieren (Fuhrer, 2005), worauf wir weiter unten noch ausführlicher eingehen werden.

Körperliche Strafen/Gewalt

Über die negativen Wirkungen körperlicher Strafen auf die Entwicklung eines Kindes wurde bereits viel geschrieben (im Überblick bspw. Egle et al., 2005), so dass an dieser Stelle beispielhaft nur zwei aktuellere Untersuchungen kurz dokumentiert werden sollen:

- Schreyer-Mehlhop und Petermann (2011) untersuchten in der bereits w. o. erwähnten Studie, dass negatives mütterliches Erziehungsverhalten (insbes. *bestrafende* Erziehungspraktiken, geringes Monitoring sowie inkonsistentes Elternverhalten) korreliert sei mit kindlichen externalisierenden Verhaltensauffälligkeiten. Ferner stand geringes prosoziales Kinderverhalten im Zusammenhang mit geringem Monitoring und inkonsistentem EV *sowie bestrafenden Erziehungspraktiken*.
- Auch Beelmann et al. (2007) kamen im Rahmen der Erlangen-Nürnberger Präventions- und Entwicklungsstudie an 448 5- bis 7-jährigen Kindern anhand von Fragebogendaten der Eltern zum Ergebnis, dass bei auftretendem externalisierendem kindlichem Verhalten der Disziplinierungsfaktor die bedeutsamste Rolle im Bündel der negativen elterlichen Erziehungshandlungen spiele. Was dabei Ursache und was Folge sei, wird jedoch nicht ganz klar.

Psychologische Kontrolle/Manipulation

Psychologische Kontrolle ist ein die Unabhängigkeit des Kindes unterdrückendes Erziehungsverhalten. Dessen Wirkung basiert auf der Ausübung von Macht und Drohung, letztere entweder direkt geäußert oder aber indirekt z. B. über Andeutungen, Berichte von Dritten oder dem Aufbau von Angst. Gerade Kinder, deren kognitive und Moralentwicklung noch im Konkreten verhaftet ist, reagieren besonders irritiert auf ironische, sarkastische und doppeldeutige Anspielungen und Hinweise.

Mabbe, Soenens, Vansteenkiste und van Leeuwen (2016) fanden in ihrer Studie an insgesamt 12- sowie 16-Jährigen, dass psychologisch kontrollierende Erziehung bei beiden Stichproben mit externalisierendem und internalisierendem kindlichen Problemverhalten korreliert ist. Darüber hinaus konnten sie funktionale und dysfunktionale Entwicklungsverläufe im Zusammenhang mit diesem Erziehungsverhalten herausarbeiten.

Frazer und Fite (2016) untersuchten die Auswirkungen psychologischer Kontrolle an 9- bis 12-Jährigen und stellten fest, dass diese mit vom Kind – aber nicht mit von der Mutter – berichteten depressiven Symptomen korrespondierten.

Negative Verhaltenskontrolle mittels Machtdurchsetzung (auch autoritärer Erziehungsstil)

Hierunter wird elterliches Verhalten verstanden, das sich durch das Kind (be)zwingende Kontrolle auszeichnet und/oder das auf die Durchsetzung des elterlichen Willens praktisch »um jeden Preis« gerichtet ist. Kindlicher Widerstand wird dann stets als ein Machtkampf gedeutet, den es gilt aus elterlicher Sicht zu gewinnen. Autonomiewünsche des Kindes werden demzufolge als Machtwünsche interpretiert und deshalb Unterwerfung als Ziel des elterlichen Handelns betrachtet.

- Saemisch (2012) ließ Eltern von 128 3- bis 7-jährigen Kindern mit einem Elternfragebogen ihre Erziehung beschreiben. Im Ergebnis stellte sie fest, dass die Erziehungsdimension »machtvolle Durchsetzung«, signifikant positiv korrelierte mit dem Auftreten physischer Aggressionen, indirekter Aggressionen und externalisierendem Verhalten der Kinder. Machtvolle Durchsetzung trug weiterhin zu einem insgesamt höheren Problemverhalten der Kinder bei.
- Franiek und Reichle (2007) stellten im Rahmen ihrer Wiederholungsuntersuchung zu zwei Messzeitpunkten (5–9 und 6–10 Jahre alte Kinder) mittels Fragebögen für die Eltern fest, dass machtvolles autoritäres (insbes. väterliches) Erziehungsverhalten korreliert sei mit oppositionell-aggressivem Kindverhalten.

Überbehütung/Verwöhnung/Nachgiebigkeit

Verwöhnung umfasst zwei Facetten:

- *Anstrengungs*verwöhnung, die den Weg zur Reizbefriedigung so kurz wie möglich gestaltet, dem Kind also versucht, das Üben abzunehmen, und
- die *Anspruchs*verwöhnung, die dem Kind eine stets erreichbare Umgebung voller erreichbarer Attraktionen bietet (Al-Manssour, Albert & Al-Ammar 2010).

Verwöhnung bezieht sich damit insgesamt auf ein Übermaß an Zärtlichkeit, an Besorgnis, an Hilfsbereitschaft, an Entlastung, an Geschenken oder aber auf einen Mangel an Zutrauen und Ermutigung, Zuversicht, Forderung, Anstrengung und an entwicklungsgerechter Autonomieförderung (nach Frick 2005, S. 28; Fuhrer 2005, S. 250 f.). Neuere Bezeichnungen dafür sind »Helikopter-Eltern«, also Eltern, die stets über das Verhalten ihres Kindes Bescheid wissen (wollen), und »Curling-Eltern« (Eltern, die ihrem Kind jedes Hindernis aus dem Weg räumen wollen).

- van Ingen et al. (2015) befragten 190 16- bis 28-jährige Studenten nach dem Verhalten ihrer Eltern zu Beginn des Studiums. Studenten, deren Eltern auf dem Campus Helikopter-Verhalten zeigten, beschrieben signifikant mehr niedrige Selbstwirksamkeit, Entfremdung von sowie fehlendes Vertrauen in Altersgenossen als Studenten ohne dieses Elternverhalten.
- Kumnig et al. (2013) untersuchten 145 stationäre sowie 108 ambulante Patienten und verglichen diese mit einer nicht klinischen repräsentativen Kontrollgruppe von 633 Personen. Es zeigte sich, dass Patienten mit einer Depression ein hohes Niveau mütterlicher Indifferenz und Überbeschützen gepaart mit verletzendem erzieherischen Verhalten von beiden Elternteilen beschrieben. Patienten mit Angststörungen berichteten ebenfalls von überbeschützenden Müttern.
- Al-Ammar (2010) untersuchte 400 Kinder im Alter zwischen 5 und 8 Jahren mit verschiedenen schulbezogenen Tests sowie deren Eltern mit einem spezifischen

Elternfragebogen. Ein verwöhnender Erziehungsstil korreliert demnach mit der Schulfähigkeit des Kindes schwach negativ. V. a. das nachgiebige und kindeswunsch-zentrierende elterliche Erziehungsverhalten wirkte sich negativ auf die Schulfähigkeit des Kindes aus. Ein verwöhnender Erziehungsstil hatte auf die Rechtschreibkompetenz des Kindes einen signifikanten Einfluss. Ausschlaggebend dafür ist ein inkonsequentes oder nachgiebiges elterliches Erziehungsverhalten, gepaart mit einem geringen Zutrauen in die Fähigkeiten des Kindes. Aus den Ergebnissen wird der Schluss gezogen, dass sich ein verwöhnender elterlicher Erziehungsstil sowohl allgemein auf die Schulfähigkeit als auch speziell auf die Rechtschreibkompetenz im Grundschulalter negativ auswirkt.
- In einer Follow-up-Studie an mehr als 2000 schwedischen Kindern zeigten Janssens, Oldehinkel und Rosmalen (2009), dass mütterliches Überbeschützen ein Prädiktor der Entwicklung von psychosomatischen Symptomen bei Mädchen sei, wohingegen väterliches Überbeschützen die Entwicklung von psychosomatischen Symptomen bei Jungen signifikant vorhersage.

Verwöhnende elterliche Erziehung geht offensichtlich nicht nur mit der Herausbildung von sozial dysfunktionalem kindlichem Verhalten einher, sondern bereitet im Zusammenspiel mit anderen Faktoren auch den Weg zur Herausbildung von Leistungsproblemen als auch von mannigfaltigen, insbes. internalisierenden und psychosomatischen Störungen.

Mangelnde Förderung

Unter *Förderung* sollen all die das Kind unterstützenden elterlichen Verhaltensweisen verstanden werden, die im Wesentlichen auf dessen geistige und psychomotorische Entwicklung zielen. Dies umfasst direkte und indirekte (motivfördernde) Anregung zur Exploration (»need for cognition«: Meier, Vogl & Preckel, 2014, S. 39), aber auch Anstrengungsbereitschaft (Lehwald, 2009), Üben und Evaluieren. Förderung bezieht sich darüber hinaus auch auf Aufklärung des eigenen biografischen Hintergrunds, also Anregungen, sich mit dem eigenen Gewordensein und mit seiner Herkunftsfamilie zu beschäftigen (Jacob & Wahlen, 2006).

- Exemplarisch sei hier zunächst auf eine der beeindruckendsten Studien zu diesem Thema verwiesen: die NICHD Early Child Care Research Network (2002) und im Überblick dazu Textor (2016). Dies ist eine seit dem Jahr 1991 laufende Längsschnittstudie an ca. 1 900 Kindern, die im Vorschulalter einsetzte. In Bezug auf das hier vorgestellte Unterstützungsverhalten kam diese Studie zu dem Ergebnis, dass Kinder von sensitiven, anregenden und unterstützenden Müttern im Vorschulalter bessere vorschulische Fertigkeiten, bessere Sprachfertigkeiten sowie mehr soziale Fertigkeiten zeigten und weniger Verhaltensprobleme aufwiesen als Kinder, deren Mütter nicht dieses Verhalten zeigten. Ebenso korrelierte ein Mangel an Sensitivität, an Anregung und fehlende Unterstützung mit größeren Verhaltensauffälligkeiten und insgesamt weniger gut ausgeprägten vorschulischen Fertigkeiten, schlechteren

Sprachfertigkeiten, weniger sozialen Fertigkeiten und häufigeren Verhaltensproblemen.
- Valtin, Hornberg, Buddeberg, Voss, Kowoll und Potthoff (2010) untersuchten – basierend auf den Ergebnissen von IGLU 2006 – drei Gruppen von Kindern mit Leseproblemen in Bezug auf verschiedene individuelle, familiale und schulische Merkmale: (1) Legastheniker, (2) Kinder mit anderen Leseschwächen und (3) Kinder mit Leseschwierigkeiten. Die Werte der Kinder mit guter Lesekompetenz wurden als Kontrollgruppe herangezogen. In der Erhebung wurden bei fast 8 000 Schülern ein Lesetest und ein Test zur Messung der kognitiven Grundfähigkeiten durchgeführt, darüber hinaus gingen Fragebogendaten von Schülern, Eltern und Lehrern in die Untersuchung ein. Im Ergebnis zeigte sich, dass eine enge Kopplung von Leseproblemen mit ungünstiger häuslicher Lesesozialisation, einem Freizeitverhalten, das wenig Lesen einschließt, einer hohen Leistungsängstlichkeit, ungünstigen motivationalen Überzeugungen und einem niedrigen Sicherheitsgefühl nachgewiesen werden konnte.

Eng verbunden mit unzureichenden familiären Förderbedingungen ist auch ein häufiger und exzessiver *Fernseh-/Medienkonsum* im häuslichen Umfeld. In einer qualitativen Zusammenschau von zahlreichen Untersuchungen befand Bak (2010), dass die Mehrheit der zu dieser Thematik bislang vorliegenden Studien zu dem Schluss gelange, dass bei einem erhöhten Fernsehkonsum mit deutlich negativen Effekten in verschiedenen kognitiven, sozialen und persönlichen Bereichen zu rechnen sei. Ferner korrespondiere der Fernsehkonsum der Kinder mit dem ihrer Eltern. Dies bestätigt auch die zwischen 2008 und 2014 durchgeführte Längsschnittstudie »Kinder und Medien (KIM)« des Medienpädagogischen Forschungsverbundes Südwest (2015). Hancox, Milne und Poulton (2004) untersuchten im Rahmen einer Längsschnittstudie an eintausend 5- bis 21-jährigen neuseeländischen Kindern und Jugendlichen den Zusammenhang zwischen Fernsehkonsum und körperlicher Entwicklung. Sie konnten nachweisen, dass im späteren Alter von 26 Jahren der vorausgegangene Fernsehkonsum mit höherem Body-Mass-Index (BMI), erhöhtem Zigarettenkonsum, erhöhtem Cholesterinspiegel und erniedrigter Herz-Lungen-Fitness assoziiert sei und einen relativ hohen Anteil von 17 % an aufgeklärter Varianz am BMI in diesem Alter aufwies.

Mangelnde Aufsicht/Monitoring

Unter *Aufsicht* (Monitoring) wird elterliches Verhalten verstanden, welches einerseits das Kind während dessen explorierenden Handelns direkt absichert (bspw. indem es im Blickraum der Eltern verbleibt) und/oder das andererseits dem Kind signalisiert, für es erreichbar zu sein, indem das Kind für den Fall der eigenen Nichterreichbarkeit bspw. Telefonnummern oder Ansprechpartner benannt bekommt (Jacob & Wahlen, 2006). Es sollte nicht mit Kontrolle gleichgesetzt werden, sondern eher mit dem Sich-verfügbar-Halten, In-der-Nähe-Bleiben von Eltern (Kegan, 1994).

Schreyer-Mehlhop und Petermann (2011) untersuchten an insgesamt 183 Kindern im Kindergartenalter unter anderem auch das Monitoring-Verhalten von Eltern. Sie konnten nachweisen, dass geringe elterliche Aufsicht (im Zusammenhang mit negativem – insbes. strafendem – sowie inkonsistentem mütterlichem Elternverhalten) positiv korreliert ist mit dem Ausmaß kindlichen externalisierenden insbes. aggressiven Verhaltens, mit dem vermehrten Auftreten emotionaler Probleme der Kinder sowie mit deren vermindertem prosozialem Verhalten. Allerdings befanden Franiek und Reichle (2007) in ihrer Follow-up-Studie bei 373 Eltern mit 5- bis 9-jährigen Kindern, dass diese Zusammenhänge weniger stark ausgeprägt seien als die zwischen einem hohen Ausmaß an elterlicher Aufsicht und dem sich entwickelndem prosozialen Verhalten des Kindes.

Mangelndes elterliches Engagement

Mangelndes elterliches Engagement meint elterliche Haltungen und entsprechendes Verhalten, das wenig Interesse und Anteilnahme am Kind, geringe Unterstützung und nicht ausreichendes Monitoring umfasst. Die Grenze zur Vernachlässigung ist unklar, so wie aber auch der Begriff der Vernachlässigung selbst definitorisch eher unscharf ist. Galm et al. (2016, S. 24) sprechen in diesem Zusammenhang von »distanzierter, unzureichender oder unengagierter Fürsorge«, um die im Begriff der Vernachlässigung enthaltende Implikation einer Gefährdung des Kindeswohls abzugrenzen. Ob diese Unterscheidung tatsächlich so deutlich in den beiden nun vorzustellenden Studien vorgenommen wurde, darf allerdings bezweifelt werden.

Biermann, Belhadj-Kouider, Lorenz, Dupont und Petermann (2016) untersuchten in der bereits erwähnten Bremer Studie an 1 611 Kindern und Jugendlichen im Alter von 12 bis 18 Jahren, die in Kinder- und Jugendpsychiatrischen Beratungsstellen mit einer Hyperkinetischen Störung, einer Störung des Sozialverhaltens oder einer Kombinierten Störung des Sozialverhaltens und der Emotionen nach ICD-10 diagnostiziert worden waren, dass elterliche Vernachlässigung einen bedeutsamen Risikofaktor bei der Herausbildung externalisierender Störungen darstelle.

Eine interessante differenzialpsychologische Untersetzung nahmen Leyendecker und Agache (2016) vor, die das Engagement von Vätern an 134 türkischstämmigen und an 45 deutschstämmigen Familien zu zwei Zeitpunkten vor und nach dem Schuleintritt der Kinder untersuchten. Das Wohlbefinden der Kinder mit engagierten Vätern war zu Schuleintritt signifikant höher als bei Kindern mit weniger engagierten Vätern, erleichterte also deren Übergang in die Schule erheblich. Eine Moderatoranalyse zeigte zudem einen positiven Effekt auf das Wohlbefinden der Kinder auch zum Untersuchungszeitpunkt nach Schuleintritt; allerdings nur bei denjenigen Vätern, die hohe Werte beim väterlichen Engagement in der Kinderbetreuung erzielten und die gleichzeitig auch mit ihrer Erziehungskompetenz vor dem Schuleintritt sehr zufrieden waren. Interessant ist darüber hinaus der Befund, dass Väter der ersten Zuwanderergeneration aus der Türkei gegenüber der zweiten Generation engagierter gewesen zu sein schienen.

Mangelndes elterliche Selbstwirksamkeitserleben/Kompetenzüberzeugung

Einige (aber leider nur) wenige Untersuchungen zielten auf die Erfassung der elterlichen Erziehungshaltung. Orientiert an Albert Banduras Konzept der Selbstwirksamkeitserwartung (Bandura, 1997[9]; Heckhausen & Heckhausen, 2010), d. h. von sich selbst zu glauben, die eigene Erziehung so kontrollieren zu können, dass bestimmte Effekte entstehen oder verhindert werden, setzte man in diesen Studien in der Regel Selbstbeurteilungsinstrumente zur Erfassung der Selbstwirksamkeitserwartung bzw. -überzeugung ein. Beispielhaft sei hier eine jüngere Studie von Katzmann et al. (2015) erwähnt. Die Autoren untersuchten mittels verschiedener Fragebögen die Eltern von 148 Kinder im Alter von 4 bis 11 Jahren (M = 7,2 Jahre) mit externalisierenden und internalisierenden Verhaltensstörungen. Die (ungünstigen) kindbezogenen Verantwortungsattributionen der Eltern zeigten positive Zusammenhänge mit der expansiven Symptomatik des Kindes, jedoch nicht mit der internalisierenden Symptomatik. Ferner ließen sich zudem positive Zusammenhänge mit einem ungünstigen mütterlichen Erziehungsverhalten nachweisen. Die Ergebnisse zeigen, dass bei Kindern mit externalisierenden Verhaltensstörungen die Stärke der Probleme höher ist, wenn Eltern sie für ihr Verhalten verantwortlich machen (und/oderumgekehrt). Dysfunktionale kindbezogene Verantwortungsattributionen und negatives Erziehungsverhalten sind positiv miteinander korreliert (was im Übrigen auch durch andere Studien bestätigt wird).

Auch Halligan, Cooper, Healy und Murray (2007) untersuchten mit einem interessanten Design 135 Eltern von 5- bis 7-jährigen Kindern. Die Eltern sollten auf hypothetische soziale Szenarien reagieren und Fragen nach ihrer eigenen Kausalattribution beantworten. Es zeigte sich, dass die Eltern signifikant dazu neigten, vermeintliche externalisierende Verhaltensweisen der Kinder hauptsächlich external, d. h. entweder durch direkte dem Kind geltende Zuschreibung oder als generelle externale Unterstellungstendenz, zu attribuieren.

Vermittelt über ungünstige elterliche Erziehungspraktiken scheinen insbes. external kausalttribuierende Haltungen v. a. externalisierendes Verhalten der Kinder zu befördern.

Abschließend sollen noch einige Befunde zu Zusammenhängen zwischen dem elterlichen Erziehungsverhalten einerseits sowie der Geschlechts- und Altersspezifik andererseits vorgestellt werden.

Geschlechtsspezifik

Untersuchungen zur Geschlechtsspezifik in Bezug auf unterschiedliches Erziehungsverhalten von Müttern und Vätern, in Bezug auf unterschiedliche Wirkungen bei Töchtern und Söhnen sowie hinsichtlich transgenerativer Wirkungen sind insgesamt noch eher spärlich vorhanden und in den beschriebenen Ergebnissen eher

---

9 Der Theorie der Selbstwirksamkeitserwartung liegt das Konzept der Kausalattribution (im Überblick z. B. Heckhausen & Heckhausen, 2010) zugrunde.

wenig verallgemeinerbar. So waren bspw. in dem bereits erwähnten Review über 12 Längsschnittstudien über den Zusammenhang zwischen elterlicher Feinfühligkeit und der Herausbildung kindlicher sozial-emotionaler Kompetenz keine Zusammenhänge zwischen dem Geschlecht des Kindes und der Entwicklung der sozialemotionalen Kompetenz abbildbar (Petersen et al., 2017). Jacob und Jacob (im Druck) gehen auf diese Thematik allerdings differenzierter ein, weshalb an dieser Stelle insbes. aus Platzgründen darauf verzichtet werden kann.

Altersspezifik

Der differenziellen Wirkung dysfunktionaler elterlicher Verhaltensweisen in Bezug zum Alter der Kinder widmeten sich nur sehr wenige Studien. Frick et al. (1999) untersuchten drei Altersgruppen und beschreiben zwei Hauptergebnisse:

- Inkonsistentes Erziehungsverhalten korreliert in der jüngsten Altersgruppe mäßig, bei den Jugendlichen hingegen stark mit Verhaltensauffälligkeiten.
- Bei den 9-bis 12-Jährigen korreliert körperliche strafende Disziplinierung relativ hoch mit Verhaltensauffälligkeiten.

Zusammenhänge von kindlichem Problemverhalten und elterlichen Erziehungsaspekten

In einer umfassenden Langzeitstudie untersuchten Johnson, Cohen, Kasen, Smailes und Brook (2002) die Beziehung zwischen elterlichen negativen Erziehungsmustern und psychiatrischen Störungen bei Eltern und deren Kindern. Bei einer ausgewählten Gruppe von 593 Elternpaaren und deren biologischen Nachkommen aus zwei Bezirken des Staates New York wurden zwischen 1975 und 1993 psychosoziale und psychiatrische Interviews durchgeführt. Im Jahre 1975 zu Beginn der Studie waren die Kinder sechs Jahre alt. Im Ergebnis zeigte sich, dass ein negativer elterlicher Erziehungsstil eine wesentliche Vermittlerrolle zwischen psychiatrischen Symptomen der Eltern und der Entwicklung ihrer Kinder spielte. Neben der sicherlich erwartbaren Tatsache, dass bei Eltern mit psychischen Störungen ein größeres Ausmaß an fehlangepasstem elterlichen Erziehungsverhalten festgestellt wurde gegenüber Eltern ohne psychische Störungen, zeigte sich ferner

- dass erzieherisches elterliches Fehlverhalten darüber hinaus mit einem höheren Häufungsrisiko an psychischen Störungen der Nachkommen während der Adoleszenz und im frühen Erwachsenenalter in Verbindung stand;
- dass die meisten Jugendlichen, die während ihrer Kindheit ein hohes Maß an negativem elterlichen Erziehungsverhalten erlebt hatten, auch psychische Störungen, unabhängig von der Existenz psychischer Störungen bei den Eltern entwickelten;
- dass die Nachkommen der Eltern mit psychiatrischen Störungen selbst kein erhöhtes diesbezügliches Morbiditätsrisiko aufwiesen, außer dann, wenn sie in der Vergangenheit mit negativen elterlichen Erziehungsmustern konfrontiert gewesen waren.

Die Autoren schlussfolgern also, dass ein negatives elterliches Erziehungsmuster ein wichtiger Vermittler in der Weitergabe psychiatrischer Symptome von Eltern auf ihre Nachkommen sei. Gerade diese sehr breit angelegte Studie weist – wie bereits einleitend behauptet und exemplarisch ausgeführt – noch einmal darauf hin, dass dem elterlichen dysfunktionalen Erziehungsverhalten offensichtlich eine bedeutsame *Mediatorfunktion* bei der Entwicklung der Kinder zukommt. Es scheint so, dass – von besonders heftigem oder stabilem dysfunktionalen Erziehungsverhalten einmal abgesehen, welches das Auftreten psychischer Probleme der Kinder tatsächlich determinieren dürfte – schwächere oder temporäre Varianten dysfunktionaler elterlicher Erziehung im Zusammenspiel mit anderen Risikofaktoren wie bspw. familiärem Stress oder psychischer Erkrankung der Eltern ihre Wirkung massiv entfalten können. Resilienzfaktoren der Kinder werden in solchen Fällen dann in ihrer Wirkung zunehmend schwächer, ihre Pufferfunktion verliert an Einfluss.

Es existieren darüber hinaus auch differenzielle Untersuchungen, deren Autoren sich den Zusammenhängen zwischen spezifischem erzieherischen Elternverhalten und dem Auftreten insbes. externalisierender und internalisierender Entwicklungsauffälligkeiten widmeten. Allerdings würde es den Rahmen dieses Buches sprengen, alle hier aufzuführen. Verwiesen sei stattdessen auf die ausführlichere Literaturübersicht von Jacob und Jacob (im Druck).

Methodenkritische Anmerkungen

Bereits in der Einleitung zu diesem Kapitel wurde auf die vielen und die sehr unterschiedlichen methodischen Zugänge und Standards hingewiesen, die den Untersuchungen zugrunde liegen. Ihre Vergleichbarkeit ist damit sehr erschwert. Hinzu kommt im Feld der elterlichen Erziehung auch die fehlende Theoriebasierung. Häufig handelt es sich bei den zitierten Untersuchungen um die empirische Absicherung von Fragebögen. Diese wiederum entstanden nicht selten aus rein forschungspragmatischem Interesse. Ihnen fehlt dann der Bezug zu einem umfassenden theoretischen Konzept. Die Ergebnisse könnten daher auch den Charakter von Zirkelschlüssen annehmen und – bei Erweiterung der theoretischen Basis – auch inkonsistent werden. Eine weitere Einschränkung bedeutet die überwiegende Verwendung von Selbstbeurteilungsinstrumenten. Angesichts des weit verbreiteten Wissens um gelingende Erziehung benötigt es eigentlich einer starken Ausgleichskomponente zur Relativierung der sozial erwünschten Antworten. Dies ist jedoch nicht immer gegeben. Diese Einschränkung ließe sich ebenfalls aufheben, wenn es Untersuchungen mit Verhaltensbeobachtungen im natürlichen Setting gäbe. Doch auch dies ist – sicherlich aufgrund des immensen Aufwandes – selten anzutreffen. Weiterhin mangelt es noch an kultur- und sozialschichtvergleichenden Studien, denn möglicherweise haben der kulturelle und der Sozialschicht-Hintergrund einen wesentlich stärkeren Einfluss auf Erziehungsvorstellungen und Entwicklung als bisher untersucht worden ist (vgl. El Mafaalani, 2014, und Jacob, 2016). Schließlich scheint der Einbezug solcher Faktoren wie z. B. des innerfamiliären Sprachgebrauchs (bspw. elaboriert vs. restringiert – Bernstein, 1973) sinnvoll, um die Bedeutung der kommunikativen Rolle des elterlichen (Erziehungs-)Handelns besser zu verstehen.

Fazit

Es existiert inzwischen eine erhebliche Zahl von Untersuchungen, die belegen, dass ungünstiges elterliches Erziehungsverhalten – insbesondere im Zusammenspiel mit anderen Risikofaktoren – negativ auf die kindliche Entwicklung wirkt.

Differenzielle Befunde belegen, dass Vernachlässigung, Mangel an Führung, Inkonsistenz, externale Kausalattribution, Bestrafung, negative Kontrolle, geringes Monitoring sowie ein Mangel an Bestätigung und Ermutigung eher *externalisierende* Verhaltensprobleme bei Kindern begünstigen. *Internalisierende* Schwierigkeiten der Kinder stehen dagegen eher im Zusammenhang mit psychologischer Kontrolle, Überbehütung, geringem Monitoring, Überreaktion, Mangel an Kontingenz, Nachgiebigkeit sowie ebenfalls Inkonsistenz. Inkonsistentes elterliches Erziehungsverhalten scheint damit insgesamt ein relativ sicherer Prädiktor für Entwicklungsbelastungen des Kindes zu sein.

Elterliche Bindungsangebote, die unsichere kindliche Bindungen anbahnen, sowie die emotionale Zurückweisung des Kindes durch seine Eltern sind gleichermaßen Prädiktoren für entstehendes internalisierendes wie auch für externalisierendes Problemverhalten und bilden damit eine Art generellen Risikofaktor.

Geschlechtsunterschiede bei den Wirkungen dysfunktionaler Erziehung scheinen sich bei einigen Untersuchungen zwar anzudeuten, müssten aber zur Erhärtung ihrer Evidenz weiter untersucht werden; zumal es nicht ganz unbedeutsam zu sein scheint, wie sich welches Elternteil welchem Kind gegenüber verhält.

2 Modelle und Theorien der elterlichen Erziehung

2.1 Hinführung

Im vorausgegangenen Kapitel haben wir Erziehungspraktiken vorgestellt, die in ihrer Wirkung die kindliche Entwicklung behindern oder gar schädigen können. Nun ist es natürlich auch sinnvoll, Erziehung unter der Perspektive ihres Gelingens zu betrachten. Die »Positive Psychologie« hat sich – selbstverständlich nicht nur begrenzt auf Erziehungsthemen – dieser Frage verschrieben. In einer Art Gründungsmanifest betonen Marty Seligman und Mihaly Csikszentmihalyi (2000), dass das Ziel dieser »Bewegung« die Ergänzung einer problemfokussierenden Psychologie um die wissenschaftliche Erforschung der Aspekte von Gelingen, Glück und Zufriedenheit sei. Man solle diese »Positive Psychologie« weder mit Ratgeberliteratur noch mit dem »positiven Denken« verwechseln. Tomoff (2017a, b) definiert dann spezifischer, dass sich die Positive Psychologie »im Bereich der Erziehung auf praktische und wissenschaftliche Weise darum kümmere, die Themen von (Charakter) Stärken, Strategien zur Kultivierung und ihrem Ausbau zu vollem Potenzial« zu erforschen« (Tomoff, 2017b, S. 3). In einem Übersichtsartikel zum sogenannten »Positive Parenting« (Seay, Freysteinson & McFarlane, 2014) tragen die Autorinnen bisherige Definitionen und Untersuchungsergebnisse unter dieser Zielstellung zusammen. Die Ergebnisse überraschen den kundigen Leser alles in allem nicht besonders, denn sie bestätigen bspw., dass Eltern-Kind-Interaktionen, die sich durch elterliche Sensitivität und Responsivität auszeichnen und von Wärme und Unterstützung geprägt sind, die kindliche Entwicklung positiv unterstützen. In einer Art Fazit der empirischen, qualitativen und literaturbezogenen Analysen formulieren die Autoren, dass Pflege (»Caring«), Anleiten und Modell bieten (»Leading«), Unterstützen und Anbieten (»Providing«), Unterweisen (»Teaching«) und Kommunizieren (»Communication«) zentrale Bestimmungsstücke eines »Positive Parentings« seien. Definitorisch und in seiner theoretischen Untersetzung wirkt dieser Ansatz noch recht unscharf, zudem empirisch wenig fundiert und bezogen auf den zusätzlichen Nutzen ziemlich unklar. Aus diesem Grund wollen wir ihn in diesem Buch nicht weiterverfolgen, sind allerdings gespannt, ob diese Perspektive oder Bewegung in den nächsten Jahren tatsächlich einen Zugewinn an Erkenntnis und Forschungsmethodik in der Erziehungspsychologie generiert.

Nachdem wir einige Systematisierungsversuche zur elterlichen Erziehung (Kindler, 2004; Fuhrer, 2005) als wenig hilfreich bei der Verschaffung eines Überblicks bewerten mussten, wollen wir im folgenden Kapitel nun solche Konzeptualisierungen der elterlichen Erziehung kurz vorstellen, die entweder in ihrer Heuristik für weiteres praktisches Vorgehen wertvoll sind bzw. waren, oder solche, die auf die Theorieentwicklung einen größeren Einfluss nahmen.

Dabei unterscheiden wir die Ansätze – in Anlehnung an die sozialökologische Perspektive nach Bronfenbrenner (1981) – im Wesentlichen nach der Anzahl einbezogener Perspektiven:

1. Ansätze, die sich mehr oder weniger nur der Beschreibung von elterlichem Verhalten widmen, kann man »*unidirektional-elternorientiert*« bezeichnen.
2. Ansätze, die bifokal und bidirektional Eltern und Kind in den Blick nehmen, nennen wir »*dyadisch-interaktionell*«.
3. Ansätze, die Eltern, Kind und Kontext gemeinsam und aufeinander bezogen beschreiben, lassen sich, in Anlehnung an Bronfenbrenner (1981), als »*sozialökologisch-systemisch*« charakterisieren.

Einige dieser Ansätze werden auch mit anderen Modellen kombiniert, wie bspw. das dyadisch-interaktionelle 4-Komponenten-Modell der elterlichen Erziehung nach Jacob und Wahlen (2006) mit dem sozialökologisch-systemischen Ansatz von Belsky (1983) zum Multiaxialen Diagnosesystem Jugendhilfe (MAD-J).

2.2 Unidirektionale elternorientierte Konzeptualisierungen des Erziehungsstils und verwandte Ansätze

Der Ansatz der »Erziehungsstile« ist nicht nur die bekannteste Konzeptualisierung der unidirektionalen elternorientierten Ansätze, sondern auch deren Ausgangspunkt. Am Beginn dieser Richtung stehen Kurt Lewins Beschreibungen unterschiedlicher Führungs*typen* und dessen Untersuchungen zum Einfluss des Führungsstils auf das Gruppenklima (vgl. z. B. Lewin, 1953, sowie Lewin, Lippitt & White 1939). Sie begannen in den 30er Jahren des vorigen Jahrhunderts mit einer Studie, in der untersucht wurde, unter welchen Erziehungsbedingungen Jugendliche miteinander aggressiv oder weniger aggressiv interagieren. Ferner erfasste man deren Motivation, wenn sie eine gemeinschaftliche Aufgabe produktiv lösen sollen. Das Team um Lewin unterschied drei Führungsstile. In der *autoritär geführten* Gruppe entschieden meistens die erwachsenen Gruppenleiter, die auch die wesentlichen Kontrollhandlungen selbstbestimmt ausführen. Dagegen übten die Gruppenleiter in der *demokratisch* geführten Gruppe wenig Druck auf die Jugendlichen aus. Letztere entschieden viel selbst, während die Gruppenleiter die Jugendlichen motivierten und unterstützten. In der *Laissez-faire*-Gruppe erfuhren die Jugendlichen viel Freiheit und kaum Kontrolle oder Struktur; die Leiter lobten oder kritisierten nur, wenn sie dazu aufgefordert wurden. Bezogen auf die Gruppenergebnisse wird berichtet, dass weniger aggressives Verhalten in den demokratisch geführten gegenüber den Laissez-faire-Gruppen auftrat. Auch bei den autoritär geleiteten Gruppen sei entweder vermehrt aggressives Verhalten zu beobachten gewesen oder aber gehemmt aggressives Verhalten, was sich darin zeigte, dass nach Verlassen des Raumes durch den Leiter aggressives Verhalten deutlich hervorbrach. In der Folge wurde der kategoriale Ansatz einer Verhaltenstypologie aufgegeben zugunsten eines eher dimensionalen Verständnisses und man sprach dann von »Erziehungsstilen«.

Diesen Gedanken griffen Sears, Baldwin und Levin (1957) auf und entdeckten die Bedeutung von Dimensionen wie der Rolle von Nachgiebigkeit und elterlichem Strafverhalten neben dem eigentlichen Erziehungsstil als Determinanten für kindliches Verhalten. Einem Vorschlag von Diana Baumrind (1966) folgend, lassen sich die Unterschiede zwischen Erziehungsstilen in einem Vierfelderschema darstellen, das von den Dimensionen »Akzeptanz vs. Ablehnung« und »Kontrolle vs. Autonomie« aufgespannt wird. Man unterscheidet dann zwischen einem permissiven, einem autoritativen, einem vernachlässigenden und einem autoritären Erziehungsstil. Baumrind untersuchte in mehreren groß angelegten Studien die Zusammenhänge zwischen verschiedenen elterlichen Verhaltensmustern und der Fähigkeit des Kindes alltägliche Aufgaben und Probleme zu bewältigen. Überblicke zu den wichtigsten Studien über die Wirkungen von Erziehungsstilen geben im deutschsprachigen Raum z. B. Schneewind (1980) und Mattejat (1985). »Erziehungsstil« wurde inhaltlich im deutschsprachigen Raum unterschiedlich akzentuiert und wird bis heute nicht einheitlich definiert. Während Cierpka (2008) die individuellen elterlichen Einstellungen und das Erziehungsziel mit in das Konstrukt einschließt, fokussiert Krohne (1988) ausschließlich auf das Handeln der Eltern. Seit den frühen 1980er Jahren wird der Begriff des »elterlichen Erziehungsverhaltens« teilweise synonym mit dem der »Erziehungsstile« benutzt (Schneewind, 1980).

Nun einige Anmerkungen (in Anlehnung an Fuhrer, 2005) zum immer wieder zitierten – angeblich optimalen – Erziehungsstil, dem *autoritativen Stil*.

- Er wurde nur bei 10 % der Familien beobachtet (Baumrind, 1966).
- Er fördert eher Gehorsam und regt damit eher nicht zur Selbstregulation an (Grolnick & Farkas, 2002).
- Es existieren keine Belege für eine positive Wirkung (Weiss & Schwarz, 1996).
- Elterliche Förderung von Autonomie unterstützt intrinsische Lernmotivation (Grolnick & Farkas, 2002).
- Seine positive Wirkung entfaltet sich kulturübergreifend (Chen, Dong & Zhou et al., 1997).
- Es existieren allerdings unterschiedliche Befunde zu schicht- und entwicklungsspezifischen Wirkungen.

Juang und Silbereisen untersuchten in einer Längsschnittstudie zu drei Zeitpunkten an 10- bis 15-Jährigen zwischen 1993 und 1995 bei 283 Jugendlichen (Juang & Silbereisen, 1999) unter anderem den Zusammenhang von Erziehungsstil und kindlichem Erleben und Verhalten. Wichtige Ergebnisse hinsichtlich des Erziehungsstils belegten:

- *Konsistent*-autoritative Erziehung befördere weniger Depressivität, höhere Selbstwirksamkeit und bessere Schulnoten,

- *inkonsistent*-autoritative Erziehung zeigte häufiger Delinquenz,
- keine Ost-West-Unterschiede.

Erziehungsdimensionen nach Tausch und Tausch

Aus wissenschaftlicher Sicht erfolgte in den 1970er Jahren immer wieder Kritik an den typologischen Konzepten, da sie lediglich über die Verhaltensweisen Aufschluss geben, jedoch nicht über die Dimensionen, die Auswirkungen, des jeweiligen Erziehungsstils. Auch fehlte vielen Kritikern der Bezug zu Menschenbildern und entsprechenden theoretischen Ansätzen. Der amerikanische Sozialpsychologe Earl S. Schaefer (Lauterbach & Schaefer, 1965) entwickelte Dimensionen und überführte diese in Skalen zur diagnostischen Nutzung, die von der deutschen Psychologin Anne-Marie Tausch und dem Psychologen Reinhard Tausch aufgegriffen und erweitert wurden (▶ Tab. 2.1). Sie gelten als Initiatoren, die – beginnend bereits in den 1960er Jahren – Erziehungsdimensionen konzipierten: Beobachter schätzen anhand einer Ratingskala das beobachtete Verhalten des Elternteils bzw. dessen sprachliche Äußerungen.

Tab. 2.1: Die Erziehungsdimensionen nach Tausch und Tausch in ihrer förderlichen und nicht förderlichen Ausprägung (Tausch & Tausch, 1998, S. 100)

beeinträchtigend		förderlich
1. Missachtung – Kälte – Härte	⟺	Achtung – Wärme – Rücksichtnahme
2. kein einfühlendes Verstehen	⟺	Vollständiges einfühlendes Verstehen
3. Fassadenhaftigkeit – Nichtübereinstimmung – Unechtheit	⟺	Echtheit – Übereinstimmung – Aufrichtigkeit
4. keine fördernden nichtdirigierenden Tätigkeiten	⟺	viele fördernde nichtdirigierende Tätigkeiten

Die Autoren fügen zahlreiche Beispiele für empirische Belege dieser Dimensionen an, wofür hier zwei beispielhaft genannt sein sollen:
Bis heute werden diese Skalen im familienrechtspsychologischen Kontext gern verwendet. Die Kritik richtet sich auf die teilweise unvollständige Erfassung wichtiger elterlicher Erziehungshandlungen insbes. auf nicht beschriebene Aspekte von Kontrolle, Monitoring und Anleitung, die wesentliche Elemente der elterlichen Erziehung bilden. Ferner fehlt die Konzipierung der Gegenseitigkeit sowie die Berücksichtigung von einflussbildenden Kontexten.

Faktorenanalytische Ansätze

Eng verwandt mit den Erziehungsstil-Ansätzen sind die empirischen faktoranalytischen Untersuchungen, mit denen versucht wurde, einzelne Erziehungsdimensionen oder -faktoren herauszuarbeiten. Aus der Zweifaktorenlösung (Kontrolle und Unterstützung), die bereits weiter oben in einem 4-Felderschema dargestellt wurde, entwickelte sich später eine 3-Faktoren-Lösung. Denn – wie bereits erwähnt – ließ sich die Dimension der Kontrolle untergliedern in zwei Facetten, nämlich in die der *Verhaltenskontrolle* und die der *psychologischen Kontrolle*.

Eine diagnostische Entsprechung bildet bspw. der Zürcher Kurzfragebogen für Eltern und Kinder von Reitzle, Winkler, Metzke und Steinhausen (2001), mit den drei faktoranalytisch bestimmten Skalen Emotionale Unterstützung, Verhaltenskontrolle sowie Psychologische Kontrolle. Primär orientieren sich die Autoren am autoritativen Erziehungsstil in Anlehnung an Baumrind.

Drei andere Faktoren arbeiteten Lee und Stacks (2001) in Anlehnung an das Beavers Systems Model heraus: affektiver Ausdruck, Verhaltenskontrolle und geteilte Aktivität.

Und schließlich liegen drei US-amerikanische (z. B. übersetzt auch von Lösel et al., 2008 und normierte) faktoranalytisch bestimmte Fragebogenverfahren vor, deren Subskalen Hinweise liefern auf

- die *Erziehungspraktiken*: elterliches Engagement; positive Erziehung; geringe Kontrolle; inkonsistente Erziehung; körperliche Bestrafung; andere Disziplinierungstechniken (APQ – von Frick ,1991, entwickelt; auf Deutsch: Franiek & Reichle, 2007);
- die *Wahrnehmung der Elternrolle* durch die Eltern: als Zufriedenheit vs. Unzufriedenheit; Selbstwirksamkeit (Ende der 1970er Jahre von Gibaud-Wallston und Wandersmann, 1978, als PSOC entwickelt, auf Deutsch: Lösel et al., 2008) und
- *die Erfassung dysfunktionaler Erziehungsstile*[10]: Nachgiebigkeit; Überreaktion; Zerreden (von Arnold, O'Leary, Wolff und Acker, 1993, als Parenting Scale veröffentlicht, auf Deutsch und neu normiert: Naumann et al., 2010).

Die Auswahl der Subskalen erfolgte entweder durch Auswahl aus der Literatur, aus Elternberichten oder faktorenanalytisch. Die Ansätze sind eher theoriefern und wirken recht statisch. Sie spiegeln nur einen bestimmten kulturellen Ausschnitt elterlicher Erziehung wider und weisen darüber hinaus kaum Bezüge zu den Bedürfnissen des Kindes auf.

Die hier skizzierten Faktoren und Dimensionen werden in der Begutachtung gern zitiert, allerdings liegt das vorwiegend an der guten Praktikabilität der entsprechenden Fragebogenverfahren. Dass diese Ansätze einen tatsächlich signifikanten Beitrag zum Verständnis komplexer Erziehungsprozesse leisten, muss dagegen stark angezweifelt werden.

Darauf wird dann ausführlicher im Kapitel zur Diagnostik eingegangen (▶ Kap. 4).

Wie lässt sich nun das Konstrukt der »Erziehungsstile« insgesamt einschätzen?

Eine umfassende Kritik am Ansatz der Erziehungsstile und an deren Erforschung hat Asendorpf 1996 (zit. nach Asendorpf & Banse, 2000, S. 81) formuliert, der insbesondere die Unhaltbarkeit der Annahme nachwies, Erziehungsstile könnten die kindliche Persönlichkeit kausal erklären. Asendorpf nennt drei Gründe, die gegen

---

10 hier wird der Stilbegriff eher als Verhaltensmuster interpretiert.

die klassische Erziehungsstilforschung sprechen und letztlich zu deren faktischer Beendigung führten:

- »Korrelationen zwischen Erziehungsstil und kindlicher Persönlichkeit sind beim Vergleich von Eltern-Kind-Dyaden aus unterschiedlichen Familien nicht interpretierbar, weil sie a) auf Effekten des Erziehungsstils auf die Persönlichkeit des Kindes b) auf Effekten der Persönlichkeit des Kindes auf den Erziehungsstil seiner Eltern und c) auf gemeinsamen genetischen Faktoren von Eltern und Kindern beruhen können.
- Adoptionsstudien, in denen der genetische Einfluß kontrolliert ist, zeigen, dass die Korrelation zwischen Erziehungsstil und kindlicher Persönlichkeit minimal sind.
- Der Erziehungsstil der Eltern variiert deutlich von Kind zu Kind, ist also eher eine Beziehungsqualität als ein (beziehungsunabhängiges) Persönlichkeitsmerkmal der Eltern« (Asendorpf & Banse 2000, S. 81).

Wir fügen weitere Aspekte hinzu:

- Die Komplexität und Dynamik werden so verdichtet, dass Wirkungen nur behauptet werden oder dass es ständig neue Unterformen von Stilen und Bedingungen gibt.
- Untersuchungen zur Wirkung von Erziehungsstilen differenzierten zu wenig zwischen Elternteilen, Funktionen aber auch zwischen Jungen, Mädchen usw.
- Der Einfluss anderer Faktoren wie z. B. die elterliche Persönlichkeit wurde ebenfalls zu wenig differenziert untersucht.
- Die am meisten untersuchten Erziehungsstile sind im Lebensraum der industriellen Welt angesiedelt. Sie folgen dem Muster, das Heidi Keller »Modell der psychologischen Autonomie und Relationalität« nennt. Erziehung in einem anderen kulturell-sozialen Kontext, wie bspw. im Kontext der »relationalen Anpassung und der Handlungsautonomie« (Keller, 2016; Keller & Kärtner, 2014), das für Lebensbedingungen in der bäuerlichen Subsistenzwirtschaft typisch sei, erfordert ein gänzlich anderes elterliches Verhalten. Insofern ist die immer wieder angenommene universelle Gültigkeit der Erziehungsstile erheblich anzuzweifeln (vgl. auch Pfundmair, 2017).

2.3 Dyadisch-interaktionelle (entwicklungspsychologische) Konzeptualisierungen

Entwicklungspsychologische Konzeptualisierungen von elterlicher Erziehung legen in der Regel kindliche Entwicklungsbedürfnisse, Ziele und Erfahrungen zugrunde. Aufgrund dieser zwischen Kind und Eltern konzipierten wechselseitigen Bezogenheit von kindlichen Bedürfnissen und elterlichen Zielen und Einstellungen sprechen wir auch von interaktionellen Konzepten. Die Konzepte unterscheiden sich deutlich darin, inwieweit sie sich konsequent und konsistent auf entwicklungspsychologische Konzepte beziehen. Pragmatische Konzepte scheinen eher eklektisch Anleihen an gängigen Theorien der Entwicklung genommen zu haben, während andere Konzepte sich mehr oder weniger stringent auf konkrete Theorien oder Konstrukte berufen. Angesichts einer bisher fehlenden umfassenden Theorie der Entwicklung ist dies nicht ganz einfach, wie wir dies am Beispiel der Theorie kindlicher Grundbedürfnisse beispielhaft weiter unten explizieren werden.

2.3.1 Pragmatische implizite entwicklungspsychologische Konzepte

a) der Ansatz von Petermann und Petermann (2006)

Das Autorenpaar bildet den Übergang von den unidirektionalen zu den dyadisch konzeptualisierten entwicklungspsychologischen Ansätzen. Einerseits kommen spezifische – das Erziehungshandeln der Eltern vom Kind her auslösende – Bedingungen noch nicht explizit vor, andererseits scheinen sie in der entwicklungspsychologischen »Handschrift« der elterlichen Verhaltensmerkmale bereits auf. Petermann und Petermann stellen ein Spektrum von absichtsvollen oder nichtbeabsichtigten sowie bewussten oder unbewussten Handlungen zusammen, die auf Fähigkeiten und Fertigkeiten im Feld der elterlichen Erziehung beruhen, das sich vom konkreten Handeln im erzieherischen Alltag, über Eltern-Kind-Interaktionen und emotionale Grundierung bis zu selbstbezogenen Fähigkeiten des Erziehenden erstreckt. Die Auswahl der Fähigkeiten und Fertigkeiten fokussiert auf deren Potenz, die körperliche, psychische, sozialemotionale und kognitive Entwicklung des Kindes in positiver Weise zu befördern. Erziehungskompetenz sei »immer auf ein zu erziehendes Kind fokussiert und dient dazu, eine optimale Passform zwischen den altersgemäßen Bedürfnissen des Kindes und der Gestaltung der Umwelt durch die Eltern herzustellen« (Petermann & Petermann, 2006, S. 1). Die Herleitung und der theoretische Bezug bleiben allerdings unklar.

b) Ostler & Ziegenhain (2008): Elternkompetenzen zur Einschätzung einer möglichen Kindeswohlgefährdung

Begrenzt auf die Frage, eine Gefährdung der kindlichen Entwicklung abschätzen zu wollen, stellen Ostler und Ziegenhain (2008) ein Diagnoseinventar zur Einschätzung elterlicher Beziehungs- und Erziehungskompetenzen bei Kindeswohlgefährdung vor, das in den 1990er Jahren an der University of Illinois at Chicago entwickelt wurde. Dazu gehören:

1. Die Fähigkeit, für sich selbst und für andere zu sorgen,
2. Kriterien elterlichen Verhaltens im Umgang mit dem Kind (»Good enough parenting«),
3. Wissen über die Entwicklung und Erziehungseinstellungen,
4. Verständnis für und Einfühlung in die Perspektive des Kindes,
5. Persönlichkeitsmerkmale und Bindungsvorerfahrungen und -einflüsse.

2.3.2 Explizite entwicklungspsychologische Konzepte

Unter dem Begriff der entwicklungspsychologischen Konzepte verstehen wir solche erziehungspsychologischen Ansätze, die elterliche Erziehung in Beziehung zu kindlichen Entwicklungsvoraussetzungen, wie bspw. den kindlichen Grundbedürfnissen, zu Entwicklungsphasen oder aber zu Entwicklungszielen konzeptualisieren.

Theorie der kindlichen Fertigkeiten: Das Konzept von M. Borba

Borba (1999; siehe auch Schneewind, 2001, S. 135 f.) differenziert zwischen persönlichen, emotionalen, sozialen, motivationalen und moralischen Fertigkeiten des Kindes, denen bestimmte Entwicklungsziele (z. B. Selbstvertrauen, Selbstverantwortlichkeit, Kooperation, Empathie u. a.) entsprechen. Diesen Fertigkeiten und Entwicklungszielen werden spezifische elterliche Unterstützungsmaßnahmen zugeordnet, wie dies in der folgenden Übersicht dargestellt ist (► Tab. 2.2).

Tab. 2.2: Kindliche Fertigkeiten, Fähigkeiten und Entwicklungsziele nach Borba (1999, S. 5; in Fuhrer 2007, S. 277)

Fertigkeiten und Fähigkeiten	Elterliche Unterstützungsmaßnahmen	Entwicklungsziele
Persönliche Fertigkeiten		
❶ Positives Selbstwertgefühl	Dem Kind helfen, solide, positive Selbstüberzeugungen und eine Haltung des »Ich kann`s schaffen« vermitteln.	Selbstvertrauen
❷ Kultivierung von Stärken	Sensibilisierung des Kindes für seine Talente und Stärken, so dass es auf seine Individualität stolz sein und seine Potenziale erweitern kann.	Selbstbewusstsein
Emotionale Fertigkeiten		
❸ Kommunizieren	Das Kind unterstützen, aufmerksam zuzuhören, für sich selbst zu sprechen, das, was es sagen will, mitzuteilen, um das eigene Wissen zu vergrößern und Missverständnisse zu reduzieren.	Verstehen
❹ Problemlösen	Dem Kind beibringen, wie es verantwortbare Entscheidungen treffen und die beste Lösung finden kann	Selbstverantwortlichkeit
Soziale Fertigkeit		
❺ Mit anderen auskommen	Unterstützung des Kindes, Freundschaften zu schließen und mit schwierigen Beziehungen zurechtzukommen.	Kooperation

Tab. 2.2: Kindliche Fertigkeiten, Fähigkeiten und Entwicklungsziele nach Borba (1999, S. 5; in Fuhrer 2007, S. 277) – Fortsetzung

Fertigkeiten und Fähigkeiten	Elterliche Unterstützungsmaßnahmen	Entwicklungsziele
Motivationale Fähigkeiten		
❻ Ziel setzen	Dem Kind helfen, wie es lernen kann, Ziele zu bestimmen, die es erreichen möchte, und die Schritte für das erfolgreiche Erreichen dieser Ziele festzulegen.	Selbstmotivation
❼ nicht aufgeben	Dem Kind zeigen, wie es etwas zu Ende bringen kann, was es begonnen hat, auch wenn Schwierigkeiten auftauchen.	Beharrlichkeit
Moralische Fertigkeit		
❽ sich kümmern	Das kindliche Mitgefühl stärken und seine Sensibilität für die Gefühle und Bedürfnisse anderer erhöhen.	Empathie

Borba entwickelte diese an kindlichen Entwicklungsaufgaben orientierte Ziel- und Fertigkeiten»liste« weiter und spezifiziert – entsprechend verschiedener Altersstufen und den damit verbundenen Entwicklungsaufgaben – darauf abgestimmte funktionale elterliche Verhaltensmuster.

Borba gibt allerdings kaum Quellen oder Theorien an, auf die sie sich bezieht. Insofern handelt es sich um einen praxisorientierten entwicklungspsychologisch plausiblen Ansatz. Näheres dazu unter: http://micheleborba.com/articles/

Theorie der Sensitivität

Das Konzept der elterlichen Sensitivität beschreibt auf der Grundlage der Bindungstheorie eine für die Ausbildung einer sicheren Bindungsbeziehung essenzielle elterliche Kompetenz. »Elterliche Feinfühligkeit (»sensitivity«) stellt eine fest verschaltete Reaktionsbereitschaft aus Aufmerksamkeit, Promptheit, Angemessenheit und Konsistenz dar, die auf der quantitativen Dimension von weniger nach mehr variieren kann, die mehr oder weniger insbesondere zur Regulation negativer Kindsignale eingesetzt werden sollen« (Keller, 2001, S. 1).

Das Konzept der Feinfühligkeit gerät allerdings zunehmend in die Kritik, weil die Zusammenhänge mit der späteren Bindungssicherheit zwar vorhanden, aber nicht stärker als andere Aspekte elterlichen Verhaltens seien. »Darüber hinaus muss Feinfühligkeit als kulturspezifisches Muster elterlicher Qualität diskutiert werden. Die Definition von Feinfühligkeit basiert auf Vorannahmen, die für viele kulturelle Kontexte nicht zutreffen ..., wie z. B. die implizierte exklusive dyadische Aufmerksamkeit« (ebd.). So beschreiben Keller und Kärtner (2014) bspw., dass für städtische europäische Mittelschichten typisches Interaktionsverhalten zwischen Elternteil und Kind, wie bspw. intensiver Blickkontakt und gegenseitiges Anlächeln, keineswegs auch gültig für in der Subsistenz lebende Dorfgemeinschaften und darin stattfindende Kind-Eltern-Kommunikation sein müsse. Doch sowohl Lächeln als auch der Face-to-face-Blickkontakt gelten in der Eltern-Kind-Interaktion der westlich geprägten Mittelschichtfamilien als prototypisches Verhalten zur Organisation sicherer Bindungsverhältnisse.

Ansätze, die sich auf kindliche Bedürfnisse beziehen

Konzepten der elterlichen Erziehung, deren Ausgangs- oder Fluchtpunkt kindliche Grundbedürfnisse sind, liegen mindestens folgende Annahmen zugrunde:

1. Es existieren wohl definierte kindliche Grundbedürfnisse.
2. Erziehung diene dann dazu, diese Grundbedürfnisse zu befriedigen.
3. Erziehungsverhalten sei demzufolge homolog zu den kindlichen Grundbedürfnissen zu bestimmen.

Bereits bei der ersten Annahme gerät die Idee, ein durchdachtes theoretisches Fundament mittels kindlicher Grundbedürfnisse bestimmen zu können, ins Schlingern, denn allein in den von uns untersuchten Quellen (Maslow, 1968, 2002; Alderfer, 1972; Epstein, 1991; Lichtenberg, 1998, 2000; Wissenschaftlicher Beirat für Familienfragen, 2005; Brazelton & Greenspan, 2002; Fuhrer, 2005; Jacob & Wahlen, 2006) werden sehr unterschiedliche Bedürfnisse und Bedürfnisklassen verwendet.

Nicht selten kann man in Gutachten Aussagen über mehr oder weniger förderliches elterliches Erziehungsverhalten lesen, die in Referenz zu den sogenannten kindlichen Grundbedürfnissen bestimmt und beurteilt werden. Und leider wird dann vergessen, sich auf die Taxonomie dieser Grundbedürfnisse und deren Autoren zu beziehen.

In der folgenden Übersicht unternehmen wir den Versuch, die hier vorgestellten Bedürfnissysteme synoptisch zu vereinen, wobei es sicherlich zu Überschneidungen oder definitorisch nicht immer eindeutigen Zuordnungen gekommen ist (▶ Abb. 2.1).

Für die Praktikerin ergibt sich nunmehr der Vorteil, sich entweder auf eine der Bedürfnissysteme direkt zu beziehen oder die hier summierten sieben Bedürfnisse zur Grundlage ihrer Analyse der Befriedigung kindlicher Grundbedürfnisse durch elterliche Erziehung zugrunde zu legen.

a) Kriterien elterlicher Erziehungsfähigkeit nach Kindler et al. (2004)

Kindler et al. (2004) legten ein Handbuch zur Kindeswohlgefährdung vor. In diesem sind Parameter der elterlichen Erziehungsfähigkeit definiert. Leider gibt es nur wenig Hinweise auf die theoretische Fundierung dieser Parameter. Ausgangspunkt scheinen bei diesem Ansatz die kindlichen Grundbedürfnisse nach Alderfer (1972) zu sein; unterschieden werden demzufolge: das Bedürfnis nach Existenz (existence), das Bedürfnis nach sozialer Bindung und Verbundenheit (relatedness) sowie das Bedürfnis nach Wachstum (growth). Allerdings beinhaltet der Auftrag, zu diesem Handbuch lediglich Minimalstandards herauszuarbeiten, deren Unterschreiten die

2 Modelle und Theorien der elterlichen Erziehung

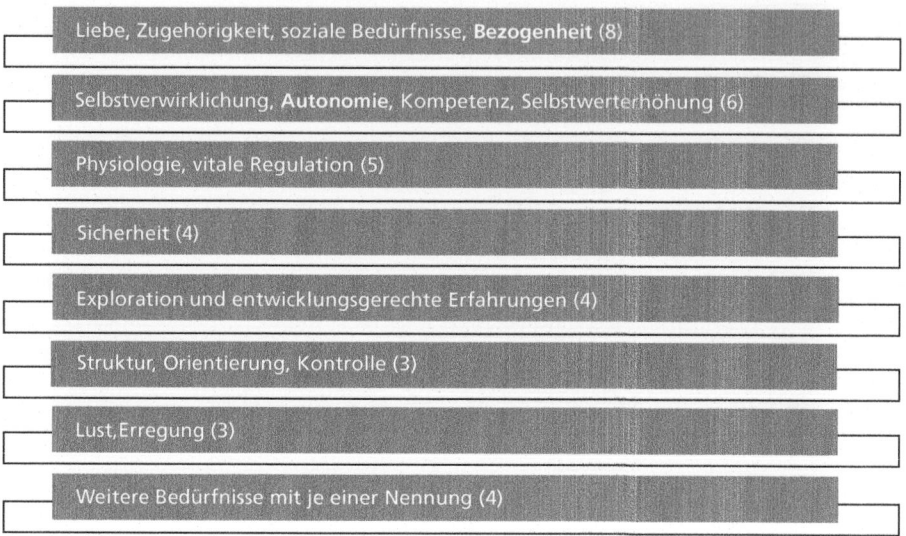

Abb. 2.1: Synopse kindlicher Grundbedürfnisse (in Klammern steht die Häufigkeit der Nennungen in verschiedenen Taxonomien)

Vermutung von Kindeswohlgefährdung begründet. Damit kann dieser Ansatz nicht dem Anspruch genügen, die Vielfalt von Erziehung (auch diesseits von Kindeswohlgefährdung) abzubilden. Aus den Minimalstandards werden unter der *funktionalen* Perspektive – im Hinblick auf Vermeidung von Kindeswohlgefährdung – folgende wesentliche elterlichen Erziehungsfunktionen herausgefiltert:

- die »Fähigkeit, Bedürfnisse des Kindes nach körperlicher Versorgung und Schutz zu erfüllen;
- die Fähigkeit, dem Kind als stabile und positive Vertrauensperson zu dienen;
- die Fähigkeit, dem Kind ein Mindestmaß an Regeln und Werten zu vermitteln;
- die Fähigkeit, einem Kind grundlegende Lernchancen zu eröffnen« (Kindler et al., 2004. TOP 13).

Als *diagnostische* Verfahren dienen v. a. Checklisten, anhand derer die Überschreitung von Gefährdungsschwellen zu ermitteln ist, was wiederum die Aktivierung von dem Kindesschutz dienenden Maßnahmen der Jugendhilfe begründet. Eine Differenzierung unterhalb der hohen Gefährdungsschwelle ist im Konzept nicht vorgesehen und wird daher durch die Diagnostik auch nicht angeboten.

b) Das Zwei-Komponenten-Modell nach Keller (2001)

Heidi Keller und MitarbeiterInnen (Keller, 2001) entwickelten mit Hilfe der durch sie angeregten und selbst durchgeführten kulturvergleichenden entwicklungspsychologischen Studien das sogenannte *Zwei-Komponenten-Modell.* »Elternverhaltenssysteme«

2.3 Dyadisch-interaktionelle (entwicklungspsychologische) Konzeptualisierungen

als die erste sowie »elterliche Interaktionsmechanismen« als die zweite Komponente ergeben die spezifische Mischung individuellen elterlichen Erziehungsverhaltens. Die Eltern als Kulturträger geben die Hauptlinien der gesellschaftlich erwünschten Entwicklungserwartungen an ihre Kinder weiter. Diese Erwartungen sind mit den Dimensionen *Interdependenz* (Bezogenheit) oder *Independenz* (Autonomie) beschreibbar.

Dies veranschaulicht die folgende Abbildung (▶ Abb. 2.2):

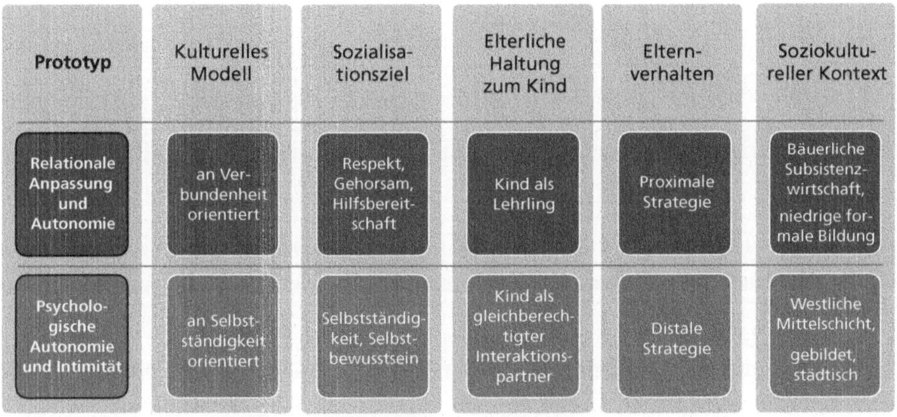

Prototyp	Kulturelles Modell	Sozialisationsziel	Elterliche Haltung zum Kind	Elternverhalten	Soziokultureller Kontext
Relationale Anpassung und Autonomie	an Verbundenheit orientiert	Respekt, Gehorsam, Hilfsbereitschaft	Kind als Lehrling	Proximale Strategie	Bäuerliche Subsistenzwirtschaft, niedrige formale Bildung
Psychologische Autonomie und Intimität	an Selbstständigkeit orientiert	Selbstständigkeit, Selbstbewusstsein	Kind als gleichberechtigter Interaktionspartner	Distale Strategie	Westliche Mittelschicht, gebildet, städtisch

Abb. 2.2: Ökokulturelle Modelle nach Keller und Kärner (2014)

Keller definiert, sich an den in der Kulturpsychologie am besten untersuchten Dimensionen orientierend (vgl. Hofstede, Hofstede & Minkow, 2010), zwei Grundbedürfnisse, nämlich das der *Autonomie*, als Bedürfnis, das eigene Leben und die eigenen Handlungen zu kontrollieren, sowie das der *Verbundenheit* als Bedürfnis nach psychologischer und/oder ökonomischer Interdependenz zwischen Individuen. In Bezug auf die Autonomie unterscheidet Keller zwischen zwei prototypischen Ausprägungen, nämlich der von *Handlungsautonomie*, die dadurch gekennzeichnet sei, dass Kinder schon sehr früh lernen, »einfache Handlungsanweisungen selbständig auszuführen und im Alltag anfallende Handlungsroutinen selbständig auszuführen« (Keller & Kärtner, 2014, S. 107). Demgegenüber bezöge sich *psychologische Autonomie* auf »die innere, psychische Welt der Intentionen, Wünsche, Präferenzen und Vorlieben«. Das Erziehungsziel wäre dann die Entwicklung stabiler Ich-Grenzen, die sich voneinander abheben und unterscheiden. Dies sei in vielen Theorien Voraussetzung für die Entwicklung, Wiederherstellung und Aufrechterhaltung für Gesundheit und Wohlbefinden (ebd. S. 106.).

Auch die Dimension der Verbundenheit sei in zwei Extremausprägungen beschreibbar: *Psychologische Relationalität* (auch Intimität) sei immer dann gegeben, wenn »die innere, mentale Welt und die psychologische Realität es ist, die Beziehungen bestimmt« (ebd. S. 107). *Hierarchische Verbundenheit* dagegen liegt vor, »wenn die sozialen Beziehungen in einem Netzwerk von Verpflichtungen eines sozialen Verbundes verortet sind, das keine Verhandlungen über ihre Natur, Nähe und Distanz erfordert bzw. nötig oder möglich macht« (ebd.).

Es sei »offensichtlich, dass Intimität in Beziehungen zu psychologischer Autonomie gesetzt werden kann, während hierarchische Verbundenheit eher mit Handlungsautonomie korrespondiert« (ebd.).

Diese sozial-kulturellen Muster bestimmen – wie bereits erwähnt – wesentliche Elemente des elterlichen Verhaltens. Die mit dem Modell der *relationalen Anpassung und Handlungsautonomie* verbundenen elterlichen Verhaltensweisen seien bspw. bestimmt, dass das Kleinkind

- eher geteilte Aufmerksamkeit erführe,
- viel Aufmerksamkeit über den Körper vermittelt werde,
- früh sauber werde,
- eine nach außen, auf andere gerichtete Aufmerksamkeit entwickele und
- viel rhythmische und melodische aber weniger verbalisierende Vokalisation erfahre.

Kinder, die nach dem Modell der psychologischen Autonomie und psychologischen Relationalität aufwüchsen, erfahren dagegen

- viele Rückmeldungen zur individuellen Einzigartigkeit,
- Betonung des inneren Erlebens,
- eine verbal elaborierte Sprache,
- positiven Emotionen als Grundstimmung verbunden mit viel Lächeln,
- viel Spiegelung der eigenen Emotionen und
- viel Evaluation (durch Lob und Ermunterung).

Es wäre natürlich sehr interessant, zu erfahren, ob es auch sozialschicht-bezogene Unterschiede in Bezug auf die ökokulturellen Erziehungsverhältnisse gäbe.

Bereits wenige Jahre zuvor konzipierte Keller sogenannte *Elterliche Verhaltenssysteme* und *Interaktionsmechanismen*, die jeweils eines der beiden Grundbedürfnisse mehr oder weniger befriedigen helfen.

Die folgende Abbildung soll dies veranschaulichen (▶ Abb. 2.3).

Diese Gliederung in Teilverhaltenssysteme gestattet es, familiär besondere Kompositionen der elterlichen Erziehung zu beschreiben und damit eine – gegenüber den Erziehungsstilen – wesentlich komplexere und variantenreichere Erfassung der elterlichen Erziehungs»kultur« zu ermöglichen.

Die unmittelbare Praktikabilität dieses Ansatzes scheint allerdings noch nicht vorhanden, fehlt es doch an gut ausgearbeiteten Begründungen für die Verhaltenssysteme und Interaktionsmechanismen. Ferner sind uns bisher keine validen Diagnostikinstrumente bekannt. Und schließlich wäre zu prüfen, inwieweit die ausgearbeiteten Verhaltenssysteme und Interaktionsmechanismen auch sensitiv genug sind, um nicht nur Protoypen, sondern auch Varianten und Übergänge zu erfassen, die bspw. eher sozialkulturell determiniert sind. Möglicherweise helfen dabei Untersuchungen bspw. von El Mafaalani (2014), indem sie das Konzept des »Habitus« (also Prägungen durch soziale und kulturelle Milieus) nach Pierre Bourdieu (bspw. El Mafaalani & Wirtz, 2011; Jacob, 2016) in Verbindung zu kindlichen Entwicklungsbedingungen und -folgen setzen.

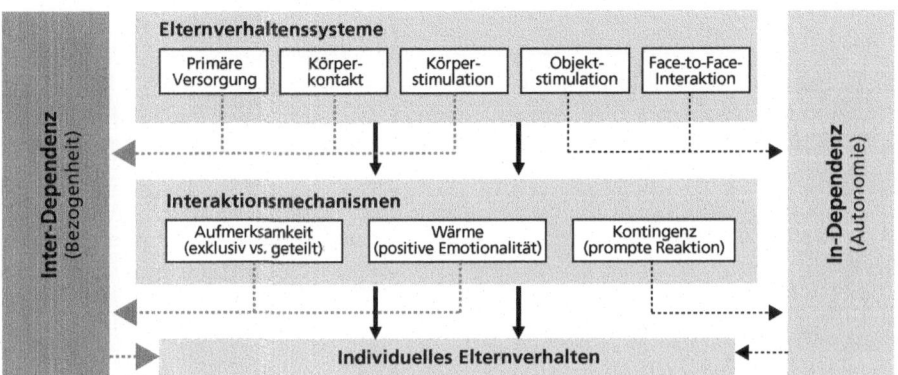

Abb. 2.3: Das Zwei-Komponentenmodell nach Keller (2001) (aus Lohaus; Ball & Lißmann, 2019, S. 159; in Lieselotte Ahnert [Hrsg.]: Frühe Bindung. Entstehung und Entwicklung. © 4. Auflage 2019, Ernst Reinhardt Verlag München/Basel. S. 159. www.reinhardt-verlag.de)

c) Das Vier-Komponenten-Modell nach Jacob und Wahlen (2006)

Thematisch verwandt mit dem Zwei-Komponenten-Modell ist der *Vier-Komponenten-Ansatz* von Jacob und Wahlen (2006). Das Modell (zusammengefasst z. B. auch bei Wahlen und Jacob, 2013) postuliert als Bezugsgrößen der elterlichen Erziehung fünf kindliche Grundbedürfnisse: das Bedürfnis des Kindes nach Vitalität, sein Bedürfnis nach Überschaubarkeit durch Struktur, das Bedürfnis nach Sicherheit durch Bindung, das Bedürfnis nach Interaktion/Kommunikation und schließlich das Bedürfnis nach Erleichterung (als Freiheit von Angst) und Genuss (Lust). Diesen Grundbedürfnissen lassen sich drei elterliche Erziehungskomponenten zuordnen: Elternverhaltenssysteme, Interaktionsmechanismen sowie Affektmuster.

(1) In Anlehnung an Keller werden Elternverhaltenssysteme definiert. Die Verhaltenssysteme »Pflegen und Ernähren« sowie »Strukturieren« sind essenziell; sie begründen Elternschaft insofern, als sie der Lebenssicherung des Kindes dienen. Neben dem der Ernährung und Hygiene dienenden Pflegeverhalten ermöglicht die elterliche Strukturgebung dem Kind, Erfahrungen der Überschaubarkeit und der Ordnung von Zeit, Raum und Reizen zu machen; damit erst wird es in die Lage versetzt, realitätsangemessen und erfolgreich zu unterscheiden und zu vergleichen. Das Verhaltenssystem des »Sicherns« erfüllt die Funktion, dem Kind bei Bedrohung Trost und Schutz zu gewähren oder aber es vor Angst auslösenden Anforderungen zu beruhigen. Ein weiteres Verhaltenssystem dient der Unterstützung der Erkundung bzw. des Explorationsverhaltens des Kindes. Es werden dabei zwei Arten von elterlicher Unterstützung unterschieden: Mit »Orientierung« ist die Unterstützung gemeint, die das Kind zum besseren Verstehen und bei der Bewertung neuer Erfahrungen erhält: Eltern bieten dem Kind einen orientierenden (u. a. kulturell geprägten, empirisch gehaltvollen und/oder normativ wirksamen) Bezugsrahmen an, in den das Kind seine Erfahrungen einordnen und in dem es sie mit Sinn aus-

statten kann. Letztlich wird über Orientierungserfahrungen insbes. das biografische Ich aufgebaut. Im Unterschied dazu meint »elterliche Anregung« die Unterstützung und Ermutigung des Kindes beim aktiven Explorieren neuer Gegebenheiten und beim Generieren neuer Erfahrungen (deren Verstehen wiederum durch elterliche Orientierungsleistungen erleichtert werden kann).

(2) Von den elterlichen Verhaltenssystemen unterscheiden die Autoren in Anlehnung an Heidi Keller die elterlichen Interaktionsmechanismen. Letztere übernehmen die Funktion, Verhaltenssysteme zu moderieren. Interaktionsmechanismen sind weniger bewusstseinsnah als die Verhaltenssysteme; sie operieren in der Regel auf einem intuitiven Niveau. In dieses Modell der elterlichen Erziehung wurden drei der von Keller identifizierten elterlichen Interaktionsmechanismen übernommen, die als Moderatoren elterlicher Verhaltenssysteme in allen Altersstufen der kindlichen Entwicklung von Bedeutung sind. Sie sind in der folgenden Tabelle aufgeführt (► Tab. 2.3):

Tab. 2.3: Elterliche Interaktionsmechanismen (aus Jacob & Wahlen 2006a, S. 42; Jacob, A. & Wahlen, K.: Das Multiaxiale Diagnosesystem Jugendhilfe (MAD-J). Mit CD-ROM. © 2006, Ernst Reinhardt Verlag München/Basel. S. 42. www.reinhardt-verlag.de)

❶	Aufmerksamkeit	ungeteilt, dyadisch
		geteilt
❷	Sensitivität	für positive Signale
		für negative Signale
		für ambivalente Signale
❸	Kontingenz	auf negative Signale
		auf positive Signale
		auf ambivalente Signale

Heidi Keller ist es auch zu verdanken, aus der kulturvergleichenden Perspektive den Blick auf die sogenannte »geteilte« Aufmerksamkeit gelenkt zu haben. Deren Bedeutung scheint von vielen Eltern unterschätzt zu werden; sie gilt oftmals als Aufmerksamkeit minderer Güte. Verkannt wird dabei, dass erst die geteilte Aufmerksamkeit, die nicht nur dem (einen) Kind, sondern auch anderen und anderem gilt, Eltern und Kindern ermöglicht, den Alltag zu bewältigen und für alle Beteiligten Erlebniswerte von großer Bedeutung auch solchen Situationen abzugewinnen, die – wie beispielsweise das gemeinsame Einkaufengehen – unter dem Regime der ungeteilten (dyadischen) Aufmerksamkeit nur zu großen Belastungen werden können.

Außer den oben genannten Interaktionsmechanismen hat Keller noch den Interaktionsmechanismus »Wärme« postuliert. Emotionale Wärme ist aber besser als ein elterliches Affektmuster denn als Interaktionsmuster zu begreifen.

2.3 Dyadisch-interaktionelle (entwicklungspsychologische) Konzeptualisierungen

(3) Aus zwei Quellen speist sich die Konzeption der dritten Komponente der *elterlichen Affektmuster* zur Beschreibung der elterlichen Erziehung. Es ist zunächst die konsequente Berücksichtigung des Verständnisses elterlicher Erziehung: dass es sich nämlich um eine emotional-affektiv getönte Angelegenheit, für die intensive Gefühle, Intuition und starke persönliche Bindung grundlegend und kennzeichnend sind. Es erscheint daher sinnvoll, als dritte Komponente elterlicher Erziehung die *elterlichen Affektmuster* separat zu konzipieren. Elterliche Affektmuster sind emotional-affektive Haltungen der Eltern ihrem Kind gegenüber von längerer zeitlicher Stabilität. Sie rahmen und grundieren als primäre Affekte (Krause, 1998, S. 27 f.) die elterliche Erziehung im Sinne eines *emotionalen Klimas*.

Es werden elterliche Affektmuster unterschieden:

- *Wärme* ist ein Affektmuster, das sich entwickelt hat, »um die innerfamiliären Beziehungen zu stabilisieren«… und »wird beschrieben als positiver, affektiver Austausch …, der sich äußert in der emotionalen Regulation … besonders im mimischen Ausdruck, aber auch im empathischen Affekt, der sich in der Stimme äußert« (Keller, 2001, S. 30). Den Gegenpol bildet emotionale Kälte.
- *Gelassenheit und Erleichterung* haben sich als ein Affektmuster herausgebildet, das insbesondere dazu dient, bedrohliche Situationen zu entschärfen. Dieses Affektmuster hat die Funktion, Angstfreiheit (wieder)herzustellen. Den Gegenpol bilden gereizte Dysphorie und spannungsvolle Ängstlichkeit.
- *Genuss und Humor*: Damit sind elterliche Verhaltensweisen gemeint, die dem kindlichen Erleben von Lust dienen. Dieses Affektmuster unterscheidet sich vom sichernden Verhalten weniger in seinem Inhalt als darin, wodurch es ausgelöst wird und wann es zum Einsatz kommt. Genuss verschaffende Elternhandlungen dienen z. B. weniger der Ernährung, sondern eher dem Stillen von Appetit. Es sind freudvolle, humorige und genussvolle Handlungen, die mit entsprechenden verbalen, paraverbalen und körperlichen Begleithandlungen verbunden sind. Sie kommen den kindlichen Wünschen nach angenehmen und lustvollen Erfahrungen mit allen Sinnen entgegen. Den Gegenpol bilden körperliche Aversion, Kargheit und Ärger (bis hin zu Feindseligkeit).
- Schließlich wird noch das Affektmuster »*Interesse und Anteilnahme*« beschrieben. Dieses Muster ist gekennzeichnet durch Signale aufmerksamer Zuwendung und von elterlichen Reaktionen auf die Signale des Kindes. Es dient der affektiven und kognitiven Abstimmung zwischen Kind und Eltern. Den Gegenpol bilden Desinteresse und Teilnahmslosigkeit. Dieses Affektmuster ist die wesentliche affektive Basis der elterlichen Interaktionsmechanismen.

(4) Die vierte Komponente der elterlichen Erziehung umschreibt deren Richtungsziele. Sie bildet mit Bezug auf diese Ziele die *kindlichen Erfahrungen* ab, die das Kind mit den elterlichen Erziehungshandlungen macht. Die Zielkomponente nimmt die von Eltern, z. B. im Rahmen der Erziehungsberatung, gestellte Frage auf, zu welchen konkreten Erfahrungen hin sie denn ihre Kinder erziehen sollen: Welche Erfahrungen sollen Kindern durch das Erziehungshandeln ermöglicht werden? Diese Frage lässt sich sehr allgemein mit Bezug auf zwei Oberziele beantworten, die sich in kulturspezifischen Formen konkretisieren und – ebenfalls kulturabhängig – in un-

terschiedlichen Ausprägungen und Verhältnissen zueinander ihren normativen Gehalt entfalten: Gemeint sind die Dimensionen »Autonomie« und »Bezogenheit«, die als Rechte junger Menschen beispielsweise im § 1 Abs. 1 SGB VIII gesetzlich kodifiziert sind und in dieser Form die Rechtsgrundlage für das Tun und Lassen der Kinder- und Jugendhilfe bilden.

In der nächsten Abbildung werden die vier Komponenten und deren Bezug zu den kindlichen Grundbedürfnissen noch einmal zusammengefasst (► Abb. 2.4).

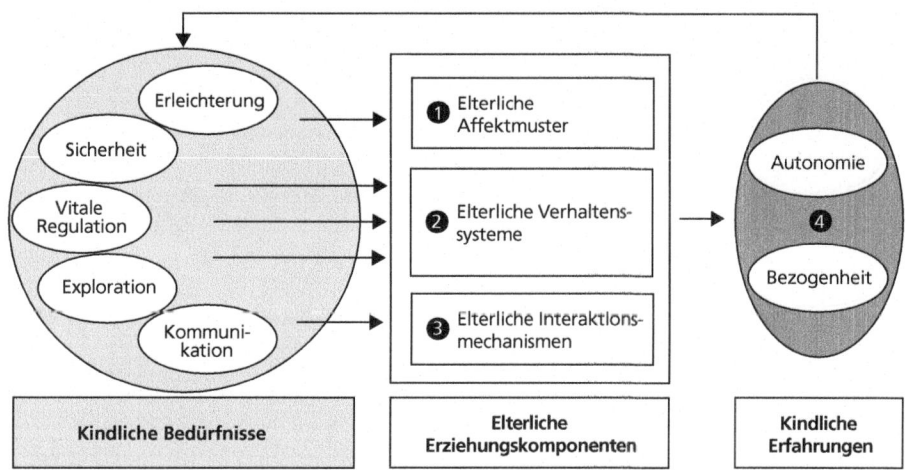

Abb. 2.4: Zusammenschau der vier Komponenten (verändert nach: Jacob & Wahlen, 2006a, S. 46; Jacob, A. & Wahlen, K.: Das Multiaxiale Diagnosesystem Jugendhilfe (MAD-J). Mit CD-ROM. © 2006, Ernst Reinhardt Verlag München/Basel. S. 46. www.reinhardt-verlag.de)

Diagnostische Implikationen aus diesem Modell werden im Kapitel zur Diagnostik vorgestellt.

Die Komponentenansätze von Keller sowie von Jacob und Wahlen liegen auch dem Konzept »*Gelingende Erziehung*« der Bundeskonferenz für Erziehungsberatung zugrunde (2008) zugrunde. Dieses lässt sich mittels folgender Kernsätze charakterisieren:

1. Die kindlichen Grundbedürfnisse bestimmen die folgenden *Themen der elterlichen Erziehung*:
    - Vitalität des Kindes erhalten durch Pflege, Ernährung und Schutz,
    - Überschaubarkeit für das Kind schaffen durch Strukturgebung,
    - dem Kind Sicherheit geben durch Bindung (Beziehung gestalten),
    - die Exploration des Kindes unterstützen durch Orientierung und Anregung.
2. *Erziehungsthemen* werden vermittelt über konkrete erzieherische Handlungen: Informieren, Ermutigendes Motivieren, Unterstützen, Aufmerksamkeit ausrichten, Anleiten, Aufgreifen kindlicher Gefühle, Ermutigung zur Reflexion.

2.3 Dyadisch-interaktionelle (entwicklungspsychologische) Konzeptualisierungen

3. Neben der elterlichen Erziehung beeinflusst noch eine Vielzahl von persönlichen und kontextuellen Bedingungen die kindliche Entwicklung wie z. B. die Persönlichkeits- und Temperamentseigenschaften der Eltern und des Kindes, die Lebensorganisation und die Lebenslage der Familie wie z. B. die sozialen, ökonomischen, ökologischen, kulturellen und religiösen Lebensbedingungen. Daneben sind Erfahrungen der Familie und speziell des Kindes mit Übergängen wie Trennung der Eltern, Migration oder kritischen Lebensereignissen zu berücksichtigen.
4. Die aufgeführten Themen, Verhaltensweisen und Einflussbedingungen stellen eine idealtypische Beschreibung von Merkmalen gelingender Erziehung dar. Diese können im familiären Alltag auch von den engagiertesten Eltern nicht ständig erfüllt werden Aber: Je mehr dies gelingt, desto besser seien die Bedingungen für eine gute Entwicklung des Kindes.

Beispielhaft zeigt dies die folgende Tabelle (▶ Tab. 2.4).

Tab. 2.4: Erziehungsthemen und Erziehungstätigkeiten – Beispiele (Bundeskonferenz für Erziehungsberatung, 2008, S. 9)

Erziehungsthemen Erziehungstätigkeiten	Vitalität erhalten durch Pflege, Ernährung und Schutz	Überschaubarkeit schaffen durch Strukturgebung	Sicherheit geben durch Bindung – Beziehung gestalten	Exploration unterstützen durch Orientierung und Anregung	Sexuelle Entwicklung von Mädchen und Jungen	Intensive Gefühle
Informieren	Informieren des Kindes über gesunde Ernährung	Die Eltern informieren das Kind, mit welcher Zeitplanung das kommende Wochenende abläuft.	Informieren des Kindes, welche Bezugspersonen im Notfall z. B. durch die Schule anzurufen sind.	Informieren des Kindes über seine familiäre Herkunft.	Die Eltern klären das Kind über die körperlichen Unterschiede von Mädchen und Jungen auf	Erläutern, weshalb man z. B. beim Abschied oder bei der Wiedervereinigung so intensiv fühlt.
Ermutigendes Motivieren	Das Kind wird ermutigt, bei der Nahrungszubereitung aktiv zu helfen.	Das Kind wird ermutigt, das Zubettgehen als Ritual auch einfordern zu können oder in diesem Ritual auch selbst aktiv mitzuwirken.	Das Kind wird ermutigt, selbst Ideen zur Gestaltung intensiv erlebter Familienereignisse (Weihnachten) einzubringen.	Das Kind wird ermutigt, eine neue Umgebung selbst zu erkunden.	Das Kind wird ermutigt, geschlechtstypische Verhaltensweisen spielerisch auszuprobieren.	Das Kind wird ermutigt, eigene Gefühlsausdrücke zu zeigen.

Tab. 2.4: Erziehungsthemen und Erziehungstätigkeiten – Beispiele (Bundeskonferenz für Erziehungsberatung, 2008, S. 9) – Fortsetzung

Erziehungsthemen / Erziehungstätigkeiten	Vitalität erhalten durch Pflege, Ernährung und Schutz	Überschaubarkeit schaffen durch Strukturgebung	Sicherheit geben durch Bindung – Beziehung gestalten	Exploration unterstützen durch Orientierung und Anregung	Sexuelle Entwicklung von Mädchen und Jungen	Intensive Gefühle
Unterstützen	Die Eltern übernehmen bei der Nahrungszubereitung durch das Kind das Schneiden harter Materialien.	Die Eltern unterstützen das Kind bei der zeitplanbezogenen Einrichtung des Hausaufgabenheftes.	Die Eltern speichern auf dem Handy des Kindes selbst hilfreiche Telefonnummern, um Fehler zu vermeiden.	Die Eltern begleiten das Kind durch ihre Anwesenheit zunächst in eine neue Umgebung, die dann allein weiter exploriert wird.	Die Eltern unterstützen ihr Kind darin, seinen Intimbereich gegen von ihm nicht gewünschte Annäherungen abzugrenzen.	Die Eltern reichen dem Kind, wenn es weint, ein Taschentuch oder fordern es direkt auf, auf den Schoß zum Trösten zu kommen.
Aufmerksamkeit ausrichten	Die Eltern helfen dem Kind mit einer Einkaufsliste, die Warenauswahl zu begrenzen.	Die Eltern helfen beim Kofferpacken für den Ferienausflug des Kindes mit dem Anlegen einer Kleidungsliste.	Die Eltern teilen dem Kind in einem Elternpaarkonflikt mit, dass es keinerlei Schuld am Elternstreit hat.	Die Eltern unterstützen das Kind beim Auswählen eines Hobbys unter mehreren, in dem sie Kriterien zur Bewertung vorschlagen.	Die Eltern besprechen mit ihrer Tochter, wie sie sich kleiden möchte und welche Wirkung dies auf Jungen oder Männer haben kann.	Die Eltern identifizieren und differenzieren in einem stark affektgeladenen Geschehen die unterschiedlichen Gefühle.
Anleiten	Die Eltern demonstrieren den Umgang mit Nadel und Faden zum Annähen eines Knopfes.	Die Eltern unterstützen das Kind, die Uhr zu lernen.	Die Eltern zeigen an einer Puppe eine körperbezogene Tröstung.	Die Eltern demonstrieren die Planung einer Wanderung nebst dazu gehörigen Einpackens notwendiger Utensilien.	Die Mutter zeigt der pubertierenden Tochter, wie sie sich schminken kann.	Die Eltern sind selbst Modell beim Zeigen und Bewältigung von Gefühlen.

2.3 Dyadisch-interaktionelle (entwicklungspsychologische) Konzeptualisierungen

Tab. 2.4: Erziehungsthemen und Erziehungstätigkeiten – Beispiele (Bundeskonferenz für Erziehungsberatung, 2008, S. 9) – Fortsetzung

Erziehungsthemen Erziehungstätigkeiten	Vitalität erhalten durch Pflege, Ernährung und Schutz	Überschaubarkeit schaffen durch Strukturgebung	Sicherheit geben durch Bindung – Beziehung gestalten	Exploration unterstützen durch Orientierung und Anregung	Sexuelle Entwicklung von Mädchen und Jungen	Intensive Gefühle
Widerspiegeln, modulieren und symbolisieren kindlicher Gefühle	Die Eltern spiegeln Hunger und Appetit, aber auch Sattheit und Genuss in Bezug auf die Nahrungsaufnahme.	Die Eltern spiegeln Zufriedenheit oder Stolz, wenn das Kind selbständig pünktlich entsprechend der verabredeten Zeit nach Hause gekommen ist.	Die Eltern verstehen den Schreck auf einen unangenehmen plötzlichen Reiz und beruhigen danach ihr Kind, ohne selbst in Panik zu geraten.	Die Eltern verstehen und spiegeln die kindliche Neugier und Freude am Erkunden eines neuen Spielgerätes. Sie spiegeln aber auch die Befriedigung des Kindes, wenn es etwas »begriffen« hat.	Die Eltern bieten dem Kind Hilfe bei der Bewältigung des ersten Liebeskummers an.	Die Eltern verstehen und spiegeln die Tatsache, dass zwischen ihnen und ihrem Kind eine besondere Emotionalität besteht, dass es also bei der Intensität und in der Häufigkeit bestimmter Gefühle Unterschiede zu anderen weiter entfernten Personen gibt.
Ermutigung zur Reflexion	Die Eltern regen das Kind an, über eigene hygienische Handlungen und deren Notwendigkeit nachzudenken.	Die Eltern regen das Kind an, Vorschläge zum selbsttätigen Wecken am Morgen zu machen.	Die Eltern geben ein eigenes Modell bei der Konfliktaustragung, insbesondere in Bezug auf die Fähigkeit, nach einem Streit wieder aufeinander zugehen zu können.	Die Eltern regen das Kind an, den ersten selbstständigen Radausflug, mit ihnen nachzubesprechen.	Der Vater bespricht mit seinem Sohn, welche Bedeutung machohaftes Verhalten haben könnte.	Die Eltern ermutigen ihre Kinder, Gefühle zuzulassen und zugleich die unterschiedlichen erlaubten Verhaltensweisen und -wünsche zu besprechen (Wut ohne andere Kinder zu schlagen, aber z. B. einen Wutsack für die motorische Abfuhr zu nutzen).

2.4 Systemische und Integrative Konzepte der elterlichen Erziehung

Systemische und integrative Ansätze und Modelle elterlicher Erziehung konzeptualisieren nicht nur die elterliche Erziehung, sondern auch deren Modifikationsbedingungen.

Fuhrer (2007): Integratives Konzept der Elternbildung

In Anlehnung an Sigrid Tschöpe-Scheffler (2005) stellt Urs Fuhrer (Fuhrer, 2007, S. 274 ff.) ein integratives Konzept zur Elternbildung vor, das auf die Förderung mehrerer elterlicher Kompetenzen in ihrem Zusammenwirken abzielt. Der Fokus des Konzepts liegt in der Stärkung der elterlichen Erziehungsverantwortung.

Die verschiedenen Kompetenzbereiche, die in durch Elternbildung gefördert werden könnten, sind nach Fuhrer *Entwicklungskompetenzen*, d. h. Wissen um entwicklungsabhängige Bedürfnisse des Kindes, *Erziehungskompetenzen*, d. h. Fähigkeiten zu angemessenem Umgang und angemessener Gestaltung von Beziehung und Interaktion mit dem Kind, sowie *Selbst-, Beziehungs- und Familienkompetenzen*. Die einzelnen Kompetenzbereiche lauten: 1. Entwicklungskompetenzen, 2. Erziehungskompetenzen sowie 3. Selbst-, Beziehungs- und Familienkompetenzen.

Darüber hinaus enthält das Konzept die »*Soziale-Netzwerk-Komponenten*«, womit nicht nur elterliche Kompetenzen im engeren Sinne, sondern der Aufbau und die Nutzung von sozialen Netzwerken in Nachbarschaft und Kommune sowie die Vernetzung von Familien, Schulen, Institutionen innerhalb von Interventionsmaßnahmen gemeint sind (Fuhrer, 2007, S. 281). Gerade die letztgenannte Komponente verbindet die elterliche Erziehungskompetenz mit den sie beeinflussenden Bedingungen der Erziehungsumgebung.

Hoghughi (2004): Conceptual framework parenting

Hoghughi (2004, S. 6 ff.) identifizierte und analysierte den theoretischen Gehalt zahlreicher Konzepte zum »Parenting« im englischsprachigen Raum und schlug ein Rahmenmodell zu Elternschaft (orig.: »Conceptual framework of parenting«) vor. Dieses Modell soll die Beschreibung und Evaluation elterlichen Erziehungsverhaltens und zum anderen die Herleitung und Strukturierung elternunterstützender Interventionen ermöglichen. Zunächst postuliert Hoghughi »parenting processes« als Aktivitäten, die insbesondere darauf abzielen, das kindliche Wohlergehen zu fördern. Sein Rahmenmodell sieht zunächst Kern-Elemente *elterlicher Aktivitäten* vor, d. h. notwendiges und ausreichendes elterliches Verhalten (»Parenting«). Diese zielen auf die Unterstützung und Optimierung *kindlicher Funktionen*. Schließlich geschieht dies nicht voraussetzungslos, d. h., Hoghughi definiert Voraussetzungen (bzw. *Bedingungen) zur Ausübung elterlicher Aktivitäten*. Die folgende Abbildung konkretisiert die einzelnen Kriterien, Tätigkeiten und Merkmale (► Abb. 2.5).

2.4 Systemische und Integrative Konzepte der elterlichen Erziehung

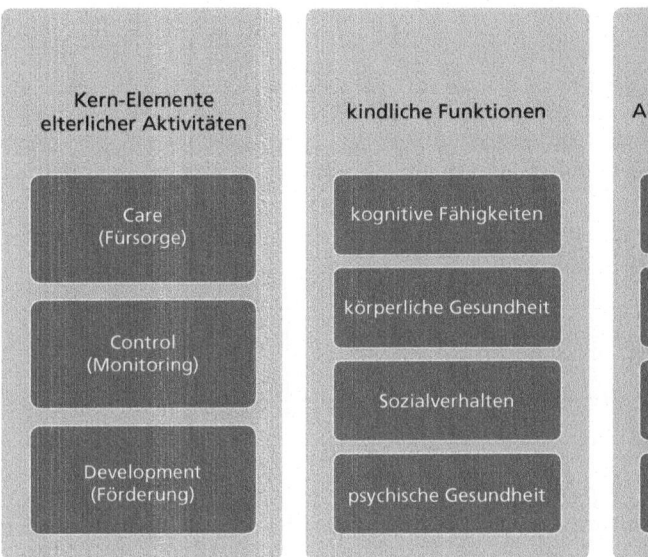
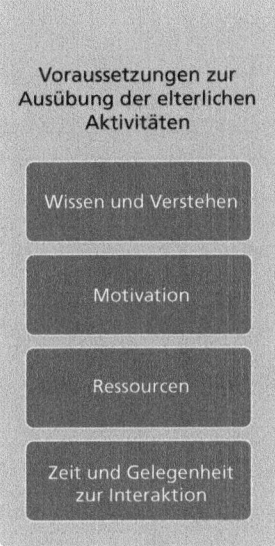

Abb. 2.5: Parenting Processes nach Hoghughi (2004)

Unter *Care* fasst Hoghughi drei Fürsorgebereiche, nämlich erstens die *physical care*, also alle Aktivitäten, die das Überleben des Kindes sichern. Zweitens zählt er *emotional care* dazu, d. h. die Zuwendung, die dem Kind entgegengebracht wird, Respekt und positive Interaktionen, in denen emotionale Sicherheit, Akzeptanz und Anerkennung vermittelt wird. Schließlich fügt er drittens noch *social care* an, die das soziale Netz umfasst, das den Kindern zur Verfügung gestellt wird. *Control* beinhaltet den eher bekannten Begriff des Monitorings, womit die Beobachtung der Aktivitäten des Kindes und das Sicherstellen, dass es sich innerhalb vernünftiger Grenzen bewegt, gemeint sind.

> »Während Care essentiell für das Überleben des Kindes ist und Control ein angemessenes Verhalten innerhalb der Gesellschaft sicherstellt, zielen Aktivitäten innerhalb von *Development* darauf ab, dass das Kind sein Potential in allen Funktionsbereichen ausfüllt. Development bezieht sich auf die Förderung kindlicher Potentiale und die Maximierung von Möglichkeiten der Kinder, diese zu nutzen und wird gewährleistet durch Ermutigungen oder die Ermöglichung neuer Erfahrungen seitens der Eltern« (BZGA, 2011, S. 38).

Dieses sehr breit angelegte Modell basiert auf einem expliziten theoretischen Ansatz, der hilfreiches Elternverhalten hinreichend begründet und dieses auch plausibel auf den jeweils entsprechenden kindlichen Entwicklungsbereich bezieht. Diagnostisch allerdings sind uns keine Operationalisierungen bekannt.

Wissenschaftlicher Beirat für Familienfragen (2005): vier Klassen elterlicher Beziehungs- und Erziehungskompetenzen

Der wissenschaftliche Beirat für Familienfragen veröffentlichte im Jahr 2005 vier Klassen elterlicher Beziehungs- und Erziehungskompetenzen (Wissenschaftlicher

Beirat für Familienfragen, 2005, S. 51 ff.), die in verschiedenen Erziehungssituationen wirken können. Darunter werden elterliche Kompetenzen verstanden, die sich auf die Elternperson selbst, auf das Kind, auf den Kontext sowie auf die eigenen Handlungsmöglichkeiten richten. Die Formulierungen deuten optimale Ausprägungen an, sind also weder neutral gefasst noch für den Leser in ihrer methodischen Konstruktion direkt erschließbar (kategorial vs. dimensional, abstrakt vs. konkret). Es werden vier Kompetenzbereiche unterschieden: Selbstbezogene Kompetenzen, Kindbezogene Kompetenzen, Kontextbezogene Kompetenzen sowie Handlungsbezogene Kompetenzen (siehe auch: BzgA 2011, S. 42 f.).

Diese vier Kompetenzklassen ordnen die Autoren systemtheoretisch mittels des von ihnen entwickelten »Prozessmodell elterlicher Beziehungs- und Erziehungskompetenzen« (▶ Abb. 2.6).

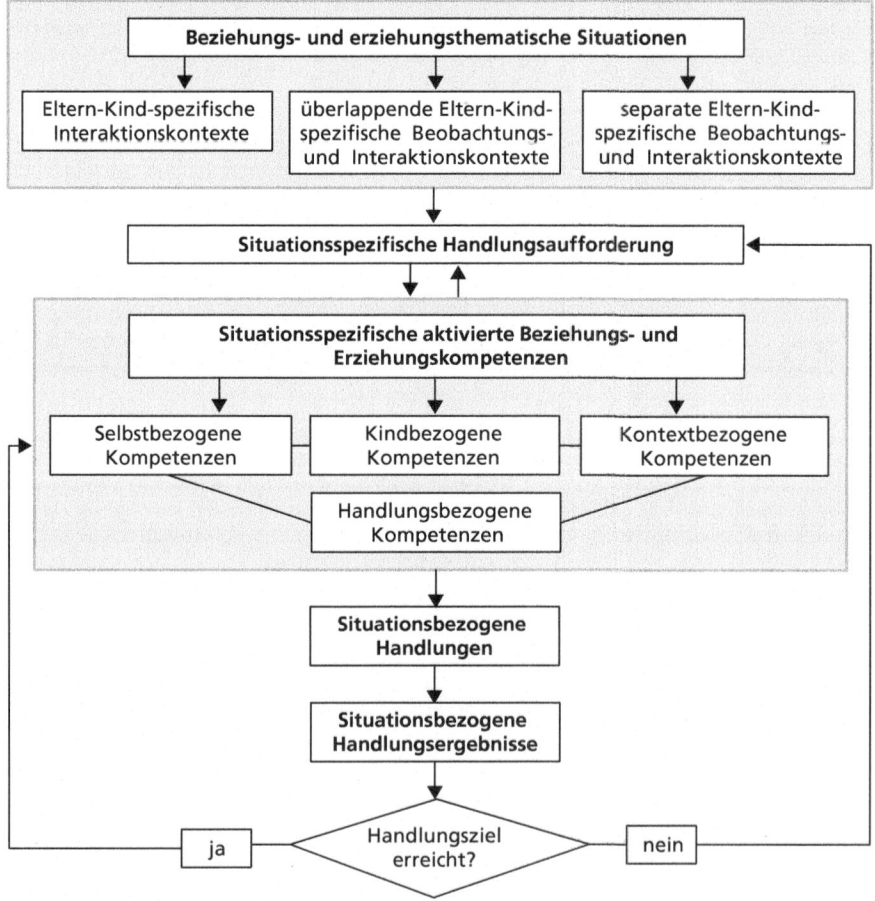

Abb. 2.6: Prozessmodell elterlicher Beziehungs- und Erziehungskompetenzen (Wissenschaftlicher Beirat für Familienfragen, 2005, S. 54)

Elternkompetenzen setzen sich demnach aus einem Repertoire von *Selbstorganisationsdispositionen* zusammen, die sich Eltern im Laufe ihres Lebens innerhalb eines *Selbstorganisationsprozesses* angeeignet haben. Hintergrund des Modells ist die Vorstellung, dass die Optimierung von Elternkompetenzen ein von der Elternperson selbst in Gang zu setzender oder gesetzter Selbstorganisationsprozess der Erfahrungsbildung ist. In konkreten beziehungs- und erziehungsthematischen Situationen werden die elterlichen Kompetenzen aktiviert und beeinflussen das elterliche Handeln. Je nach Erfolg der situationsspezifischen elterlichen Handlung kommt es entweder zu einer Stabilisierung bestehender elterlicher Kompetenzen oder zu einer veränderten Aktivierung der Kompetenzen.

Einige Anmerkungen zu dieser Gruppe der systemischen und integrativen Konzepte:

- Erzieherisches Elternhandeln wird häufig nicht in Bezug auf eine klare Zielstruktur expliziert.
- Die sozialökologischen Umwelten sind ebenfalls unterschiedlich konzipiert oder kommen gar nicht vor.
- Der Begriff des »Systemischen« wird nicht einheitlich verwendet: so wird einmal das Merkmal der »Selbstorganisation« betont, ein anderes Mal das der »Kontextualität« und wieder ein anderes Mal das der »internen Repräsentation von Kontexten«.
- Dennoch wird ersichtlich, und dies ist das besondere Verdienst dieser Ansätze, Erziehung nicht als von ihren Bedingungen getrennt zu konzipieren.

Im übernächsten Kapitel sollen deshalb – nachdem die meisten der hier vorgestellten Konzepte elterlicher Erziehung noch einmal übersichtlich zusammengefasst worden sind – diese Bedingungen von elterlicher Erziehung systematisch dargestellt werden.

2.5 Zusammenfassung und Einschätzung

Für die Praktikerin kann sich nun die Frage ergeben, welche der Konzepte sie ihrer weiteren Tätigkeit zugrunde legen soll.

Grundsätzlich und eindeutig lässt sich dies beim gegenwärtigen Stand der theoretischen Begründung und empirischen Absicherung sicherlich nicht beantworten. Um dennoch in der eigenen Meinungsbildung voranzukommen, werden hier einige Kriterien vorgestellt, die es ermöglichen könnten, die einzelnen Ansätze miteinander zu vergleichen.

1. Die Ansätze unterscheiden sich darin, entweder elterliche Erziehung rein verhaltensbeschreibend zu erfassen. Oder aber dies auch um die Aspekte des elterlichen Vorwissens über Erziehung und der elterlichen Haltungen, Einstellungen und Repräsentationen eigener Erfahrungen anzureichern.

2. Bei genauerer Betrachtung fällt auf, dass die Konzepte ein unterschiedliches Niveau darin aufweisen, das elterliche Erziehungsverhalten konsequent und vor allem konsistent handlungsbezogen zu konzipieren. Dies beeinflusst nicht nur die Validität, sondern insbes. auch stark die Reliabilität des diagnostischen Vorgehens, weil der unterschiedliche Grad der Beobachtbarkeit mit einem unterschiedlichen Niveau der Interpretation des Beobachteten und damit der Subjektivität korreliert.
3. Das spezifische Merkmal elterlichen Erziehens ist die durch die schicksalhafte Bezogenheit von Elternperson und Kind begründete tiefe emotionale Verbundenheit zwischen ihnen. Zugespitzt kann man behaupten, dass dies das Scheidekriterium zwischen elterlicher und professioneller Erziehung bildet. Deshalb wäre bei der Beurteilung eines Konzeptes zu fragen, ob dieses Kriterium im Konzept integriert und hinreichend expliziert worden ist oder nicht.
4. Ein weiteres Kriterium fragt danach, welche Perspektiven in das Konzept eingehen. Dies ist allerdings zunächst tatsächlich nur ein phänomenologisches Kriterium, denn die Zahl der einbezogenen Perspektiven sagt zunächst nur wenig darüber aus, ob dies nun hilfreich oder weniger hilfreich zur Diagnostik der elterlichen Erziehung ist. Es scheint, dass einige der kontextbezogenen Konzepte die Auswahl erziehungsrelevanter Kontexte nicht vollständig und/oder unsystematisch vorgenommen haben. Möglicherweise ist es daher unter dem Aspekt der Vollständigkeit und der Systematik sinnvoller, die Passung entwicklungspsychologischer Konzepte mit separat konzipierten Bedingungen der elterlichen Erziehung ins Auge zu fassen, als darauf zu vertrauen, dass kontextualistische Modelle die Lösung aller Fragen bieten. Mehr dazu im folgenden Kapitel.
5. Für die Validierung und für den wissenschaftlichen Nachvollzug dagegen ist es bedeutsam, ob das Konzept einer erkennbaren Theorie (Zima, 2004) bzw. einem Paradigma (Kuhn, 1996) folgt oder nicht. Die explizierte Theorie wiederum kann natürlich unterschiedliche Qualitäten und Bedeutungen aufweisen. Dies zu bewerten obliegt dann jedoch wiederum der Nutzerin selbst.
6. Die empirische Absicherung stellt ein weiteres Beurteilungskriterium dar. Bei den meisten Konzepten ist diese jedoch weder in der Komplexität und Tiefe noch in der Dynamik erfolgt, die man aus anderen Bereichen der Psychologie her kennt und erwarten sollte. Einige Konzepte dienten auch lediglich dazu, ein einzelnes diagnostisches Verfahren zu begründen. Daher unterscheiden wir nur relativ grob zwischen dem Vorhandensein einer empirischen Fundierung, dem Versuch dazu oder deren Fehlen.
7. Einige Ansätze entstanden nur zu einer eng umrissenen Fragestellung. Dies war insbes. bei Konzepten der Fall, die sich der Risikoabschätzung widmen. Deshalb ist es wichtig, dies vor der eigenen Verwendung zu wissen, um eine Überdehnung der Kriterien und Daten möglichst bereits vor dem Einsatz zu verhindern.
8. Schließlich möchten wir die Leserin noch darüber informieren, ob eine Operationalisierung des Konzeptes zu diagnostischen oder interventiven Verfahren erfolgte. Beispielsweise diente Fuhrers Ansatz explizit zur Begründung von Elternbildungsmaßnahmen, umfasste aber weniger die Konstruktion von diagnostischen Verfahren.

2.5 Zusammenfassung und Einschätzung

Die folgende Tabelle soll zunächst die Beurteilungskriterien und deren Ausprägungen zusammengefasst verdeutlichen (▶ Tab. 2.5).

Tab. 2.5: Kriterien zur Beurteilung von Konzepten der elterlichen Erziehung

Kriterium	Ausprägungen		
1. Erziehung wird konzipiert als elterliches ...	Verhalten ↔	Verhalten + Wissen ↔	Verhalten + Wissen + Einstellung
2. Elterliches Erziehungsverhalten wird als beobachtbare Handlungen konzipiert	konsistent ↔	inkonsistent ↔	nein
3. Berücksichtigung der besonderen emotionalen Bindung zwischen Elternteil und Kind	explizit ↔	implizit ↔	nein
4. Perspektive(n)	unidirektional-elternorientiert	dyadisch-interaktionell	sozialökologisch-systemisch
5. Theoriebezug	fehlt ↔	implizit ↔	explizit
6. Empirische Absicherung	nicht vorhanden ↔	teilweise ↔	vorhanden
7. Thematischer Fokus	Ja (welcher?) ↔	implizit ↔	nein
8. Operationalisierung als diagnostisches oder interventives Verfahren	vorhanden ↔	teilweise ↔	nicht vorhanden

Im nächsten Schritt sind nun ausgewählte Konzepte so dargestellt, dass die Leserin mithilfe der soeben entwickelten Kriterien einen Überblick zur eigenen Orientierung und Verwendung erhält (▶ Tab. 2.6).

Was kann die Praktikerin nun mithilfe dieser Konzepte und Kriterien tun, um die für sie passende Auswahl vorzunehmen?

Darauf gibt es enttäuschenderweise – aber natürlich nicht überraschend aufgrund der Vielfalt an Fragestellungen, an institutionellen Rahmenbedingungen und an heterogenen Konzepten – keine allgemeingültige Antwort. Dennoch lassen sich schon einige – eher aus der persönlichen Erfahrung der Autoren entspringenden – Orientierungshinweise formulieren.

1. Das Konzept sollte explizit die besondere *emotionale Qualität der elterlichen Erziehung* beinhalten und diese nicht nur behaupten, sondern auch konzeptualisieren.

Tab. 2.6: Ausgewählte Konzepte der elterlichen Erziehung zur kriterienbezogenen Beurteilung

Konzept	Autor(en)	(1) Erziehung wird konzipiert als elterliches ...	(2) Erziehungsverhalten wird als beobachtbares Handeln konzipiert	(3) Berücksichtigung der besonderen emotionalen Verbindung	(4) Perspektive(n)	(5) Theoriebezug	(6) Empirische Absicherung	(7) Thematischer Fokus	(8) Operationalisierung als diagnostisches oder interventives Verfahren
Erziehungsstil	Lewin, Baumrind, Krohne	Verhalten	inkonsistent	implizit	Eltern	teilweise expliziert	teilweise	genereller Stil	teilweise
Empirische Verfahren mit Bezug auf den Erziehungsstil	Reitzle u. a., Franiek & Reichle, Naumann u. a.	Verhalten	inkonsistent	implizit	Eltern	nein	ja	genereller Stil und dysfunkt. Elternverhalten	ja
Risikoscreening	Ostler + Ziegenhain	Verhalten + Wissen + Haltung	inkonsistent	explizit	Eltern + Kind	teilweise expliziert	nicht bekannt	Risikoscreening	teilweise
Erziehungskompetenz	Petermann + Petermann	Verhalten + Wissen	inkonsistent	nein	Eltern	implizit	nicht bekannt	nicht bekannt	nicht bekannt
Theorie kindlicher Fertigkeiten	Borba	Verhalten	inkonsistent	implizit	Eltern + Kind	implizit	nicht bekannt	nicht bekannt	pragmatisch (keine emp. Studien)
Feinfühligkeit	Ainsworth	Verhalten	konsistent	nein	Eltern + Kind	explizit	vorhanden	Sensitivität in früher Kindheit	vorhanden

2.5 Zusammenfassung und Einschätzung

Tab. 2.6: Ausgewählte Konzepte der elterlichen Erziehung zur kriterienbezogenen Beurteilung – Fortsetzung

Konzept	Autor(en)	(1) Erziehung wird konzipiert als elterliches ...	(2) Erziehungsverhalten wird als beobachtbares Handeln konzipiert	(3) Berücksichtigung der besonderen emotionalen Verbindung	(4) Perspektive(n)	(5) Theoriebezug	(6) Empirische Absicherung	(7) Thematischer Fokus	(8) Operationalisierung als diagnostisches oder interventives Verfahren
2-Komponenten	Keller	Verhalten	konsistent	explizit	Eltern + Kind	explizit	nicht bekannt	eher frühe Kindheit	bei einer kulturvergleichen Forschung in Ansätzen
4-Komponenten	Jacob & Wahlen	Verhalten	konsistent	explizit	Eltern + Kind	explizit	teilweise	nein	teilweise
Gelingende Erziehung	BKE	Verhalten	konsistent	explizit	Eltern + Kind	explizit	nein	nein	nein
Integratives Konzept der Elternbildung	Fuhrer	Verhalten + Wissen + Haltung	inkonsistent	implizit	Eltern + (wahrgenommener) Kontext	explizit	nicht bekannt	Elternbildung	teilweise
vier Klassen elterlicher Beziehungs- und Erziehungskompetenzen	Wiss. Beirat	Verhalten + Wissen + Haltung	inkonsistent	implizit	Eltern + deren kontextbezogenes Handeln	explizit	nicht bekannt		teilweise

2 Modelle und Theorien der elterlichen Erziehung

Tab. 2.6: Ausgewählte Konzepte der elterlichen Erziehung zur kriterienbezogenen Beurteilung – Fortsetzung

Konzept	Autor(en)	(1) Erziehung wird konzipiert als elterliches …	(2) Erziehungsverhalten wird als beobachtbares Handeln konzipiert	(3) Berücksichtigung der besonderen emotionalen Verbindung	(4) Perspektive(n)	(5) Theoriebezug	(6) Empirische Absicherung	(7) Thematischer Fokus	(8) Operationalisierung als diagnostisches oder interventives Verfahren
Conceptual framework parenting	Hoghughi	Verhalten + Wissen + Haltung	inkonsistent	implizit	Eltern + deren kontextbezogenes Handeln	explizit	nicht bekannt		teilweise

2. Das Konzept sollte – gerade wenn es diagnostischem Vorgehen zugrunde gelegt wird – explizit, konsistent und umfassend elterliches *Handeln* in den Mittelpunkt stellen.
3. Das Konzept sollte – aufgrund der auf das Handeln reduzierten Sichtweise – anschlussfähig sein zu einem Konzept von – das elterliche Erziehungshandeln modifizierenden und modulierenden – Erziehungsbedingungen.
4. Das Konzept sollte mindestens in Teilen auch Operationalisierungen zu diagnostischen Methoden umfassen.
5. Diese Bedingungen erfüllen eigentlich nur vier Konzepte, nämlich das Konzept der »Parenting Processes« nach Hoghughi, das Zwei-Koponenten-Modell (Keller), das Vier-Komponenten-Modell (Jacob & Wahlen) und schließlich das »Konzept der gelingenden Erziehung« (Bundeskonferenz für Erziehungsberatung).

3 Die Bedingungen der elterlichen Erziehung[11]

3.1 Einführung

Für die Betrachtung der Bedingungen, unter denen Eltern ihre Erziehungsaufgabe erfüllen, wie für die Untersuchung der Erziehungsbedingungen, unter denen Kinder ihre Entwicklungsaufgaben bewältigen, sind die beiden Konzepte »Entwicklung« und »Kontext« von zentraler Bedeutung. Ideengeschichtlich haben diese beiden Begriffe mancherlei Wandlungen erfahren. Ihre Bedeutungsverschiebungen sind selber Beispiele für entwicklungs- und kontextabhängige Veränderungen (vgl. dazu in Überblicksarbeiten z. B. Kreppner, 1998; Eckensberger & Keller, 1998; Oerter & Montada, 2002; Schmidt, 1970; Ahnert, 2014).

Bei den meisten Autoren, die sich mit dem Entwicklungsbegriff befassen, findet man die Feststellung, dass es eines *definierten Bezugssystems* bedarf, um beschriebene Veränderungsreihen in ihrer Dynamik als Entwicklungsverläufe interpretieren zu können. Dementsprechend betonen wir, Werte und Normen als die sozioökonomisch und soziokulturell geprägten Bedingungen – also das entsprechend zugrundeliegende Bezugssystem – zu identifizieren, aus denen heraus Erziehung funktioniert und die – als Richtungsziele – individuellen Entwicklungsprozessen sozial beglaubigten Sinn verleihen.

Werte und Normen gehören neben einer Fülle anderer Bedingungen zu den Kontexten, in denen Individuen Erziehung ausüben, erfahren und sich entwickeln. Die mit den Kontextbedingungen menschlicher Entwicklung systematisch befasste Entwicklungspsychologie beginnt mit den Arbeiten Uri Bronfenbrenners. Als dieser 1979 (dt. 1981) sein Buch über die Ökologie der menschlichen Entwicklung veröffentlichte, war das der Übergang zur systemischen-kontextuellen Fundierung entwicklungspsychologischer Forschung. Bronfenbrenner konzipierte psychische Entwicklung als ein Geschehen, das in verschiedene Kontexte eingebettet und aus diesen heraus verstehbar ist. Natürlich gab es eine Reihe von Wegbereitern, nicht zuletzt Kurt Lewin und seit den 1950er Jahren Roger G. Barker (1968). Aber es ist Bronfenbrenners Verdienst, mit seinem Forschungsansatz den Übergang zur multiperspektivischen und zur multikonditionalen Betrachtung der psychischen Entwicklung entscheidend befördert zu haben. Er hat dazu beigetragen, dass es in den letzten Jahrzehnten in der (Entwicklungs-)Psychologie selbstverständlich wurde, den Menschen als ein psychisches Wesen zu begreifen, das in ein System von Beziehungen

---

11 überarbeitete und ergänzte Fassung eines Kapitels in Jacob & Wahlen, 2006

eingebunden ist. Man kann sich inzwischen nur wundern, dass das psychologische Menschenbild zuvor ein kontextloses gewesen sein soll.

Fuhrer (2005) benennt den entscheidenden Vorteil des von Bronfenbrenner in die Entwicklungspsychologie eingeführten systemischen Denkens: Er bestünde darin, »dass entsprechende Theorieansätze eine Dezentrierung des Denkens auslösen, weg von der einseitigen Ausrichtung auf das sich entwickelnde Individuum hin auf die Mensch-Umwelt-Beziehung im Sinne eines sich über die Zeit verändernden Ökosystems« (Fuhrer 2005, S. 59). Bronfenbrenner hielt es für nützlich, verschiedene Entwicklungskontexte zu beschreiben, die sich über ihren jeweiligen Abstand zum Individuum definieren. Er betrachtet diese Kontexte als miteinander verschränkt und nimmt an, dass sie selbst sich jeweils in Entwicklung befinden. Das *Mikrosystem* wird durch die engsten familiären Beziehungen gebildet, besteht also aus dyadischen und triadischen Beziehungen, die als konkrete Settings innerhalb der Familie beschrieben werden können. Zu diesem System gehören auch die unmittelbar erfahrbaren materiellen Lebensbedingungen wie Wohnung, Handlungseinschränkungen, materielle Armut. Das *Mesosystem* ist umfassender als das Mikrosystem und enthält mindestens zwei Mikrosysteme, an denen das Individuum beteiligt ist (z. B. Familie und Peergroup). Die Wechselwirkung zwischen diesen Mikrosystemen ist das kennzeichnende Merkmal eines Mesosystems. Das *Exosystem* umfasst eines oder mehrere Mikro- oder Mesosysteme, in denen das Individuum nicht selbst handelt, von denen es aber indirekt beeinflusst wird. Exosysteme eines Grundschulkindes sind z B. die Arbeitswelt der Eltern oder die vom Kind konsumierbaren Medien. Ein *Makrosystem* schließlich ist der umfassendste Entwicklungskontext. Bronfenbrenner versteht darunter eine Umgebung, die als normgebende Kultur fungiert, indem sie Invarianten in Systemen niederer Ordnung produziert. Beispiele dafür sind die Rahmenbedingungen der Alltagsgestaltung wie Kinderbildungs- und Kinderbetreuungsangebote, die Arbeitswelt bestimmende Normen, aber auch Rollenerwartungen und Überzeugungssysteme. Den ursprünglichen, etwas statisch wirkenden Aufbau von Entwicklungskontexten hat Bronfenbrenner 1986 mit der Konzeption eines Chronosystems zu dynamisieren versucht. Bronfenbrenners Theorie der menschlichen Entwicklung hat ihr Fundament in der Annahme, »dass Entwicklung über den gesamten Lebenslauf auf Prozessen der immer komplexeren wechselseitigen Interaktion zwischen einem aktiven, sich entwickelnden bio-psychischen menschlichen Organismus und den Personen, Objekten und Symbolen in seiner unmittelbaren äußeren Umwelt ... beruht. Damit die Interaktion wirksam sein kann, muss sie auf einer relativ regelmäßigen Basis über ausgedehnte Zeiträume stattfinden« (Fuhrer, 2005, S. 61). Bronfenbrenners Sicht auf die menschliche Entwicklung, die Fuhrer (2005) treffend die »entwicklungstheoretisch-kontextualistische Perspektive« nennt, halten wir für die am besten geeignete, die Bedingungen der elterlichen Erziehung und der kindlichen Entwicklung zusammen zu denken. Im *Mikrosystem* der familiären Beziehungen bilden elterliche Erziehungshandlungen für das Kind den unmittelbaren Kontext seiner Entwicklung. Auf der Ebene der *Meso-, Exo- und Makrosysteme* lassen sich zugleich weitere Kontextbedingungen der kindlichen Entwicklung und der elterlichen Erziehung identifizieren.

Im Folgenden beschäftigen wir uns vornehmlich mit den Bedingungen von elterlicher Erziehung. Dabei orientieren wir uns am bereits mehrfach erwähnten Ansatz von Jay Belsky (1984), an dem niemand, der sich mit diesem Thema auseinandersetzt, vorbeikommt. Um einen Einstieg zu gewinnen, übernehmen wir die von Fuhrer (2009) leicht ergänzte grafische Darstellung des Belsky'schen Modells (▶ Abb. 3.1).

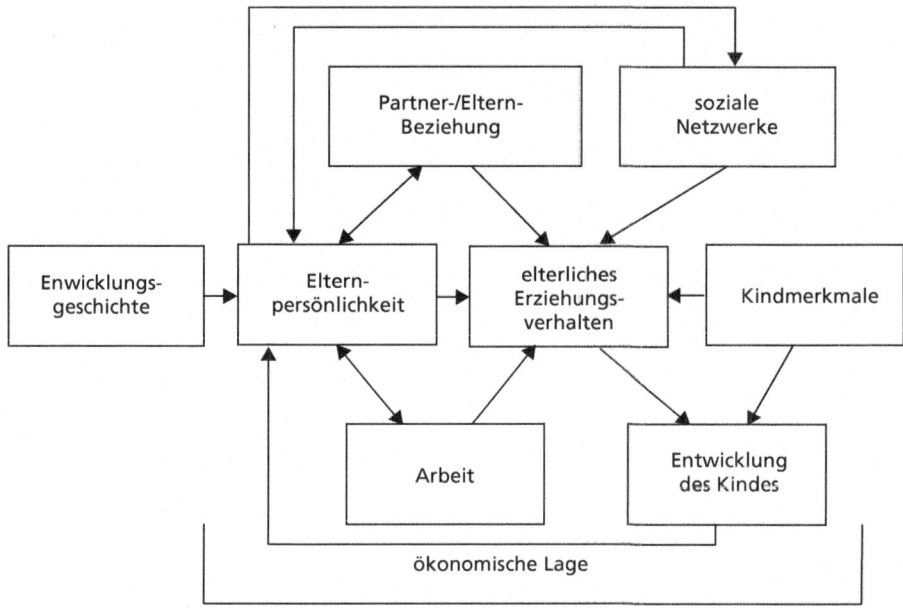

Abb. 3.1: Ein Modell der Einflussgrößen und Effekte von Eltern-Kind-Beziehungen (nach Belsky ergänzt und zit. aus Fuhrer, 2009, S. 130)

Darin sind sechs Bedingungen des elterlichen Erziehungsverhaltens identifiziert und in Wechselwirkungsverhältnissen aufeinander bezogen: die Partner-/Eltern-Beziehung, das soziale Netzwerk, die elterliche Persönlichkeit, die elterliche Arbeitswelt, die Merkmale der kindlichen Persönlichkeit und deren Entwicklung. Fuhrer (2005) hat dem noch die ökonomische Lage hinzugefügt. Es wird angenommen, dass die genannten Faktoren und ihre Rückkopplungswirkungen für die Qualität von Eltern-Kind-Beziehungen ausschlaggebend sind.

Bevor wir diese Bedingungen in ihrer Bedeutung und auch in ihren konzeptionellen Weiterentwicklungen näher betrachten, möchten wir unsere Auffassung in zwei Fragen verdeutlichen, die wir bei der Beschreibung, Erklärung und Bewertung von Erziehungsprozessen nicht vermeiden können und die deshalb grundsätzlich zu beantworten sind: Was verstehen wir unter Beeinflussungsgrößen? Und welche Funktion weisen wir normativen Größen zu?

Bedingungen oder Ursachen von Erziehung?

Einflussgrößen, die sich auf Erziehungs- und Entwicklungsprozesse auswirken, sind ausnahmslos Bedingungen. Genauer gesagt, handelt es sich um Bedingungen der

Möglichkeit; sie sind Ermöglichungs- oder auch Verhinderungsbedingungen. Unserer Meinung nach kann die Verknüpfung von Bedingung und Wirkung nicht als linearer Kausalzusammenhang gedacht werden. Das Kausalschema widerspricht dem von uns vertretenen Entwicklungskonzept, das die Selbstentwicklung bio-psycho-sozial verfasster Personen modelliert. Es widerspricht damit auch dem von uns vertretenen Erziehungskonzept, das bestimmte sich selbst entwickelnde Personen mit Erziehungsaufgaben befasst sieht. Ferner gehen wir davon aus, dass sich auch das Bedingungsgefüge selbst in der Veränderung befindet. Diese *nicht deterministische* Entwicklungskonzeption ist daher in der Vorhersage von Wirkungen mit Wahrscheinlichkeitsaussagen zufrieden und betrachtet sie nicht als Ärgernis. Es genügt den Erkenntnisansprüchen, wenn Bedingungs-Wirkungs-Zusammenhänge aufgrund von relativer Dauerhaftigkeit und Regelmäßigkeit als Muster erkennbar werden.

Normierte Erziehung?

> »Ziele dienen konkreten Zwecken und beschreiben praktische Handlungsintentionen (z. B. Erziehung zur Gewaltlosigkeit oder Friedfertigkeit). Normen sind die hinter den Zielen liegenden Überzeugungen oder Soll-Vorstellungen, die sich über längere Zeitabschnitte entwickelt haben und für einen größeren Kulturkreis gelten (z. B. »Du sollst nicht töten«). Von Normen kann man schließlich Werte unterscheiden, die ihnen zugrunde liegen, wie z. B. Ehrfurcht vor dem Leben oder das »Prinzip Verantwortung« ..., die für das Überleben der Menschheit zentral sind« (Fuhrer, 2005, S. 33).

Betrachtet man Erziehung als einen Prozess, dem wir die Möglichkeit seiner Dysfunktionalität einräumen, und beansprucht zudem, vorhandene Dysfunktionen von Erziehungshandlungen diagnostizieren zu können, kommt man nicht umhin, sich auf normative Größen zu beziehen. Was ist normale, also in der Norm liegende Erziehung, und was sind die Kennzeichen nicht normaler, außerhalb der Norm liegender Erziehungspraktiken? In einer pluralistischen Perspektive kann es keinen einseitigen und eng gefassten Begriff von Normalität in der Erziehung geben. Dennoch soll es möglich sein, anzugeben, wann und inwiefern Erziehung droht zu misslingen. Es wäre sonst nicht ersichtlich, wie bspw. Instanzen der Jugendhilfe ihre regulative Funktion erfüllen könnten, über die erzieherische Tätigkeit von Eltern zu wachen und gegebenenfalls präventive oder schützende Hilfe zu leisten. Daher genügt es nicht, Erziehung in den vielfältigen Formen ihres Gelingens zu beschreiben. Der Aufgabe, Erziehungsprozesse auch in ihrem Misslingen zu kennzeichnen, kann man sich nicht entziehen. Um sie einer praktikablen Lösung zuzuführen, lassen wir uns von zwei Prinzipien leiten.

Bei der Bewertung von Erziehungspraktiken im Hinblick auf ihre Funktionalität bzw. Dysfunktion orientieren wir uns zum *einen* an entsprechenden soziokulturellen Normvorgaben, die in unserer Gesellschaft zum Teil auch in Form von Rechtsnormen Geltung beanspruchen. Dazu zählen insbesondere das gesetzlich verbriefte Recht des Kindes auf »Förderung seiner Entwicklung und auf Erziehung zu einer eigenverantwortlichen und gemeinschaftsfähigen Persönlichkeit« (§ 1 Abs. 1 SGB VIII) sowie das Recht auf gewaltfreie Erziehung (§ 1631 Abs. 2 BGB). In Bezug auf solche Rechtsnormen und andere kulturell verbindlichen Normen lassen sich in abgestufter Form Entwicklungsbeeinträchtigungen des Kindes aufgrund von elterlichen Einflüssen beschreiben. Und es lassen sich Kriterien dafür festlegen.

Das *zweite* Prinzip ist methodischer Natur. Es hat seine Begründung in der nicht deterministischen Auffassung erzieherischer Vorgänge, ihrer Erscheinungsformen und Auswirkungen. Diese Auffassung lässt, wie oben erläutert, bei der Beschreibung und Beurteilung erzieherischer Verhältnisse nur Wahrscheinlichkeitsaussagen zu. Das bedeutet für das methodische Vorgehen, dass die Verlässlichkeit von Aussagen über Entwicklungsbeeinträchtigungen, zumal dann, wenn sie die Überschreitung eines kritischen Grenzwertes behaupten und Kindeswohlgefährdung anzeigen, in der Regel von mehreren Items i. S. von belegten kritischen Sachverhalten, gesichert sein muss.

3.2 Familie und familiäre Beziehungen

Der Begriff der »Beziehung« und seine Verwandten

Interaktionen sind operationalisierbare, beobachtbare Handlungen, in denen eine Beziehung der an den Interaktionen Beteiligten zum Ausdruck kommt. Sie sind praktisch »bezogenes Handeln«. Den Beobachter lassen sie auf die Beziehungsschemata der Beteiligten schließen und, bei einer größeren Stabilität und Konsistenz, auf deren Beziehungseinstellungen (Richtungs- und Zielbezug).

Interaktionsmuster sind wiederkehrende ähnliche Handlungen oder Handlungsketten, die Beobachter auf eine Beziehung zwischen den Akteuren schließen lassen. Interaktionsmuster machen die Beteiligten zu »Bezugspersonen« (vgl. Asendorpf & Banse, 2000, S. 4).

»*Beziehungen* sind meist nicht nur durch ein, sondern durch viele unterschiedliche Interaktionsmuster charakterisiert ... Interaktionsmuster (derselben Interaktionspartner d. A.) sind situationsspezifisch, variieren also von Situationsklasse zu Situationsklasse. Innerhalb derselben Situationsklasse aber zeigen sie Regelmäßigkeiten« (ebd.). Insofern ist »Beziehung« ein Konstruktbegriff, der sich in seinem Konstruktcharakter von der beobachtbaren, damit auch operationalisierbaren »Interaktion« unterscheidet. Als Dyade wird ein Paar von Personen bezeichnet, das »genau dann eine soziale Beziehung (hat), (1) wenn sie mindestens ein stabiles Interaktionsmuster aufweisen« (ebd.). Die psychologische Definition einer sozialen Beziehung erweitert alltagspsychologische Verständnis von ihr um die psychische Abbildung, die Bildung interner Repräsentanzen. »Jede Beziehung ist bei beiden Bezugspersonen dreifach kognitiv repräsentiert als (2) Selbstbild, (3) Bild der Bezugsperson und (4) Interaktionsskripten; diese Repräsentationen sind beziehungsspezifisch« (Asendorpf & Banse 2000, S. 4). Baldwin (1992) (zit. nach Asendorpf & Banse, 2000) spricht in diesem Zusammenhang von »Beziehungsschema«. Diesem fügen Asendorpf und Banse weitere Aspekte hinzu: nämlich (5) normative Vorstellungen und (6) Zukunftsperspektiven. »Die Beziehungsschemata beider Bezugspersonen beruhen auf deren subjektiver

Wahrnehmung des Interaktionsmusters. Umgekehrt beeinflussen und stabilisieren die Beziehungsschemata aber auch das Interaktionsmuster« (Asendorpf & Banse, 2000, S. 4). Schließlich muss berücksichtigt werden, dass die drei Komponenten des Beziehungsschemas jeweils auch der affektiven Bewertung unterliegen in dem Sinne, dass (7) Präferenzen gebildet werden und eine (8) Einbettung in Emotionalität erfolgt. Die affektive Einbettung von Beziehungsschemata ist nicht nur eine Folge des interaktionellen Geschehens zwischen den Personen, sondern geht diesem auch als bereits gebildete Einstellung, die aus der jeweils eigenen Beziehungserfahrung resultiert, voraus.

Die folgende Abbildung fasst die genannten Merkmale einer sozialen Beziehung noch einmal anschaulich zusammen (▶ Abb. 3.2).

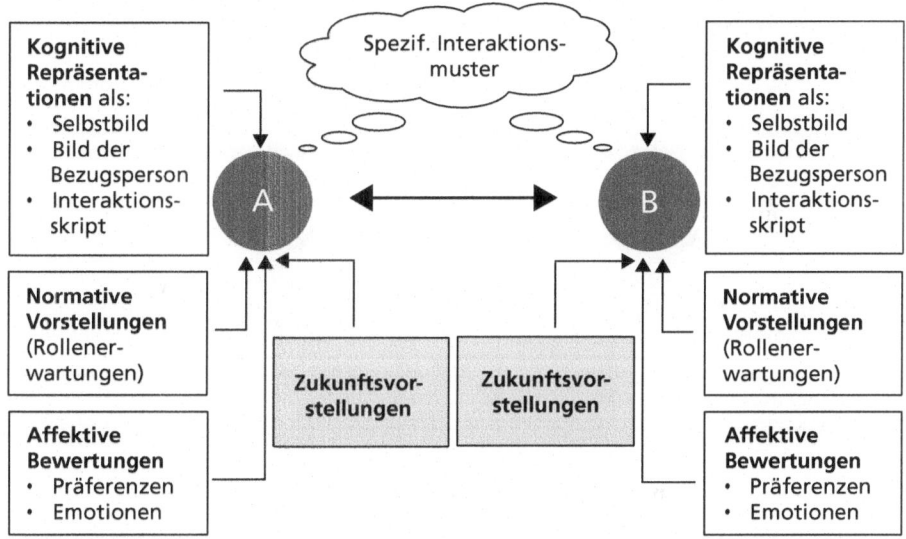

Abb. 3.2: Aspekte und Merkmale einer sozialen Beziehung (nach Jacob & Wahlen, 2006a, S. 64; Jacob, A. & Wahlen, K.: Das Multiaxiale Diagnosesystem Jugendhilfe (MAD-J). Mit CD-ROM. © 2006, Ernst Reinhardt Verlag München/Basel. S. 64. www.reinhardt-verlag.de)

In der Analyse von Asendorpf und Banse und der von ihnen verwendeten Terminologie wird also zwischen der Beziehungseinstellung und dem Beziehungsschema unterschieden. Erstere steht für die allgemeine stabile Haltung einer Person zu Beziehungen; letzteres bezieht sich auf die konkrete dyadische Beziehung mit einer bestimmten anderen Person.

Kommunikation wird im Allgemeinen als ein Prozess des Informationsaustausches verstanden. Menschliche Kommunikation ist demnach der Informationsaustausch zwischen Menschen. Interaktives Verhalten kann unter der Perspektive der Kommunikation als informationsaustauschendes, psychisch reguliertes Handeln zwischen den Partnern beschrieben werden. Es »beinhaltet die durch Zeichen vermittelte Abbildung von Bedeutungen zwischen Individuen. Damit ermöglicht sie die

Weitergabe menschlicher Erfahrungen in und zwischen den Generationen« (Hiebsch & Vorwerg, 1980, S. 275). Wir verwenden den Begriff der Kommunikation, wenn wir vom interaktiven informationsaustauschenden Handeln sprechen. Kommunikatives Handeln lässt wie andere Interaktionen Schlüsse auf die Beziehungsqualität der Kommunikationspartner zu, ist aber nicht mit deren Beziehung zu verwechseln. Die Beschreibung der kommunikativen Interaktion zwischen den Interaktionspartnern ist somit nicht die Beschreibung von deren Beziehung und erklärt diese auch nicht. Die Deutung einer beobachteten kommunikativen Interaktion im Sinne der in ihr vermutlich zum Ausdruck kommenden Beziehungsqualitäten hat immer hypothetischen Charakter. Kommunikation zwischen Interaktionspartnern ist der Informationsaustausch von Personen, die zueinander in einer sozialen Beziehung stehen, wenn sie durch mindestens ein stabiles Interaktionsmuster miteinander verbunden sind.

Sobald man in der Beziehungsanalyse über dyadische Beziehungen hinausgeht, muss in unserem Verständnis die systemische Perspektive übernommen werden.

»Der Begriff des *Systems* bezeichnet ganz allgemein eine Menge von Elementen, die durch Relationen untereinander verknüpft sind, welche die Systemstruktur ausmachen ... Soziale Systeme bestehen aus Gruppen von mindestens 3 Personen, die in regelmäßiger Interaktion stehen und von daher meist auch dyadische Beziehungen zueinander aufweisen« (Asendorpf & Banse, 2000, S. 213; vgl. auch Kriz, 1999).

Schneewind (1999) benennt acht systemische Grundbegriffe, die familiensystemische Ansätze charakterisieren: Zielorientierung, Regelhaftigkeit, Zirkularität, Rückkopplung, Homöostase, Veränderungen erster und zweiter Ordnung, Grenzen und Internes Erfahrungsmodell.

In Familiensystemen lassen sich die Beziehungen zwischen Eltern und Kindern auch mit Hilfe des Begriffs der sozialen Rolle analysieren (vgl. im Überblick z. B. Joas, 1991). Insbesondere für das Verständnis des in den Familien von Eltern vollzogenen und von Kindern erfahrenen erzieherischen Handelns kann dieser Begriff nützlich sein. Für Rollen ist kennzeichnend, dass das ihnen eigentümliche Interaktionsskript und das Interaktionsmuster, das sie beschreiben, »ent-persönlicht« ist. »Die Interaktionsmuster bleiben erhalten, wenn man die einzelnen Rollen durch unterschiedliche Personen besetzt. Die Persönlichkeit der Bezugspersonen und die Geschichte der Interaktionen haben keinen Einfluß auf ihre Beziehung zueinander« (Asendorpf & Banse, 2000, S. 7). Jedoch führt die Aneignung der Rolle und deren Ausgestaltung im Verlauf der weiteren Interaktion zwischen den Bezugspersonen einerseits zu Veränderungen der weiteren Rollenerwartungen bei den konkret Handelnden. Und andererseits ist die Art und Weise, wie eine Rolle jeweils persönlich ausgefüllt und individuell eingefärbt wird, immer auch ein Beitrag zur Veränderung des kulturell geprägten »Drehbuchs«, das für die Rolle bestimmend ist, mag dieser Beitrag auch noch so klein sein. Schließlich verändern die individuelle Ausformung der Rollen und die Rückwirkung der Rollenerfahrung auf die persönliche Entwicklung die Beziehung selbst, die zur Übernahme der Rolle geführt hat.

Was heißt das für die Elternrolle? Bei der Geburt ihres ersten Kindes werden Eltern in der Regel bestimmte Vorstellungen davon haben, wie sie ihr Kind versorgen und erziehen wollen. Sie werden ein Bild davon haben, wie es sein wird, ihrem Kind gute

Eltern zu sein. Das Elternbild, das sie von sich haben, wird von bestimmten Rollenerwartungen aus ihrer sozialen Umgebung beeinflusst sein. Solche Erwartungen können sie sich gegenseitig vermitteln; sie gehören dann zu ihrem unmittelbaren Umfeld und tragen, in der Terminologie von Bronfenbrenner (1981) formuliert, dazu bei, das Mikrosystem der Familie, die sie gerade gründen, zu organisieren. Erwartungen, welche die elterlichen Funktionen betreffen und Auskunft darüber erteilen, was gute Eltern zu tun und zu lassen haben, stammen darüber hinaus aus dem Mesosystem der Eltern (von ihren Herkunftsfamilien, von Freunden und Bekannten), aus dem Exosystem (Ratgeberliteratur, Tagespresse, Filme, elektronische Medien [»Super-Nanny«], erziehende Institutionen wie Kindergarten, Schule, Personen und Einrichtungen des Gesundheitswesens usw.) und schließlich, über die schon genannten Systeme vermittelt, aus dem Makrosystem (normgebende Kultur, gesellschaftliche Strukturen, gesetzliche Regelungen). Mit all diesen Erwartungen, auch mit den in ihnen enthaltenen Widersprüchen, sind Erwachsene mehr oder weniger ausdrücklich konfrontiert, wenn sie die Elternrolle übernehmen wollen. Sobald ein Kind da ist, müssen sie sie übernehmen. Indem sie sich die ihnen zugewiesene Elternrolle aneignen und als Eltern aktiv werden, machen sie Erfahrungen mit ihr und der Wirksamkeit ihres Rollenhandelns. Eigene, erfahrungsbegründete Erkenntnisse über Erziehung sind die Folge. Mit deren Ausweitung und handlungsleitender Kraft entwickelt sich ein immer persönlicher werdendes Rollenverständnis und -handeln. Dieses prägt den privaten Charakter des Mikrosystems der Familie, worin die Eltern ihre Rolle ausüben und in der persönlichen Interaktion mit ihrem Kind die Erziehungsaufgabe erfüllen. Sie tun das schließlich so, wie sie es in diesem Mikrosystem gelernt haben und immer wieder von Neuem lernen. Beim zweiten Kind ist dann, was den Umgang mit der Elternrolle angeht, alles schon anders. Anders als zu Beginn ihrer Elternschaft müssen Eltern bei der Geburt eines Geschwisters längst nicht mehr auf Rollenklischees zurückgreifen oder sich davon beeindrucken lassen, wenn sie hinreichend gute Eltern sein wollen.

Ein zweiter Aspekt der Übernahme der Elternrolle betrifft das Paar, das die Eltern sind. Elternschaft verlangt vom Elternpaar eine vollkommen andere Art der Paarkommunikation und der Reflexion darüber, als das kinderlose Paar dies nötig hat. Insofern tritt die Elternrolle in Wechselwirkung mit der Paarrolle. Für das Paar bedeutet das neue Herausforderungen, aber auch neue Entwicklungsmöglichkeiten.

Wir können nun die elterliche Erziehung als eine kulturell definierte Aufgabe begreifen, der die Eltern versuchen, gerecht zu werden, indem sie sich die Rolle der »elterlichen Erziehenden« aneignen. Sie tun das in einem persönlichen und vom Elternpaar gestalteten Aneignungsprozess, wodurch die von ihnen gelebte Erzieherrolle stets eine besondere Qualität und emotionale Färbung annimmt; sie übernehmen also nicht einfach ein Rollenklischee. Mit ihrer Rollenübernahme wird auch das Kind automatisch zum Rollenträger. Als zu erziehendes Kind ist ihm die Rolle des »Zöglings seiner Eltern« zugewiesen. Die Erzieherrolle lässt sich nur ausüben, wenn es einen Adressaten gibt, der zu erziehen ist. Folglich sind Eltern nur dann in der Erzieherrolle, wenn sie ihrem Kind die komplementäre Rolle zumuten.

Eltern-Kind-Systeme mit Hilfe des Rollenkonzepts zu untersuchen, hat den Vorteil, die soziokulturellen Determinanten der elterlichen Erziehung, die als normativ geprägte Drehbuchanweisungen, als soziale Rollenskripte wirksam sind, schärfer und konturierter herausarbeiten zu können. Auf dieser Folie lassen sich dann auch die Qualitäten der von den Beteiligten vollzogenen Rollenübernahme und -aneignung beschreiben. Betrachtet man Eltern und Kinder in diesem Sinne als Rollenträger in einem Erziehungsprozess, so hat das andererseits die Reduktion der beteiligten Personen auf die relativ wenigen Regeln und Merkmale zur Folge, die für die Rollen und ihre Verteilung charakteristisch sind. Es könnte aber sein, dass man darum gar nicht herumkommt, wenn Eltern-Kind-Beziehungen unter der Erziehungsperspektive zu betrachten sind. Ohne jeglichen normativen Gehalt nämlich dürfte diese Perspektive ins Leere laufen. Die Erzieherrolle der Eltern wird stets etwas Janusköpfiges haben, changierend zwischen persönlicher Präsenz und gesellschaftlichen Erwartungen. Insofern stehen Eltern immer wieder auch vor der Herausforderung, in ihrer Beziehung zum Kind die Dialektik von Allgemeinem und Besonderem zu bewältigen.

Familie

Aspekte der Familienbeschreibung

Es ist hier nicht möglich, die familienpsychologische Forschung und Theoriebildung in ihrer ganzen Fülle und Vielfalt zu referieren (vgl. Schneewind, 1999; 2000; Cierpka, 2008; Walper & Pekrun, 2001). Wir beschränken uns auf eine knappe Skizze jener Arbeiten, welche die Relation »Familie – Erziehung« beleuchten und sich auch um deren diagnostische Erfassung bemühen.

Schneewind (1999) umschreibt Familien als »intime Beziehungssysteme«, deren hauptsächliche Funktion es sei, »lebenszyklisch wandelnden Entwicklungserfordernissen ihrer Mitglieder gerecht zu werden« (S. 24 f.); das würden sie leisten durch »starke, häufige und sich in unterschiedlichen Aktivitäten äußernden Interdependenzen von beträchtlicher Dauer« (Kelley, zit. nach Schneewind, 1999). Vier Hauptmerkmale kennzeichnen nach Schneewind (1999, S. 24) diese intimen Beziehungssysteme: Abgrenzung, Privatheit, Dauerhaftigkeit und Nähe. Petzold (1999, S. 32) fügt dieser Merkmalsliste die intergenerative Perspektive hinzu.

Die intergenerationalen Beziehungen unter dem Gesichtspunkt der Erziehungsaufgabe der Familie zu erfassen, gelingt gegenwärtig am besten mit Hilfe des von Steinhauer und Cierpka konzipierten Familienmodells. Überdies sehen wir in ihm einen gelungenen Versuch, wichtige andere Modelle zu integrieren. Das Modell ist verwandt mit dem »McMaster Model of Family Functioning« von Westley und Epstein (zit. nach Cierpka, 2003, S. 481 f.). Von Cierpka und Frevert (1994) referiert und weiterentwickelt, beschreibt es die Familienstruktur und -organisation in sieben Dimensionen:

- »eine erfolgreiche Aufgabenerfüllung erfordert
- die Differenzierung von Rollen in einer Familie und die entsprechende Bereitschaft der Familienmitglieder, die ihnen zugeteilten Rollen zu übernehmen. Für das Verständigen über Rollenzuweisungen und -übernahmen ist eine möglichst
- effektive Kommunikation notwendig.
- Die Intensität der Gefühle, die Emotionalität, kann die Kommunikation entweder stören oder erleichtern und zur erfolgreichen Rollenerfüllung beitragen. Das emotionale In-

teresse der einzelnen Familienmitglieder füreinander ist in der Dimension ›Affektive Beziehungsaufnahme‹ enthalten.
- Als Kontrolle wird der Prozess bezeichnet, mit dem sich die einzelnen Familienmitglieder untereinander beeinflussen. Die Familienmitglieder sollten fähig sein, bestimmte Funktionen zuverlässig aufrechtzuerhalten, andere in eher flexibler Weise zu verändern.
- Die gesellschaftlich vermittelten Werte und Normen werden von der Familie übernommen und gehen in alle diese Dimensionen ein« (Cierpka, 2008, S. 36).

Das dem Modell entsprechende diagnostische Inventar sind die Familienbögen (Cierpka & Frevert, 1994).

Familiäre Entwicklung

Bisher haben wir Familie vor allem unter strukturellen und funktionalen Aspekte betrachtet. Ergänzt werden muss diese Sichtweise durch den dynamischen Aspekt, also um die Frage, wie Familien sich entwickeln. Der Prozess der Familienentwicklung ist in der einschlägigen Fachliteratur vielfältig beschrieben und analysiert worden. Wir greifen einen Ansatz heraus, der uns für unsere Zwecke fruchtbar erscheint. Wynne (zit. bei Schneewind, 1999, S. 26 f.) beschreibt insgesamt vier aufeinander aufbauende und sich mit ihren Leistungen gegenseitig durchdringende, Phasen der Familienentwicklung:

1. Bindung und Fürsorge
Die affektiv hoch aufgeladenen Leistungen dieser Phase familiärer Entwicklung werden prototypisch in der frühen Mutter-Kind-Beziehung realisiert. Für sie sind unmittelbare und äußerst starke emotionale Verbindungen zwischen den Beteiligten kennzeichnend. Die emotionale Involviertheit ist verbunden mit einer hohen Sensibilität für das Wohlergehen des Kindes und mit der einfühlsamen Motivation zu fürsorglichem Verhalten.

2. Kommunizieren
Kommunikation als informationsaustauschende Interaktion wird mit zunehmendem Lebensalter immer stärker zu einem Austausch, der auf der Symbolebene stattfindet. Dornes (2001) stellt dies im Zusammenhand mit der Entwicklung des Denkens, Fühlens und der Phantasietätigkeit eindrucksvoll dar. Die Sprachentwicklung ist immer die Herausbildung einer gemeinsamen Sprache, in deren Medium sich sozial geteilte Bedeutungsstrukturen (shared meanings) entwickeln. Familiäre Sprache und das Sprechen in der Familie wirken daher beziehungsstiftend.

3. Gemeinsames Problemlösen
Die Leistungen dieser Stufe der familiären Entwicklung sind nicht nur mit kognitiven und operativen Aspekten des Problemlösens verknüpft, sie vermitteln auch die Erfahrung des gemeinsamen Engagements. Die Herausbildung einer gemeinsamen Aufgabenstellung, die mehr oder weniger gemeinsame Handlungsplanung und die Erfahrung von arbeitsteiliger Kooperation sind Ausdruck der familiären Möglichkeiten in dieser Entwicklungsphase. Sie regen ihrerseits die weitere Entwicklung der familiären Bindungen an. Gemeinsames Problemlösen basiert auf der vorausgehenden

Erfahrung von Bindung, Fürsorge und Kommunikation und wirkt zugleich auf diese zurück.

4. Gegenseitigkeit

Wynne »verbindet mit diesem Begriff die Überprüfung und eventuelle Neugestaltung von eingespielten Beziehungsprozessen angesichts sich ändernder Lebensumstände« (Schneewind, 1999, S. 28). Der Begriff wird benötigt, um zu beschreiben und zu erklären, wie Familien sich unter veränderten Bedingungen restrukturieren können. Gegenseitigkeit, die strukturelle Innovationen in der Familie ermöglicht, zeigt sich zum Beispiel, wenn aufgrund einer erneuten Elternschaft die Notwendigkeit entsteht, Bindungs- und Fürsorgeverhalten neu zu justieren, und dies im Medium der Kommunikation und im gemeinsamen Problemlösen dann auch gelingt.

Erziehung und Familie

Der bisher zusammengetragene Merkmalskatalog und das dementsprechende Begriffsinventar zur Konzeptualisierung von familiärer Organisation und Entwicklung bieten nun die Grundlage für eine etwas genauere und an den Ergebnissen wissenschaftlicher Forschung orientierte Beschreibung der in Familien stattfindenden elterlichen Erziehung. Dabei ist von der Feststellung auszugehen, dass Erziehung in der Familie eine *Aufgabe der Eltern* ist. Wir betonen das, obwohl es intuitiv klar zu sein scheint und demnach bloß eine Binsenweisheit ausdrückt. In der Familienforschung jedoch, in der Familientherapie, sogar in der Praxis der Erziehungsberatung gehört der klare Blick auf die elterliche Erziehungsfunktion nicht immer und nicht durchgängig zu den bevorzugten Wahrnehmungseinstellungen. Gewiss erbringt die Familie insgesamt für das Kind Sozialisationsleistungen, erzogen wird es im Mikrosystem der Familie hingegen *nur von den Eltern*. Mitunter auch von Personen, die in die Position der Eltern einrücken und deren Rolle übernehmen. In der Realität einiger Familien kann das sogar das Kind selbst sein – allerdings nur in der Beziehung zu anderen Familienmitgliedern, zu denen neben den Geschwistern auch die Eltern zählen können. Das parentifizierte Kind ist freilich immer ein sicherer Hinweis auf elterliche Dysfunktionen, und zwar per definitionem: Hier besteht schlichtweg ein Widerspruch – es kann die elterliche Funktion niemals ausfüllen und deshalb auch seiner eigenen Funktion als Kind nicht gerecht werden. Ähnlich dysfunktional wäre die in der Realität einiger Familien ebenfalls anzutreffende Erwartung von Eltern, ihr Kind möge sich doch am besten selbst erziehen. Das jedoch kann es nicht, auch wenn es wollte; es kann sich nur selbst entwickeln.

Im Hinblick auf die elterliche Aufgabenerfüllung ist folglich an erster Stelle die grundlegende Bereitschaft der Eltern vonnöten, die ihnen zukommenden Aufgaben zu antizipieren und dann auch wahrzunehmen. Bringen sie diese Bereitschaft auf, so sind sie sich klar darüber, dass sie als Eltern gegenüber dem Kind in zielsetzende und handlungsorientierende Funktionen gelangen. Um sich mit diesen Funktionen kognitiv und emotional vertraut zu machen, müssen sie sich darüber in einem Mindestmaß sowohl miteinander (in ihrem Mikrosystem) als auch mit anderen Personen in ihrer Umgebung (in ihrem Mesosystem) austauschen. Die ihnen (aus dem Exo- und Makrosystem) angetragene Rollenzuweisung und ihnen von ihrem Kind und ihnen selbst (im Mikrosystem) zugemutete Rollenübernahme erfordert Kommunikation. Ohne zu kommunizieren ist die Definition von Erziehungszielen, die Organisation der Arbeitsteilung und der Kooperation, die Abstimmung zwischen den beteiligten Generationen und auch die Überprüfung angestrebter Ziele und der Zielerreichung nicht möglich.

Die intergenerationelle Verbundenheit der Mitglieder des familiären Mikrosystems zeichnet sich durch eine *starke affektive Involviertheit* aus. Eltern, die für ihre Kinder die Erziehungsaufgabe wahrnehmen, können mit ihrem Erziehungshandeln nicht aus diesem unmittelbar von Gefühlen geprägten Kontext heraustreten. Versuchen sie es, so bringt das die Gefühle und die affektive Involviertheit keineswegs aus der Welt (des Mikrosystems). Paraprofessionell anmutende, quasi pädagogisch begründete Distanzierungs- oder Disengagement-Anstrengungen von Eltern gegenüber ihren Kindern können die Gefühle, die beide Seiten füreinander haben, durchaus verändern, sie können sie jedoch nie zum Verschwinden bringen. Gerade wenn familiäre Gefühle wie verschwunden erscheinen oder wie eingefroren wirken, sind sie vorhanden – zumeist in noch stärkerer Ausprägung, in jedem Fall aber negativ, aggressiv und/oder depressiv, getönt. Auffällige Gefühlsqualitäten eines familiären Mikrosystems geben von daher ebenfalls Hinweise auf wahrscheinlich vorhandene elterliche Dysfunktionen. Die Validität und der Realitätsgehalt solcher Hinweise ist durch die affektlogische Unmöglichkeit begründet, in der Elternfunktion zu sein und zugleich gegenüber seinem Kind in emotionaler Gleichgültigkeit, Kälte oder Zurückweisung zu verharren.

Das Postulat der mit der Elternrolle eng verknüpften affektiven Involviertheit steht freilich nicht im Widerspruch zu der mit dieser Rolle ebenfalls verbundenen Aufgabe und Funktionserwartung, dass Eltern »kontrollieren«. Im Gegenteil: Eltern kommen dieser Aufgabe gerade aus dem ihnen eigentümlichen Interesse am Wohlergehen ihres Kindes nach. Sie erfüllen diese Funktion, indem sie die letztlich aus dem Makro- und Exosystem stammenden normativen Forderungen (Werte und Normen) mit Rücksicht auf die familiären Besonderheiten und im Hinblick auf den Entwicklungsstand sowie die wahrscheinlich nächsten Entwicklungsschritte ihres Kindes übersetzen und zur Geltung bringen. Dazu gehört auch, dass sie den Prozess ihrer Erziehung und den Entwicklungsprozess des Kindes auf dem Weg zu den angestrebten Zielen überprüfen, dessen Zustand reflektieren und sich darüber miteinander, gegebenenfalls auch mit ihrem Kind, austauschen. Tun sie all das nicht, so vernachlässigen sie nicht nur ihre Elternfunktion; sie vernachlässigen dann auch ihr Kind und schränken dessen Wohlergehen ein.

In den verschiedenen Stadien der familiären Entwicklung nimmt die elterliche Erziehung eine jeweils andere Gestalt an. Sie verändert sich entwicklungsabhängig sowohl in ihren Inhalten als auch in methodischer Hinsicht (vgl. Wynne zit. bei Schneewind, 1999, S. 26 f.). Das »Was«, das »Wozu« und »Woraufhin« verschiebt sich; und damit auch das »Wie« des Erziehens. Geht es in der ersten Phase – nach dem Übergang in die Elternschaft – vorwiegend um die Herstellung von Bindung und um Fürsorge und hat dementsprechend das elterliche Erziehungsverhalten in der Hauptsache die Befriedigung des kindlichen Bedürfnisses nach Sicherheit zum Ziel, so tritt danach die Befriedigung des Explorationsbedürfnisses des Kindes in den Mittelpunkt. Das verlangt von den Eltern verstärkt die sprachliche Kommunikation mit dem Kind und die Unterstützung seiner Sprachentwicklung. Sprache fördert Erkundung. Die Ausweitung seines Erkundungsverhaltens ermöglicht es dem Kind, in der nächsten Phase der familiären Entwicklung zunehmend Aufgaben in der Familie zu übernehmen, und es ermöglicht den Eltern, gemeinsame Aufgabenstellungen dem Kind auch zuzumuten. Wird das Kind mehr und mehr in die arbeitsteilige Organisation der Familie einbezogen, so verschaffen ihm die Eltern damit u. a. Erfahrungen von aktiver Bezogenheit (als »gebendes Wesen«).

Erziehung und familiäre Subsysteme

In der folgenden Betrachtung beschränken wir uns auf die Darstellung von Bedingungen, die aus der Eltern-Kind-Beziehung und aus der elterlichen Paarbeziehung stammen. Mit Blick auf elterliche Erziehungsprozesse haben diese beiden Beziehungstypen für uns Priorität. Im Prinzip nicht minder bedeutsam sind die Auswirkungen anderer innerfamiliärer Beziehungskonstellationen wie der Geschwister- und der Großeltern-Enkel-Beziehung; diese werden z. B. von Petzold (1999, S. 62 f.), Fuhrer (2005, S. 133 f.) und Uhlendorff (2001) diskutiert.

1.   Erziehung und Eltern-Kind-Beziehung

Dass die Eltern-Kind-Beziehung einen wesentlichen Einfluss auf die elterliche Erziehung ausübt, ist in der einschlägigen Fachliteratur unbestritten (Fuhrer, 2005; Walper & Pekrun, 2001; Petzold, 1999). Im Folgenden werden wir die Besonderheiten von Eltern-Kind-Beziehungen im Detail herausarbeiten und diese in Beziehung setzen zu Aussagen über deren Wechselwirkung mit der elterlichen Erziehung. Als Folie verwenden wir dafür das bereits erwähnte allgemeine Konzept einer dyadischen Beziehung von Asendorpf und Banse (2000), der die Autoren acht Merkmale zuschreiben, die allesamt vorhanden sein müssen, damit man von einem Personen-Paar sagen kann, dass es eine soziale Beziehung unterhält. Ein Personen-Paar, das aus einer Elternperson und einer Kindperson besteht, wird in seiner sozialen Beziehung dieselben Merkmale realisieren, allerdings moduliert durch die Besonderheit der Rollenverteilung zwischen Elternperson und Kind. Im Einzelnen werden bei der Realisierung einer Eltern(person)-Kind-Beziehung, in der die Elternperson Erziehungsaufgaben übernimmt, folgende Charakteristika vorliegen:

(1) Zwischen Elternperson und Kind gibt es mindestens ein *stabiles Interaktionsmuster*. Zumeist wird dieses bereits durch die Interaktionsformen der intuitiven Elternschaft realisiert, die sich im Kontakt zum Neugeborenen bzw. bereits in der Schwangerschaft spontan initiieren und ausdifferenzieren. Das Kind aktiviert die Komponenten intuitiver Elternschaft mit seinem angeborenen Verhaltensrepertoire. Zu den Verhaltensweisen des Kindes, die das elterliche Verhalten aktivieren, zählt Papoušek (1999a) dessen Blickverhalten, Mimik, Vokalisation, allgemeine Motorik, gerichtete Aktivität und Reaktivität. Das intuitive elterliche Repertoire wird von ihm über Dialogabstand, Grußreaktion, Imitationsneigung, prototypische Mimik, Am-

mensprache, interaktive Spielchen und die gemeinsame Ausrichtung der Aufmerksamkeit erfasst. Im Laufe der Entwicklung differenziert sich die Eltern-Kind-Interaktion aus und es kommen weitere Interaktionsmuster hinzu, die allerdings bisher deutlich weniger gut erforscht sind als das ursprüngliche Muster.

Das Fehlen empirisch gesicherter Befunde, die es ermöglichen würden, Eltern-Kind-Interaktionen mit Bezug auf Muster zu beschreiben, die für spätere Entwicklungsphasen typisch sind, ist ohne Zweifel ein Mangel, der die Beurteilung von Eltern-Kind-Beziehungen erheblich erschwert. Diesen Mangel kann man zu kompensieren versuchen zum Beispiel mit Anleihen aus der Personzentrierten Psychotherapie, indem man Eltern-Kind-Interaktionen anhand von Merkmalen wie Akzeptanz und Wertschätzung, Echtheit und einfühlendem Verstehen beschreibt. In der Beurteilung von Interaktionen, die Eltern mit ihren Kindern unterhalten, sollte darüber hinaus berücksichtigt werden, inwieweit sie die Eigenschaften der Stabilität, Konsistenz und Kontinuität aufweisen und ob es sich insgesamt um kindgerechte Kommunikationsmuster handelt. Hinsichtlich der Angemessenheit der elterlichen Interaktionsbeiträge an die des Kindes und dessen Bedürfnisse kann man die adaptiv abgestimmte, elterlicherseits gut regulierte von der inadäquat regulierten Interaktion unterscheiden und letztere noch einmal differenzieren in die über- und die unterregulierte (siehe auch Koch & Derksen, 2015). Diese von Papoušek und ihren Mitarbeitern bei der Erforschung der Interaktionsmuster zwischen Eltern und Säuglingen verwendeten Merkmale lassen sich auf die Beurteilung der Interaktionen mit älteren Kindern übertragen, auch wenn – in Ermangelung entsprechender Forschungsbefunde – nicht unbedingt klar ist, welche Merkmalsausprägungen jeweils die adaptiven und altersgemäßen sind. Die Merkmale als solche geben zumindest Hinweise, worauf bei der Beurteilung der Interaktionsqualität zu achten ist (vgl. auch Jacob, 2016)

Von den direkt beobachtbaren und objektiv gegebenen Interaktionsmustern sind die Beziehungsschemata der Interaktionspartner zu unterscheiden. Diese beruhen auf deren subjektiver Wahrnehmung der Interaktionsmuster und bilden diese kognitiv ab.

In der Gestalt solcher Beziehungsschemata sind die Eltern-Kind-Interaktionen sowohl bei den Eltern als auch beim Kind jeweils dreifach kognitiv repräsentiert: als (2) Selbstbild, als (3) Bild der Bezugsperson und (4) als Interaktionsskript. Obgleich in der Gestaltung der Eltern-Kind-Beziehung selbstverständlich auch das Beziehungsschema des Kindes eine wichtige Rolle spielt, widmen wir hier unsere Aufmerksamkeit nur den mentalen Repräsentationen auf Seiten der Eltern.

(2) Im Hinblick auf die erzieherisch intendierten Interaktionen der Eltern mit ihrem Kind hat das *Selbstbild*, das Eltern von sich als elterliche Erzieher haben, eine kaum zu überschätzende Bedeutung. Die diesbezüglich relevanten Selbstkonzeptmerkmale werden von Dettenborn und Walter (2015) als Einstellung zum erzieherischen Engagement gefasst: Interesse am Kind, subjektive Annahmen über den Sinn von Aktivität und Passivität im erzieherischen Handeln, und zwar mit Rücksicht sowohl auf eigene Wirksamkeitserwartungen als auch auf Überzeugungen, welche die Wirkmechanismen in der Entwicklung des Kindes betreffen: Wird die Entwicklung eher als Reifung oder eher als beeinflussbare Veränderung begriffen? Damit verbunden sind die elterliche Akzeptanz und Wertschätzung des Kindes, die elterliche Einstellung zur Affektivität, zur Empathie und zum Wohlbefinden.

(3) Die kognitive Repräsentation der Bezugsperson ist auf Seiten der Eltern das innere, besondere Bild, das sie von ihrem Kind und dessen Individualität haben. Im Hinblick auf die *Repräsentation des Kindes* im Kopf der Eltern kann man fragen, woher sie ihren Inhalt und ihre Merkmale beziehen. Ist das Bild vom konkreten Kind aus den realen Erfahrungen mit ihm gespeist, oder entspringt es einer Abstraktion oder gar einer Fiktion? Die Wirksamkeit von elterlichen Kind-Fiktionen haben Fraiberg, Adelson und Shapiro (1975) eindrucksvoll aufgezeigt: »Gespenster im Kinderzimmer«, das sind elterliche Phantasien über das Kind, haben für dessen Entwicklung mitunter verheerende Folgen. Vorstellungen der Eltern von ihrem Kind lassen sich anhand von Eigenschaftslisten erfassen, wie sie zum Beispiel von Zeanah und Benoit (1995) zur Auswertung von Elterninterviews benutzt wurden. Parameter, welche die mentale Repräsentation des Kindes bei seinen Eltern beeinflussen, hat Volger (2004) auf der Grundlage von Bowlbys Bindungstheorie und mit Bezug auf die Theorie der Affektspiegelung nach Gergely (zit. nach Dornes, 2000, S. 194) beschrieben.

(4) Die letzte mentale Repräsentation der Eltern-Kind-Beziehung auf Seiten der Eltern ist deren *Interaktionsskript*. Diesbezüglich lassen sich etwa folgende Fragen stellen: Welche Interaktionsmuster sind in dem elterlichen Skript abgebildet und welche nicht? Welche Themen bzw. Interaktionsbereiche sind darin vorgesehen und welche nicht? Wie strukturiert und interpunktiert das Skript Eltern-Kind-Interaktionen im Hinblick auf Zeit, Tempo und Dynamik, Nähe und Distanz, Wortwechsel, Dialogbereitschaften, Dialogsequenzen usw.? Wie verteilt das Skript die Rollen der Interaktionspartner? Welche Gefühlsqualitäten verknüpft es mit den abgebildeten Interaktionsmustern? Und wie bewertet es intern deren Angemessenheit? Bildet das Interaktionsskript der Eltern deren Interaktionsregulation als adaptiert, als untersteuert oder als übersteuert ab? Es ist anzunehmen, dass das elterliche Interaktionsskript unmittelbar die Interaktionen mit ihrem Kind beeinflusst, stellt es doch auf der mentalen Ebene der Eltern das Verhalten steuernde Programm ihres Interagierens dar. Es kann aber sein, dass aus der Sicht eines externen Beobachters die tatsächlich stattfindenden Interaktionen von dem elterlichen Interaktionsskript nur mäßig gut, verzerrt oder gar nicht erfasst werden. Was die Eltern über ihre Interaktionen mit dem Kind zu wissen glauben, hätte dann wenig bis nichts mit der interaktionellen Realität zu tun hat, wie sie aus der Perspektive eines Dritten zu beobachten wäre. Eine solche Differenz wird man nur mit der Annahme erklären können, dass die Eltern einem anderen Verhalten steuernden Programm folgen, als sie meinen. Auch wenn die tatsächlich steuernden Faktoren den an der Interaktion Beteiligten, den Eltern wie dem Kind, verborgen bleiben, können und werden sie doch die Differenz und die Spannung spüren, die zwischen Skript und erfahrener Realität besteht. Offenbar ist damit eine weitere denkbare Quelle dysfunktionaler Erziehungspraktiken und -erfahrungen bezeichnet.

(5) Vorstellungen, die Eltern von ihrer Rolle als elterliche Erzieher haben, und die *Rollenerwartungen*, die sie an ihr Kind als die zu erziehende Person adressieren, sind normative Vorstellungen. Diese sind mit den gleichen Merkmalen beschreibbar wie das Selbstbild, das sie von sich als Erziehungspersonen haben, bzw. wie das innere Bild, das sie sich vom Kind machen. Auch hier kommt es entscheidend auf das Verhältnis zwischen den Eigenschaften an, mit denen die Eltern einerseits ihre

mentalen Repräsentationen der realen Beziehungspartner (Selbst- und Kindbild) ausstatten, und denen, die andererseits die Rollenerwartungen charakterisieren, die sie an sich selbst und das Kind adressieren. Bestehen zwischen den Norm- und den Realvorstellungen, zwischen Anspruch und Wirklichkeit allzu große Unterschiede und erscheint die Distanz zwischen ihnen unüberbrückbar, so sind wiederum dysfunktionale Erziehungspraktiken und Störungen im Eltern-Kind-Verhältnis die wahrscheinlichen Folgen.

(6) Die Gestaltung der Eltern-Kind-Beziehung wird auch von den *Zukunftsperspektiven* der Eltern beeinflusst, die sie mit ihrer Erzieherrolle verbinden, also von Vorstellungen und Erwartungen darüber, wie ihre elterliche Erziehungsfähigkeit in Zukunft beschaffen sein wird. Erwartet eine Elternperson beispielsweise, zukünftig den Versuchen ihres Kindes, Rauschmittel auszuprobieren, ohnmächtig gegenüber zu stehen, wird sie in der aktuellen Auseinandersetzung mit ihm sehr viel angstvoller und schon im Vorfeld abwehrender agieren als mit der in die Zukunft projizierten Gewissheit, diesen Konflikt dann bewältigen zu können, wenn es ihn künftig tatsächlich geben sollte. Problematische Entwicklungen der Eltern-Kind-Beziehung ergeben sich auch aus elterlichen Zukunftsvorstellungen, die von einem Mangel an Zutrauen in die kindliche Resilienz, in die Schutzfähigkeiten und Ressourcen des Kindes geprägt sind. Ob die ihr Kind betreffenden Zukunftsvorstellungen von Eltern eher positiv oder negativ getönt sind, ob sie eher von Vertrauen oder von Misstrauen und Pessimismus gekennzeichnet sind, kann man zum Beispiel daran ablesen, ob die Eltern

- das Kind an Entscheidungen in der Familie beteiligen,
- die Selbständigkeit des Kindes befördern,
- prosoziales Verhalten des Kindes unterstützen,
- von zu starken negativen Affekten frei sind (vgl. dazu auch Trommsdorff, 2001, S. 39).

Das die Eltern-Kind-Interaktionen abbildende elterliche Beziehungsschema ist stets mit mehr oder minder starken Affekten verknüpft. Die affektive Bewertung hat zwei Erscheinungsformen. Sie manifestiert sich zum einen in affektiv aufgeladenen Präferenzen. Zum anderen geschieht sie in Form von Stimmungen, die das Beziehungsgeschehen und seine mentale Repräsentation situationsabhängig emotional einfärben oder auch situationsübergreifend mehr oder weniger dauerhaft grundieren.

(7) *Affektive Präferenzen* der Eltern in Bezug auf ihr Selbstbild transformieren dieses in ein Idealbild. Wie sie als Eltern am liebsten sein möchten, kommt darin zum Ausdruck; welche elterlichen Eigenschaften und Fähigkeiten sie für sich bevorzugen und welche sie am liebsten loswerden möchten; auch, ob sie gerne die Erzieher ihres Kindes sein möchten oder lieber dessen Freund und Spielgefährte. Das Idealbild, das Eltern sich von ihrem Kind machen, ist ebenfalls das Ergebnis ihrer affektiven Präferenzen. Entspricht dieses nicht dem Realbild, das sie vom Kind haben, entstehen daraus Spannungen, welche die reale Eltern-Kind-Beziehung erheblich belasten können. Ähnliche Belastungen werden entstehen, wenn Eltern das Interaktionsskript ihrer Beziehung zum Kind emotional nicht akzeptieren können, indessen

nicht in der Lage sind, ihre realen Interaktionen einem von ihnen bevorzugten Skript anzupassen.

(8) Die emotionale Einbettung des Beziehungsschemas der Eltern und seiner Komponenten ist abhängig von den emotionalen Möglichkeiten und Dispositionen, die den jeweiligen Elternpersönlichkeiten zur Verfügung stehen. Die im Rahmen des von uns vorgelegten Strukturmodells der elterlichen Erziehung (s. o.) beschriebenen relativ überdauernden elterlichen Affektmuster von Wärme, Gelassenheit, Freude und Humor sowie Interesse sehen wir als besonders bedeutsame Moderatoren des Eltern-Kind-Beziehungsschemas auf Seiten der Eltern. Auf das affektive Klima der realen Eltern-Kind-Beziehung werden sie sich sowohl vermittelt über das emotional entsprechend getönte elterliche Beziehungsschema auswirken als auch unmittelbar in der Begegnung des Kindes mit einer so oder so gestimmten Elternperson und/oder mit einem so oder so gestimmten Elternpaar.

Das Mikrosystem einer Familie besteht aus den sozialen Beziehungen zwischen mindestens drei Personen: Elternteil 1, Elternteil 2 und Kind. Dass nicht unbedingt alle drei Personen räumlich und zeitlich präsent sein müssen, damit ein solches Mikrosystem sich erhalten kann, verdankt sich der Existenz psychischer Beziehungsschemata im kognitiv-affektiven Leben der beteiligten Personen. Es muss nur irgendwann zu tatsächlichen Interaktionen zwischen den Beteiligten gekommen sein, und es muss sich dabei mindestens ein Interaktionsmuster herausgebildet haben, das bei den Interaktionspartnern psychisch repräsentiert bleibt und in der Gestalt von Beziehungsschemata fortbesteht. Auch realiter nicht präsente Personen können auf diese Weise im psychischen Leben der anderen Personen weiter existieren und mit ihnen ein, freilich eher virtuelles, familiäres Mikrosystem bilden. Auf die Belastungen, denen die Teilnehmer von (partiell) virtuellen Mikrosystemen oftmals ausgesetzt sind, und zwar sowohl im Hinblick auf die Beziehungsschemata, die ständig in der Gefahr sind, rein fiktional zu werden, wenn sie an der Realität fehlender Bezugspersonen nicht mehr überprüft werden können, als auch auf der Ebene der realen Interaktionen, soweit diese noch möglich sind, wollen wir hier nur hinweisen. Sie sind dem Praktiker, der mit Trennungs- und Scheidungsfamilien oder mit Familien, die Migration, Tod oder andere Verluste erfahren haben, zur Genüge bekannt.

Das kleinste familiäre Mikrosystem (Eltern-Kind-System) besteht aus genau drei sozialen Beziehungen: Elternteil 1 (z. B. Mutter) – Kind, Elternteil 2 (z. B. Vater) – Kind, Elternteil 1 – Elternteil 2. Jede Person in diesem System unterhält mit den beiden anderen Personen eine Beziehung. Die in dem Mikrosystem vorhandenen drei Beziehungen sind demnach bei jeder Person psychisch in Form von zwei Beziehungsschemata repräsentiert. In dem System sind somit sechs Beziehungsschemata und ihre jeweiligen affektiven Bewertungen wirksam. Es können bei jeder Person noch weitere Schemata hinzukommen: proto-systemisch kann das Kind die Eltern-Beziehung konzipieren, der Vater die Mutter-Kind-Beziehung, die Mutter die Vater-Kind-Beziehung; schließlich kann jede Person auch noch ein echtes Systemschema entwickeln, welches das Beziehungsgeflecht der Familie insgesamt abbildet. Wir kommen auf insgesamt 6 + 3 + 3 = 12 personengebundene Beziehungs- oder (Proto-)Systemschemata, die allein schon in der hier vorausgesetzten Kleinfamilie eine mehr oder weniger große Rolle spielen und auch die elterlichen Erziehungshandlungen beeinflussen werden. Das sind zu viele, um sie hier alle im Detail nach dem Muster der oben für die Position einer Elternperson durchgeführten Beziehungsanalyse beschreiben zu können. Die heuristische Potenz des verwendeten Beziehungsmodells bei der Aufklärung des Einflusses sozialer Beziehungen auf die elterliche Erziehung müsste auch ohne dies deutlich geworden sein. Im nächsten Abschnitt werden wir die Analyse lediglich noch für die elterliche Paarbeziehung durchführen. Deren Bedeutung für die elterliche Erziehung leuchtet unmittelbar ein, wenn man zum Beispiel an die Auswirkungen der Nichtübereinstimmung von Eltern in Erziehungsfragen denkt. Mit dem darüber vorhandenen Alltagswissen stimmt die erziehungspsychologische Forschung überein, die seit eh und je die Bedeutung der elterlichen Konsensorientierung hervorhebt (vgl. zusammenfassend z. B. McHale & Cowan, 1996).

Zusammenfassend ergibt sich nach den bisherigen Überlegungen ein Katalog von Beziehungen moderierenden, organisierenden und regulierenden Faktoren, die bei der diagnostischen Beschreibung und Bewertung von Eltern-Kind-Beziehungen zu berücksichtigen und zu erfassen wären: Akzeptanz, Echtheit, Verständnis, Zuverlässigkeit positiver Kommunikation, Regulationsniveau, elterliche Vorstellungen vom Kind, Affektmuster, Rollenverständnis der Eltern als Erziehende und Zukunftsvorstellungen.

2. *Erziehung und die elterliche Paarbeziehung*

Welchen Einfluss die Qualität der elterlichen Paarbeziehung auf die kindliche Entwicklung ausüben kann, wird meistens mit Bezug auf die negativen Folgen von Trennung und Scheidung belegt. Hierzu existieren zahlreiche Untersuchungen und Befunde (im Überblick: Walper, Fichtner & Normann, 2011). Von den betroffenen Kindern wird als größter Belastungsfaktor die anhaltende Störung der elterlichen Paarbeziehung berichtet. Das zeigt im Umkehrschluss, wie wichtig ein von Achtung, Wärme und Verständnis gegründetes Verhältnis der beiden (sozialen) Eltern für das Kind ist.

Zwei unterschiedliche Auffassungen über die Wirkung der elterlichen Paarbeziehung auf die kindliche Entwicklung sind untersucht worden: Die Spill-over-Hypothese

> »postuliert einen positiven Zusammenhang zwischen der Qualität der Ehe-Beziehung und der Eltern-Kind-Beziehung ... . Der spill-over-Hypothese steht die sogen. Kompensationshypothese gegenüber. Im Rahmen dieser wird vermutet, dass Eltern, die ihre Bedürfnisse nach Zuwendung nicht in der Partnerschaft erfüllen können, versuchen, diese Bedürfnisse in der Eltern-Kind-Beziehung zu verwirklichen. Derart sagt diese Hypothese bei niedriger Ehequalität eine besonders intensive Eltern-Kind-Beziehung voraus« (Fuhrer, 2005, S. 244).

Einige metaanalytische Studien (in der Zusammenfassung bei Fuhrer 2005, 244 f.) legen nun nahe, dass sich elterliche Paarbeziehungen mit hoher Unzufriedenheit und Stress im Sinne der Spill-over-Hypothese negativ auf die Kinder auswirken. Paarbeziehungen von hoher Zufriedenheit fördern hingegen die Entwicklung der Kinder. Diese Befunde stützen insgesamt die Annahme von Spill-over-Effekten.

Negative Paarbeziehungen gewinnen im Erziehungsprozess auslösende und verstärkende Funktionen. Mindestens vier unterschiedliche Prozesse konstellieren – nach Schneewind (2002 zit. bei Fuhrer, 2005, S. 245) – diese Wirkungen:

- das Umlenken des Partnerkonfliktes auf die Eltern-Kind-Beziehung, was die Eltern kurzfristig entlastet,
- konflikthafte Elternbeziehungen, die zum Verhaltensmodell für die Kinder werden,
- Partnerkonflikte als Auslöser inter- und intraparentaler Inkonsistenz; Differenzen zwischen den Eltern in Erziehungsfragen können z. B. zu Koalitionen zwischen Elternteil und Kind führen,
- Familienstress und Rollenbelastungen durch externe Stressoren (wie Arbeitslosigkeit) und interne Stressoren (wie chronische Krankheit).

Überraschend sind Befunde, in denen sich der Zusammenhang zwischen partnerschaftlicher Zufriedenheit und kindlicher Entwicklung negativ darstellt, also hohe Zufriedenheit in der Partnerbeziehung mit Überbehütung und einschränkender Kontrolle der Kinder einhergeht (vgl. Uhlendorff, 2001). Insgesamt belegen alle Untersuchungsergebnisse, dass die elterliche Paarbeziehung einen sehr bedeutsamen direkten und mittelbaren Einfluss auf die kindliche Entwicklung ausübt. Die Entwicklungs- und Erziehungserfahrung mit dem Kind wirkt zugleich zurück auf die Partnerschaft. Die ganze Komplexität und Dynamik der Einflüsse in einem schlüssigen Modell abzubilden, ist beim gegenwärtigen Forschungsstand jedoch nicht möglich.

Zusammenfassend stimmen wir Gabriel und Bodemann (2006, S. 10) zu, wenn sie

- die Unterstützung des Partners in seiner Elternrolle,
- die Übereinstimmung in der Erziehung,
- eine zufriedenstellende Verteilung der Erziehungsaufgaben,
- ein angemessenes partnerschaftliches Interaktionsmuster

als die vier wichtigsten, miteinander interagierenden Komponenten einer günstigen Elternallianz herausarbeiten.

3.3 Eltern: erziehungsrelevante Personmerkmale

Die familien- und erziehungspsychologische Forschung hat die Frage nach den Auswirkungen der Elternpersönlichkeit auf die Erziehung in bemerkenswerter Weise eher vernachlässigt (Fuhrer, 2005; Petzold, 1999). Schneewind und Schmidt (1999) teilen mit, als elterliche Risikomerkmale seien »psychische Störungen bzw. abweichendes Verhalten oder Behinderungen eines Elternteils …, elterliche Kriminalität, mütterliche Psychopathologie und geringer Ausbildungsstand« (S. 290) nachgewiesen worden.

Das kann nicht weiter überraschen, gibt aber noch keinen Hinweis, welche Persönlichkeitsfaktoren auf Seiten der Eltern für gelingende Erziehungsprozesse bedeutsam sein könnten. Antworten hierzu finden sich in der metaanalytischen Studie von Belsky und Barends (2002), die über die Geschichte und den aktuellen Stand der Erforschung der Zusammenhänge von Merkmalen der Elternperson mit Merkmalen der elterlichen Erziehung und der Kindesentwicklung sehr instruktiv berichtet. Die Eigenschaften der Elternpersönlichkeit, deren Einflüsse auf das Kind empirisch belegt sind, stellen wir im Folgenden zusammen und fügen dem eine Reihe von Fähigkeiten hinzu, die Eltern im erzieherischen Umgang mit ihren Kindern benötigen. Wir nehmen an, dass der Erwerb und die Performanz von elterlichen Kompetenzen durch die elterlichen Persönlichkeitsmerkmale moderiert wird.

Elterliche Persönlichkeitseigenschaften

Persönlichkeitsmerkmale von Eltern sind in der Studie von Belsky und Barends (2002) als »traits« konzipiert (siehe zu diesem Konzept z. B. Ahrens, 1999). Die Autoren orientieren sich in ihrer Darstellung am Modell der »Big Five«. Sie ergänzen die fünf »Traits«, die in der Persönlichkeitsforschung als die Haupteigenschaften gelten, durch zwei weitere Konstrukte, von denen angenommen wird, dass sie ebenfalls zum Gelingen elterlicher Erziehung wesentlich beitragen. Hinsichtlich dieser insgesamt sieben Charakterzüge stellt sich die Befundlage wie folgt dar:

1. Neurotizismus vs. emotionale Stabilität. Herpertz-Dahlmann und Remschmidt (2000) belegen in ihrer Untersuchung, dass anhaltende mütterliche Depression die emotionale und kognitive Entwicklung des Kindes gefährdet. Belsky und Barends (2002) tragen eine Reihe ähnlicher Untersuchungsergebnisse zusammen, die insbesondere mütterliche Depressivität und Angst als starke Prädiktoren für eine risikovolle Entwicklung des Kindes nachweisen.
2. Extraversion bildet die Quantität und Intensität der interpersonalen Beziehungen einer Person ab. Diese Eigenschaft auf der Seite von Eltern ist in ihrer Wirkung auf die Entwicklung der Kinder bisher weniger gut erforscht. Belsky und Barends (2002) berichten von eigenen Untersuchungen, deren Ergebnisse die Annahme stützen, dass eher extravertierte Eltern verglichen mit introvertierten besser in der Lage seien, ihre positiven Gefühle gegenüber ihren Kindern auszudrücken und sich feinfühlig und kognitiv anregend ihnen gegenüber zu verhalten.
3. Soziale Verträglichkeit lässt sich mit Adjektiven wie einfühlsam, warmherzig, hilfsbereit, verzeihend, verträglich und optimistisch beschreiben. Belsky und Barends (2002) können lediglich vier Studien nachweisen, die sich ausdrücklich mit diesem Merkmal und dessen Bedeutung für die kindliche Entwicklung befassten. Allen gemeinsam ist der Befund, dass Eltern, die sich empathisch verhielten, eine wesentlich positivere Beziehung zu ihren Kindern hatten. Zudem reagierten deren Kinder emotionaler und eindeutiger auf die Eltern als Kinder, deren Eltern eher weniger einfühlsam waren.
4. Offenheit für Erfahrungen. Eltern mit einer hohen Ausprägung in diesem Merkmal erfreuen sich an neuen Erfahrungen, sie haben breite Interessen und

Vorstellungen. Auch in Bezug auf dieses Merkmal ist die Datenlage eher spärlich. Die von Belsky und Barends (2002) ausgewerteten beiden Studien belegen aber übereinstimmend, dass Offenheit für Erfahrungen hoch korreliert ist mit positiven Eltern-Kind-Beziehungen.
5. Gewissenhaftigkeit bildet das Ausmaß ab, in dem Eltern planvoll handeln, zielstrebig und gut organisiert sind. Diese Eigenschaft scheint keinen eindeutigen und direkten Einfluss auf die kindliche Entwicklung zu haben. Die wenigen referierten Untersuchungen belegen, dass Gewissenhaftigkeit in Verbindung mit Sensitivität und Unterstützung die Eltern-Kind-Beziehung positiv beeinflusst und die kindliche Entwicklung gut fördert. Ein großer Mangel an Gewissenhaftigkeit, einhergehend mit Unüberschaubarkeit und Chaos, dürfte auf alle Fälle für die kindliche Entwicklung abträglich sein. Gewissenhaftigkeit allein jedoch, ohne dass elterliche Empathie hinzukommt, wird vom Kind als zu starke Einengung und Kontrolle erlebt; isoliert betrachtet ist sie kein Prädiktor für eine positive kindliche Entwicklung.
6. Selbstwertschätzung korreliert negativ mit dem Merkmal »Neurotizismus« und deutlich positiv mit »Extraversion«. Einige von Belsky und Barends (2002) zitierte Studien zeigen, dass Eltern, die sich selbst wertschätzen, sich auch eher feinfühlig, unterstützend, anregend und entwicklungsfördernd gegenüber ihren Kindern verhalten.
7. Kontrollüberzeugung ist ein Konzept, das Aussagen darüber macht, wie eine Person ihr eigenes Handeln begründet und verantwortet; welche Überzeugung sie also davon hat, wer oder was ihr Leben bestimmt (Krampen, 1981). Menschen mit internaler Kontrollüberzeugung erleben sich im Allgemeinen als selbst verantwortlich sowohl für positive als auch für negative Erfahrungen; realistischerweise schreiben sie sich allerdings keine (alleinige) Verantwortung zu, wenn es eine (Mit-)Verantwortung Dritter gibt. Menschen mit externaler Kontrollüberzeugung verlagern die Verantwortung generell entweder auf andere Menschen oder auf das Schicksal (fatalistisch). Untersuchungsbefunden zufolge regen internal kontrollüberzeugte Eltern ihre Kinder mehr an; sie verhalten sich responsiver und weniger negativ (ängstlich) kontrollierend (Belsky & Barends, 2002, S. 429).

Die Forschungsergebnisse zusammenfassend beschreiben Belsky und Barends die ideale Elternperson, die sich ein Kind aussuchen würde, wenn es wählen könnte. Nicht wirklich überraschend, wäre es die Person, die »für sein Wohlergehen sorgt. Die Entwicklung (des Kindes, d. A.) profitiert, wenn man eine psychisch gesunde und reife Elternperson wählt, konkreter formuliert: jemanden mit geringer Neurotizismus-Tendenz, ausgeprägter Extraversion, guter sozialer Verträglichkeit, mit großer Offenheit für Erfahrungen und Gewissenhaftigkeit. Darüber hinaus sind eine positive Selbstwertschätzung und eine internale Kontrollüberzeugung förderlich« (Belsky & Barends, 2002, S. 431) (Übers. d. A.). In der Interaktion mit solchen Elternpersönlichkeiten erfahren Kinder die feinfühlige Unterstützung, die sie brauchen, sie erleben die Eltern als ansprechbar und zugleich intellektuell anregend.

Dieses Bild einer idealen Elternpersönlichkeit ist unmittelbar überzeugend. Wer hätte solche Eltern nicht gern? Gleichwohl hat die Forschung, die in dieses auch alltagspsychologisch plausible Elternkonstrukt einmündet, Lücken: Die meisten Untersuchungen, ausgenommen die zum Neurotizismus, haben die Elternpersönlichkeiten jüngerer Kinder erforscht. Außerdem sind sie zum größten Teil in den USA durchgeführt worden. Wissenschaftlich begründete Aussagen über Zusammenhänge zu Alter, Geschlecht, sozialem und kulturellem Hintergrund sind deshalb bisher nicht möglich.

Immerhin zeigen die oben berichteten Forschungsbefunde, dass die Persönlichkeitsmerkmale der Eltern Einfluss nehmen auf ihr Erziehungshandeln und auf die Entwicklung ihrer Kinder. Unterschiede zwischen elterlichen Persönlichkeitsstrukturen korrelieren mit Unterschieden in der erzieherischen Beziehungsgestaltung und mit Unterschieden in den Entwicklungsverläufen der Kinder. Wie sich diese Zusammenhänge vermitteln, lässt sich beispielsweise mit Hilfe der Theorie der Affektspiegelung von Gergely (ausführlich dargestellt bei Dornes, 2000, und in der jüngsten Literatur im Konstrukt der »Mentalisierung« eingebunden z. B. bei Taubner, 2016) begreifen: Eltern schreiben ihren Kindern Gefühle, Motive und Ziele zu. Diese elterlichen Attribuierungen bilden den Horizont, innerhalb dessen Eltern in konkreten Situationen das konkrete Erleben und Verhalten ihres Kindes interpretieren. An diesen Deutungen orientieren sie ihr elterliches Verhalten; entsprechend gestalten sie ihre Interaktionen mit dem Kind. Die elterlichen kindbezogenen Zuschreibungen sind somit der Rahmen, in dem Eltern ihre Elternschaft leben. Dieser Attributionsrahmen und Verstehenshorizont wiederum steht unter dem starken Einfluss der elterlichen Stimmungen und Gefühle. Diese schließlich korrelieren eng mit den Persönlichkeitseigenschaften der Eltern. Die Vermutung, dass es das Affektsystem der Eltern ist, das die mediatorische Rolle zwischen deren Persönlichkeitseigenschaften und Erziehungsverhalten übernimmt, ist auch von Belsky und Barends (2002) formuliert worden. Die vermittelnde Funktion elterlicher Affekte ist eine bisher empirisch noch nicht ausreichend überprüfte Hypothese. Ihre theoretische Plausibilität ist aber einer der Gründe, weshalb im Struktur-Modell des MAD-J der elterlichen Erziehung auch die Affektmuster der Eltern abgebildet werden.

Elterliche Fähigkeiten der Beziehungsgestaltung

Auf der soeben dargestellten Grundlage der Theorie der Affektspiegelung von Gergely (Dornes, 2000) haben Volger (2004) und Schorn (2011, S. 195) Fähigkeiten von Eltern expliziert, die eine kindgemäße Beziehungsgestaltung mit ihrem Säugling ermöglichen und damit eine wichtige Voraussetzung gelingender Entwicklung bilden. Eine Bindungsbeziehung unterscheidet sich von einer Nicht-Bindungsbeziehung dadurch, dass »bei Angst das Bindungsverhaltenssystem aktiviert und die Nähe zur Bindungsperson aufgesucht wird, wobei Erkundungsverhalten aufhört ... Andererseits hört bei Wohlbefinden die Aktivität des Bindungsverhaltens auf und Erkundungen sowie Spiel setzen wieder ein (Grossmann & Grossmann, 2008, S. 67)«. Schorn (2011, S. 195) differenziert diese Bindungsbeziehung im Hinblick auf die Person, welche das Bindungsangebot unterbreitet, in Weiterführung der Definition von »Feinfühligkeit« nach Mary Ainsworth (z. B. 2003) wie folgt:

- »Eine feinfühlige Bezugsperson nimmt Zeichen beginnender Belastung rechtzeitig wahr und weiß diese zu reduzieren ...« (ebd.).
- »Sie greift die Affekte/Gefühle des Kindes (insbesondere die negativen) empathisch auf und hilft ihm dabei, diese zu modulieren und zu regulieren« (ebd.) (»Containing« nach Bion in: Dornes, 1998, S. 103).
- »Eine feinfühlige Person vermag sich in den seelischen Zustand des Kindes hineinzuversetzen und Dinge/Ereignisse aus der Perspektive des Kindes wahrzunehmen« (ebd.) (»Fähigkeit zur Mentalisierung« nach Fonagy, Gergely, Jurist, Target & Vorspohl, 2006).
- »Eine feinfühlige Person vermag sich mit dem Kind emotional abzustimmen (›affect attunement‹, mit ihm einen vorsprachlichen Dialog bzw. ›Tanz‹ zu gestalten, was dem Kind das beruhigende Gefühl gibt, verbunden zu sein (nach Stern, 1996)« (ebd.).
- »Feinfühlige Personen anerkennen die Bindungs- und Explorationsbedürfnisse bzw. Autonomiebestrebungen des Kindes.

Die Kompetenz der ›Feinfühligkeit‹ umfasst einerseits die Fähigkeit, die Gefühle und Motive des Kindes zu erkennen, mit ihnen mitzuschwingen und zugleich die Fähigkeit, sich in diesen nicht aufzulösen, seine eigene Person als abgegrenzt zu leben und insbesondere in den negativen Gefühlen nicht ›unterzugehen‹« (Schorn, 2011, S. 195).

In verallgemeinerter Form, aus dem Kontext der Interaktion mit einem Säugling herausgelöst, finden wir solche Fähigkeiten der persönlichen Beziehungsgestaltung im Konzept der »psychischen Struktur des Selbst« zusammengefasst, wie es beispielsweise auf tiefenpsychologischer Grundlage in der »Operationalisierten Psychodynamischen Diagnostik« (Arbeitskreis OPD, 2016) beschrieben oder auch im Personzentrierten Ansatz verwendet wird (vgl. z. B. Biermann-Ratjen et al., 2003, S. 77, S. 168). Volgers Ansatz (2004) hebt die Bedeutung der mentalen Repräsentation des Kindes im psychischen Leben der Eltern hervor. Demgemäß richten sich die Schlussfolgerungen für die Beratungspraxis recht einseitig auf die Modifikation der psychischen Repräsentanz des Kindes bei seinen Eltern. Freilich sollte man die Bedeutung anderer Faktoren, die auf die elterliche Erziehung Einfluss nehmen, nicht unterschätzen.

Forschungsarbeiten, welche die postulierten Zusammenhänge zwischen den mit tiefenpsychologischen Konzepten beschriebenen elterlichen Fähigkeiten und gelingender Elternschaft empirisch belegen würden, haben wir bisher nicht gefunden. Allerdings verheißen die mentalisierungsbasierten Zugänge neuerer tiefenpsychologischer Konzepte sowie das der Theory of Mind hier in den nächsten Jahren sicherlich einen Zugewinn an Wissen (im Überblick z. B. Bischof-Köhler, 2011; Taubner, 2016).

Elterliche Persönlichkeitsmerkmale mit direktem Bezug zur Erziehung

Eine andere Taxonomie erziehungsbedeutsamer Persönlichkeitsmerkmale diskutieren Dozier et al. (2002; zit. in Helming et al., 2011). Sie führen drei Schlüsselelemente erfolgreicher Elternschaft[12] auf, nämlich:

---

12 Die Autoren wenden diese Merkmale/Eigenschaften zunächst als für Pflegeeltern im engeren Sinne erforderlich an. Die Merkmalsliste lässt sich jedoch sachlich auch – mit einigen Akzentuierungen versehen – auf die Elternpersonen übertragen.

1. *Fürsorglichkeit*, im Sinne des Pflegens und sich Kümmerns.
2. *Responsivität*: Gemeint sind hier zwei wesentliche Funktionen, nämlich die der Sensitivität sowie die Fähigkeit, auf die kindlichen Signale angemessen zu reagieren.
3. *Struktur, Vorhersehbarkeit*: Kinder benötigen eine strukturierte und vorhersagbare soziale Umgebung, denn beides gibt Sicherheit und Stabilität.

Ergänzend werden – diesen Autoren[13] zufolge – benannt:

1. *flexible Problemlösung*: Die Fähigkeit zum flexiblen Problemlösen bedarf als psychischer Grundlage einer sogenannten »internalen Kontrollüberzeugung«, also einer Überzeugung, in realistischem Maße für sein Handeln selbst verantwortlich zu sein und Vertrauen in seine eigenen Fähigkeiten zu entwickeln. Die Elternperson mit der Fähigkeit zur flexiblen Problemlösung geht davon aus, dass die Ereignisse des Lebens grundsätzlich verstehbar und erklärbar sind, dass sich die Anforderungen ihres Lebens zumindestens prinzipiell handhaben lassen und schließlich, dass sich die Anforderungen auch als Herausforderungen an das eigene Wachstum bzw. als sinnstiftende Elemente für das eigene Leben definieren lassen. Dieses sogenannte »*Kohärenzgefühl*« definiert also ihre im wesentlichen internale Kontrollüberzeugung, aus der heraus sie in der Lage ist, flexible, selbst arrangierte Problemlösungen im Alltag kindzentriert zu bewerkstelligen.
2. *Humor.*
3. *Commitment*: Darunter wird verstanden, sich dem Kind gegenüber verbunden und verpflichtet zu fühlen. Es ist gekennzeichnet durch ein großes Ausmaß an Motiviertheit, eine »ausdauernde, nachhaltige und verantwortungsvolle Beziehung« (ebd.) zum Kind einzugehen, die deutlich über die Sorge im Alltag hinausreicht.
4. *reflexive Selbstfunktion*: Gemeint ist hier nicht etwa eine besonders hoch ausgeprägte und differenzierte kognitive Leistungsfähigkeit im Allgemeinen sondern die Fähigkeit, die Perspektive von anderen zu interpretieren und die eigene Intention von denen der anderen abzugrenzen. Um dies nicht nur kognitivistisch-rational zu definieren, soll dieses Verständnis auch auf emotionale Prozesse, die Empathiefähigkeit, ausgeweitet werden und meint dann, die Fähigkeit, eigene Emotionen und erlebte Erfahrungen zu kennen, zu erkennen und sich zugleich nicht in den Emotionen des anderen aufzulösen bzw. diese für die eigenen zu halten.

Insgesamt halten wir diese inhaltslogische Taxonomie für sinnvoller, praktikabler und überzeugender als das an den Big-five-Persönlichkeitsmerkmalen orientierte Vorgehen, weil in diesem Ansatz Fähigkeiten mit Traits kombiniert sind und dementsprechend die Chance auch viel größer ist, sie zu erlernen bzw. mittels Training und Beratung auch zu modifizieren.

---

13 Vgl. hierzu auch ausführlich: Kindler et al. (2011)

Elterliche Erziehungsziele

Eltern – und das beschrieben wir bereits mehrfach – agieren als »Diener zweier Herren«. Sie sind zum einen durch ihr Handeln darauf orientiert, kindliche Bedürfnisse zu befriedigen bzw. die Selbstregulation der Kinder zu unterstützen, eigene Bedürfnis befriedigende Handlungen zu erlernen. Insofern beschreiben Erziehungsziele zunächst Dispositionen oder auch Kompetenzen, die durch Handlungsbegriffe operationalisiert, aber nicht durch diese ersetzt werden können.

Eltern sind aber zum anderen auch Vertreter der sie umgebenden Kultur, die diese als Erwartungen implizit oder explizit an sie heranträgt. Engfer und Schneewind (1976) definieren entsprechend Erziehungsziele als »Sollsetzungen, die Eltern in Bezug auf das Verhalten ihrer Kinder in deren Lebenskontext implizit oder explizit zum Ausdruck bringen« (S. 147). Langfristig soll erreicht werden, dass diese Normen internalisiert werden. Lassen sich solche »Sollsetzungen« konkretisieren? Wir meinen, dass dies möglich ist, insbes. dann, wenn man Bezug nimmt auf grundsätzliche Ziele der kindlichen Entwicklung, also im Konkreten Erziehung eindeutig bezieht auf kindliche Entwicklung. Demnach entwickelt sich das Kind in Richtung von mindestens vier – sich immer wieder in neuer Qualität (abhängig vom Erreichen bestimmter Entwicklungsniveaus) konstituierenden – *Entwicklungszielen*, nämlich

1. *Wohlergehen*: Hierunter soll verstanden werden, dass sich das Kind physisch und psychisch gesund erlebt, mit sich im Einklang steht und – vermittelt durch nicht an Bedingungen gebundene Akzeptanz seiner Eltern – ein grundsätzlich positives Verhältnis zu sich selbst entfaltet und stabilisiert. Dies impliziert auch die Herausbildung einer positiven, d. h. von sich selbst überzeugten Wirksamkeitserwartung verbunden mit einer in sich stimmigen Identität aus der Erfahrung etwas »geworden« zu sein, eine Bestimmung in der Zukunft zu haben und im Hier und Jetzt selbstbewusst agieren zu können.
2. *Handlungsfähigkeit und Performanz* meint, dass sich das Kind angeregt und unterstützt erlebt, seine Begabungen und Interessen kennenzulernen, zu entfalten, zu erproben, einzusetzen und zu evaluieren. Primär umfasst dieses Entwicklungsziel die Entwicklung von Autonomie[14] und von eigenverantwortlicher Lebensführung.
3. *Liebes- und Beziehungsfähigkeit*: umfasst die für das Zusammenleben wichtige Gemeinschaftorientierung des Kindes, d. h. »die Etablierung zufrieden stellender zwischenmenschlicher Beziehung, die Anerkennung der Bedürfnisse anderer, die Übernahme von Verpflichtungen im Dienste der Gemeinschaft, die Kooperation bei gemeinsamen und Konfliktfähigkeit bei divergierenden Interessen« (Wissenschaftlicher Beirat für Familienfragen, 2005, S. 47). Diese Sammlung von gemeinschaftsorientierten Aspekten sollte jedoch auch die emotionale Seite, nämlich die

---

14 Die soziokulturelle Differenzierung des »Autonomie«-Begriffs in psychologische und in Handlungsautonomie – wie dies bspw. Keller und Kärtner (2014, S. 107) vornehmen und wie wir dies w. o. bereits ausgeführt haben – sollte unbedingt weiter untersucht und konzeptualisiert werden.

Liebesfähigkeit nicht außer Acht lassen, eine – außerhalb der Psychoanalyse – leider viel zu selten entwicklungspsychologisch konzipierte Kategorie.
4. *(Mit-)Gestaltung(swille):* Dieses Entwicklungsziel verlässt die bisherige Systematik, denn eigentlich betont es die *Motivation,* für die drei vorausgegangenen Entwicklungsziele auch handeln zu wollen und handeln zu können. Es bezieht sich damit insbes. auf die Entwicklung von Wertmaßstäben als auch auf die Fähigkeit, diese reflektieren und beurteilen zu können (wissenschaftlicher Beirat für Familienfragen, 2005). Schließlich geht es dann auch um die Herausbildung von Kompetenzen, entsprechend handeln zu können und zu wollen, d. h. im engeren Sinne um die Herausbildung und Aktivierung reifer exekutiver Funktionen[15] (Jäncke & Edelmann, 2013).

Diese (mindestens) vier Entwicklungsziele haben ihre Quelle in theoretisch unterschiedlichen, aber miteinander inzwischen weitgehend integrierten Definitionen sogenannter »kindlicher Grundbedürfnisse«, auf die wir bereits weiter oben eingegangen sind. Die Befriedigung dieser Grundbedürfnisse des Kindes ist sowohl Aufgabe der das Kind umgebenden Kultur als auch zunehmend des Kindes selbst – vermittelt durch dessen wachsende Selbstregulierungsfähigkeiten. Mit Hilfe des Begriffes der Entwicklungsziele werden sowohl die Orientierung an kindlichen Dispositionen und Kompetenzen als auch an kulturell vorgegebenen Normativen zusammengeführt.

Elterliche Erziehungserfahrungen

Eigene Erziehungserfahrungen wurden und werden in der Literatur bisher kaum strukturiert expliziert, obwohl sie doch vermutlich eine starke Bedeutung aufweisen bei der Konzipierung der eigenen Erziehung. Lediglich der Fragebogen zum erinnerten elterlichen Erziehungsverhalten (FEE) (Schumacher, Eisemann & Brähler, 1999; 2000) greift systematisch diese Einflussbedingung der elterlichen Erziehung auf. Er wird eingesetzt zur retrospektiven Erhebung des von den inzwischen erwachsenen Personen perzipierten Erziehungsverhaltens der Eltern während ihrer Kindheit und Jugend. Der FEE umfasst drei faktorenanalytisch konstruierten Skalen: (1) Ablehnung und Strafe, (2) Emotionale Wärme, (3) Kontrolle und Überbehütung.

Das *Adult Attachment Interview* (AAI) wurde in den 1980'er Jahren mit Bezug auf die Bindungstheorie nach Bowlby und Ainsworth (vgl. im Überblick Gloger-Tippelt, 2001) entwickelt. In diesem AAI werden verbale Äußerungen von Jugendlichen und Erwachsenen über bindungsrelevante Themen in der Kindheit und Jugend, aufge-

---

15 Exekutive Funktionen (EF) sind »Kontrollprozesse, die es einem Individuum erlauben, sein Verhalten situationsgerecht zu optimieren, indem die grundlegenden psychischen Funktionen (insbes. Aufmerksamkeit, Gedächtnis, Motorik) zielführend eingesetzt werden« (Jäncke & Edelmann 2013, 388). Zu den exekutiven Funktionen zählen diesem Autor zufolge insbesondere das Setzen von Zielen, Planen und Entscheiden, Priorisieren, Starten und Sequenzieren von Handlungen, Kontrolle von Handlungsergebnissen, Korrektur eigener Handlungen, Fehlererkennung, Umgang mit neuen Informationen, Regellernen und Selbstkontrolle.

zeichnet, kodiert und analysiert. Auf diese Weise gelang es, eine enge Verbindung zwischen den elterlichen Bindungsrepräsentationen und den kindlichen Bindungsmustern zu ermitteln. Obwohl die untersuchten Faktoren primär die erinnerte Bindungsqualität anzielen, indizieren sie jedoch – nicht zuletzt auch mangels elaborierterer spezifischer Kategorien – erinnerte Qualitäten von elterlicher Erziehung. Im AAI wurden diese speziell als fünf Skalen der Kindheitserfahrungen konzipiert und umfassen: Liebe, Zurückweisung, Rollenumkehr, Leistungsdruck und schließlich Vernachlässigung.

Eine *Synopse* von FEE und AAI ergäbe, dass folgende Kriterien bei der Erfassung erinnerter elterlicher Erziehung von Bedeutung erscheinen: Liebe (emotionale Wärme, Zurückweisung durch Ablehnung und/oder Strafe), Rollenumkehr, Leistungsdruck und Kontrolle, Vernachlässigung sowie Überbehütung. Diese Kriterien können sich in der Erinnerung auch durchaus überschneiden, sind also keineswegs stets unabhängige Faktoren. Zusätzlich werden im AAI Idealisierung, Ärger und Abwertung als Skalen für den mentalen Verarbeitungszustand – also den Kontext der deklarativen Erinnerung – in Bezug auf die erinnerten Bindungspersonen erfasst. Die Idee, die Art und Weise der Schilderung zu signieren, stellt einen wichtigen Bezug zur Erinnerungsleistung her und gibt zugleich einen Hinweis auf die Reflexion der Erziehung gegenüber den eigenen Kindern. Weitere qualitative Beschreibungsdimensionen liefern bspw. Zeanah und Benoit (1995) im Zusammenhang mit der qualitativen Auswertung eines Elterninterviews: Detailreichtum in den Erzählungen, Flexibilität und Offenheit für Veränderungen, Intensität des Involviertseins, Kohärenz der Erzählung, Logik, Fehlen von Ungereimtheiten, Fehlen von Widersprüchlichkeiten und Ambivalenzen.

Elterliches Wissen über Erziehung

Gibt es einen Kanon von Wissensbereichen, über den Eltern für eine gelingende Erziehung verfügen sollten? Es ist nach der bisherigen Lektüre sicherlich nicht überraschend, dass es diesen nicht gibt und wohl auch nicht geben wird. Hauptgrund dafür dürfte sein, dass ein plural verfasstes Verständnis über gelingende Erziehung – wie es typisch für Erziehungswelten in den Industrieländern ist – es praktisch unmöglich erscheinen lässt, ein abgeschlossenes Wissenssystem über elterliche Erziehung zu entwickeln. Jedoch treten einige weitere Faktoren hinzu, die dies noch unwahrscheinlicher werden lassen. Insbesondere die hohe Dynamik der Umwelten, die Zugehörigkeit zu unterschiedlichen sozioökonomischen Schichten wie auch das unterschiedliche elterliche Vorwissen bilden solche Faktoren. Dennoch versuchten einige Autoren, eine gewisse Systematisierung des elterlichen Wissens über Erziehung zusammenzustellen. Ostler und Ziegenhain (2008) benennen als Minimalanforderungen bspw. die Kenntnisse und die Reflexion über selbst erfahrene und verwendete Erziehungsmethoden, Disziplinierungsmaßnahmen und deren Anpassungsmöglichkeiten an das Alter und die Bedürfnisse des Kindes, das Konzept der eigenen Elternrolle (das auch Aussagen über Entwicklungs- und Erziehungsziele umfasst) sowie die Gefühle zu sich selbst als Elternteil.

Diese Auflistung ist jedoch weder abschließend noch inhaltlich ausreichend differenziert. Sie bildet daher nur eine grobe Orientierung.

Elterliche Fähigkeiten der Hilfeaktivierung

Nach einem Vorschlag von Nadler unterscheidet Sellin (2003) drei Typen der Hilfesuche: overutilization, underutilization und autonome Hilfesuche. Overutilization »ist durch eine dauerhafte und vorschnelle Suche nach Hilfe gekennzeichnet« (Sellin, 2003, S. 5). Hilfe wird selbst dann gesucht, wenn sie nicht unbedingt erforderlich ist. Underutilization ist »die Ablehnung oder verringerte Nutzung von Hilfe, auch wenn dadurch Fehler wahrscheinlicher und Misserfolge erlebt werden. Autonome Hilfesuche … findet mit dem Ziel statt, im weiteren Verlauf die Aufgaben oder Probleme autonom oder unabhängig von Helfer/inne/n lösen zu können. Vorstellbar wäre, dass hier Hilfen in Anspruch genommen werden, die Teilschritte auf einem Lösungsweg erleichtern, jedoch nicht den ganzen Lösungsweg offenlegen« (Sellin, 2003, S. 5).

Die Untersuchungen dazu regen an, über Hilfeleistung, Hilfegewährung und die Inanspruchnahme von Hilfe im Zusammenhang mit elterlicher Erziehung neu nachzudenken. Sowohl im Hinblick auf die Unterstützung, die Eltern ihren Kindern zukommen lassen, als auch bezüglich der Fähigkeit von Eltern, zur Bewältigung ihrer Erziehungsaufgaben sich selber helfen zu lassen, stellt sich die Frage, welchem Muster der oben beschriebenen Typologie des Hilfegebrauchs Eltern aktiv und passiv den Vorzug geben; und: Welche Folgen hat das bei ihren Kindern – für deren Hilfebedürftigkeit, für deren Hilfeaktivierung, für ihren Umgang mit Hilfeangeboten und für ihre Bereitschaft, selber Hilfen zu geben? Wir vermuten, dass die elterlichen Dispositionen zur Aktivierung des einen oder anderen Hilfegebrauchmusters (über- oder unterregulierte oder autonome Hilfesuche) Vorhersagen ermöglichen auch zur »Compliance« der Eltern in Beratungs- und Therapiesettings: Inwieweit sind sie bereit und in der Lage, Hilfevorschläge zu akzeptieren und zu nutzen? Da das elterliche Hilfesuchverhalten für die Kinder als Modell wirken wird, ist es überdies wahrscheinlich, dass sie sich diesbezüglich den Eltern ähnlich oder sich von diesen abgrenzend sogar besonders unähnlich verhalten. Wenn es solche Zusammenhänge gibt, werden sie vermutlich alters- und entwicklungsabhängig variieren. Das alles ist bisher allerdings empirisch nicht überprüft.

Elterliche Erziehungseinstellungen

Dettenborn und Walter (2015) zählen elf Aspekte auf, die die Einstellung zur eigenen Erziehung operationalisieren. Der theoretische Bezug bleibt dabei aber unklar. Sie definieren Einstellung als »kognitive Konstrukte mit emotionalen und motivationalen Bezügen, Positionen, aus denen heraus Dinge wahrgenommen werden und die Orientierung ermöglichen. Auf deren Grundlage getroffene Bewertungen (über Personen, Sachen, Ideen, Handlungen, etc.) erzeugen Bereitschaften und motivieren zu bestimmtem Verhalten« (S. 124). Fuhrer (2005, S. 160 f.) beschreibt unter Rückgriff auf einige Studien die Veränderungen der Erziehungseinstellungen in der westlichen Industriegesellschaft und postuliert, in Anlehnung an Du Bois-Reymond (1994), einen »historisch-kulturellen Übergang von streng hierarchisch strukturierten Beziehungen zwischen Eltern und Kindern im Sinne eines ›Befehlshaushalts‹ zu einer ausgewogenen Machtbalance als einem ›Verhandlungshaushalt‹« (Fuhrer, 2005, S. 160). Dieser Verhandlungshaushalt zeichne sich dadurch aus, »dass Kinder als gleichberechtigte Partner am Familiengeschehen teilnehmen und Eltern sich im Konfliktfall nicht mit Strafen durchsetzen, sondern beide Parteien miteinander reden, nach Kompromissen suchen und sich für das Gelingen eines angenehmen Familienlebens mitverantwortlich fühlen« (ebd.) (vgl. auch Nave-Herz, 2003). Es wäre also eher diskursiv abzuleiten, welche Erziehungseinstellungen es benötigt, um das Erreichen der o. a. vier Entwicklungsziele auch – eingebettet in das Paradigma der »Verhandlungsorientierten Familie« – mehr oder weniger zu fördern. Wir unterscheiden unter diesem Gesichtspunkt und die Anregungen verschiedener Autoren synoptisch aufnehmend insgesamt folgende fünf zentralen Einstellungen mit entsprechenden Facetten (ohne Anspruch auf Vollständigkeit), die im Abschnitt 5.2 weiter spezifiziert werden (▶ Kap. 5.2):

- Einstellung zur Person des Kindes,
- Einstellung zur Förderung und Unterstützung des Kindes,
- Einstellung zur eigenen Affektivität und zu der des Kindes,
- Einstellung zur Bezogenheit, zur Gemeinschaftsorientierung,
- Einstellungen zum eigenen Erziehungshandeln.

3.4 Das Kind

Bedingung und Adressat der elterlichen Erziehungsleistungen ist das Kind. Zweck der elterlichen Erziehung ist es, die Bedingungen zu dessen Entwicklung bereitzustellen und möglichst kindgerecht zu gestalten. Dem Kind eine ihm gemäße Entwicklung zu ermöglichen, heißt, die in seinen Lebensbedingungen liegenden Erfahrungsmöglichkeiten so zu regulieren, wie es seinen jeweils aktuellen Entwicklungsmöglichkeiten und Erfahrungsbedürfnissen entspricht, orientiert also an den kindlichen Möglichkeiten, konkrete Erfahrungen zu verarbeiten, sie zu integrieren, zu differenzieren, daraus zu lernen und ggf. den nächsten Entwicklungsschritt zu machen. Das bedeutet, einerseits die mit überfordernden und bedrohlichen Erfahrungen verbundenen Risiken zu minimieren; andererseits die mit anregenden und interessanten Erfahrungen verbundenen Entwicklungspotenziale zu optimieren.

»Erziehungsschwierigkeiten« sind oftmals darin begründet, dass Erziehende in ihrem Umgang mit dem zu erziehenden Kind dessen aktuellen Entwicklungsstand verfehlen. Sie entsprechen nicht den Erfahrungsmöglichkeiten und -bedürfnissen des Kindes. Ihre Erfahrungsangebote sind entweder über- oder unterfordernd, tendenziell dekompensierend oder depotenzierend. Sie werden den individuellen Besonderheiten des Kindes nicht gerecht. Wird das »Verfehlen« chronisch, so entstehen eskalierende Teufelskreise des »Sich-Verpassens«. Diese überfordern Eltern und Kind gleichermaßen. Eltern klagen dann treffend, sie würden ihr Kind »nicht mehr erreichen«. In diesem Zustand kommen sie zur Beratung; sie haben die Hoffnung aufgegeben, dem Erziehungsstress aus eigener Kraft abzuhelfen. Von den Fachleuten der Jugendhilfe erwarten sie eine Unterstützung, die aus der Sackgasse herausführt. Sind Eltern-Kind-Beziehungen gestört, dann ist das »Sich-Verpassen« nach unserer Auffassung immer die Grundstörung. Die misslungene Adaptation der elterlichen Erziehungshandlungen an die Realität der kindlichen Persönlichkeit und deren Entwicklungserfordernisse muss vom Kind unmittelbar als fehlende Anerkennung seiner (psychischen) Existenz erlebt werden. Zwar ist es da, aber es ist nicht so da, wie die Eltern es sich allem Anschein nach vorgestellt haben.

Was das für die Planung und Durchführung von Hilfen zur Erziehung heißt, liegt unmittelbar auf der Hand. Eltern, die mit ihrem Kind nach Hilfe suchen, tun das, weil sie nicht (mehr) in der Lage sind, die Störung ihrer Eltern-Kind-Beziehung selber zu regulieren. Die Fachleute der helfenden Regulationsinstanz Jugendhilfe oder aber auch das Familiengericht, an die sich die Eltern dann wenden, werden den Anspruch haben, diese Störung nicht unbedacht fortzusetzen. Sie können diesem Anspruch nur gerecht werden, wenn sie das Zentrum der Beziehungsstörung zwischen Eltern und Kind nicht ignorieren: Die Eltern kennen ihr Kind nicht wirklich; sie wissen nicht, wo es innerpsychisch steht; deshalb können sie es dort auch nicht abholen; und sie können es in seiner Entwicklung nicht ermutigend, nur störend und beeinträchtigend begleiten. Will man Eltern in dieser Hinsicht helfen, die Augen zu öffnen und die Realität ihres Kindes zu sehen, statt ihren eigenen Attribuierungen zu glauben, wird man nicht umhinkönnen, den elterlichen Attribuierungen etwas Korrigierendes entgegenzusetzen. Was anderes könnte das sein, als eine fachlich begründete Rekonstruktion der Individualität des Kindes, die einerseits dem Kind gerecht wird, andererseits den Eltern glaubwürdig erscheint? Deshalb fordern und erwarten wir eine gründliche und umfassende bio-psycho-soziale diagnostische Untersuchung des Kindes (vgl. auch Gahleitner & Homfeldt, 2013). Die personorientierte Erkundung und Beschreibung sollte das Kind in seinem Gewordensein wie in seinen Entwicklungschancen erfassen.

Aspekte der Personbeschreibung

Wir erläutern die im Zusammenhang mit der personorientierten Diagnostik des Kindes von uns verwendete Begrifflichkeit:

Der *Individualität* des Kindes rechnen wir all jene kindlichen Merkmale zu, die es im Vergleich zu anderen Menschen in seiner Besonderheit und Einzigartigkeit ausweisen. Unter der kindlichen *Persönlichkeit* verstehen wir all jene Merkmale, die das Kind in seinem Bezug zur sozialen Umwelt entfaltet. Persönlichkeit ist damit derjenige Teil des Individuums, der seine Soziabilität charakterisiert.

Als Merkmale lassen sich konstitutionelle von erworbenen Eigenschaften sowie Fähigkeiten von Fertigkeiten unterscheiden. Prototypisch für *konstitutionelle Eigenschaften* sind für die kindliche Entwicklung vor allem Temperamentseigenschaften. Befunde aus der Forschung belegen, dass bestimmte Merkmale eines »schwierigen Temperamentes« (im Überblick: Papoušek, 1999, S. 157 f.; Pauli-Pott & Bade, 2002; Zentner, 2000) oftmals Ziel von Korrekturwünschen elterlicher Erziehungsbemühungen sind und diese in besonderer Weise herausfordern. Eigenschaften im Sinne von »Temperament« werden »je nach theoretischem Hintergrund als angeborene Verhaltensstile ..., angeborene Persönlichkeitsmerkmale ..., biologisch begründete individuelle Unterschiede in sensorischer Reaktivität und Erregungsmodulation ... oder in der emotionalen Erregungssteuerung konzipiert« (Papoušek, 1999, S. 158). Wie auch immer, wir halten die Erfassung wesentlicher Temperamentsmerkmale für sehr wichtig, um die je spezifischen Erziehungsbemühungen der Eltern in ihrer dem Temperament des Kindes zugeordneten Begründung besser nachvollziehen zu können. Diese »angeborenen, konstitutionell verankerten Verhaltensbereitschaften« (ebd.) lassen sich z. B. unterscheiden nach dem »schwierigen«, dem »leichten« und dem »scheuen« Temperament. Temperamentsmerkmale werden heute nicht mehr als psychopathologische Eigenschaften bewertet, sondern eher als Risiko- oder Schutzfaktoren. Ferner ist zu beachten, dass sich das Temperament erst in seiner Wechselwirkung mit der Umwelt herausbildet und damit auch stark von den elterlichen Erwartungen abhängt.

Fähigkeiten umfassen die auf Leistungserbringung zielenden Persönlichkeitseigenschaften (vgl. Asendorpf, 2012). Es sind durch das Leistungsziel bestimmte komplexe Eigenschaften. *Fertigkeiten* »sind erworbene spezielle Strukturen für die Steuerung bestimmter Handlungen (z. B. Gehen, Werfen), die nach ihrer Aneignung weitgehend automatisch vollzogen werden können und in diesem Sinne einem generalisierten Bewegungsprogramm ähneln ... (Klemenz, 2003, S. 202). Fähigkeiten und Fertigkeiten sollten so formuliert werden, dass deren Potenzial, das Kind im Risikofalle zu schützen, oder aber ggf. deren pathogene Bedeutung deutlich wird.

Vulnerabilität (Verletzbarkeit) wird definiert als »die individuelle Bereitschaft, unter Risikobedingungen einen negativen Entwicklungsverlauf zu nehmen« (Fuhrer, 2005, S. 325). Der Vulnerabilität entgegen wirken die Schutzfaktoren; das sind solche individuellen Merkmale, welche die Wahrscheinlichkeit eines negativen Entwicklungsverlaufs unter Risikobedingungen senken.

Eigenschaften des Kindes sollten unter dem Aspekt ihrer Entwicklungsrisiken fördernden (Risikobedingungen) oder hemmenden Bedeutung (Resilienz) beschrieben werden. Einen Überblick zum Forschungsstand und zu definitorischen Problemen findet man beispielsweise bei Holtmann und Schmidt (2004).

Aus systemischer Perspektive wird der Begriff der Ressource bei der Beschreibung von Personmerkmalen bevorzugt und einem eher defizitorientierten Verständnis entgegengesetzt.

Individualität des Kindes

Im Rahmen der personorientierten Persönlichkeitsforschung unterscheidet Schmidtchen (1996) »Selbstbereiche« im Sinne von Komplexen kindlicher Eigenschaften im Wahrnehmungs-, Emotions-, Körper-, Phantasie-, Kognitions-, Sozial-, Bewertungs-, Wirksamkeits- und Abwehrverhaltensbereich. Hieraus entwickelt er ein sehr feines Raster spezifischer Fertigkeiten oder Fähigkeiten des Kindes. Diese sind so formuliert, dass sich daraus eine Statusbeschreibung des aktuellen Entwicklungsstandes des Kindes ableiten lässt sowie eine interventionsorientierte Zielstellung. Schmidtchen weist darauf hin, dass diese Eigenschaften gut korreliert sind mit den Entwicklungszielen zur

Selbstverwirklichung nach Maslow (1981) und dem Konzept der Entwicklungsaufgaben nach Havighurst (1982). Damit wird ein Anschluss der personorientierten Persönlichkeitspsychologie an bedeutsame Theorien der Entwicklungspsychologie hergestellt.

Persönlichkeit des Kindes

Im Zentrum der vom Arbeitskreis OPD-KJ vorgeschlagenen Systematik zur Beschreibung der Persönlichkeit des Kindes stehen Aussagen zu dessen interpersonellen Fähigkeiten (Selbst) sowie zur Symbolisierung und Reflexion dieser Fähigkeiten durch das Kind (Selbstkonzept). In drei Dimensionen beschreibt die OPD-KJ jeweils spezifische Fähigkeiten, die dem Kind ermöglichen, seine Welt, sich selbst und andere Menschen zu erleben und sich entsprechend zu verhalten. Die drei Dimensionen heißen »Steuerung«, »Selbst- und Objekterleben« sowie »kommunikative Fertigkeiten« (Arbeitskreis OPD, 2016).

Die dimensionale Beschreibung dieser drei Dimensionen ist in drei Altersstufen möglich. Die theoretisch begründete Systematik erfasst vornehmlich Eigenschaften, die für die interpersonale Beziehungsgestaltung von Bedeutung sind. Dabei ist sie an entwicklungspsychologisch beschreibbaren Zielen orientiert. Für nachteilig halten wir die Vernachlässigung kognitiver Fähigkeiten sowie von Fähigkeiten zur Symbolisierung. Auch die auf einer anderen Achse diagnostizierte Ressourcenorientierung ist nur aus der interpersonellen Perspektive konzipiert.

Bewertung von Personmerkmalen

Die Eigenschaften der Person des Kindes und die Konzepte, anhand derer sie beschrieben werden können, haben wir oben kursorisch aus der Sicht der psychologischen Forschung dargestellt. Diese ist bemüht, die Eigenschaften in eine begrifflich präzisierte, theoretisch und empirisch begründete Ordnung zu bringen, ihren diagnostischen Erkenntniswert und ihre therapeutische Relevanz nachzuweisen, ihre Entwicklungsperspektive aufzuklären und ihre Bedeutung für Erziehungsprozesse aufzuzeigen. Fähigkeiten und Fertigkeiten des Kindes, sein Temperament und andere Eigenschaften seiner Persönlichkeit ziehen freilich auch die Aufmerksamkeit der Eltern auf sich; sie werden von den Eltern mit alltagspsychologischen Begriffen beschrieben und mit alltagspsychologischen Theorien erklärt.

Wir schlagen zwei Perspektiven begründende Dimensionen vor, unter denen in einem professionellen Kontext die Beurteilung der Eigenschaften einer kindlichen Person erfolgen sollte.

a) Die dimensional verfasste Perspektive »Krankheit-Gesundheit«

Um die Komplexität des mit dem Begriff »psychische Störung« verbundenen normativen Gehalts zu verdeutlichen, geben wir im Folgenden die Definitionen einer psychischen Störung und des Krankheitswertes einer psychischen Störung wieder, wie sie der Wissenschaftliche Beirat Psychotherapie (2008) verbindlich für den Bereich der Gesetzlichen Krankenversicherung formuliert hat:

»Psychische Störung
Eine psychische Störung wird als ein klinisch bedeutsames psychisches oder Verhaltenssyndrom bzw. Muster bezeichnet, das bei einem Individuum auftritt. Definitionsgemäß ist es mit aktuellem Leiden (z. B. Schmerz) oder Versehrtheit (z. B. Behinderung in einem oder mehreren wichtigen Funktionsbereichen) verbunden oder es besteht eine Beeinträchtigung in der Fähigkeit, Entwicklungsaufgaben (z. B. Schule) zu bewältigen oder ein signifikant erhöhtes Risiko für Tod, Schmerz, Siechtum oder ein bedeutsamer Verlust an Freiheit. ...« (ebd.).

Krankheitswertigkeit einer Psychischen Störung

»Im Falle von Krankheitswertigkeit schränkt die Psychische Störung deutlich die normale Lebensführung der Person, ihre berufliche (oder schulische) Leistung oder soziale Aktivitäten und Beziehungen ein oder sie verursacht dem Individuum erhebliches Leiden. Auch die Stärke der Abweichung vom in einem soziokulturellen Raum üblichen Verhalten kann einen Hinweis auf die Krankheitswertigkeit einer Störung darstellen. In diesem Sinne besteht im DSM-IV und in der ICD-10 eine Tendenz, den Begriff der Störung implizit mit dem der Krankheitswertigkeit zu verbinden« (Wissenschaftlicher Beirat Psychotherapie, 2008).

In die vorstehenden Definitionen haben gesellschaftlich relevante und wissenschaftlich begründete Normvorstellungen Eingang gefunden. Psychopathologische Aussagen beziehen sich darauf. Solche Aussagen zu treffen, ist im Kinder- und Jugendbereich deutlich schwieriger als im Erwachsenenbereich. Die Problematik der psychopathologischen Urteilsbildung im Kindes- und Jugendalter hängt u. a. damit zusammen, dass

- die Entwicklungsperspektive zu einer stärkeren Variabilität der Merkmale führt;
- die hohe Geschwindigkeit der kindlichen Entwicklung stark das Wechselspiel von pathogenen und protektiven Einflussfaktoren beeinflusst;
- die Einsichtsfähigkeit von Kindern bezüglich ihrer Symptomproduktion und der Symptomauswirkungen anders als die von Erwachsenen zu bewerten ist;
- die Systematik psychopathologischer Aussagen in der Regel nicht an persönlichkeits- und entwicklungspsychologischen Theorien orientiert ist, sondern – aus Krankheitslehren nicht-psychologischer Provenienz abgeleitet – die Erwartungen an die Funktionstüchtigkeit von Erwachsenen zum Maßstab nehmen.

Als wesentliche Merkmale einer psychischen Erkrankung des Kindes gelten dessen deutliche Beeinträchtigung, an seinen normalen Lebensvollzügen teilzunehmen und seine altersentsprechenden Entwicklungsaufgaben erfolgreich erfüllen zu können; das ist im Allgemeinen mit einem starken Leiden des Kindes verbunden ist (vgl. auch Remschmidt, 2011).

Ob die von einem Kind oder Jugendlichen gezeigten psychischen Auffälligkeiten Krankheitswert haben und entsprechend zu behandeln sind, ist von der Sache her eine Frage, die vornehmlich in die Zuständigkeit des Gesundheitswesens bzw. des Krankheiten behandelnden Versorgungssystems fällt. Sie wird von den dort tätigen kinder- und jugendpsychiatrischen, sozialpädiatrischen und psychotherapeutischen Fachleuten beantwortet. Von diesen werden auch die im Rahmen der Gesetzlichen

Krankenversicherung zu leistenden Behandlungen indiziert und durchgeführt – sofern die entsprechenden Voraussetzungen erfüllt sind. Die entscheidende Voraussetzung ist, dass die fachliche, d. h. ärztliche und/oder psychotherapeutische, Urteilsbildung dem Kind oder Jugendlichen eine psychopathologische Verfasstheit zuerkannt hat.

Allerdings wird die Frage nach dem Krankheitswert der psychischen Befindlichkeit eines Kindes oder Jugendlichen immer wieder auch in der Hilfeplanung der Jugendhilfe gestellt. Sie ist dort von Bedeutung einerseits wegen der Notwendigkeit, sozialrechtlich geregelte Zuständigkeiten der Leistungsträger zu klären (SGB V vs. SGB VIII: Krankenbehandlung oder Jugendhilfe). Andererseits ist die Diagnose einer psychischen Erkrankung auch dann von erheblicher Relevanz, wenn aus anderen Gründen und zu einem anderen Zweck als dem der Krankenbehandlung Hilfe im Bereich der Jugendhilfe geleistet wird, sei es als Eingliederungshilfe, sei es als Hilfe zur Erziehung. Auch das Kind oder der Jugendliche mit einer psychopathologischen Diagnose ist damit ja nicht aus der Zuständigkeit der Jugendhilfe entlassen. Die Behandlung seiner Erkrankung wird die Jugendhilfe nicht leisten. Doch wird sie das Wohl auch eines erkrankten Kindes oder Jugendlichen unter dem Gesichtspunkt der Kindeswohleinschränkung durchaus im Auge behalten (müssen) und gegebenenfalls die dementsprechende Hilfe leisten (müssen). Die Behandlung der psychischen Erkrankung eines Kindes oder Jugendlichen im medizinischen System schließt die gleichzeitige Regulation seiner Erziehungs- und/oder sozialen Teilhabebedingungen durch die Jugendhilfe in Form von Erziehungs- und/oder Eingliederungshilfe nicht aus. Sie kann unter Umständen sogar dringend notwendig sein. Notwendig auch deshalb, weil unter der psychischen Erkrankung des Kindes nicht nur das Kind, sondern auch seine Eltern und andere Bezugspersonen leiden werden. Immer ist damit zu rechnen, dass im Mikro- und Mesosystem des erkrankten Kindes die Erziehungs- und Teilhabebedingungen Schaden erleiden und beeinträchtigt sind. Nehmen diese Belastungen den Charakter einer Kindeswohlbeeinträchtigung an, so besteht ein hohes Risiko, dass der rechtlich relevante Tatbestand einer Kindeswohlgefährdung eintritt. Deshalb kann man im Rahmen der Hilfeplanung in der Jugendhilfe gar nicht darauf verzichten, diagnostische Befunde zur Kenntnis zu nehmen bzw. zu generieren, die eine fachlich begründete Antwort auf die Frage gestatten, ob die Auffälligkeiten eines Kindes oder Jugendlichen psychopathologisch zu werten sind. Liegen entsprechende Diagnosen – im Sinne der gängigen Klassifikationssysteme ICD, MBS oder DSM – schon vor, so wird man in der Praxis darauf zurückgreifen (können). Es kann aber auch notwendig sein, innerhalb der Jugendhilfe selber eine von den institutionellen Imperativen und Fokussierungen des Medizinsystems unabhängige psychodiagnostische Abklärung vorzunehmen. Die Befunderhebung und -bewertung wäre von entsprechend qualifizierten Psychologen und Psychotherapeuten durchzuführen.

b) Die dimensional verfasste Perspektive »Risiken vs. Ressourcen der kindlichen Entwicklung«

Die eigentliche Behandlung von seelischen Erkrankungen kann nicht die Aufgabe von Hilfen zur Erziehung sein, auch nicht die Durchführung von Eingliederungshilfen. Gleichwohl sind solche Erkrankungen von erheblicher Bedeutung für die Hilfeplanung. Sie sind es, wie oben gezeigt, unter dem Gesichtspunkt des Risikos, das sie für die kindliche Entwicklung bedeuten. In der Abschätzung solcher und anderer Entwicklungsrisiken, wie auch in ihrem Pendant, der Abschätzung von Entwicklungsressourcen, sehen wir die entscheidende, für die Jugendhilfe thematisch charakteristische diagnostische Aufgabe. Die Erfassung von Risiken und Ressourcen, ihre Bewertung sowie die Abwägung ihres Verhältnisses liefern die Befunde, die bei der Planung von geeigneten und notwendigen Erziehungshilfen den Ausschlag geben. Denn es sind diese Befunde, die Auskunft darüber geben, ob Entwicklungsbeeinträchtigungen vorliegen, ob diese Beeinträchtigungen von den Erziehungspersonen angemessen reguliert werden oder eher so verstärkt, dass zu deren Regulation die Jugendhilfe notwendig Hilfe leisten muss (Risiko- oder Defizitperspektive). Die Befunde werden auch Hinweise darauf geben, welche Hilfe geeignet sein wird, die diagnostizierte Regulationsstörung im Eltern-Kind-System zu beheben, damit sich die elterlichen Erziehungshandlungen wieder entwicklungsfördernd auswirken können und die kindlichen Entwicklungsbeeinträchtigungen sich mildern oder aufzulösen (Ressourcenperspektive).

Zunächst zu den *Risiken*: Die umfangreiche, für unseren Kulturkreis äußerst wichtige Mannheimer Längsschnittstudie, welche die Entwicklungsverläufe sogenannter Risikokinder erforscht (Laucht, 2003), können wir hier nur erwähnen. Aus Platzgründen ist es uns nicht möglich, die vielfältigen und differenzierten Erkenntnisse darzustellen, die in dieser Studie über die Risiken und Ressourcen der kindlichen Entwicklung zutage gefördert werden.

Perrez (2004) hat ein Modell vorgelegt, das – inzwischen auch empirisch belegte – familiäre Risikofaktoren zusammenfasst (vgl. auch Fuhrer, 2005, S 326 f.). Folgende Störungen (in) der Familie sind als Risikofaktoren für die Entwicklung von Störungen bei Kindern und Jugendlichen nachgewiesen:

- psychische Störungen bei einzelnen Familienmitgliedern,
- Risikofaktoren von Subsystemen der Familie (Paar und Eltern-Kind-Triade),
- Störungen des Systems Familie als Risikofaktor (»disengaged« Familien, rigide Familien, pathogene Grenzen (Fuhrer, 2005, S. 327).

Auch Hoffmann und Egle (zit. nach Dornes, 2001, S. 103) fassen empirisch abgesicherte Risikofaktoren für die kindliche Entwicklung in einer inzwischen allerdings teilweise überholten Liste zusammen. Stellt man die Risiken, die aus der Person des Kindes hervorgehen, den außerhalb seiner Person liegenden Risikofaktoren gegenüber, fällt auf, dass lediglich zwei Risikofaktoren dem Kind selbst zugeschrieben werden, nämlich das schon erwähnte »schwierige Temperament« sowie schlechte Kontakte zu Gleichaltrigen.

Will man die Entwicklungsmöglichkeiten bzw. deren Beeinträchtigung einschätzen, wird man sich nicht mit der Beschreibung der kindlichen Individualität begnügen können. Es reicht auch nicht, die psychischen Eigenschaften des Kindes ggf. pathologisch zu bewerten. Wir halten es darüber hinaus für notwendig, die Risiken in seiner Biografie und Gegenwart zu kennen und daraus im Hinblick auf die aktuellen Entwicklungsaufgaben und für die anstehenden Entwicklungsschritte eine Risikoerwartung abzuleiten. Für die Zwecke der Hilfeplanung, genauer gesagt, für die Entscheidung, ob Hilfe notwendig ist, könnte es hilfreich sein, das Ausmaß des erwarteten Risikos zu quantifizieren und mittels eines Risikoscores abzubilden. Wir gehen davon aus, dass Hilfeplaner implizit sowieso quantifizieren; sonst könnten sie nicht zu der Einschätzung kommen, dass »das Maß voll« oder eine »kritische Grenze überschritten« ist und gehandelt werden muss. Ob nun die einzelnen Risikofaktoren miteinander additiv, multiplikativ oder noch anders verknüpft sind (vgl. dazu ausführlich Scheithauer, Niebank & Petermann, 2000) ist gewiss für die inhaltlich-qualitative Rekonstruktion der individuellen Geschichte des Kindes und seiner Familie z. B. im Rahmen der Anamnese von erheblicher Bedeutung. Für die Bestimmung eines eher allgemeinen Risikomaßes dürfte das jedoch nicht so wichtig sein. Daher empfehlen wir, einen kumulativ gebildeten Risikoscore als Maß der individuellen Belastung und der Risikoerwartung zu verwenden.

Und nun zu den *Ressourcen*:

Einen empirisch und theoretisch fundierten Ansatz zur psychodiagnostischen Erfassung des Ressourcenrepertoires von Kindern und Jugendlichen hat Klemenz (2003) entwickelt. Der Autor bleibt bei der Kritik defizitorientierten Diagnostizierens nicht stehen. Aus der Sicht des Kindes entdeckt er vielmehr bisher kaum beachtete Person- und Umweltressourcen und macht sie einer diagnostischen Erfassung zugänglich. Als theoretische Grundlage seiner Arbeit benutzt Klemenz das »Transaktionspotentialmodell« von Gutscher, der Ressourcen als »wenn sie in Transaktionen zur Befriedigung der Grundbedürfnisse ... oder zur Bewältigung altersspezifischer Entwicklungsaufgaben ... beitragen« (Klemenz, 2003, S. 123). Ressourcen der Person des Kindes lassen sich von Ressourcen in seiner Umwelt unterscheiden. Erstere gliedern sich in physische und psychische Ressourcen, letztere in soziale, ökonomische und ökologische Ressourcen.

Die detaillierte Analyse der kindlichen Ressourcen und deren Bewertung werden im Rahmen der Hilfeplanung nicht weniger Raum einnehmen dürfen als die Risikoabschätzung. Während der defizitorientierte Teil der Gesamtdiagnose eine Entscheidung über die Notwendigkeit von Hilfeleistung ermöglicht (ob sie überhaupt nötig ist), wird der ressourcenorientierte Teil Hinweise liefern, die für eine begründete Beantwortung der Frage nach der Eignung konkreter Hilfeformen von Bedeutung sind. Die prognostische Eignungsprüfung in Frage kommender Hilfeleistungen ist nämlich nichts anderes als die Einschätzung der Erfolgsaussichten, die für die Aktivierung/Aktivierbarkeit vorhandener Ressourcen bestehen. Die Wirksamkeitsprognose geht freilich ins Leere, wenn sie nicht auf *tatsächlich* vorhandene und zur Behebung von Regulationsproblemen des Person-Umwelt-Systems erforderliche Ressourcen Stellung nimmt, sondern auf etwas bloß Gewünschtes oder inhaltlich nicht Passendes[16]. Deshalb muss man reale und passende Potenziale ermitteln. Ressourcen sind Möglichkeiten, die nahe liegen und erreichbar sein müssen. Sonst verschwinden sie im Dunst der Irrealität.

---

16 »Das Kind hat zwar eine Teilleistungsproblematik kann aber gut Fußball spielen«.

Wir fassen zusammen: Eine umfängliche diagnostische Auseinandersetzung mit der Person des Kindes sollte in vier Hinsichten erfolgen und einmünden in

1. die Beschreibung der Individualität und Persönlichkeit des Kindes anhand entwicklungsrelevanter Merkmale, Eigenschaften, Fähigkeiten und Fertigkeiten,
2. die Beschreibung der gestörten psychischen und psychophysischen Funktionsbereiche, sofern solche Störungen vorliegen, sowie der entsprechenden pathogenen Bedingungen,
3. die Beschreibung der Risikobedingungen sowie die zusammenfassende Quantifizierung ihres Ausmaßes bzw. Schweregrades,
4. die Beschreibung der Person- und Umweltressourcen des Kindes.

3.5 Familiäre Lebenslage

Die Erziehungs- und Entwicklungsbedingungen, die wir in diesem Abschnitt diskutieren, lassen sich als Parameter der Lebenslage einer Familie, der darin lebenden Personen, verstehen. Bedingungen, welche die familiale Lebenslage von Eltern und Kindern kennzeichnen, sind zum einen »hausgemacht«; sie werden im Mikrosystem der Familie generiert. Zum anderen haben sie ihren Ursprung und ihre Verankerung in gesellschaftlichen Strukturen, die das Meso-, Exo- und Makrosystem der Familie kennzeichnen und von dort auf die innerfamiliären Lebensbedingungen Einfluss nehmen.

Lebenslage definiert Weisser (zit. Fuhrer, 2005, S. 108) als »den Spielraum, den die äußeren Umstände dem Menschen für die Erfüllung der Grundlagen bieten, die ihn bei der Gestaltung seines Lebens leiten oder bei möglichst freier und tiefer Selbstbesinnung zu konsequentem Verhalten hinreichender Willensstärke leiten würde«. Der so verstandene Spielraum von Handlungs- und Entwicklungsmöglichkeiten einer Person ist durch äußere Lebensumstände bestimmt, die nicht in der freien Entscheidung der betreffenden Person liegen; sie markieren vielmehr die mehr oder weniger weit gesteckten Grenzen verfügbarer Handlungsoptionen. Die Parameter, die diesen äußeren Möglichkeitsraum beschreiben, haben in der Regel einen Belastungs- und einen Ressourcenaspekt. Grenzen können verhindern und frustrieren; indem sie Struktur und Ordnung schaffen, können sie aber auch entlasten und Halt geben. Wie sie wirken, hängt davon ab, wie sie erlebt werden. Und wie sie erlebt werden, lässt sich an ihrer Äußerlichkeit nicht ablesen.

Das gilt auch für die Lebenslage einer Familie. Abgesehen von Extremlagen, die unmittelbar die physische Existenz bedrohen, sind die Umstände, unter denen eine Familie lebt, nicht an und für sich belastend. Die »Psychologie des Familienstresses« (vgl. dazu Perrez, 2000) hat das deutlich gemacht. Es sind nicht soziologisch definierte Parameter, wie z. B. ökonomische Armut, die den Stress ausmachen. Stress ist vielmehr das psychische Belastungserleben, das durch äußere Lebenslagen oder Ereignisse ausgelöst wird (Dettenborn & Walter, 2015).

Die Parameter der Lebenslage einer Familie bestimmen deren Gestaltungsspielräume. Sie umreißen zugleich die Ausgangsbedingungen für die Erziehungshilfe, die eine Familie »unter Umständen« benötigt: unter Umständen nämlich, die ihr Stress machen, die sie als überfordernd und bedrohlich erlebt und mit eigenen Kompetenzen nicht zu bewältigen vermag. Die darauf eingestellte Hilfe wird der Familie ermöglichen, sich »unter anderen Umständen« zu sehen: solchen nämlich, unter denen sie ihre Kompetenzen entwickeln und neue Bewältigungsstrategien hervorbringen kann. Die innerfamiliär als Stress erlebten Ausgangsbedingungen der Lebenslage, die auch die Erziehungsaufgaben der Eltern beeinträchtigen werden, zählen zu den Parametern, an denen die Notwendigkeit einer Erziehungshilfe wie auch deren Erfolgsaussichten abzulesen sind. Sie sollten deshalb bei der Hilfeplanung berücksichtigt werden. Wir haben sie in drei Gruppen zusammengefasst: (1) Übergangs- und Krisenkonstellationen, (2) ökonomische, kulturelle, soziale und ökologische (materielle, räumliche, zeitliche) Faktoren, (3) meso-systemische Strukturen der sozialen Einbettung (soziale Netzwerke). Wir nehmen an, dass die potenziellen Unterstützungswerte sozialer Netzwerke einen wesentlichen Moderator-Effekt hinsichtlich der potenziellen Belastungswerte der beiden ersten Determinantengruppen haben.

Übergänge und Krisen

Seit den 60er Jahren des vorigen Jahrhunderts beschäftigt sich die entwicklungspsychologische Forschung mit der Funktion von »Übergängen« in der individuellen Entwicklung. Bis dahin war man mit der möglichst genauen Beschreibung von Stadien-, Phasen- oder Stufenabfolgen zufrieden und hatte versucht, die beschriebenen Abfolgen zu erklären. Unbefriedigend waren die Beschreibungsprobleme, die regelmäßig an den Rändern der Stadien und zwischen ihnen auftraten. Man dachte, es handele sich um methodische Ungenauigkeiten, die mit immer feineren Beschreibungsinstrumenten zu bewältigen wären. Plötzlich entdeckte man, dass die Unordnung in diesen Abschnitten ein Entwicklungsphänomen war. Es handelte sich um Krisen, ohne die der Übergang in die nächste Entwicklungsphase nicht stattfinden würde. Damit war der Blick geöffnet für die Ereignisse in den Zwischenräumen. Man fing an, die Übergange zu erforschen. Wie kommt es eigentlich zum Wechsel von Entwicklungsphasen? Und wie gehen Menschen mit solchen Wechseln um?

Transitive Phasen und Prozesse. Dem Familien-Transitions-Ansatz »zufolge stellen Transitionen sowohl auf der individuellen als auch auf der familialen Ebene Veränderungsphasen nach spezifischen Ereignissen, wie die Geburt eines Kindes, Trennung, Scheidung bzw. Wiederheirat, dar, die durch verdichtete und akzelerierte Lernprozesse charakterisiert sind und denen zufolge psychologische Veränderungen auf der interaktionalen Ebene des familialen Systems stattfinden, deren Richtung vorerst offen bleibt« (Fthenakis, 2000, S. 14). Von besonderer Bedeutung sind die nicht normativen Übergänge, die nicht von bestimmten Regeln geleitet sind und die deshalb den Beteiligten eine rasche und besonders effektive Kompetenz bei der

Orientierung, beim Lernen und bei der Evaluation des Erlernten abverlangen. Transitive Phasen mit offenem Ausgang werden ausgelöst zum Beispiel durch die Geburt des ersten und dann auch des zweiten Kindes, die Trennung der Familie z. B. durch Scheidung oder Migration von Subsystemen, die Migration bzw. Entwurzelung, den Tod und Verlust nächster Angehöriger oder auch die Geburt eines behinderten Kindes bzw. den Eintritt von Behinderung des Kindes in dessen Kindheit. Diese Ereignisse verlangen eine rasche Reorganisation der Familie, lösen einen erheblichen Druck zum Lernen aus und fordern die Beteiligten dadurch heraus, dass die Bewältigung nicht vorhergesagt werden kann. Die Herausforderung besteht also in der Verbindung von größter affektiver Belastung mit der häufig lang anhaltenden hohen Unsicherheit der Beteiligten sowie einem starken Handlungsdruck.

Diese Merkmale einer Transition haben Cowan und Cowan (zit. bei Fthenakis, 2000) am Beispiel des Übergangs in die Elternschaft eindrucksvoll aus der Sicht aller Beteiligten rekonstruiert, nicht nur aus der Perspektive z. B. der Mutter, wie bei Daniel Stern (2006).

Zwar sind die Umstellungsprozesse jeweils durch äußere Merkmale der Lebenssituation bedingt, ihre Beschreibung ist jedoch nicht auf deren Benennung reduziert; sie bezieht sich vielmehr auf die Verschiebungen in der inneren Struktur der Familie und ihrer Mitglieder. Es sind nämlich »psychologische Veränderungen im Innenleben der einzelnen (Familien-)Mitglieder, in der (Neu-)Organisation ihrer Rollen und deren zentralen Beziehungen, die einen Übergang konstituieren« (Fthenakis, 2000, S. 16).

Kritische Lebensereignisse. Die Life-event-Forschung hebt sich – nach Katschnig und Nouzak (1999) – dadurch von klassischen soziologisch orientierten epidemiologischen Untersuchungen ab, dass »nicht die statische soziale Situation als solche, sondern Veränderungen der sozialen Situation mit pathologischen Phänomenen in Beziehung gesetzt werden« (S. 398). Filipp (1995) definiert: »Ein Ereignis stellt ein kritisches Lebensereignis dar, wenn es sich um »reale Lebenserfahrungen einer besonderen affektiven Tönung handelt, die sich über die Person als Zäsuren im Geschehensablauf darstellen und die auch retrospektiv – etwa in autobiographischen Berichten – häufig als Einschnitte und Übergänge im Lebensverlauf wahrgenommen werden« (S. 293). Merkmale, die aus einem Ereignis ein *kritisches* Ereignis werden lassen, sind

- der Druck, eine Anpassungsleistung erbringen zu müssen,
- die starke affektive Beteiligung des Individuums,
- die geringe Kontrollierbarkeit,
- die Nicht-Vorhersehbarkeit,
- meistens das Fehlen verinnerlichter Normen,
- die Verunsicherung im Selbstwert (bis hin zu dessen Bedrohung),
- der Mangel an Orientierung sowie
- Zielkollisionen.

Diese Merkmale müssen überwiegend, aber nicht immer vollständig gegeben sein. Es existiert eine Reihe von Life-Event-Skalen, die kritische Lebensereignisse auflisten, deren subjektive Bedeutung dann durch den Probanden einzuschätzen ist (vgl. im Überblick Katschnig & Nouzak; 1999; Filipp & Aymanns, 2009).

Sozioökonomische, kulturelle und ökologische Parameter

Mit ihrem immer noch lesenswerten Buch über »Kindheit und Armut« markiert Hildegard Hetzer (1929) im deutschsprachigen Raum die Anfänge der Erforschung von Einflüssen der materiellen und ökologischen Familiensituation auf die psychische und physische Entwicklung von Kindern. Übersichten über den aktuellen Forschungsstand geben beispielsweise Fuhrer (2005, S. 107), Klemenz (2003, S. 255 f.) und Patry und Perrez (2003).

Die Auswirkungen ökonomischer Faktoren in den Familien sind unbestritten (Lauterbach & Lange, 2002; Bundeskonferenz für Erziehungsberatung, 2004; Jacob, 2016). Wir gehen mit dem Fokus auf die gesundheitliche Situation der Betroffenen weiter unten darauf exemplarisch etwas ausführlicher ein.

Die berühmt gewordene Lebenslaufstudie von Elder (1974) hat die dramatischen Folgen materieller Armut für die Familie und die einzelnen Familienmitglieder aufgezeigt: So bewirkt finanzielle Knappheit oftmals eine Erhöhung der psychischen Belastungen der Eltern, was wiederum vermehrte eheliche Spannungen nach sich zieht. Die Verschlechterung der Eltern-Beziehungsqualität wirkt sich direkt als abnehmende Ansprechbarkeit, Resonanz und Empathie für ihre Kinder aus mit der Folge, dass diese selbst stärker verunsichert werden. In einem solchen Zustand bedürften sie gerade der intensiveren Zuwendung ihrer Eltern, was diese selbst erneut überfordert. So kann sich ein Teufelskreis herausbilden (vgl. auch Jost, 2004). Walper, Gerhard, Schwarz und Gödde (2001) untersuchten, wie sich soziale Beziehungen im Umfeld der von finanzieller Knappheit betroffenen Kinder verändern und welchen Einfluss sie andererseits z. B. als Pufferfaktor haben. Zwar ließen sich insgesamt selten – in Extremlagen nämlich – lineare und kausale Effekte in Form erhöhter psychischer Morbidität bei den Kindern nachweisen. Nachweisbar aber sind subjektiv erlebte Teilhabeeinschränkungen: solche der soziokulturellen Teilhabe, der Inanspruchnahme von Förder- und Unterstützungssystemen und der Mitwirkung in Freundeskreisen – verbunden mit verstärktem Belastungserleben sowie mit Traurigkeit. Mittel- bis langfristig werden damit deutliche Benachteiligungen in der Nutzung von Chancen zur eigenen Entwicklung vorhersagbar (siehe auch Walper, 1988).

Wie kann man sich die Übersetzung sozialer Lebenslagebedingungen in Erziehung und Entwicklung vorstellen? Am Beispiel der sozial nicht privilegierten Schichten sei dies hier kurz erörtert. Pièrre Bourdieu (1930–2002), einer der bekanntesten französischen Soziologen, fragte sich, weshalb das französische Bildungssystem trotz formal gleicher Zugangschancen soziale Ungleichheit immer wieder neu reproduziere. Er wurde in der Bundesrepublik vor allem mit seinem Buch »Die feinen Unterschiede« bekannt (dt. 1982), in dem er die Klassentheorie »auf einen Bereich anwandte, der gemeinhin eher persönlich geprägt galt, nämlich auf den Geschmack an kulturellen Praktiken und Gütern« (Zander, 2010, S. 2). Diese bildeten die schichtspezifische Alltagskultur. Konkreter formuliert: Ein Kind erlebt und erlernt, was durch diese Alltagskultur bewusst und unbewusst vermittelt wird, und zwar durch »Sprachgebrauch, Gestik, Mimik, Umgangsformen, Geschlechterrollen, Körperlichkeit, Kleidung, Freizeitgestaltung, Ernährung, Wohnraum, Architektur, Freundschaften, soziale Werte, (Selbst)Disziplin, Leistungsbewusstsein« u. a. (El Mafaalani, 2014, S. 18). Das Kind erfährt ein fast identisches Abbild des Lebens seiner Eltern und dies in einer sehr prägenden und damit auch nachhaltigen Lebensphase. Dieses milieuspezifische Wahrnehmungs-, Denk- und Handlungsmuster – so verallgemeinert Bourdieu – werde durch vier Dimensionen beschrieben: Moral, Körperlichkeit, Kognition und Ästhetik. Er nennt dies *»Habitus«*. Der Habitus – manchmal auch von ihm als »Geschmacks- und Lebensstil« zusammengefasst – unterscheidet sich in »seiner jeweiligen Nähe und Distanz zu Mangel und Notwendigkeit« (Zander, 2010, S. 3). Der Habitus sei dauerhaft, werde in Routinen praktiziert und verinnerlicht, d. h. im Wesentlichen nicht individuell reflektiert. Bourdieu betont – beeinflusst durch psychoanalytische Kernsätze zur biografischen Bedeutsamkeit früher Erfahrungen – dass den sogenannten »Primärerfahrungen« durch die Personen »übermäßige Bedeutung« verliehen werde, weil sie »der Einschätzung einer jeden späteren Erfahrung zugrunde lägen« (Zander, 2010, S. 7). Der Habitus sei für Bourdieu »einverleibte ..., vergessene Geschichte« (Bourdieu, 1976, S. 136). »Die habituellen Dispositionen, die in der Kindheit und Jugend erworben werden, können auch unter veränderten Bedingungen nicht grundsätzlich abgelegt werden, wenngleich auch die Felder, in denen man sich bewegt, Einfluss auf den Habitus nehmen« (Prinz, 2014, S. 107). Finden Begegnungen, Konfrontationen mit Menschen aus anderen Milieus statt, die vom eigenen Habitus sehr weit entfernt liegen, werde häufig mit Unsicherheit und in deren Folge mit Abwehr und Vermeidung reagiert, was die Festigkeit des eigenen Habitus meistens nur noch mehr verstärke. Wie nun muss man sich den Habitus von benachteiligten Familien vorstellen? Bourdieu verwendet hierfür den Begriff der »Notwendigkeit« (»Geschmack der Notwendigkeit«: Prinz, 2014, S. 107), den im Übrigen bereits Hildegard Hetzer (1937) in ihrer berühmten und bereits zitierten Studie zu Kindheit und Armut in die deutschsprachige Psychologie eingeführt hat[17]. Der Habitus der *Notwendigkeit* drückt demzufolge die ökonomischen Zwänge der Unterschicht als Präferenzen dessen aus, »wozu sie »ohnehin verdammt« sei (Bourdieu, nach Prinz 2014, S. 107). Beginnt man bei der Frage, wie dieser Habitus dazu beiträgt, eine Situation wahrzunehmen und zu bewerten, dann sei dafür typisch, dass die Funktionalität, die Anwendbarkeit – also das, was in der Not zu wenden sei – in den Vordergrund tritt. Es geht demzufolge eher nicht um zweckentfernte Wahrnehmungen und Bewertungen wie bspw. ästhetische oder theoretische Erwägungen. Der Zweck bestimmt dann aber auch nicht nur Wahrnehmung, Erleben und Bewertung, sondern auch das Handeln. Die tiefere Bedeutung des Zwecks – denn dieser kann ja auch noch sehr variabel sein – wird schließlich durch die Nützlichkeit definiert: Ein Lebensmittel ist dazu da, Hunger oder Durst zu stillen! Punkt! Das sinnlich-vitale Grundbedürfnis

---

17 Hetzer (1937) beschreibt darin die Kultur der Notwendigkeit wie folgt: »Dazu kommt der Zeitmangel, die schwere Belastung (der) Eltern durch die Fragen der tätlichen Lebenssicherung, die eine Einstellung auf das augenblicklich Notwendige, eine sehr starke Zweckmäßigkeitsorientierung bedingen, ...« (S. 44).

und dessen Befriedigung bilden das Zentrum der Aufmerksamkeit. Der Habitus der Notwendigkeit lässt sich hinsichtlich der Wahrnehmung, Bewertung und Handlung als eine Kultur des »Managements der Knappheit« beschreiben (El Mafaalani, 2014). Knapp sind nicht nur finanziell-materielle Güter, sondern auch soziale Unterstützung und Anerkennung. »Im Zustand höchster Knappheit muss permanent gefragt werden, ob etwas auch wirklich notwendig ist, wofür man es macht, ob es »etwas bringt«, welcher konkrete Sinn dahinter steckt« (ders., S. 19). In einer solchen Kultur aufwachsend, lernt ein Kind, diese Nutzensabwägungen permanent in den Vordergrund zu stellen. Sie werden handlungsleitend in allen Bereichen, nicht zuletzt auch in der Schule. Schaut man nun auf die durch Bildung vermittelten Themen und Ansprüche, dann wird deutlich, dass über lebenspraktisch unmittelbar verwertbare Fähigkeiten hinausgehende Aspekte für diese Kinder und für ihre Eltern nicht zweckrational sind. Wozu ein Abitur machen, wenn man doch sehr viel früher schon Geld verdienen kann? Jünger (2010, S. 177) arbeitet drei Aspekte heraus, die auffällig für Kinder aus nichtprivilegierten Familien im Schulalltag seien:

> »*Erstens* hat das Lernen von Dingen, die in den Augen der Kinder später nicht direkt verwendbar sind, wenig Sinn, womit auch die Motivation wegfällt, sich etwas anzueignen, das nicht in einem direkten Verwertungszusammenhang steht. Ein Junge beispielsweise, der nicht Sänger werden möchte, muss in den Augen der Kinder auch nicht singen lernen ... *Zweitens* wird der Bildungshorizont der nichtprivilegierten Kinder deutlich eingeschränkt. Denn Gehalte, die über den basalen Zweck hinausgehen, wie die Freude an der Sprache und an der Musik, ihre Schönheit, oder stilistische Feinheiten der Sprache usw., können mit der funktionalen Logik nicht aufgenommen werden. Dies kann auch dazu führen, dass die Motivation, etwas wirklich gut können zu wollen, wegfällt. *Drittens* werden die schulischen Lerninhalte stets auf die Zukunft bezogen und erhalten damit keine eigene gegenwärtige Wichtigkeit und Bedeutung«.

Soziale Ungleichheit ist mit einigen Parametern der Lebenslage und des persönlichen Befindens eng verbunden. Am Beispiel der nahezu zwangsläufigen Verbundenheit von sozialer mit *gesundheitlicher Ungleichheit* soll dies hier kurz dargestellt werden. Entsprechende Zusammenhänge sind bereits seit den frühen 1980er Jahren empirisch gesichert und vielfach repliziert worden (Mielck, 2000, S. 18). So sind chronische Erkrankungen wie Stoffwechselkrankheiten, chronische Bronchitis, Diabetes und rheumatische Krankheiten wesentlich häufiger mit einem niedrigen sozioökonomischen Status assoziiert. Personen mit niedrigem sozioökonomischen Status haben zudem ein zwei- bis dreifach erhöhtes Risiko einen Herzinfarkt oder Schlaganfall zu erleiden (Richter, 2005, S. 43 ff.). Stabile Unterschiede im gesundheitsrelevanten Verhalten in Abhängigkeit vom sozioökonomischen Status sind entsprechend; gesundheitsriskantes Verhalten wie Rauchen, vermehrter Alkoholkonsum, Fehl- und Mangelernährung und Bewegungsmangel treten in umgekehrt proportionaler Beziehung zum sozioökonomischen Status auf (Mergenthaler, 2012) und betreffen nicht nur Eltern, sondern werden als lebensbestimmende Handlungs- und Selbstregulationsmodelle auch an Kinder weitergegeben. Auf diese Weise reproduzieren sich Ungleichheiten und damit einhergehende Gesundheitsrisiken über die Generationen: Der enge Zusammenhang zwischen Gesundheits- und Ernährungsverhalten mit dem sozioökonomischen Status lässt sich beispielhaft an der Verbreitung des Rauchens (Lampert & Thamm, 2004) und der

Verbreitung von Übergewicht und Bewegungsmangel (Lob-Corzilius, 2007) bei Kindern und Jugendlichen zeigen. Sozial Benachteiligte sind einer Vielzahl von ökonomischen und psychosozialen Belastungsfaktoren ausgesetzt und haben ein signifikant größeres Risiko, an einer Suchterkrankung, einer Depression oder einer Angststörung zu erkranken (Robert-Koch-Institut, 2011) bzw. die Entstehung von Verhaltensauffälligkeiten und Gesundheitsproblemen bei ihren Kindern zu begünstigen (Lampert & Kurth, 2007). Sozioökonomisch benachteiligte Kinder und Jugendliche gelten folgerichtig hinsichtlich ihrer psychischen und physischen Gesundheit als besondere Risikogruppe (Robert-Koch-Institut, 2008), werden seltener zu Vorsorgeuntersuchungen vorgestellt, erhalten eine schlechtere Kariesbehandlung bzw. -prophylaxe und haben im Vergleich häufiger einen mangelhaften Impfstatus (Richter, 2000). Zudem werden die Grundlagen für das spätere Ernährungs- und Bewegungsverhalten bereits früh anhand vor allem familiärer Modelle erworben. Grundlagen für die nachgewiesene höhere Mortalität und auch die frühere Sterblichkeit benachteiligter Bevölkerungsgruppen werden offenbar bereits während der Schwangerschaft und in der Säuglingszeit durch das Verhalten der Eltern gelegt (Richter, 2005). Auch die subjektive Gesundheitseinschätzung Heranwachsender steht offenbar in Beziehung mit der besuchten Schulform und dem Einkommen der Eltern (Heilmann, Bräsen, Herke, Richter & Rathmann, 2017). Diese Zusammenhänge erhalten besondere Bedeutung durch die Tatsache, dass insbesondere Alleinerziehende und kinderreiche Familien weiterhin von besonderem Armutsrisiko betroffen sind, wobei Armut definiert ist als Gesamteinkommen kleiner 60 % des mittleren Netto-Einkommens (ausführlich zum Armutsbegriff siehe auch Boeckh, Huster & Benz, 2004; Schneider, Stilling & Woltering, 2017).

Der sozioökonomische Status sagt folglich gesundheitliche Benachteiligung relativ verlässlich vorher; Gesundheitsstörungen und Erkrankungen treten umso häufiger auf, je niedriger dieser Status ist (Mielck, 2000, S. 41 f.; Hurrelmann, 2006, S. 27). Doch auch umgekehrt hat der Grad an gesundheitlicher Belastung eine recht hohen prädikative Potenz für die sozioökonomische Zugehörigkeit.

Die sozioökonomischen Parameter ergänzen Patry und Perrez (2003) durch ökologische im Sinne der räumlich-materiellen Aspekte der Lebenslage einer Familie. Zu den ökologischen Ressourcen bzw. Risiken gehört auch die zeitliche Strukturierung der Lebenslage (zur Zeitressource siehe unten). Bei den materiell-ökologischen Ressourcen unterscheiden die Autoren Faktoren, die den »mikroökologischen« Bereich, also das unmittelbare Lebensfeld des Kindes, charakterisieren, von »makroökologischen« Faktoren im weiteren Umfeld des Kindes. Mit Bezug auf Bronfenbrenners Terminologie schlagen wir vor, anstelle von »makroökologischen« von *mesoökologischen* Bedingungen zu sprechen. Im Hinblick auf das Passungsverhältnis zwischen diesen Parametern und den kindlichen Bedürfnissen differenzieren Patry und Perrez (2003) drei Qualitätsmerkmale:

- quantitative Defizite (zu wenig) vs. Exzesse (zu viel),
- qualitative Unangemessenheit (z. B. nicht kindgemäße Zimmerausstattung) und
- zeitliche Stabilität vs. Instabilität (i. S. der Diskontinuität eines Angebots oder Verhaltens).

Die ökologischen Lebenslagefaktoren einer Familie sind nicht nur materiell-räumlich dimensioniert; sie haben auch eine *zeitliche* Struktur. Deren Auswirkungen sind bisher nur wenig untersucht. Auf die Bedeutung, die sie für die psychische Entwicklung von Kindern hat, haben öffentlichkeitswirksame Kampagnen (»Mehr Zeit für Kinder!«) immerhin aufmerksam gemacht. Aus unserer eigenen Beratungserfahrung wissen wir: Die Ressource »Zeit« ist in Familien heiß umkämpft und der Umgang mit ihr weist zwischen den Familien erhebliche Unterschiede auf. Die Unterschiede lassen sich in Analogie zu denen der materiell-ökologischen Ressource wiederum unter drei Aspekten beschreiben: hinsichtlich der

- *Quantität*: Wird zu viel oder zu wenig Zeit mit dem Kind verbracht?
- *Qualität*: Wird die gemeinsame Zeit kindgemäß oder kindunangemessen verbracht?
- *Kontinuität vs. Diskontinuität*: Erfährt das Kind in und zwischen den gemeinsamen Zeiten Verbindlichkeit oder Kontaktverluste?

Diese drei Merkmale der innerfamiliären Zeitgestaltung mit dem Kind haben nach unserer Erfahrung erheblichen Einfluss auf die Entstehung von Erziehungsproblemen. Sie sind deshalb zugleich wichtige Ansatzpunkte für die Erziehungshilfe. Zudem haben sie den Vorteil, im Beratungsgespräch relativ leicht zugänglich und als Ressource für Veränderungsprozesse nutzbar zu sein. Die Ressource »Zeit« ist jedenfalls deutlich leichter zu beeinflussen als die materiellen Faktoren. Interventionen, die an den zeitlichen Ordnungsmustern einer Familie ansetzen, werden wahrscheinlich bald deren Stress erzeugende Potenz zutage fördern. Man kann nämlich davon ausgehen, dass die kognitiv-affektiven Repräsentationen von Zeit, die Dispositionen zur Nutzung von Zeit und zum Umgang mit zeitlichen Rhythmen interindividuell sehr verschieden sind. Auf der Verhaltensebene zeigen sich diese Unterschiede jedoch nur noch in verschleierter oder verzerrter Form. Der Umgang mit Zeit ist durch kulturelle Vorgaben im Allgemeinen (vgl. z. B. Levine, 1999) und durch familiäre im Besonderen so stark normiert und überformt, dass die individuellen Besonderheiten sich vielfach nicht entfalten können. Die sich daraus ergebenden psychischen Spannungen und Belastungen sind den Betroffenen in ihrer Verursachung nicht (mehr) verständlich. Häufig sind selbst- oder fremdschädigende Kausalattributionen die Folge.

Verschiedene Aspekte der *interkulturellen* Perspektive von Elternschaft beschreibt Pfundmair (2017) in einem Übersichtsartikel sehr instruktiv. Insbesondere den Einfluss von entweder autonomiefördernden (individualistischen) oder von Zugehörigkeit fördernden (kollektivistischen) Kulturen auf das elterliche Erziehungsverhalten dokumentiert sie anhand ausgewählter empirischer Untersuchungen. Sehr eindrucksvoll wird z. B. erkennbar, wie kulturrelativ der für westliche, autonomiebetonende Kulturen typische Begriff des »Erziehungsstils« unter anderen kulturellen Lebensverhältnissen seine Bedeutung verliert und dann auch zur Beschreibung elterlicher Erziehung letzten Endes sinnlos wird. Leider existieren bisher kaum systematische über die ganze Bandbreite der Erziehung reichende Theorien und Untersuchungen, so dass auch so gut wie keine elaborierte alltagstaugliche Diagnostik vorliegt.

Soziale Netzwerke der Familie

Hat man das soziale Netzwerk (Keupp, 1999) einer Person oder einer Familie als Muster ihrer sozialen Beziehungen identifiziert, so ist damit noch nichts über das Potenzial ihrer sozialen Ressourcen gesagt. Soziale Netzwerke können Ressource, sie können aber auch Risiko sein; sie können Unterstützungspotenziale, aber auch Gefährdungsmomente enthalten. Wir befassen uns hier mit ihrer Unterstützungsfunktion. Eine Reihe von Befunden erhärtet die Hypothese, dass soziale Unterstützung »als Puffer gegen erfahrene Belastungen oder als Schutzschild gegenüber drohenden Krisen und Gefährdungen« genutzt wird (ebd., S. 700). Keupp zitiert Befunde, die zeigen, dass die Erfahrung sozialer Unterstützung zu »weniger Geburtskomplikationen, längeren und positiver erlebten Phasen des Stillens, ... bessere Bewältigung von erwartbaren Krisen und Übergangssituationen (wie z. B. Einschulung ...), von Ehescheidung bzw. Partnertrennung« führen kann (zit. nach Keupp, 1999, S. 700). Asendorpf und Banse (2000) machen darauf aufmerksam, dass soziale Netzwerke der Unterstützung nicht gleichzusetzen sind mit einer Beziehungsmatrix. Netzwerke mit Unterstützungsfunktion lassen sich hinsichtlich der Art ihrer Unterstützungsleistung unterscheiden. Walker (zit. nach Keupp, 1999, S. 701) schlägt dafür folgende Typologie vor:

1. Netzwerke affektiver Unterstützung sind Netzwerke, die meistens von sehr engen Bezugspersonen gebildet werden und eine hohe emotionale Unterstützung bieten.
2. Netzwerke instrumenteller Unterstützung: Diese leisten die »Bereitstellung von praktischer Hilfe und Dienstleistungen im Alltag oder in Notfallsituationen« (ebd.).
3. Netzwerke kognitiver Unterstützung sind weniger eng »gestrickte« Netzwerke, aus denen vor allem informative Unterstützung erfahren wird.
4. Netzwerke zur Unterstützung der Aufrechterhaltung von sozialer Identität bestehen entweder aus sehr eng verbundenen Mitgliedern, unter denen hohe Homogenität (z. B. Vereine) besteht; oder sie sind ein eher lockerer, durchlässiger Verbund, der den Mitgliedern ermöglicht, eine eher veränderungsoffene Identität zu bilden (z. B. Volkshochschule, zeitweilige Laufgruppen usw.).
5. Netzwerke zur Vermittlung sozialer Kontakte: Solche Netzwerke mit eher schwachen Bindungen, haben eine Scharnierfunktion zu anderen Netzwerken (z. B. Jugendhilfe).

Psychologisch bedeutsam ist nicht unbedingt das scheinbar objektive Maß erfahrener Unterstützung sondern – wie Asendorpf und Banse (2000) belegen – die individuelle Erwartung von Unterstützung (S. 228). Diese ist nicht generalisiert, sondern sehr spezifisch an bestimmte Bezugspersonen und erfahrende Situationen gebunden.

Für die Zwecke der Hilfeplanung wird es wichtig sein, einerseits die unterstützende Qualität der aktuellen sozialen Einbettung einer Familie zu beschreiben (z. B. nach dem Vorschlag von Walker, s. o.) und dies in einer Art Globalaussage zur sozialen Integration und Unterstützung zusammenzufassen. Andererseits wird man Möglichkeiten der potenziellen Unterstützung durch das soziale Netzwerk diffe-

4 Diagnostik der elterlichen Erziehung

In diesem Kapitel operationalisieren wir die Ideen aus dem Kapitel 2 zur Beschreibung der elterlichen Erziehung, indem nun einige diagnostische Instrumente vorgestellt werden, mit denen sich elterliche Erziehung diagnostizieren oder klassifizieren lässt. Diesen Instrumenten liegen unterschiedliche theoretische Annahmen zugrunde, so dass – wenn sich die Nutzerin für ein solches entscheiden möchte – sie diese Wahl erst dann treffen sollte, wenn sie sich für einen theoretischen Hintergrund entschieden hat. Der Auswahl liegen ferner Pragmatik und Perspektive zugrunde, also aus wessen Sicht eine Einschätzung der elterlichen Erziehung erfolgen sollte.

4.1 Diagnostik von Erziehungsstilen und Erziehungsfaktoren

Die Diagnostik elterlicher Erziehungsstile unterscheidet zwischen der Erfassung von Erziehungs*zielen*, Erziehungs*einstellungen* und Erziehungs*verhalten*. Es lassen sich zwei Gruppen diagnostischer Methoden erkennen: Beobachtungsverfahren und Fragebögen.

Die aktuell gebräuchlichsten *Fragebogenverfahren* im deutschsprachigen Raum sollen in der folgenden Übersicht kurz skizziert werden (▶ Tab. 4.1 und ▶ Tab. 4.2). Dabei ist zu unterscheiden zwischen solchen, die der *Selbstbeurteilung* dienen und sich in der Regel direkt an die Eltern wenden und solchen, die nach dem *Erleben der elterlichen Erziehung* durch die Kinder und Jugendlichen fragen.

Tab. 4.1: Fragebogenverfahren für *Eltern* der elterlichen Erziehung mit Bezug auf die Erziehungsstile

Fragebogen	Beurteilungsperspektive & Erziehungsstile	Autoren bzw. Quelle
Fragebogen zur Erfassung selbstperzipierter Erziehungseinstellungen **FSE**	• Elterliche Selbstperzeption • Erziehungseinstellungen	Engfer, A. & Schneewind, K. (1976): Der FSE – Ein Fragebogen zur Erfassung selbstperzipierter elterlicher Erziehungsstileinstellungen. Arbeitsbericht 9 des EKB-Projektes, Universität Trier

renziert und den individuellen Unterstützungserwartungen der Familie und ihrer Mitglieder entsprechend herausarbeiten (vgl. auch Fydrich, Sommer & Brähler, 2007).

Die umweltbezogene Analyse der real vorhandenen und aktivierbaren sozialen Potenzen korrespondiert mit der personenbezogenen Beschreibung der Fähigkeit, soziale Hilfe für sich zu mobilisieren. Die Möglichkeiten, die Fähigkeiten und Bereitschaften von Personen, Hilfe für sich in Anspruch zu nehmen, haben wir im Hinblick auf unterscheidbare Muster der Hilfesuche bereits weiter oben thematisiert.

3.6 Zusammenfassung und Überblick

Die folgende Übersicht über wichtige Bedingungen der Erziehung und deren Kriterien und Parameter dient einerseits der Zusammenfassung dieses Kapitels und zugleich der besseren Orientierung (▸ Abb. 3.3).

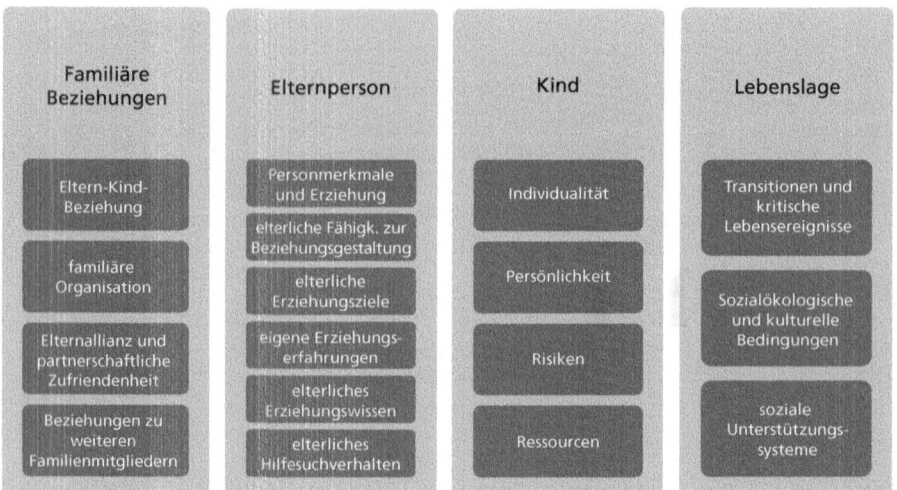

Abb. 3.3: Bedingungen elterlicher Erziehung im Überblick

Tab. 4.1: Fragebogenverfahren für *Eltern* der elterlichen Erziehung mit Bezug auf die Erziehungsstile – Fortsetzung

Fragebogen	Beurteilungsperspektive & Erziehungsstile	Autoren bzw. Quelle
Overprotection-Skala des Parental Bonding Instruments (PBI) von Parker et al. (1979) Deutsch: Böhm (1993)	Überbehütung	Böhm, M. (1993). Familiäre Ursachen von Bulimie. Unveröffentlichte Diplomarbeit, Universität Regensburg. *Online im Internet*: https://www.zpid.de/index.php?wahl=products&uwahl=frei&uuwahl=testarchive intro

Tab. 4.2: Fragebogenverfahren für *Kinder* zu deren Erleben des elterlichen Erziehungsstils

Fragebogen	Beurteilungsperspektive & Erziehungsstile	Altersbereich	Autoren
Marburger Skalen zur Erfassung des elterlichen Erziehungsstils	• Einschätzung durch die Kinder • Erziehungspraktiken	9–14	Herrmann, T. u. a. (1971): Die Marburger Skalen zur Erfassung des elterlichen Erziehungsstils. Diagnostica.17: 118-131
Erziehungsstil-Inventar **ESI**	• Einschätzung durch die Kinder • Erziehungsstile: Unterstützung; Einschränkung; Lob; Tadel und Inkonsistenz • Mutter- und Vaterversion	10–14	Krohne, H. W.; Kiehl, G. E.; Neuser, K. W.; Pulsack, A. (1984): Das »Erziehungsstilinventar« (ESI). Diagnostica 30/4: 299–318 sowie Krohne, H. W. & Pulsack, A. (1995): Das Erziehungsstil-Inventar. 2. Aufl. Göttingen, Hogrefe
Familiendiagnostisches Testsystem **FDTS**	• Fremd- und Selbstperzeption • Erziehungseinstellungen, -ziele und -praktiken	9–14	Schneewind, K. u. a. (1985): Familiendiagnostisches Testsystem (FDTS). Berichte 1/1985–9.2./1985.
Der Zürcher Kurzfragebogen zum Erziehungsverhalten **ZKE**	• Wärme/Unterstützung • Psychologischer Druck • Regeln/Kontrolle	11–17	Reitzle, M.; Winkler, Metzke, C. & Steinhausen, H.-C. (2001): Eltern und Kinder: Der Zürcher Kurzfragebogen zum Erziehungsverhalten (ZKE). Diagnostica, 10/2001. Vol. 47; No. 4; 196–207 (mit vollständigem Abdruck aller Items)

Tab. 4.1: Fragebogenverfahren für *Eltern* der elterlichen Erziehung mit Bezug auf die Erziehungsstile – Fortsetzung

Fragebogen	Beurteilungsperspektive & Erziehungsstile	Autoren bzw. Quelle
Skala zur Messung entwick-lungsförderlichen Elternverhaltens **EFE**	• Elterliche Selbstperzeption • Erziehungspraktiken	Peterander, F. (1993): Skalen zur Messung entwicklungsförderlichen Elternverhaltens. System Familie 6, 36-47
Familiendiagnostisches Testsystem **FDTS**	• Fremd- und Selbstperzeption • Erziehungseinstellungen, -ziele und -praktiken	Schneewind, K. u. a. (1985): Familiendiagnostisches Testsystem (FDTS). Berichte 1/1985–9.2./1985.
Eltern-Erziehungsstil-Inventar **EEI**	• vier Erziehungsstil-Dimensionen: Liebe, Strenge, Selbständigkeit und Religiosität. • Auf zwei weiteren Skalen wird zudem die erzieherische Zusammenarbeit mit dem Partner und der Schule dargestellt.	Satow, L. (2013). Eltern-Erziehungsstil-Inventar (EEI): Test- und Skalendokumentation. Markdorf: Dr. Satow. http://www.drsatow.de/tests/eltern-erziehungsstil-inventar.html
Parenting Sense of Competence Scale **PASOC**	• Zufriedenheit vs. Unzufriedenheit • Selbstwirksamkeit	Lösel, F.; Beelmann, A.; Jaursch, S. u. a. (2008). Die deutschen Versionen der Parenting Sense of Competence Scale (PSOC) und der Parenting Scale (PARS). Universität Erlangen. Institut für Psychologie.
Parenting Scale PARS in Deutsch: **EFB Elternfragebogen**	• Nachgiebigkeit • Überreaktion • Weitschweifigkeit	Naumann, S.; Bertram, H.; Kuschel, A.; Heinrichs, N.; Hahlweg, K.; Döpfner, M. (2010): Der Erziehungsfragebogen (EFB). Ein Fragebogen zur Erfassung elterlicher Verhaltenstendenzen in schwierigen Erziehungssituationen Diagnostica, 56 (3), 144–157
Alabama Parenting Questionnaire **APQ** Erziehungsstil aus Elternsicht Deutsche erweiterte Version des APQ für Grundschulkinder **(DEAPQ-EL-GS)**	• elterliches Engagement • positive Erziehung • geringe Kontrolle • inkonsistente Erziehung • körperliche Bestrafung • andere Disziplinierungstechniken	Reichle, B. & Franiek, S. (2009): Zeitschrift für Entwicklungspsychologie und Pädagogische Psychologie, 41, 12–25

Es existieren eine Reihe weiterer Verfahren, die aber entweder nicht in deutscher Sprache erhältlich sind oder deren Bezug praktisch nicht mehr möglich ist. Die hier genannten Verfahren werden in der Literatur relativ häufig zitiert und wurden auch oftmals für Forschungszwecke verwendet. Sie werden zum größten Teil auch im PSYNDEX Test Review ausführlich vorgestellt.

4.2 Diagnostik der elterlichen Erziehung, der keine Erziehungsstile zugrunde liegen

Verlässt man die Konzepte der Erziehungsstil-Analyse, dann bieten sich einige – leider nur wenige – Alternativen an, die zunächst in der folgenden Tabelle übersichtlich versammelt worden sind und danach knapp erläutert werden sollen (▶ Tab. 4.3).

Tab. 4.3: Diagnostik der elterlichen Erziehung, die nicht auf Erziehungsstilen basiert

Fragebogen	Beurteilungsperspektive Methode Erziehungsbereiche	Altersbereich	Autoren

Elternbildfragebogen für Kinder und Jugendliche **EBF-KJ**	• Kindliches Erleben der elterlichen Erziehung
	• Fragebogen für Kinder
	  – Kohäsion mit den Eltern
	  – Identifikation mit den Eltern
	  – erlebte Autonomie
	  – Konflikte mit den Eltern
	  – unangemessene Bestrafung
	  – erlebte Ablehnung oder Gleichgültigkeit der Eltern
	  – emotionale Vereinnahmung
	  – Überprotektion durch die Eltern
	  – Diskrepanz zwischen den Elternrepräsentationen
	• *Zusatzskala*: lebenspraktische Hilfe für die Eltern
		10–20	Tietze, K. & Lehmkuhl, U. (2010): EBF-KJ. Elternbildfragebogen für Kinder- und Jugendliche. Göttingen: Hogrefe.

Interview der elterlichen Erziehung **IDEE**	• Elterliche Selbstbeschreibung
	• Theoretischer Hintergrund: 4-Komponenten-Modell (Jacob & Wahlen)
	• Halbstrukturiertes Interview
	• Erfassung von
	  – elterlichen Verhaltenssystemen
	  – Interaktionsmechanismen
	  – elterlichen Affektmustern
		6–12	Jacob, A. & Schiel, A. (2012): Elterliche Erziehungskompetenz: Konzepte und Diagnostik. Praxis der Rechtspsychologie. Heft 2, 2012; 218–236

Tab. 4.3: Diagnostik der elterlichen Erziehung, die nicht auf Erziehungsstilen basiert – Fortsetzung

Fragebogen	Beurteilungsperspektive Methode Erziehungsbereiche	Altersbereich	Autoren

Fragebogen zum erinnerten elterlichen Erziehungsverhalten **FEE**	• Theoretischer Hintergrund: 2-Dimensionen-Ansatz: Akzeptanz vs. Ablehnung und Kontrolle vs. Autonomie
	• Selbstbeurteilungsfragebogen
	• jeweils getrennt für Mutter und Vater zu beantwortenden Skalen
	  – Ablehnung und Strafe
	  – Emotionale Wärme
	  – Kontrolle und Überbehütung
		Erwachsene ab 18. Lj	Schumacher, J., Eisemann, M. R. & Brähler, E. (2000): Fragebogen zum erinnerten elterlichen Erziehungsverhalten. Bern u. a., Huber

Kurz-Fragebogen zum erinnerten elterlichen Erziehungsverhalten **FEE-U(ltra) S(hort)**	• die gleichen Skalen wie beim FEE • insges. 12 Items	Erwachsene ab 18. Lj	Petrowski, K., Sören, P., Zenger, M. & Brähler, E. (2014): FEE-US. Fragebogen zum erinnerten elterlichen Erziehungsverhalten – Ultra Short. In: Kemper, C. J., Brähler, E. & Zenger, M. (Hrsg.): Psychologische und Sozialwissenschaftliche Kurzskalen. Berlin, Medizinisch Wissenschaftliche Verlagsgesellschaft (80–83)

Elterninterview 0–3 Diagnostisches Interview zur Entwicklung, Erziehung und zur Eltern-Kleinkind-Beziehung	• Elterninterview
	• Auswertung erfolgt
	  – qualitativ zu Inhalten der Erziehung, Entwicklung und Beziehung
	  – Eigenschaften der elterlichen Vorstellung über ihr Kind
		0–3	Zeanah, C. H. & Benoit, D. (1995). Clinical applications of a parent perception interview in infant mental health. *Child and Adolescent Psychiatric Clinics of North America*, 4, 539–554
			Dt. Fassung übersetzt von M. Dunitz-Scheer.

Sorge- und Umgangsrechtliche Testbatterie **(SURT)**	• 3 Subtests für das Kind • multimodale Methodik • erfasst die Qualität und Intensität der emotionalen Aspekte der Eltern-Kind-Interaktion	4–8 Jahre	Hommers, W. (2009). Sorge- und Umgangsrechtliche Testbatterie (SURT). Göttingen: Hogrefe. *Siehe auch:* Hommers & Steinmetz-Zubovic 2013

4.2 Diagnostik der elterlichen Erziehung, der keine Erziehungsstile zugrunde liegen

Tab. 4.3: Diagnostik der elterlichen Erziehung, die nicht auf Erziehungsstilen basiert – Fortsetzung

Fragebogen	Beurteilungsperspektive Methode Erziehungsbereiche	Altersbereich	Autoren
Strukturiertes Interview zur Erfassung der Kind-Eltern-Interaktion (SKEI)	• strukturiertes Interview für das Kind • erfasst Qualität und Intensität der emotionalen Aspekte der Eltern-Kind-Interaktion	4–7 Jahre	Skatsche, R., Buchegger, M., Schulter, G. & Papoušek; I. (2013). Strukturiertes Interview zur Erfassung der Kind-Eltern-Interaktion (SKEI). Bern: HUBER *Siehe auch:* Hommers & Steinmetz-Zubovic 2013

Da der Elternbildfragebogen für Kinder und Jugendliche (EBF-KJ), der Fragebogen zum erinnerten elterlichen Erziehungsverhalten (FEE), das Strukturierte Interview zur Erfassung der Kind-Eltern-Interaktion (SKEI) sowie die Sorge- und Umgangsrechtliche Testbatterie (SURT) in der PSYNDEX Test Review Datenbank[18] ausführlich besprochen worden sind, sollen an dieser Stelle nur das Interview der elterlichen Erziehung (IDEE) sowie das Diagnostische Interview zur Eltern-Kleinkind-Beziehung und zur Erziehung etwas ausführlicher vorgestellt werden.

(1) Das **Diagnostische Interview** zur Entwicklung, Erziehung und zur Eltern-Kleinkind-Beziehung (Zeanah & Benoit, 1995)
Dieses ca. einstündige Elterninterview erfragt beim Elternteil detailliert die Phasen der Entwicklung des Kindes, der Eltern-Kind-Beziehung und der Einstellungen zum Kind. Die Eltern werden dabei in einen Erinnerungsprozess involviert, dessen Darstellung nicht nur Hinweise zu einzelnen Entwicklungsschritten zulässt, sondern auch Aufschlüsse über tiefere Bedeutungen des Berichteten ermöglicht. Die Auswertung erfolgt insbes. zu folgenden Parametern:

Qualitative (nicht inhaltsbezogene) Eigenschaften der elterlichen Vorstellung über ihr Kind wie z. B. Detailreichtum in den Erzählungen, Flexibilität und Offenheit für Veränderungen, Intensität des Involviertseins und Kohärenz der Erzählung, Logik, Fehlen von Ungereimtheiten, Fehlen von Widersprüchlichkeiten und Ambivalenzen.

Inhaltsbezogene Eigenschaften der Beziehungsbeschreibung wie z. B. kindliche Schwierigkeiten, Sensibilität und Aufmerksamkeit des Elternteils für das Kind, Akzeptanz des Kindes durch den Elternteil sowie Ängste, Sicherheitsängste und Sorgen auf der Seite des Elternteils um das Kind.

Die deutschsprachige Übersetzung von M. Dunitz-Scheer und deren durch uns leicht ergänzte Fassung wird im digitalen Zusatzmaterial dieses Buches als

---

18 https://pubpsych.zpid.de/pubpsych

MAD-J-Interview 0–3 dokumentiert (unter https://dl.kohlhammer.de/978-3-17-033780-0).[19]

(2) Der **IDEE** ist ein Interviewleitfaden zur Diagnostik von Elterlichem Erziehungsverhalten.
Der Interviewleitfaden wurde im Jahr 2008 im Rahmen eines Forschungsprojektes der Freien Universität Berlin entwickelt, basiert auf dem Vier-Komponenten-Modell von Jacob und Wahlen (2006) und bezieht sich auf die Subachse II.1 »Komponenten elterlicher Erziehung« des MAD-J. Der Interviewleitfaden hilft Fachkräften aus dem Bereich der Jugendhilfe und Familiengerichtsbarkeit, elterliches Erziehungsverhalten einzuschätzen. Mit Hilfe des Interviewleitfadens kann ein Überblick über das elterliche Erziehungsverhalten gewonnen werden. In Ergänzung zum Interviewleitfaden wurde eine Handreichung mit Vorschlägen und praktischen Tipps zur Anwendung des IDEEs in der Praxis und zwei verschiedene Auswertungsformulare (ein Schnelldiagnoseformular und ein Formular für eine differenzierte Diagnose) entwickelt.

Was ist das Besondere am IDEE?

1. *Inhalt und Aufbau* des neuen Instrumentes sind *differenziert*: Der Interviewleitfaden setzt sich aus 29 Frageblöcken zusammen, die sich anlehnend an die Achse II.1 des MAD-J mit verschiedenen Themenbereichen rund um das Thema Erziehung beschäftigen.
2. Jeder Frageblock enthält so genannte *Leit- und Vertiefungsfragen*. Bei den Leitfragen handelt es sich um wichtige Kernitems, die auf wesentliche und verschiedene Aspekte der elterlichen Erziehung abzielen. Daneben wurden so genannte Vertiefungsfragen generiert. Sie können zur Präzisierung oder zur Klärung von Unklarheiten genutzt werden. Durch die Vertiefungsfragen hat der Interviewer zudem die Möglichkeit individuelle Besonderheiten von Familien besser zu berücksichtigen.
3. Das besondere und *innovative Konzept* des Interviewleitfadens besteht in sogenannten *Fallvignetten*, die der Leitfaden neben den Leit- und Vertiefungsfragen integriert. Jede Fallvignette beschreibt exemplarisch eine »erziehungsdichte« Situation. Es wurden also Situationen ausgesucht, von denen angenommen wird, dass hier die Komponenten elterlichen Erziehungsverhaltens besonders deutlich werden. Es ist davon auszugehen, dass viele Eltern ähnliche Situationen aus ihrem »Erziehungsalltag« kennen.
4. Aber nicht nur Inhalt und Aufbau wurden bei der Entwicklung berücksichtigt. Auch dem *Layout des Interviewleitfadens* wurde bei der Entwicklung besondere Beachtung geschenkt. Beispielsweise enthält der Leitfaden zu jedem der 29 Frage-

---

19 Wichtiger urheberrechtlicher Hinweis: Alle zusätzlichen Materialien, die im Download-Bereich zur Verfügung gestellt werden, sind urheberrechtlich geschützt. Ihre Verwendung ist nur zum persönlichen und nichtgewerblichen Gebrauch erlaubt. Jede Verwendung außerhalb der engen Grenzen des Urheberrechts ist ohne Zustimmung des Verlags unzulässig und strafbar. Das gilt insbesondere auch für Vervielfältigungen, Übersetzungen, Mikroverfilmungen und für die Einspeicherung und Verarbeitung in elektronischen Systemen.

blöcke einen Informationskasten. Dieser umfasst die wesentliche Leitidee des Frageblocks und stellt somit eine wichtige »Gedächtnisstütze« für den Interviewer dar.
5. Durch den Aufbau des Interviewleitfadens werden die *Gespräche stark strukturiert*. Der IDEE und das entsprechende Manual werden im digitalen Zusatzmaterial des Buches veröffentlicht (unter https://dl.kohlhammer.de/978-3-17-033780-0).

Eine methodische Anmerkung

Bei der Verwendung von Interviews stellt sich natürlich sofort die Frage nach den Gütekriterien, insbes. Objektivität, Reliabilität und Validität. Dass diese nur eingeschränkt verwendet werden können, ist augenscheinlich. Insofern sollte man die Interviewdaten als *qualitativen* Beschreibungsprozess ausweisen und gar nicht erst versuchen, dessen Methodik in vollständige Übereinstimmung mit dem quantitativ orientierten nomothetischen Paradigma zu bringen. Stattdessen bieten sich solche Merkmale für die Bestimmung und Verbesserung der Güte qualitativen Vorgehens an wie die strukturierte Verfahrensdokumentation, regelbezogene Datenverarbeitung, argumentative Absicherung der Interpretation, profunde Kenntnis und Kompetenz in Bezug auf den Untersuchungsgegenstand sowie Triangulation[20] (Flick, 2011, und im Überblick: Mayring, 2016).

4.3 Bewertung der elterlichen Erziehung anhand von Skalen aus verschiedenen Klassifikationssystemen

a) ICD-10 basiertes Multiaxiales Klassifikationsschema (Remschmidt et al., 2017)

Die Beschreibung von Erziehung erfolgt im Multiaxialen Klassifikationsschema auf der Achse V und benennt vier Merkmale: elterliche Überfürsorge, unzureichende elterliche Aufsicht und Steuerung, Erziehung, die eine unzureichende Erfahrung vermittelt sowie unangemessene Anforderungen und Nötigungen durch die Eltern.

b) DSM-IV: PID und GARF

Das DSM-IV schlägt neben anderen zwei Zusatzskalen vor, die interessante Hinweise für die Beschreibung von Erziehung und Erziehungsbedingungen liefern.

---

20 Triangulation bedeutet, die Validität der Ergebnisse durch Anwendung verschiedener Methoden oder auch Forschergruppen zu erhöhen.

Parental Inadequate Discipline (PID)

Aus der Kritik an einer begrifflichen und methodischen Unübersichtlichkeit entwickelte eine Arbeitsgruppe um Chamberlain 1994 (in der Übersetzung von Miller, 2001) die Zusatzskala zum DSM-IV, die als Kategorien definitorisch eindeutig und methodisch reliabel Diagnosen zu dysfunktionalem elterlichen Erziehungsverhalten liefern soll. Die folgende Übersicht fasst diese Skala zusammen (▶ Kasten 4.1):

Kasten 4.1: Die Skala »Parental Inadequate Discipline« nach Miller (2001, S. 12 f.) (aus Jacob & Wahlen, 2006a, S. 148/149; Jacob, A. & Wahlen, K.: Das Multiaxiale Diagnosesystem Jugendhilfe (MAD-J). Mit CD-ROM. © 2006, Ernst Reinhardt Verlag München/Basel. S. 148/149. www.reinhardt-verlag.de)

1. Inkonsistente Disziplinierungen
Es sollten zwei Subtypen von Inkonsistenz unterschieden werden: intraparentale Inkonsistenz und interparentale Inkonsistenz.

Kriterien für *intraparentale Inkonsistenz* sind:

A. willkürliche Reaktionen auf positives und negatives Verhalten der Kinder (z. B. Bestrafung von angemessenem und Belohnung von unangemessenem Verhalten)
B. geringes oder inkonsistentes Verfolgen bzw. Bestehen auf Dingen (z. B. darauf bestehen, dass Kinder Bitten oder Anweisungen nachkommen, Verbote beachten)
C. Nachgeben (z. B. Wut und Diskussionen nach einem NEIN der Eltern, Eltern geben nach) oder unvorhersehbare Wechsel in Erwartungen und in Konsequenzen für Regelverletzungen (Erwartungen der Eltern, Regeln und Konsequenzen ändern sich)

Interparentale Inkonsistenz, also eine auffällig geringe Übereinstimmung zwischen den Eltern, besteht, wenn Eltern gegensätzlich handeln oder uneinig sind bezüglich

A. Erzieherische Grundsatzentscheidungen (z. B. allg. Hausregeln, Bettzeiten, Ausgehverbote)
B. Zeitpunkt oder Notwendigkeit eines Eingreifens bei Regelverletzungen oder Problemverhalten
C. Art der Konsequenzen und Vorgehensweise bei Problemverhalten (z. B. Konsequenzen tatsächlich bis zum Ende durchziehen)

2. Reizbare und explosive Disziplinierungen
Die extreme Form dieser Kategorie dysfunktionalen Erziehungsverhaltens ist der körperliche Missbrauch von Kindern. Als spezifische Indikatoren für gereizte und überreagierende Disziplinierungsmaßnahmen können herangezogen werden:

A. häufiger Gebrauch von aversiven verbalen und körperlichen Strategien wie Schreien, Schlagen, und Drohungen
B. erhöhte Wahrscheinlichkeit, dass das Kind auf die Erziehungsmaßnahme seinerseits mit Gewalt reagiert (z. B. Kind schlägt zurück, aggressive Verteidigung)
C. relativ lange Phasen von Eltern-Kind-Konflikten oder eskalierende Intensität der negativ-bestrafenden Verhaltensweisen
D. häufig abwertende, negative und demütigende Äußerungen der Eltern über das Kind
E. hohe Rate an direkten Befehlen der Eltern

3. Geringe Beaufsichtigung und Beteiligung
Als Kriterien für eine unzureichende Beaufsichtigung (z. B. das Wissen darum, wo sich die Kinder aufhalten, was sie tun und mit wem sie zusammen sind) und eine geringe Beteiligung der Eltern an wichtigen Dingen im Leben der Kinder schlagen Chamberlain et al. (1994) vor:

A. mangelndes Wissen der Eltern um die Aktivitäten der Kinder außerhalb des Hauses und außerhalb ihrer direkten Beaufsichtigung
B. mangelndes Wissen darum, mit wem das Kind zusammentrifft und Zeit verbringt
C. mangelndes Wissen der Eltern um die schulische Anpassung des Kindes und andere schulische Angelegenheiten wie z. B. Hausaufgaben
D. seltene gemeinsame Aktivitäten von Eltern und Kindern
E. bei Wissen der Eltern um dissoziale Freundschaften und Aktivitäten des Kindes: mangelnder Wille oder mangelnde Fähigkeit zur Beaufsichtigung und Überwachung

4. Unflexible, rigide Disziplinierung
Eltern nutzen normalerweise ein breites Spektrum an Strategien zum Umgang mit Problemverhalten, d. h. sie passen ihre Reaktion an die Situation, das Alter des Kindes und an die Art des Fehlverhaltens an. Kriterien für rigides, unflexibles Verhalten von Eltern in Disziplinsituation sind:

A. Zurückgreifen auf eine einzelne oder ein geringes Spektrum an Strategien für alle Arten von kindlichem Fehlverhalten
B. mangelnde Fähigkeit, Kontextfaktoren und mildernde Umstände zu berücksichtigen
C. konsistentes Fehlen von Erklärungen oder Begründungen in Disziplinsituationen
D. Unfähigkeit, das Ausmaß und die Stärke der Konsequenzen an das Ausmaß des Problemverhaltens anzupassen

Skala zur globalen Erfassung des Funktionsniveaus von Beziehungen (GARF)

»Die Skala kann benutzt werden, um eine Gesamtbeurteilung des Funktionsniveaus einer Familie oder anderer laufender Beziehungen auf einem hypothetischen Kontinuum, das von kompetenten, optimalem Funktionieren bis zu zerstörten, dysfunktionalen Beziehungen reicht, einzuschätzen. Sie ist analog zur Achse V ... erstellt. ... Sie erlaubt dem Untersucher, das Ausmaß, in dem eine Familie .... die affektiven oder lebenspraktischen Bedürfnisse seiner Mitglieder erfüllt, in den folgenden Bereichen einzuschätzen:

- *Problemlösen* – Fertigkeiten beim Bewältigen von Zielen, Regeln und alltäglichen Arbeiten; Anpassungsfähigkeit bei Streß; Kommunikationsfertigkeiten; Fähigkeit zur Konfliktlösung.
- *Organisation* – Einhaltung interpersoneller Rollen und Subsystemgrenzen; hierarchisches Funktionieren; Koalitionen und Verteilung von Macht; Kontrolle und Verantwortung.
- *Emotionales Klima* – Tonfall und Spielraum von Gefühlen; Qualität von Fürsorge, Empathie, Engagement und Bindung/Verpflichtung; Teilen von Werten; gegenseitige affektive Verantwortlichkeit, Respekt und Rücksicht; Qualität sexuellen Funktionierens«

(Saß, Wittchen & Zaudig, 1998, S. 849).

c) Multiaxiales Diagnosesystem Jugendhilfe MAD-J/Subachse II.1.

Das MAD-J bietet Beschreibungs- und Bewertungskriterien, die sich am Vier-Komponentenmodell der elterlichen Erziehung orientieren. Die folgende Tabelle bietet hierfür eine Übersicht, die als Checkliste fungiert (▶ Tab. 4.4).

Tab. 4.4: Bewertung der erziehungsrelevanten Komponenten nach dem MAD-J (Jacob & Wahlen 2006b, ergänzt 2017)

Formale Kriterien ⇒		Quantität	Angemessenheit	Konsistenz	Promptheit	Kontinuität
Bereiche ⇓	Ausprägung ⇒	A–D[21]	A–D	A–D	A–D	A–D
elterliche Verhaltenssysteme						
Pflege und Versorgung						
Strukturgebung						
Sicherheit vermitteln						

---

21 Das Verständnis von Störungen orientiert sich an der im englischsprachigen Raum gebräuchlichen Unterscheidung von »pertuberances« (B = Imbalance), »disturbances« (C = Beeinträchtigung) und »disorders« (D = Störung), die im Schweregrad aufsteigend alle maladaptiv sind. »Störungen« setzen wir gleich mit den (schweren) disorders. Stufe »A« entspricht der funktionalen oder adaptiven Ausprägung.

Tab. 4.4: Bewertung der erziehungsrelevanten Komponenten nach dem MAD-J (Jacob & Wahlen 2006b, ergänzt 2017) – Fortsetzung

Formale Kriterien ⇒ Bereiche ⇓	Ausprägung ⇒	Quantität A–D	Angemessenheit A–D	Konsistenz A–D	Promptheit A–D	Kontinuität A–D
Orientierung vermitteln						
Anregung/Stimulation vermitteln						
Interaktionsmechanismen						
Interaktionsmuster der ungeteilten Aufmerksamkeit						
Interaktionsmuster der geteilten Aufmerksamkeit						
Sensitivität für Belastungssignale des Kindes						
Sensitivität für positive Signale des Kindes						
Kontingenz auf Belastungssignale des Kindes						
Kontingenz auf positive Signale des Kindes						
elterliche Affektmuster						
Wärme						
Erleichterung und Angstfreiheit						
Freude, lustvolles Genießen und Humor						
Interesse und Anteilnahme						

Die PC-basierte Version des MAD-J (Jacob, 2017) bietet in Bezug auf die genannten Kategorien zahlreiche Vertiefungsskalen und Ankerbeispiele auf der Handlungsebene, um die Bewertungen zu untersetzen. Im Anhang zu diesem Buch findet sich eine verfeinerte Liste.

d) Checklisten

Einige der bereits vorgestellten Methoden ähneln eher Checklisten. Diesen liegen häufig aber keine nach testtheoretischen Gesichtspunkten konstruierten Skalen oder Fragebogenverfahren zugrunde. Sie dienen dann eher der Beschreibung der elterlichen Erziehung durch Dritte.

Die folgende Tabelle führt die wichtigsten Checklisten auszugsweise auf (▶ Tab. 4.5).

Tab. 4.5: Checklisten zur Einschätzung der elterlichen Erziehung

Autoren	Ausgewählte Kategorien
• Petermann und Petermann (2006)	• Beziehungsfähigkeit • Interaktions- und Kommunikationsfähigkeiten • Grenzsetzungsfähigkeit • Förderfähigkeit • Vorbildfähigkeit • Alltagsmanagementfähigkeit
• Ostler & Ziegenhain (2008)	• die Fähigkeit, das Kind zu trösten, wenn es krank, verletzt, ängstlich ist • das Ausmaß von Wissen um Aufenthaltsorte und Kontakte des Kindes • das Ausmaß feinfühliger Wahrnehmung kindlicher Signale und Bedürfnisse • die Vermeidung übermäßiger harscher/aggressiver oder bestrafender Disziplinierungsmaßnahmen • die Fähigkeit, kindliche Bedürfnisse in den Vordergrund zu stellen • die Fähigkeit, sich über einen längeren Zeitraum adäquat zu verhalten
• BKE (2008)	• Informieren • Ermutigendes Motivieren • Unterstützen • Aufmerksamkeit ausrichten • Anleiten • Aufgreifen kindlicher Gefühle • Ermutigung zur Reflexion
• Hoghughi (2004)	• Care • Control • Development
• Fuhrer (2007)	• Emotionale Wärme • Konsequente und liebevolle Kontrolle • Strukturen und Grenzen • Elterliches informierendes Monitoring • Unterstützung kindlicher Autonomie
• Wissenschaftlicher Beirat für Familienfragen (2005)	• auf physischem und psychischem Wege Zuneigung zeigen • Empathie: empfänglich für offene oder verdeckte kindliche Bedürfnisse und Nöte sein • kindliche Entwicklungspotenziale erkennen und zu ihrer Verwirklichung beitragen • kindliche Eigenständigkeit anerkennen und durch Gewährung von Freiräumen für eigenes Handeln fördern • kindliche Kompetenzentwicklung fordern und fördern und unangemessenes Verhalten verhindern

Auch im Bereich der Jugendhilfe werden hin und wieder Diagnosen mittels Checklisten vergeben. Einen kurzen Überblick – allerdings nur hinsichtlich von Gefährdungseinschätzungen – geben Körner und Heuer (2014). Prototypisch steht dafür das System der »Sozialpädagogischen Diagnose« des Bayerischen Landesjugendamtes (Hillmeier, 2004; Hillmeier & Britze, 2013; Macsenaere, Paries & Arnold, 2009). Die sozialpädagogischen Diagnosetabellen des Bayerischen Landesjugendamtes (2001; 2009) stellen eine sehr umfangreiche und detaillierte Sammlung von Merkmalen dar, die das Erleben und Handeln des jungen Menschen einerseits und die Erziehungs- und Entwicklungsbedingungen andererseits erfassen sollen. Deren Herleitung aus Modell- oder Theorievorstellungen wird aber u. W. nicht expliziert. Das System setzt sich aus drei Skalen zusammen:

I. Erleben und Handeln des jungen Menschen: *Risiken* (75 Items),
II. Erleben und Handeln des jungen Menschen: *Ressourcen* (75 Items) und
III. Erziehungs- und Entwicklungsbedingungen (71 Items) als Kurz- oder Langfassung vorliegend.

Auf der Basis der Merkmalsbestimmungen kann man erschließen, welche Bedingungen Erziehung beeinflussen; nämlich:

- bei den Bezugspersonen des Kindes: Kontinuität, Erziehungskompetenz und Lebenseinstellung,
- die Qualität der Beziehungen als Partnerbeziehung, Eltern-Kind-Beziehung, Geschwisterbeziehung und Beziehungen zu anderen,
- das Familienklima (Respekt, Wertschätzung, Wärme und Geborgenheit, Offenheit, Anregung und Unterstützung) sowie
- erziehungsleitende Vorstellungen (Struktur, Regeln und Grenzen, lebenspraktische Fertigkeiten und Selbständigkeit).

Die Bewertung der einzelnen Merkmale erfolgt als Risikobedingung oder als Ressource. Die Einschätzung wird dichotom »vorhanden/nicht vorhanden« markiert. Die Merkmale sind relativ extrem formuliert. Die Items tragen der unterschiedlichen qualitativen Bedeutung einzelner Merkmale in unterschiedlichen Altersphasen Rechnung und sind als eine Checkliste verfasst. Am Ende des diagnostischen Prozesses finden sich zusammengefasste Aussagen über die Lebenslage, den individuellen Entwicklungsstand des Kindes und über Erziehungsbedingungen.

Die Ableitung von Interventionen soll im Anschluss an die Beurteilung der Erziehungs- und Lebenssituation vorgenommen werden, und zwar nach Einschätzung von Häufung, Schwere und Dauer der »belastenden Merkmale«. Die Interventionen selbst werden unterschieden in ambulante, teilstationäre und außerfamiliäre Hilfen. »Die ... Tabellen sollen ›katechismusartig‹ den Diskurs unter den Fachkräften zwecks Urteilsbildung belegen und konkretisieren helfen ... Die Hoffnung ist, dass durch diese Exemplifizierungen die Zuverlässigkeit und Gültigkeit der Urteilsbildung im Diskurs unter Fachkräften und nicht zuletzt auch mit den Leistungsadressaten verbessert werden können« (Hillmeier, 2004, S. 209). Bis heute scheinen diese Diagnosetabellen über Bayern nicht hinaus verbreitet zu sein. Stattdessen entwickelt offensichtlich jedes Bundesland und sogar einzelne Landkreise einzelne diagnostische Systeme, deren Qualität sowohl aus theoretischer als auch aus methodischer Perspektive heraus teilweise mehr als fraglich erscheinen.

4.4 Orientierungshilfe

Es lassen sich drei Zugänge zur Beurteilung der elterlichen Erziehung, aber auch für andere Bereiche unterscheiden:

1. Wie erlebt und beschreibt das Kind die elterliche Erziehung?
2. Wie erleben und beschreiben die Eltern ihre eigene Erziehung?
3. Wie beurteilen Dritte die elterliche Erziehung?

Die Auswahl entsprechender Verfahren richtet sich – nachdem man sich für die jeweilige Perspektive entschieden hat – nach dem zugrundeliegenden Konzept, oder aber nach der Verfügbarkeit und Pragmatik der Verfahren. Eine Übersicht soll dies hier veranschaulichen (▶ Tab. 4.6).

Tab. 4.6: Diagnostische Verfahren der elterlichen Erziehung – geordnet nach 3 Perspektiven

Erziehung	Erziehungsstil gebundene Diagnostik	nicht an den Erziehungsstil gebundene Verfahren
Beschreibung durch das Kind	• Marburger Skalen zur Erfassung des elterlichen Erziehungsstils • Erziehungsstil-Inventar (ESI) • Familiendiagnostisches Testsystem (FDTS) • Der Zürcher Kurzfragebogen zum Erziehungsverhalten (ZKE)	• Elternbildfragebogen für Kinder und Jugendliche (EBF-KJ) • ggf. auch SKEI (Skatsche et al., 2013) • ggf. auch SURT (Hommers, 2009)
Beschreibung durch den Elternteil	• Skala zur Messung entwicklungsförderlichen Elternverhaltens (EFE) • Familiendiagnostisches Testsystem (FDTS) • Eltern-Erziehungsstil-Inventar (ESI) • Parenting Sense of Competence Scale (PASOC) • Parenting Scale (PARS) in Deutsch: • EFB Elternfragebogen • Alabama Parenting Questionaire (APQ, in Deutsch: DEAPQ-EL-GS) • Overprotection-Skala des Parental Bonding Instruments (PBI)	• Interview der elterlichen Erziehung (IDEE) • Elterninterview 0-3 (Zeanah) • ggf. auch Elternbelastungsscreening zur Kindeswohlgefährdung (EBSK) (Deegener et al. 2009[22]) unter dem Aspekt der Gefährdungseinschätzung

---

22 Die Belastungsskala enthält auch einige Items zum dysfunktionalen Erziehungsverhalten insbes. viele Drohungen, Missbilligungen und Anschreien.

Tab. 4.6: Diagnostische Verfahren der elterlichen Erziehung – geordnet nach 3 Perspektiven – Fortsetzung

Erziehung	Erziehungsstil gebundene Diagnostik	nicht an den Erziehungsstil gebundene Verfahren
Beschreibung durch Dritte		• MAS Achse V • Parental Inadequate Discipline (PID) • Skala zur globalen Erfassung des Funktionsniveaus von Beziehungen (GARF) • MAD-J Subachse II.1. • Checklisten u. Ä. insbes. nach – Ostler und Ziegenhain – Petermann – Hoghughi – Fuhrer – Wissenschaftlichem Beirat – Sozialpädag. Diagnosetabellen (Hillmeier)

Grundsätzlich sollte man sich durch das Überwiegen von Erziehungsstil gebundenen Testverfahren nicht verleiten lassen, diese systematisch zu verwenden. Die Kritik an der zugrundeliegenden Theorie kann nicht durch das Erreichen scheinbar besserer Gütekriterien ausgehebelt werden. Für gutachterliche Zwecke scheint es angemessen, sich eine Batterie von Verfahren zusammenzustellen, die eher aus der nicht Erziehungsstil gebundenen Richtung stammt. Erziehungsstil erfassende Verfahren sollten lediglich zur Absicherung der bereits erzielten Befunde oder um unangemessenes elterliches Erziehungsverhalten näher einzugrenzen, genutzt werden. Dies verbessert dann das für qualitative Forschung geforderte Kriterium der Triangularität, auf das bereits w. o. eingegangen worden ist.

5 Diagnostik von Bedingungen der elterlichen Erziehung[23]

In diesem Kapitel wird eine Auswahl diagnostischer Instrumente vorgestellt, mit denen einige der bereits erörterten und die elterliche Erziehung beeinflussenden Bedingungen diagnostiziert werden können. Mit unseren Vorstellungen wollen wir uns in diesem Kapitel recht kurz und vorsichtig verhalten, da es zu fast allen der hier aufgerufenen Themen diverse diagnostische Zugänge und Methoden gibt und die Auswahl zudem von den unterschiedlichen Fragestellungen abhängt. Bewährt hat sich, den eigenen diagnostischen Zugang in unterschiedlicher »Tiefe« zu konzipieren. Wir verstehen darunter, für die meisten Bereiche zunächst Kurzverfahren als Screening einzusetzen und dann bedarfs- und fragestellungsbezogen vertiefende und ausführlichere Instrumente einzusetzen. Bei der nun folgenden Darstellung folgen wir dieser Grundidee und orientieren uns zugleich an der im Kapitel 3 verwendeten Systematik. Ein umfassendes Interview zu verschiedenen Einflussbedingungen auf die elterliche Erziehung stellt das von David Riha und André Jacob entwickelte Interview TRIPLE E dar (elektronisches Zusatzmaterial unter https://dl.kohlhammer.de/978-3-17-033780-0).

5.1 Diagnostik familiärer Einflüsse

Eltern-Kind-Beziehung

Die Eltern-Kind-Beziehung – und dies wurde bereits weiter oben ausführlich erläutert – umfasst zahlreiche Aspekte. Daher ist es für die Diagnostikerin wichtig, eine operationalisierbare Definition des Begriffs der »Beziehung« zu verwenden. Wir orientieren uns an den Aspekten in Anlehnung an Asendorpf und Banse (2000):

1. Elternteil und Kind bilden ein stabiles Interaktionsmuster,
2. die Interaktionspartner haben ein konkretes Selbstbild, ein Bild von der Bezugsperson sowie eine Repräsentation ihres Interaktionsskriptes,
3. die Interaktionspartner bilden affektive und normative Bewertungen von sich und dem anderen,

---

23 Vielen Dank an David Riha für seine Unterstützung bei der Erarbeitung dieses Kapitels.

4. die Eltern entwickeln Vorstellungen über ihre Rolle als elterliche Erzieher und über die Rollenerwartungen, die sie an ihr Kind als die zu erziehende Person adressieren (natürlich entwickeln auch die Kinder Rollenerwartungen), sowie
5. die Zukunftsperspektiven der Eltern und der Kinder.

Die diagnostische Operationalisierung der *Interaktionsmuster* und -mechanismen erfolgt am besten durch möglichst videogestützte Interaktionsbeobachtung. Diese kann geplant oder anfallend, strukturiert oder unstrukturiert, in natürlichem oder im künstlichen Setting sowie in der Auswertung deskriptiv oder mit Hilfe von Kategoriensystemen erfolgen. Jacob (2016) stellte dafür zahlreiche Anwendungsmöglichkeiten sowie entsprechende Verfahren in einem Arbeitsbuch zusammen und veröffentlichte des Weiteren auch im Anhang zu diesem Buch einige Verfahren komplett. Aus diesem Grund muss dieses Thema hier auch nicht ausführlicher erörtert werden.

Die Erfassung der *internen Repräsentationen* von sich, dem anderen und des Interaktionsskripts wird in aller Regel durch mehr oder weniger strukturierte Interviews zu realisieren sein. Im Anhang zu diesem Buch wird hierzu ein Vorschlag gemacht, der auch weitere Aspekte der Bedingungen elterlicher Erziehung umfasst. Das Gleiche gilt auch in Bezug auf die Rollenerwartungen sowie die Zukunftsvorstellungen. Affektive Präferenzen und Bewertungen hingegen lassen sich zum einen ebenfalls über ein Interview erfragen, zum anderen jedoch kann man diese auch recht gut mittels Interaktionsbeobachtung, die möglichst videogestützt sein sollte, erfassen.

Elterliche Erziehungspartnerschaft

Die elterliche Erziehungspartnerschaft spielt eine große Rolle bei der Realisierung der elterlichen Erziehung. Die Konsistenz elterlichen Verhaltens wurde bereits weiter oben als bedeutsamer Indikator für die Funktionalität der elterlichen Erziehung dargestellt. Sie wird wesentlich beeinflusst durch elterliche Abstimmungsprozesse, die in der partnerschaftlichen Art des Miteinander-Umgehens gegründet ist. Einige Selbstbeurteilungsfragebögen werden in der folgenden Tabelle kurz vorgestellt (▶ Tab. 5.1), wobei der EEI und der Fragebogen zum Co-Parenting direkt auf die elterliche Erziehungspartnerschaft bezogen sind und damit einen herausgehobenen Stellenwert unter den hier genannten Instrumenten erhalten.

Eine sehr praktikable Kurzform des Partnerschaftsfragebogens (PFB) wurde als PFB-K entwickelt. Er besteht aus 9 Items, die mittels einer dreistufigen Skala von 0 = »nie/sehr selten« bis 3 = »sehr oft« beantwortet werden können. Dieser Bogen wurde bei Hogrefe als zusätzliche Kurzform des Fragebogens zur Partnerschaftsdiagnostik (Hahlweg, 2016) publiziert und von Kliem et al. 2014 vorgestellt. Einen direkten Bezug zur *Erziehungspartnerschaft* (Co-Parenting) weist die Zusatzskala des Erziehungsstil-Fragebogens von Satow (2013) auf. Die Skala erreicht mit ihren 7 Items einen hohen Wert in Bezug auf die Reliabilität. Am trennschärfsten unter diesen Items diskriminiert das Items: »Mein Partner/meine Partnerin und ich haben gemeinsame Vorstellungen in Sachen Kindererziehung«.

5 Diagnostik von Bedingungen der elterlichen Erziehung

Tab. 5.1: Ausgewählte Fragebögen zur Erfassung der Qualität partnerschaftlicher Beziehungen mit Bezug auf die elterliche Erziehung (nach Jacob & Wahlen 2006a, S. 154; Jacob, A. & Wahlen, K.: Das Multiaxiale Diagnosesystem Jugendhilfe (MAD-J). Mit CD-ROM. © 2006, Ernst Reinhardt Verlag München/Basel. S. 154. www.reinhardt-verlag.de)

	FBZ	PFB	GT-Paar	FPK	EEI	Co-Parenting
Bezeichnung	Fragebogen zur Beurteilung einer Zweierbeziehung	Partnerschaftsfragebogen	Paardiagnostik mit dem Gießentest	Fragebogen zur Erfassung partnerschaftlicher Kommunikationsmuster	Eltern-Erziehungsstil-Inventar (EEI)	Co-Parenting
Autor	Spanier (1976) in: Klann et al. (2003)	Hahlweg (1996) in: Klann et al. (2003)	Brähler/Brähler (1993) in: Klann et al. (2003)	Chistensen (1987) in: Klann et al. (2003)	Satow, L. (2013)	Teubert (2011)
Quelle	Klann et al. (2003): Diagnostische Verfahren für die Beratung				www.drsatow.de	Teubert (2011)
Methode	Selbstbeurteilung	Selbstbild Fremdbild	Selbstbeurteilung	Selbstbeurteilung	Selbstbeurteilung	Selbstbeurteilung
Dimensionen/ Skalen	• dyadische Übereinstimmung • Erfüllung in der Partnerschaft • Ausdruck von Gefühlen • partnerschaftlicher Zusammenhalt	• Streitverhalten • Zärtlichkeit • Gemeinsamkeit/Kommunikation	• Soziale Resonanz • Dominanz • Kontrolle • Grundstimmung • Durchlässigkeit	• gegenseitige konstruktive Kommunikation • Mann-Forderung • Frau-Rückzug • Mann-Rückzug • Frau Forderung	• Zusatzskala »Zusammenarbeit mit Partner« in Bezug auf elterliche Erziehung	• Kooperation • Konflikt • Triangulation • Elterliche Übereinstimmung

5.1 Diagnostik familiärer Einflüsse

Tab. 5.1: Ausgewählte Fragebögen zur Erfassung der Qualität partnerschaftlicher Beziehungen mit Bezug auf die elterliche Erziehung (nach Jacob & Wahlen 2006a, S. 154; Jacob, A. & Wahlen, K.: Das Multiaxiale Diagnosesystem Jugendhilfe (MAD-J). Mit CD-ROM. © 2006, Ernst Reinhardt Verlag München/Basel. S. 154. www.reinhardt-verlag.de) – Fortsetzung

	FBZ	PFB	GT-Paar	FPK	EEI	Co-Parenting
Erfassung elterlicher Funktionen	nicht explizit	nicht explizit	nicht explizit	nicht explizit	explizit	explizit
Aufwand	gering 10 Minuten	gering 10 Minuten	mittel 20–30 Minuten	gering 10 Minuten	gering (7 Items) 3 Minuten	gering
Gütekriterien	ausreichend bis gut	gut	gut	gut	gute Reliabilität:	Keine Angaben
Empfehlung für die Erziehungsdiagnostik	bedingt	bedingt	bedingt	bedingt	empfehlenswert	inhaltlich empfehlenswert

Intrafamiliäre Kommunikation und Organisation

Es gibt inzwischen eine Vielzahl diagnostischer Zugänge zur Erfassung der familiären Organisation, Struktur und Dynamik (ausführlich bei Cierpka, 2008).

Wir wollen hier lediglich Fragebogenverfahren vorstellen und verweisen zur Darstellung und Analyse anderer Verfahren z. B. auf Klann, Hahlweg und Heinrichs (2002) sowie auf Cierpka (2008). Benninghoven, Cierpka und Thomas (2008) fassen fünf theorieübergreifende Fragebogenverfahren zusammen.

Die folgende Übersicht (▶ Tab. 5.2) stellt nun aktuelle Fragebogenverfahren zur Beschreibung familiärer Interaktionen, Konflikte und deren Erleben durch die Beteiligten sowie zur Familienorganisation und zur intrafamiliären Rollenübernahme dar.

In der Praxis der Familienrechtspsychologischen Begutachtung sowie der Erziehungsberatung entstand auch eine Beurteilungsmatrix auf Grundlage des Circumplex-Modells nach Olson (z. B. 2000; ▶ Tab. 5.3). Diese dient der Fremdeinschätzung durch die Diagnostikerin. Voraussetzung dafür ist, dass sich die Diagnostikerin selbst einen möglichst mehrfachen Eindruck über die intrafamiliären kommunikativen und strukturellen Verhältnisse verschafft hat.

Insbesondere mit Hilfe der beiden Skalen »Kohäsion« und »Adaptibilität« lassen sich vier verschiedene Familientypen beschreiben. »Die Funktionalität der Familien steigt mit höheren Werten für Kohäsion und Adaptibilität« (Benninghoven et al., 2008, S. 440). Die folgende Abbildung verdeutlicht dies (▶ Abb. 5.1).

5.1 Diagnostik familiärer Einflüsse

Tab. 5.2: Ausgewählte familiendiagnostische Fragebogenverfahren

	FKS	FAD	FB	FACES III	SFI	FIT	KV-Fam	Kurzskalen EVOS	PFB-K
Titel	Family Environment Scale (Familien-Klima-Skalen)	Family Assessment Device	Familienbögen	Family Adaptability and Cohesion Scales	Self-report Family Inventory	Familien-Identifikations-Test	Konfliktverhalten in der Familie	Evaluation of Social Systems	Partnerschaftsfragebogen – Kurzform[24]
Autor/en	Moos 1981	Epstein et al. 1978	Cierpka/Frevert 1994	Olson et al. 1985	Beavers/Hampson 1990	Remschmidt/Mattejat 1999	Klemm 2008	Aguilar-Raab/Mühlhan/Schweitzer 2014	Kliem et al. 2014
Deutsche Fassung	ja Familienklima-skalen (FKS)	ja, nur zu Forschungszwecken	ja	ja, nur zu Forschungszwecken informell vorhanden	nein	ja	ja	ja	ja basiert auf der Langform des Fragebogens zur Partnerschaftsdiagnostik (FPD)
Basismodell	Familienklima Sozialpsychol. Modell	Systemmodell, McMaster-Modell	System- und Prozessmodell	Systemmodell Circumplex-Modell	Systemmodell nach Beavers	Basiert auf semantischem Differential	Konfliktlösungsmuster in Familien, nach Ressourcen	Sozialpsychol. Modell	Konstrukt der Partnerschaftszufriedenheit

24 Natürlich gibt es noch weitere Partnerschaftsfragebögen. Dieser wurde wegen seiner Kürze als Ergänzungsverfahren für umfassendere Familienbefragungen hier erwähnt.

Tab. 5.2: Ausgewählte familiendiagnostische Fragebogenverfahren – Fortsetzung

	FKS	FAD	FB	FACES III	SFI	FIT	KV-Fam	Kurzskalen	
								EVOS	PFB-K
Schwerpunkt	real, ideal, Erwartung	das Erfüllen der Familienfunktionen	das Erfüllen der Familienfunktionen	Befriedigung, Wünsche	Familienkompetenz und -stil	Erfassung der familiären Identifikationsmuster von Kindern und Erwachsenen als	und Defiziten differenziert	Veränderungsmessung	Erfassung von Paar-Kommunikationskonflikten
Dimensionen	Beziehung: Kohäsion, Offenheit, Konfliktneigung Persönlichkeitsreifung: Selbständigkeit, Leistungsorientierung, ... Systemerhaltung: Organisation, Kontrolle	Problemlösung Kommunikation Rollen Emotionalität affektive Beziehungsaufnahme Verhaltenskontrolle	Aufgabenerfüllung Rollenverhalten Kommunikation Emotionalität Affektive Beziehungsaufnahme Kontrolle Werte und Normen	Kohäsion Emotionale Bindung Familiengrenzen Zeiteinteilung Freundschaften Entscheidungsfindung Interessen Adaptibilität	Gesundheit/Kompetenz Konflikt Kohäsion Führung emotionaler Ausdruck	Ähnlichkeitserleben des Kindes in Bezug auf seine Eltern im Real- und Idealselbst	10 bipolare Skalen: Selbstsicherheit; Besorgtheit; Verbundenheit; Affektivität; Kommunikativität; Zurückhaltung; Unterstützung;	Gesamtskala »Systemqualität« mit 2 Subskalen »Beziehungsqualität« und »Wirksamkeit«	Partnerschaftszufriedenheit

5.1 Diagnostik familiärer Einflüsse

Tab. 5.2: Ausgewählte familiendiagnostische Fragebogenverfahren – Fortsetzung

	FKS	FAD	FB	FACES III	SFI	FIT	KV-Fam	Kurzskalen EVOS	PFB-K
				Kontrolle, Familienführung Disziplin Rollenaufteilung Regeln			Rollenteilung; Zufriedenheit; Körperkontakt		
klinisches Ratinginstrument	nein	ja	nein		ja	ja	nein	ja Screening	ja Screening
Anwendbarkeit	gut	sehr gut	sehr gut	gut	gut	gut	sehr gut	gut	gut (insbes. zur Identifizierung schwerer Partnerkonflikte)

Tab. 5.3: Indikatoren zur Einschätzung der familiären Struktur und Kommunikation auf der Basis des Circumplex-Modells nach Olson (2000)

Kohäsion gesamt	losgelöst	getrennt	verbunden	verstrickt
emotionale Bindung				
Familiäres Einfühlungsvermögen				
Mutter-Kind-Beziehung				
Vater-Kind-Beziehung				
intrafamiliäre Grenzen (Zeitgestaltung, physische und emot. Raumaufteilung, Entscheidungsprozesse)				
extrafamiliäre Grenzen (Freunde, Interessen, Aktivitäten)				
allgemeine Kohäsion (Zusammenhalt)				
Adaptabilität gesamt	chaotisch	flexibel	strukturiert	rigid
Familienführung (Kontrolle)				
Disziplin				
Verhandlungsstil				
Rollenverteilung				
Regeln				
allgemeine Adaptabilität				
Zusatzdimension: **Kommunikation gesamt**	-2	-1	+1	+2
Fähigkeit, zuzuhören				
Ausdrucksmöglichkeiten in Bezug auf sich selbst				
Ausdrucksmöglichkeiten in Bezug auf andere				
Bereitschaft, über sich selbst zu sprechen				
Klarheit im Ausdruck				
Kontinuität und Aufmerksamkeit				
Respekt und Einfühlungsvermögen				
allgemeine Kommunikation				

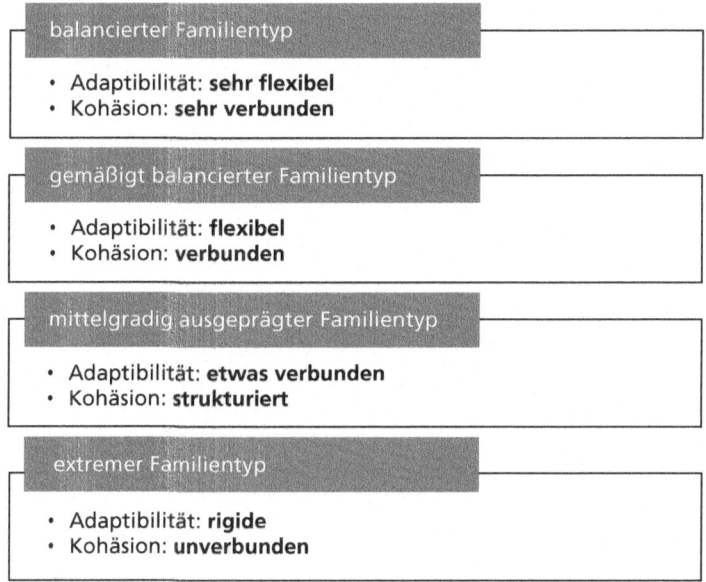

Abb. 5.1: Familientypen und Dimensionskategorien – Zuordnung nach D. H. Olson

5.2 Diagnostik der elterlichen Erziehungspersönlichkeit

Das Konzept der »elterlichen Risikopersönlichkeit«

Folgende Persönlichkeitseigenschaften der Eltern beeinflussen – wie bereits erwähnt – nach vorliegenden Forschungsbefunden deren Erziehungsverhalten: emotionale Stabilität, Extraversion, Offenheit für Erfahrung, soziale Verträglichkeit, Gewissenhaftigkeit, Kontrollüberzeugung, Selbstwertschätzung (vgl. Belsky & Barends, 2002) sowie das Hilfesuchverhalten. Wir sind allerdings der Auffassung, dass nur im Ausnahmefall eine differenzierte Persönlichkeitsdiagnostik der Eltern im Rahmen der Hilfeplanung innerhalb der Jugendhilfe und auch nur in den seltensten Fällen bei der familienrechtspsychologischen Begutachtung in Frage kommt. In diesen Fällen werden häufig gängige Persönlichkeitsfragebögen eingesetzt. Deshalb stellen wir hier auch keine entsprechenden diagnostischen Verfahren vor. Man wird sich mit einer Augenscheinbeurteilung der Persönlichkeit der Elternpersonen oder mit medizinisch-psychologischen Befunden Dritter begnügen müssen. Auffälligkeiten in diesen Dimensionen könnten zu einer *Globaleinschätzung der Risikobelastung* der elterlichen Persönlichkeit aggregiert werden (Jacob & Wahlen, 2006a).

Im Ausnahmefall werden in der familienrechtspsychologischen Praxis bspw. das Persönlichkeits-Stil- und Störungsinventar (PSSI) (Kuhl & Kazén, 1997) und das Freiburger Persönlichkeitsinventar (FPI) (Fahrenberg, Hampel & Selg, 2010) verwendet.

Die bereits im Abschnitt 3.3 vorgestellte Merkmalsliste nach Dozier et al. (2002; zit. in Helming et al., 2011) ermöglicht eine strukturierte qualitative Beschreibung von direkt die elterliche Erziehung beeinflussenden Persönlichkeitsmerkmalen und kann sowohl in der Begutachtung als auch in der Diagnostik der Jugendhilfe sehr gut angewendet werden (▶ Kap. 3.3).

Elterliche Erziehungserfahrungen

Der Fragebogen zum erinnerten elterlichen Erziehungsverhalten (FEE) (Schumacher et al., 1999; 2000) wird eingesetzt zur retrospektiven Erhebung des von den inzwischen erwachsenen Personen perzipierten Erziehungsverhaltens der Eltern während ihrer Kindheit und Jugend. Der FEE umfasst die folgenden drei faktorenanalytisch konstruierten Skalen: Ablehnung und Strafe, emotionale Wärme sowie Kontrolle und Überbehütung. Petrowski et al. publizierten (2012; 2014) eine ultrakurze Fassung des FEE mit 12 Fragen, jeweils 6 für Vater und für Mutter, die auf einer vierstufigen Antwortskala zu bewerten sind (bei Hogrefe erschienen).

Im *Adult Attachment Interview* (AAI) (vgl. im Überblick Gloger-Tippelt, 2001) werden verbale Äußerungen von Jugendlichen und Erwachsenen über bindungsrelevante Themen in der Kindheit und Jugend (die Erwachsenen sollen in diesem Interview ihre frühen Kindheitsbindungen aus der aktuellen Perspektive schildern), aufgezeichnet, kodiert und analysiert. Obwohl die untersuchten Faktoren primär die erinnerte Bindungsqualität anzielen, indizieren sie jedoch – nicht zuletzt auch mangels elaborierterer spezifischer Kategorien – erinnerte Qualitäten von elterlicher Erziehung. Im AAI wurden diese speziell als Skalen der Kindheitserfahrungen konzipiert und umfassen: Liebe, Zurückweisung, Rollenumkehr, Leistungsdruck und schließlich Vernachlässigung.

Eine Synopse beider Systeme ergäbe, dass die in der Tabelle 5.4 dargestellten Kriterien bei der Erfassung erinnerter elterlicher Erziehung von Bedeutung erscheinen (▶ Tab. 5.4).

Diese Kriterien können sich in der Erinnerung auch durchaus überschneiden, sind also keineswegs stets unabhängige Faktoren. Zusätzlich werden Idealisierung, Ärger und Abwertung als Kriterien für den mentalen Verarbeitungszustand in Bezug auf die erinnerten Bindungspersonen erfasst.

Weitere qualitative Beschreibungsdimensionen liefern Zeanah und Benoit (1995) im Zusammenhang mit der qualitativen Auswertung eines Elterninterviews, die ebenfalls in der Matrix signiert werden können.

Entwicklungs- und Erziehungsziele sowie Erziehungseinstellung

Dettenborn und Walter (2015) fokussieren auf drei Gruppen von elterlichen Erziehungszielen:

5.2 Diagnostik der elterlichen Erziehungspersönlichkeit

Tab. 5.4: Matrix zur Erfassung und Bewertung der erinnerten elterlichen Erziehungserfahrungen

Kriterien ⇓	Wert ohne Berichtsqualität	Erinnerungs- und Berichtsqualität ⇓						
		Mentaler Verarbeitungszustand			Qualität der Erzählung			
		Idealisierung	Ärger	Abwertung	Detailreichtum	Flexibilität + Offenheit	Intensität	Kohärenz
	0 2	0 2	0 2	0 2	0 2	0 2	0 2	0 2
	nicht ... mittel ... stark	nicht ... mittel ... stark	nicht ... mittel ... stark	nicht ... mittel ... stark	nicht ... mittel ... stark	nicht ... mittel ... stark	nicht ... mittel ... stark	nicht ... mittel ... stark
Liebe (emotionale Wärme)								
Rollenumkehr								
Zurückweisung (durch Ablehnung und/oder Strafe)								
Leistungsdruck und Kontrolle								
Vernachlässigung								
Überbehütung								

- »*Individualität*: Selbstvertrauen, Selbstbewusstsein, Persönlichkeitsentfaltung, Durchsetzungskraft, Willensstärke, Mut, Entscheidungsfreude
- *Bildung*: Wissensdurst, Weltläufigkeit, Neues kennenlernen
- *Emotionalität*: Gefühle zeigen« (S. 123).

Demgegenüber träten andere Ziele eher in den Hintergrund wie bspw. Norm-Orientierung, soziale Konformität, religiöse Orientierung und Geschlechtsrollenorientierung.

Jacob (2016) konzipierte, wie bereits w. o. erwähnt, vier Entwicklungsziele. Diese lassen sich wie folgt differenzieren:

1. Wohlergehen:
    - Kind soll sich als physisch und psychisch gesund erleben,
    - Kind soll mit sich im Einklang stehen,
    - Kind soll eine positive, d. h. von sich selbst überzeugte Wirksamkeitserwartung entwickeln,
    - Kind soll – verbunden mit einer in sich stimmigen Identität aus der Erfahrung etwas »geworden« zu sein – eine Bestimmung in der Zukunft zu haben
    - und im Hier und Jetzt selbstbewusst agieren können.
2. *Handlungsfähigkeit und Performanz:* Primär umfasst dieses Entwicklungsziel die Entwicklung von Autonomie und von eigenverantwortlicher Lebensführung und kann wie folgt umgesetzt werden:
    - das Kind erlebt sich angeregt und unterstützt,
    - lernt seine Begabungen und Interessen kennen,
    - darf diese entfalten, erproben, einsetzen und evaluieren,
    - Heranbildung von begabungsfördernden Begleitfähigkeiten (z. B. Anstrengungsbereitschaft, Konzentration, Übung).
3. *Liebes- und Beziehungsfähigkeit*: umfasst die für das Zusammenleben wichtige Gemeinschaftorientierung des Kindes, d. h.
    - »die Etablierung zufrieden stellender zwischenmenschlicher Beziehung,
    - die Anerkennung der Bedürfnisse anderer,
    - die Übernahme von Verpflichtungen im Dienste der Gemeinschaft,
    - die Kooperation bei gemeinsamen und Konfliktfähigkeit bei divergierenden Interessen« (wissenschaftlicher Beirat für Familienfragen 2005, S. 47).
    - die Liebesfähigkeit und Freude am Lustvollen, Genießen,
    - Mitfühlen und Ertragen und Regulieren verschiedener anderer Emotionen,
    - Ertragen und Reflektieren von Ambivalenzen (emotional, kognitiv, zielbezogen).
4. *(Mit)gestaltung(swille)*: die Motivation, für die drei vorausgegangenen Entwicklungsziele auch handeln zu wollen und handeln zu können.
    - die Entwicklung von Wertmaßstäben,
    - die Fähigkeit, diese Wertmaßstäbe reflektieren und beurteilen zu können,
    - die Kompetenzen, entsprechend handeln zu können und zu wollen,
    - die Kompetenz, andere Unterstützung und Hilfe mobilisieren aber auch akzeptieren zu können.

Da es dafür weder eine theoretische Basierung noch eine testdiagnostische Operationalisierung gibt, wäre die dafür erforderliche diagnostische Methode der Wahl sicherlich das Interview.

In dieses Interview sollten auch die *Einstellungen* einbezogen sein, die Eltern motivieren, diese Ziele anzustreben. Im Wesentlichen handelt es sich dabei um die folgenden Einstellungen und deren Facetten:

1. Einstellung zur Person des Kindes
   - Interesse am Kind,
   - Akzeptanz und Wertschätzung (insbes. von Individualität),
   - Angebot von Trost und Schutz,
   - Verständnisbereitschaft.
2. Einstellung zur Förderung und Unterstützung des Kindes
   - Erzieherisches Engagement,
   - Aktivierung von Hilfen,
   - Bildungsengagement.
3. Einstellung zur eigenen Affektivität und zu der des Kindes
   - Wohlbefinden,
   - Affekte zeigen, spiegeln, regulieren, reflektieren,
   - Akzeptanz von Lust und Genuss.
4. Einstellung zur Bezogenheit, zur Gemeinschaftsorientierung
   - Empathie entwickeln,
   - Hilfesuchverhalten,
   - Inanspruchnahme von Hilfe und Unterstützung.
5. Einstellungen zum eigenen Erziehungshandeln
   - Kongruenz in Wort und Handeln,
   - Wirksamkeitsüberzeugung,
   - Einstellung zu Behüten, Erlauben (Permissivität), Belohnen und Strafintensität.

5.3 Diagnostik bedeutsamer Entwicklungsbereiche des Kindes

Strukturvorschlag zur Beschreibung relevanter Personmerkmale des Kindes

Die Diagnostik der kindlichen Entwicklungsbereiche kann natürlich in Abhängigkeit von der Fragestellung, vom eigenen fachlichen Schwerpunkt und vom Auftrag ausgewählt werden und ist in zahlreichen anderen Publikationen auch ausführlich behandelt und dargestellt worden (vgl. bspw. Esser & Petermann, 2010; Irblich & Renner, 2009). Als Anregung sollen an dieser Stelle lediglich zwei Vorschläge – je einer für das jüngere und einer für das ältere Kindesalter – vorgestellt werden.

a) Psychopathologischer Befund im Kleinkindalter (▶ Tab. 5.5)

Tab. 5.5: Psychopathologisches Befundschema für Kleinkinder; in Anlehnung an »Infant and Toddler Mental Status Exam« ITMSE) (nach Wiefel, A. et al. [2007]. Diagnostik und Klassifikation von Verhaltensauffälligkeiten bei Säuglingen und Kleinkindern. Praxis der Kinderpsychiatrie und Kinderpsychologie, 56, S. 64. Vandenhoeck & Ruprecht).

1. Auftreten, äußerer Eindruck
2. Reaktion und Adaptation auf Untersuchungssituation
3. Selbstregulation

   Wachheit

   Responsivität

   Ungewöhnliches, altersinadäquates Verhalten

   Aktivitätslevel

   Aufmerksamkeitsspanne

   Frustrationstoleranz
4. Motorik
5. Sprechen und Sprache

   Produktivität) (Quantität, Qualität, Rhythmus, Volumen)

   Rezeption

   Expression
6. Denken

   Angstinhalte

   Träume und Albträume

   Dissoziative Phänomene
7. Stimmung und Affekt

   Ausdruck: mimisch, verbal, Körpertonus, Haltung und Position im Raum)

   Spannweite des emotionalen Ausdrucks

   Responsivität

   Dauer affektiver Episoden

   Intensität des emotionalen Ausdrucks

Tab. 5.5: Psychopathologisches Befundschema für Kleinkinder; in Anlehnung an »Infant and Toddler Mental Status Exam« ITMSE) (nach Wiefel, A. et al. [2007]. Diagnostik und Klassifikation von Verhaltensauffälligkeiten bei Säuglingen und Kleinkindern. Praxis der Kinderpsychiatrie und Kinderpsychologie, 56, S. 64. Vandenhoeck & Ruprecht). – Fortsetzung

8. Spielverhalten
Inhalte
Struktur
9. Kognitiver Entwicklungsstand
10. Beziehungsqualität
zu den Eltern
zum Untersucher
Bindungsverhalten

b) Psychopathologischer Befund im Kindes- und Jugendalter

Einem Vorschlag von Stefan Schmidtchen (1999) folgend, der therapeutische Ziele entlang von neun Entwicklungsbereichen der kindlichen Person systematisierte, entwickelten wir die Kinderpsychologischen Kriterien zur Beschreibung eines Kindes, die im Anhang abgebildet sind. An dieser Stelle soll lediglich die ursprüngliche Fassung nach Schmidtchen (1999; 2001) zur Orientierung der Leserin vorgestellt werden (▶ Tab. 5.6).

Tab. 5.6: Entwicklungsbereiche des Kindes nach Schmidtchen (1999)

	Bemerkungen
1. Wahrnehmungsbereich	
• Differenzierung der Wahrnehmung	
• Wahrnehmungstiefe	
• Symbolisierung auf analoger und digitaler Ebene	
• verbale Wahrnehmungsmitteilungen	
• Wahrnehmungsstörungen	
2. Emotionsbereich	
• Tiefe und Differenzierung des Erlebens angenehmer und unangenehmer Gefühle	
• Tiefe und Differenzierung des Erlebens unangenehmer Gefühle	
• Tiefe und Differenzierung des Erlebens der generellen Stimmung	

Tab. 5.6: Entwicklungsbereiche des Kindes nach Schmidtchen (1999) – Fortsetzung

	Bemerkungen
• Bewältigung von belastenden Erfahrungen durch ein kathartisches Erleben von Ärger (Wut), Angst und Trauer	
• emotionale Labilität und depressive Verstimmtheit	

3. Körpererleben

- Körpersensibilität
- Achtsamkeit auf den Körper
- Freude am körperlichen Funktionieren
- Lustbetontes Körpererleben
- Spannungen

4. Phantasiebereich

- Intensive Nutzung des Spielverhaltens zur Inszenierung wichtiger Erfahrungsthemen
- Verbesserte Fähigkeit zur Gestaltung von Entwicklungsvisionen
- Zunahme von Originalität und Kreativität

5. Kognitionsbereich

- Denk- und Problemlösefähigkeit, Kreativität
- unzweckmäßige und zweckmäßige Problemlöseverhalten
- Testintelligenz
- schulische Leistungsfähigkeit
- Reflexion kognitiv-emotionaler Prozesse

6. Wirksamkeits- und Identitätsbereich

- Ich-Wirksamkeit
- Auseinandersetzung mit unterschiedlichen Selbstkonzeptannahmen durch eine erhöhte Selbstexploration
- Ertragen von Selbstkonzept-Ambivalenzen
- Integration von isolierten Selbstkonzepten
- Differenzierung zwischen realistischen und fiktiven Selbst- und Weltkonzepten
- belastendeSelbstkonzepte
- Selbstverwirklichungskompetenzen

5.3 Diagnostik bedeutsamer Entwicklungsbereiche des Kindes

Tab. 5.6: Entwicklungsbereiche des Kindes nach Schmidtchen (1999) – Fortsetzung

	Bemerkungen
7. Bewertungs- und Evaluationsbereich	
• intrinsische Bewertungen	
• Akzeptanz von Werturteilen anderer	
• Diskriminierung zwischen eigenen und externen Bewertungen	
• Orientierung seines Verhaltens an eigenen Wertkonzepten	
• Verhaltensstörungen des Lügens, Betrügens, Übervorteilens, Stehlens	
8. Bindungs- und Sozialbereich	
• Bindungssicherheit	
• Akzeptanz durch andere	
• Selbstsicherheit	
• Interesse für andere	
• aktives Kontaktverhalten zu anderen	
• Herstellung sozialer Nähe zu anderen	
• Verbalisierung der eigenen Aktivitäten	
• schulisches Sozialverhalten	
• Nutzung von Spielen mit sozialer Thematik	
• soziale Verhaltensstörungen	
9. Abwehrverhaltensbereich	
• Häufigkeiten von benutzten Abwehrmechanismen z. B. der Verleugnung, Projektion, Umkehrung ins Gegenteil, Identifikation mit dem Angreifer etc.	
• Ertragen von mit dem Selbstkonzept inkompatiblen Erfahrungen	
• abwertende Kommunikationsmustern wie: egozentrisches Machtverhalten, Provozieren eines Streit- oder Anklageverhaltens, Abstreiten der Verantwortung etc.	

Der Vorteil solcherart Gliederung besteht darin, systematisch die erforderliche Diagnostik auszuwählen und zugleich auch zu entscheiden, welche der Bereiche möglicherweise auch keiner Diagnostik bedarf.

Erziehungserfahrungen des Kindes

Die zur Erfassung der kindlichen Erfahrungen mit dem erlebten elterlichen Erziehungsverhalten verwendeten Diagnostiken für Eltern wurden bereits im Kapitel 4 vorgestellt (▶ Kap. 4). Daher seien sie hier nur der Vollständigkeit halber und unter dem Aspekt der Verfügbarkeit und Pragmatik die bekanntesten Fragebögen aufgelistet (▶ Tab. 5.7).

Tab. 5.7: Diagnostik der Erfahrungen des Kindes mit seiner elterlichen Erziehung

Verfahren	Quelle	Theoretischer Hintergrund	Skalen/ Kriterien/ Faktoren	Alter
Erziehungsstil-Inventar ESI	Krohne, H. W. & Pulsack, A. (1995): Das Erziehungsstil-Inventar. 2. Aufl. Göttingen, Hogrefe	• Erfassung des Erziehungsstils der Eltern • Selbstbericht des Kindes	• Unterstützung • Einschränkung • Lob • Tadel • Inkonsistenz	10–14
Der Zürcher Kurzfragebogen zum Erziehungsverhalten ZKE	Reitzle, M.; Winkler, Metzke, C. & Steinhausen, H.-C. (2001): Eltern und Kinder: Der Zürcher Kurzfragebogen zum Erziehungsverhalten (ZKE). Diagnostica, 10/2001. Vol. 47; No. 4; 196–207 (mit vollständigem Abdruck aller Items)	• Erfassung des Erziehungsstils der Eltern • Selbstbericht des Kindes	• Wärme/Unterstützung • Psychologischer Druck • Regeln/Kontrolle	11–17
Elternbildfragebogen für Kinder und Jugendliche EBF-KJ	Tietze, K. & Lehmkuhl, U. (2010): EBF-KJ. Elternbildfragebogen für Kinder- und Jugendliche. Göttingen: Hogrefe	• Selbstbericht des Kindes • Konstruktion basierend auf theoretischen Annahmen eines »kumulativen Stressrisikos«	• Kohäsion mit den Eltern • Identifikation mit den Eltern • erlebte Autonomie • Konflikte mit den Eltern • unangemessene Bestrafung • erlebte Ablehnung oder Gleichgültigkeit der Eltern • emotionale Vereinnahmung • Überprotektion durch die Eltern • Diskrepanz zwischen den Elternrepräsentationen	10–20

Zusätzlich werden gern die – leider nicht standardisierten – sogenannten »Parent Report Cards« (Berg-Cross, 2000) verwendet. Methode der Wahl dürfte inzwischen jedoch aktuell der gut normierte Elternbildfragebogen für Kinder und Jugendliche EBF-KJ in der zweiten überarbeiteten Fassung sein. In dieser Version werden insgesamt 9 Skalen in drei Ressourcenskalen (Kohäsion, Identifikation, Autonomie), fünf Belastungsskalen (Konflikte, Bestrafung, Ablehnung, Ängste/Überprotektion) und eine Zusatzskala (Hilfe) gegliedert.

Da diese Fragebögen sich frühestens für Kinder ab 10 Jahren verwenden lassen, muss man nach Alternativen für jüngere Kinder suchen, auch wenn diese nicht so gut standardisiert sein können. Hierfür ließe sich bspw. die qualitative Auswertung des Untertests »nicht projektive Eltern-Wahrnehmungsunterschiede« (EWU) der »Sorge- und Umgangsrechtliche Testbatterie« (SURT) (Hommers, 2009) nutzen[25]. Die SURT wurde primär entwickelt, um kindliche Präferenzen eines Elternteils zu erfassen. Allerdings werden diese durch die konkrete Itemauswahl insbes. im Untertest EWU so operationalisiert, dass sie eine Reihe von Hinweisen auf Einschätzungen des Kindes in Bezug auf das elterliche Erziehungshandeln – und zwar gleichberechtigt für jedes Elternteil – gestattet. Man sollte sich jedoch davor hüten, diese Items für diesen mit der Testkonstruktion nicht abgesicherten Zweck ausschließlich quantitativ zu bewerten, da deren Selektion und Normierung vorwiegend unter dem Aspekt der Präferenzbestimmung erfolgte. Allerdings kann man sie auch wie ein Interview verstehen und dann die Fragen verschiedenen Facetten des elterlichen Erziehungsverhaltens zuordnen. Die folgende Übersicht bietet Vorschläge zur Zuordnung der Items aus der SURT zu Facetten der elterlichen Erziehung nach dem Komponentenmodell von Jacob und Wahlen (2006a; ▶ Tab. 5.8).

Tab. 5.8: Items aus der SURT (Untertest EWU) und ihre Zuordnung zu Facetten der elterlichen Erziehung

Facette nach MAD-J	Mutter Item Nr.		Vater Item-Nr.	
	Item-Nr.		Item-Nr.	
	Wert 1–7 einfügen	∑	Wert 1–7 einfügen	∑
Pflege und Versorgung	-		-	
Strukturgebung	-		-	

---

25 Das »Strukturierte Interview zur Erfassung der Kind-Eltern-Interaktion (SKEI)« (Skatsche, 2013) scheint dagegen weniger sinnvoll zur qualitativen Erfassung der Erziehungserfahrungen des Kindes zu sein, weil es bei jedem Item Antwortpräferenzen erzwingt.

Tab. 5.8: Items aus der SURT (Untertest EWU) und ihre Zuordnung zu Facetten der elterlichen Erziehung – Fortsetzung

Facette nach MAD-J	Mutter Item Nr. Item-Nr. Wert 1–7 einfügen					$\sum$	Vater Item-Nr. Item-Nr. Wert 1–7 einfügen					$\sum$
Sicherheit und Vertrauen vermitteln	5	7	13	19	21	☐	2	8	10	16	18	☐
Orientierung geben, d. h. biografische Aufklärung und Normen zu vermitteln	9					☐	20					☐
Anregung/Stimulation vermitteln	1	15				☐	4	12				☐
Sensitivität und Kontingenz für Belastungssignale des Kindes	3	9	15	19		☐	4	8	14	20		☐
Sensitivität und Kontingenz für positive Signale des Kindes	3	11	19			☐	8	14	22			☐
Umgang mit Konflikten	13					☐	2					☐
Affektmuster der Wärme (Vertrauen) vs. Kälte	7	11	21			☐	10	18	22			☐
Leichtigkeit, Genuss, Humor vs. Angst, Dysphorie, Ärger	17					☐	6					☐
Interesse und Neugier vs. Desinteresse	3	19				☐	8	14				☐

5.3 Diagnostik bedeutsamer Entwicklungsbereiche des Kindes

Lebensqualität des Kindes

Die Lebensqualität wird von verschiedenen Dimensionen bestimmt, deren subjektive Gewichtung sehr unterschiedlich ist. Der eine verleiht der körperlichen Leistungsfähigkeit mehr Bedeutung während der andere sein soziales Umfeld höher einstuft. Objektiv erfassbare Messwerte zur Lebensqualität wie zum Beispiel die körperliche Leistungsfähigkeit, das soziale Umfeld, die finanzielle Situation oder die kognitive Leistungsfähigkeit bleiben immer nur Determinanten für die Lebensqualität und dürfen nie mit der eigentlichen (subjektiv-bewerteten) Lebensqualität verwechselt werden. Die Lebensqualität ist zudem von den individuellen Erwartungen abhängig, so dass sich die Lebensqualität aus der Deckung oder Diskrepanz von Erwartungen und Erfahrungen ergibt.

Diese Erfahrungen von Teilhabe thematisieren bspw. zwei Fragebögen, nämlich das »Inventar zur Erfassung der Lebensqualität bei Kindern und Jugendliche« (ILK) (Mattejat & Remschmidt, 2006) sowie die »Aussagen-Liste zum Selbstwertgefühl für Kinder und Jugendliche« (ALS) (Schauder, 2011).

1. Das Inventar zur Erfassung der Lebensqualität bei Kindern und Jugendliche (ILK) wird bei Kindern und Jugendlichen im Alter von 6 bis 18 Jahren eingesetzt und ist ein ökonomisch einsetzbares Screening-Instrument zur Erfassung der Lebensqualität bei gesunden und nicht gesunden Kindern und Jugendlichen. Es erfasst Informationen vom Kind selbst und dessen Eltern. Die Lebensqualität wird in verschiedene Bereiche gegliedert, die im ILK getrennt erfasst werden: (1) Schule, (2) Familie, (3) soziale Kontakte zu Gleichaltrigen, (4) Interessen und Freizeitgestaltung. Hinzu kommen die beiden gesundheitsbezogenen Bereiche: (5) körperliche Gesundheit und (6) psychische Gesundheit. Neben den Einzelbereichen wird auch eine (7) Gesamtbeurteilung der Lebensqualität erhoben.
2. Die »Aussagen-Liste zum Selbstwertgefühl für Kinder und Jugendliche« (ALS) dient der differenzierten Erfassung des Selbstwertgefühls von Kindern und Jugendlichen im Alter von 8;0 bis 15;11 Jahren. Durch die Methode der Selbstverbalisation können Art (Qualität) und Ausmaß (Quantität) des Selbstwertgefühls in Abhängigkeit von verschiedenen Lebens- und Verhaltensbereichen (Schule, Freizeit, Familie, Heimgruppe) bestimmt werden. Die Items sind für die Verhaltensbereiche Schule, Freizeit, Familie und Heim jeweils inhaltlich gleich formuliert und werden nebeneinander dargeboten. Es liegen alters- und geschlechtsabhängige Prozentrang-Normen vor.
3. Verwendung könnte auch die Fragebogenbatterie der KINDL® (Ravens-Sieberer & Bullinger, 2000) finden. Bei dem KINDL®-Fragebogen handelt es sich um ein deutschsprachiges Instrument zur Erfassung der gesundheitsbezogenen Lebensqualität bei Kinder und Jugendlichen, das für epidemiologische, klinische und rehabilitationswissenschaftliche Zwecke verwendet worden ist. Es liegt in drei verschiedenen Versionen für unterschiedliche Altersgruppen vor, von denen der Kid-KINDL-R (8–12) und der Kiddo-KINDL-R (13–16) angewandt wurden. 6- bis 7-Jährige beantworten Kid-KINDL-R, teilweise mit Hilfe beim Lesen, während die 13- bis 16-Jährigen den Kiddo-KINDL-R bekamen. Der Fragebogen setzt sich aus 24 Items zusammen, die sechs Dimensionen zuge-

ordnet sind: körperliches Wohlbefinden, psychisches Wohlbefinden, Selbstwert, Familie, Freunde, Schule (Funktionsfähigkeit im Alltag), welche jeweils aus 4 Fragen bestehen. Die Subskalen können zu einem Total-Score zusammengefasst werden. Analysen zur Akzeptanz des Fragebogens, seiner psychometrischen Qualität und seiner Validität weisen das Instrument als brauchbar (auch für den Einsatz von bevölkerungsbezogenen Surveys, wofür er ursprünglich auch entwickelt worden ist) aus.

5.4 Diagnostik der familiären Lebenslage

Diagnostik biografischer Übergänge und kritischer Lebensereignisse

Eine Übersicht zur Erfassung transitiver Phasen und kritischer Lebensereignisse und deren Bewertung hinsichtlich ihrer Belastungshaftigkeit entweder für ein einzelnes Familienmitglied oder für die gesamte Familie umfasst die folgende Tabelle (▶ Tab. 5.9). Der theoretische Hintergrund wurde ausführlich im Kapitel 3 dargestellt.

Tab. 5.9: Biografische Übergänge, kritische Lebensereignisse und deren Belastungserleben

Transition	Status			Belastungserleben				besonders betroffen	
				nicht belastend	↔		stark belastend		
	abgeschlossen	anhaltend	akut	1	2	3	4	Kind	andere
aktueller Übergang in die Erstelternschaft									
aktueller Übergang in die Mehrkindfamilie									
Trennung der Familie									
Migration/Entwurzelung									
Tod und Verlust									
Geburt eines behinderten Kindes									

Tab. 5.9: Biografische Übergänge, kritische Lebensereignisse und deren Belastungserleben – Fortsetzung

Transition	Status			Belastungserleben				besonders betroffen	
				nicht belastend	↔		stark belastend		
	abgeschlossen	anhaltend	akut	1	2	3	4	Kind	andere
Kritisches Lebensereignis									
Abtreibung/ungewollte Schwangerschaft									
Arbeitslosigkeit der Eltern									
Abwesenheit eines Elternteil									
Geburt eines behinderten Kindes bzw. Feststellung von Behinderung									
Kündigung von Betreuungsverhältnissen									
Berufswechsel der Eltern									
Coming out eines Elternteiles									
Sucht/Drogen									
Geburt eines Kindes									
Körperliche Gewalt in der Familie									
schwere/lang andauernde Krankheit in der Familie									
chronische Erziehungsspannungen z. B. bei bikulturellem Hintergrund									
Psychiatrische Störung einer Bezugsperson									

Tab. 5.9: Biografische Übergänge, kritische Lebensereignisse und deren Belastungserleben – Fortsetzung

Transition	Status			Belastungserleben				besonders betroffen	
				nicht belastend	↔		stark belastend		
	abgeschlossen	anhaltend	akut	1	2	3	4	Kind	andere
Schul-/Ausbildungsabbruch									
Schul-, Kita-, Klassenwechsel									
sexueller Missbrauch									
neuer Stiefelternteil									
Straftat und/oder Haft									
Verschuldung, chronische Armut									
Tod/Verlust									
Trennung/Scheidung									
Unfall/Unglück									
Nachwendebelastungen									
Wohnungswechsel									
Arbeits-, Berufsbelastung									
Weiteres									

Eine ausführliche Auswahl an möglichen transitiven Phasen oder kritischen Lebensereignissen findet sich bei Jacob und Wahlen (2006a: CD-ROM sowie 2006b), Katschnig und Nouzak (1999), Filipp (1995) sowie Filipp und Aymanns (2009).

Diagnostik materieller und ökologischer Bedingungen

Materielle, ökologische und zeitliche Bedingungen können quantitativ (Defizit oder Exzess), qualitativ (dem Kind angemessen oder unangemessen) sowie in ihrer Kontinuität bewertet werden. In jedem dieser drei Kriterien lassen sich abgestufte Wertungen von adäquat (= A), imbalanciert (= B), beeinträchtigend (= C) oder gar Entwicklung störend (= D) vornehmen.

5.4 Diagnostik der familiären Lebenslage

Die folgende Tabelle greift dies systematisch auf (▶ Tab. 5.10).

Tab. 5.10: Kriterien materieller, ökologischer und zeitlicher Ressourcen und Risiken (nach Patry & Perrez, 2003)

Bereiche	Quantität	Angemessenheit	Kontinuität
	A–D[26]	A–D	A–D
Wohnung und Ausstattung			
Größe			
Wohnlage (entlegen, Erreichbarkeit)			
Umzüge			
Kindgerechte Ausstattung			
Anregendes Material			
Reizüberflutung vs. Reizarmut in Bezug auf Spielzeug, Fernsehen, Computer, Medien			
Zugang zu gefährlichen Gegenständen (Messer, Medikament; Drogen)			
Verluste von bedeutendem Spielzeug			
Weiteres			
Lebenslage			
Armut, finanzielle Belastung durch Kinder			
Verlust oder deutliche Einbuße der materiellen Ressourcen z. B. durch Arbeitslosigkeit (ca. 40 % gegenüber Referenz)			
Wechsel der Einkommenssituation			
Teilhabe an außerfamiliären Aktivitäten			
Weiteres			

---

26 Unser Verständnis von Störungen orientiert sich an der im englischsprachigen Raum gebräuchlichen Unterscheidung von »pertuberances« (B = Imbalance), »disturbances« (C = Beeinträchtigung) und »disorders« (D = Störung), die im Schweregrad aufsteigend alle maladaptiv sind. »Störungen« setzen wir gleich mit den (schweren) »disorders«. Stufe »A« entspricht der funktionalen oder adaptiven Ausprägung.

Tab. 5.10: Kriterien materieller, ökologischer und zeitlicher Ressourcen und Risiken (nach Patry & Perrez, 2003) – Fortsetzung

Bereiche	Quantität A–D	Angemessenheit A–D	Kontinuität A–D
Zeit			
Zeit für das Kind generell			
Zeit für Förderung			
Zeit für bindungssensible Aktivität			
Zeit für Versorgung und Pflege			
Zeit für gemeinsame familiäre Aktivitäten			
Weiteres			

Diagnostik der sozialen Unterstützungssysteme

Ebenso kann bei der Erfassung der Netzwerke sozialer Unterstützung vorgegangen werden. Die folgende Übersicht, deren Inhalt auf Keupp (1999, S. 701) basiert, bietet dabei Hilfe (▶ Tab. 5.11, ▶ Soziale Netzwerke in der Familie).

Die Oslo Social Support Scale (OSSS) (Kocalevent & Brähler, 2014, S. 216 f.) ist als Gesundheitssurveyinstrument publiziert worden. Erwachsene sowie Kinder und Jugendliche aus der Allgemeinbevölkerung sowie aus klinischen Stichproben bildeten bisher die Zielgruppen. »Die OSSS kann zur Quantifizierung von wahrgenommener sozialer Unterstützung eingesetzt werden. Sie wird traditionell als Paperpencil-Verfahren vorgegeben. Sie besteht aus drei Items. Die Auswertung erfolgt über die Bildung eines Summenscores, der Werte zwischen 3 und 14 annehmen kann. Inzwischen wurden auch Cut-Off-Werte gebildet« (ebd., S. 217). Die folgende Tabelle verdeutlicht dies (▶ Tab. 5.12).

Mit Hilfe dieser beiden Beurteilungsinstrumente lässt sich auf relativ knappe Weise die soziale Einbettung sowie die erlebte Unterstützung aus den verschiedenen sozialen Netzwerken beschreiben. Natürlich ersetzt dies keine tiefere Exploration, erweist sich jedoch als Screening bereits gut geeignet.

Einen ausführlicheren Fragebogen, nämlich den »Fragebogen zur Sozialen Unterstützung« mit insgesamt 54 Items, der sich auf die wahrgenommene Unterstützung und soziale Integration bezieht, legten Fydrich, Sommer und Brähler (2007) vor. Dieser erschien inzwischen auch in zwei Kurzformen (F-SozU-K-22 und F-SozU-K-14).

5.4 Diagnostik der familiären Lebenslage

Tab. 5.11: Netzwerke der sozialen Unterstützung

Netzwerke der sozialen Unterstützung	Quantität A–D[27]	Angemessenheit A–D	Kontinuität A–D
Netzwerke der affektiven Unterstützung (Netz enger Bezugspersonen)			
Netzwerke der instrumentellen Unterstützung (praktische Hilfe gebend)			
Netzwerke der kognitiven Unterstützung (Informationen liefernde Personen oder Institutionen			
Netzwerke zur Aufrechterhaltung der sozialen Identität (Arbeit, Vereine, ...)			
Netzwerke zur Vermittlung sozialer Kontakte und Hilfen			
Weitere			

Tab. 5.12: Oslo Social Support Scale (OSSS) nebst Auswertung

Fragen	1	2	3	4	5
Wie viele Menschen stehen Ihnen so nahe, dass Sie sich auf sie verlassen können, wenn Sie ernsthafte persönliche Probleme haben?	niemand ☐	1–2 Personen ☐	3–5 Personen ☐	mehr als 5 Personen ☐	
Wieviel Interesse zeigen andere Menschen für Sie und für das, was Sie tun?	kein Interesse ☐	ein wenig Interesse ☐	weiß nicht ☐	einiges Interesse ☐	viel Interesse ☐

---

[27] Unser Verständnis von Störungen orientiert sich an der im englischsprachigen Raum gebräuchlichen Unterscheidung von »pertuberances« (B = Imbalance), »disturbances« (C = Beeinträchtigung) und »disorders« (D = Störung), die im Schweregrad aufsteigend alle maladaptiv sind. »Störungen« setzen wir gleich mit den (schweren) »disorders«. Stufe »A« entspricht der funktionalen oder adaptiven Ausprägung.

Tab. 5.12: Oslo Social Support Scale (OSSS) nebst Auswertung – Fortsetzung

Fragen	1	2	3	4	5
Wie einfach ist es, von Ihren Nachbarn praktische Hilfe zu bekommen, wenn Sie diese brauchen?	sehr schwierig	schwierig	möglich	einfach	sehr einfach
	☐	☐	☐	☐	☐
Auswertung	**Summe:**	**Interpretation:**	3–8	9–11	12–14
			Wahrgenommene soziale Unterstützung		
			gering ☐	moderat ☐	hoch ☐

6 Beispielpfad zur Befunderstellung zur elterlichen Erziehung und deren Bedingungen

In diesem Kapitel wollen wir beispielhaft zeigen, wie ein bifokaler Befund zur Erfassung und Beschreibung der elterlichen Erziehung sowie der wichtigsten diese Erziehung beeinflussenden Bedingungen strukturiert sein könnte und welche diagnostischen Ergebnisse dort hineinfließen könnten. Dies sollte die Leserin jedoch nicht als eine unumstößliche Vorgabe zur Kenntnis nehmen, sondern eher als Anregung zum und zur Auseinandersetzung mit dem eigenen Tun verstehen. Die theoretische Grundlage bildet in diesem Fall das Vier-Komponenten-Modell sowie das MAD-J (nach Jacob & Wahlen, 2006).

Fokus I: Facetten der elterlichen Erziehung

Bewertung der erziehungsrelevanten Komponenten nach dem MAD-J (Jacob und Wahlen 2006, ergänzt 2017)

Vermutet die Diagnostikerin ausgeprägt dysfunktionale Erziehungspraktiken, sollten diese separat noch einmal zusätzlich mit Angabe der Urteilsquelle aufgeführt und beschrieben werden. Ferner ist es möglich, spezifische vertiefende Diagnostik, wie bspw. den Fragebogen zum verwöhnenden Verhalten (Parker et al., 1979; in Deutsch: Böhm, 2004), einzusetzen.

6 Beispielpfad zur Befunderstellung zur elterlichen Erziehung und deren Bedingungen

Bereich	Quantität A-D	Angemessenheit A-D	Konstistenz A-D	Promptheit A-D	Kontinuität A-D
elterliche Verhaltenssysteme					
Pflege und Versorgung					
Strukturgebung					
Sicherheit vermitteln					
Orientierung vermitteln					
Anregung/Stimulation vermitteln					
Interaktionsmechanismen					
Interaktionsmuster der ungeteilten Aufmerksamkeit					
Interaktionsmuster der geteilten Aufmerksamkeit					
Sensitivität für Belastungssignale des Kindes					
Sensitivität für positive Signale des Kindes					
Kontingenz auf Belastungssignale des Kindes					
Kontingenz auf positive Signale des Kindes					
elterliche Affektmuster					
Wärme					
Erleichterung und Angstfreiheit					
Freude, lustvolles Genießen und Humor					
Interesse und Anteilnahme					
Gesamt					

Selbstbericht Elternteil	Selbstbericht Kind	Bericht des Diagnostikers
Interview ZTT (0–3; 4–6 (s. elektr. Zusatzmaterial) (Zeanah & Benoit, 1995)	**EBF-KJ** (Tietze & Lehmkuhl, 2010)	**Interaktionsbeobachtung** z. B. VIT (Downing, 2010; im Überblick: Jacob, 2016)
IDEE (6–12) (Jacob & Schiel, 2012; s. elektr. Zusatzmaterial)	**SURT** (Untertest: EWU) (Hommers, 2009)	
EFB (Naumann et al., 2010)	**(ESI)** (Krohne et al., 1984)	
(ESI) (Krohne et al., 1984)	**(ZKE)** (Reitzle et al., 2001)	
(ZKE) (Reitzle et al., 2001)	Freies *Interview* mit dem Kind	
Ggf. **EBSK** (Deegener et al., 2009[1]) unter dem Aspekt der Gefährdungseinschätzung		

[1] Die Belastungsskala enthält auch einige Items zum dysfunktionalen Erziehungsverhalten, insbes. viele Drohungen, Missbilligungen und Anschreien.

Abb. 6.1: Beispielpfad zur Befunderhebung – Fokus I: Facetten der elterlichen Erziehung

Fokus II: Bedingungen der elterlichen Erziehung

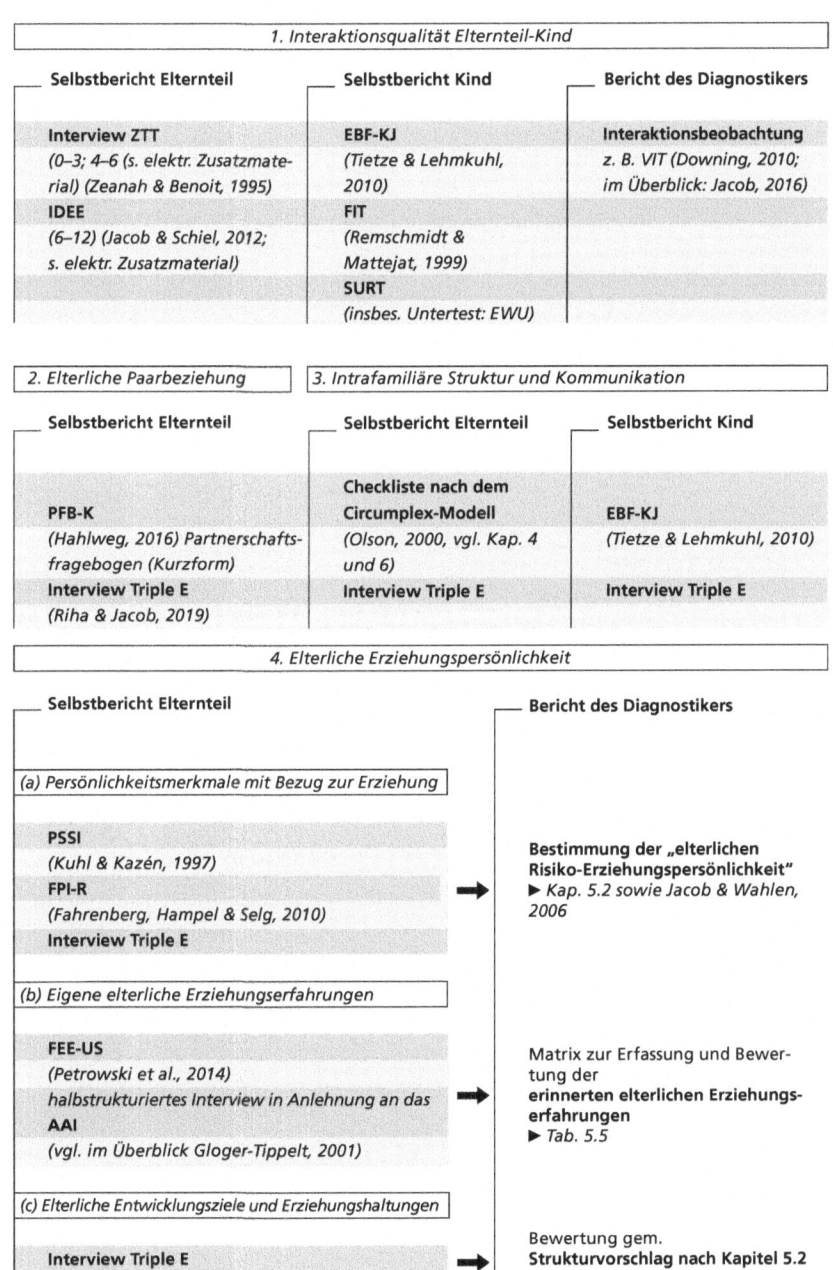

Abb. 6.2: Beispielpfad zur Befunderhebung – Fokus II: Bedingungen der elterlichen Erziehung

6 Beispielpfad zur Befunderstellung zur elterlichen Erziehung und deren Bedingungen

---

5. Entwicklungsbereiche des Kindes

Selbstbericht Kind — Selbstbericht Elternteil — Bericht des Diagnostikers — Berichte Anderer

(a) Risikoerfahrungen des Kindes
(b) Ressourcen des Kindes

Einsatz diverser Instrumente gem. Fragestellung, Vorbefunden u. a.
Bewertung gemäß Strukturvorschlag gem. Tab. 5.11

(c) Erziehungserfahrungen des Kindes

EBF-KJ
(Tietze & Lehmkuhl, 2010)
Freies Interview

(d) Lebensqualität des Kindes

ILK
(Mattejat & Remschmidt, 2006)
ALS
(Schauder, 2011)

---

6. biografische Übergänge und kritische Lebensereignisse

(a) Transitive Phasen	(b) kritische Lebensereignisse
——— Selbstbericht Elternteil/Kind ———	——— Selbstbericht Elternteil/Kind ———
Beschreibung gem. **Checkliste gem. Tab. 5.10**	*Beschreibung gem.* **Checkliste gem. Tab. 5.10**
Interview Triple E	**Interview Triple E**

7. materielle und ökologische Lebenslage	8. soziale Unterstützung
——— Selbstbericht Elternteil/Kind ———	——— Selbstbericht Elternteil/Kind ———
Beschreibung gem. **Checkliste gem. Tab. 5.11**	*Beschreibung gem.* **Checkliste gem. Tab. 5.12**
Interview Triple E	**OSSS** (Kocalevent & Brähler, 2014f) **Interview Triple E**

Abb. 6.2: Beispielpfad zur Befunderhebung – Fokus II: Bedingungen der elterlichen Erziehung – Fortsetzung

Die beiden Elterninterviews IDEE und TRIPLE E sind im elektronischen Downloadbereich des Buchs publiziert (unter https://dl.kohlhammer.de/978-3-17-033780-0). Die entsprechenden Manuale können beim Autor direkt angefordert werden unter der folgenden Mailanschrift: jacob.pankow@mail.de.

7   Exkurs: elterliche Erziehung und Kindeswohl[28]

In den vorangegangenen Kapiteln haben wir beschrieben, aus welchen Komponenten nach unserem Verständnis der elterliche Erziehungsprozess besteht, wie diese Komponenten zusammenwirken und welche Bedingungen dieses Zusammenspiel moderierend beeinflussen. Der Zweck elterlicher Erziehung liegt eigentlich nicht in den Eltern, er liegt im Kind: in dessen Bedürfnissen, in dessen Erfahrungen, in dessen Entwicklung. Daher können wir sagen: Dieser »Zweck der Erziehungsleistungen der Eltern erfüllt sich in der gelingenden Entwicklung ihres Kindes. In diesem Sinne sind alle Erziehungshandlungen zweckdienlich, die dem Kind die Bedingungen der Möglichkeit zu einer gelingenden Selbstentwicklung bereitstellen und erhalten. Erziehungshandlungen, die nicht am Selbstzweck des Kindes, sondern an Zwecken außerhalb seiner orientiert sind, instrumentalisieren das Kind; sie sind dysfunktional« (Jacob & Wahlen, 2006a; S. 121).

»Die Erziehungsaufgabe von Eltern gegenüber ihrem sich entwickelnden Kind besteht nach unserer Auffassung darin, aktuell vorhandene und/oder potenziell entstehende Entwicklungsbedrohung des Kindes zu regulieren, d. h. ihnen entgegenzuwirken. Sie erfüllen diese Regulationsfunktion, indem sie die Einflüsse beeinträchtigender innerer und äußerer Faktoren verringern oder verhindern. Angesichts der durch eine eingetretene Entwicklungsbeeinträchtigung zum Ausdruck gebrachten Vulnerabilität ihres Kindes nehmen sie ihre Schutzfunktion wahr. Sie verhalten sich als begünstigender Umweltfaktor im Mikrosystem des Kindes. Sie garantieren dem Kind in der Familie die Sicherheit, sich auch unter vielleicht erschwerenden Bedingungen gut entwickeln zu können. Man kann sagen: Eltern sind für ihr Kind und seine Entwicklung in dessen unmittelbarem Umfeld das wirksame ›Immunsystem‹, welches vor chronifizierter Entwicklungsbeeinträchtigung schützt. In dieser Funktion erfüllt sich Elternschaft.

Grundsätzlich können alle Auffälligkeiten, die das Kind zeigt und die seine Eltern beunruhigen, die elterliche Immunfunktion aktivieren. Die einzige Voraussetzung dafür ist, dass Eltern diese Auffälligkeiten als Anzeichen einer akuten oder bevorstehenden Entwicklungsbeeinträchtigung deuten. Solche wahrgenommenen Beeinträchtigungen oder Bedrohungen besitzen für Eltern Aufforderungscharakter: Sie fordern zu Erziehungshandlungen heraus. Diese haben den Zweck, dem Kind die Möglichkeit einer günstigeren Entwicklung wiederherzustellen. Insofern sind Er-

---

[28] Dieser Text nimmt in seiner gedanklichen und textlichen Form Bezug auf Jacob und Wahlen (2006a; Jacob, A. & Wahlen, K.: Das Multiaxiale Diagnosesystem Jugendhilfe (MAD-J). Mit CD-ROM. © 2006, Ernst Reinhardt Verlag München/Basel. S. 121–129. www.reinhardt-verlag.de)

ziehungshandlungen immer Regulationsleistungen, mit denen Eltern versuchen, für ihr Kind Entwicklungsbeeinträchtigungen zu vermeiden oder gegebenenfalls zu beheben. Eltern, die für ihr Kind im Hinblick auf Entwicklungsbedrohungen die Funktion eines Immunsystems wahrnehmen, gewährleisten damit das Wohlergehen des Kindes. Sie regulieren den Einfluss aktueller oder potenzieller Störfaktoren, die auf den kindlichen Entwicklungsprozess Einfluss nehmen. Gelingt ihnen das in hinreichendem Maße, so sind sie hinreichend gute Eltern und bedürfen nicht der Unterstützung der nächst folgenden Regulationsinstanz ›Jugendhilfe‹« (ebd., S. 124). Gelingt es ihnen nicht oder auch nur vorübergehend nicht und ist das Kind überdies nicht in der Lage, den Einfluss der Störfaktoren, die seine Entwicklung (potenziell) beeinträchtigen, selber auszugleichen, dann entspricht das dem Sachverhalt, den wir mit dem Begriff »Entwicklungs- und Erziehungseinschränkung« bezeichnen. Die Entwicklung des Kindes gilt als eingeschränkt, »wenn die Eltern nicht in der Lage sind, die Vulnerabilität ihres Kindes zu kompensieren, und wenn zudem das Kind nicht in der Lage ist, genügend Resilienz zu mobilisieren, die Auswirkungen beeinträchtigender Entwicklungsbedingungen selber zu neutralisieren« (ebd., S. 125). Unter diesen Voraussetzungen droht die Immunfunktion des Eltern-Kind-Systems zu kollabieren, sie wird selbst zur »Erziehungseinschränkung«.

»Wenn Eltern in ihrer Interaktion mit dem Kind dieses nicht vor Einflüssen, die seine Entwicklung beeinträchtigen, zu schützen vermögen, dann bedeutet das für das Kind, erstens seine Bedürfnisse nicht dauerhaft und/oder nur unzureichend und instabil befriedigen zu können, und zweitens, in der Folge davon, nicht in hinreichendem Maße aktiv und alterstypisch Erfahrungen von Autonomie und Bezogenheit machen zu können, die ihm die Bewältigung der ihm gemäßen Entwicklungsaufgaben gestatten würden« (ebd.). Das verstehen wir unter »Entwicklungs- und Erziehungseinschränkung«.

»Das ist jedoch noch nicht die Kindeswohlgefährdung. Aber es ist dann eine Situation da, die der Institution Jugendhilfe das Signal gibt, ihre Regulationsfunktion zu aktivieren. Während die Situation der »Entwicklungsbedrohung« des Kindes die Regulationsfunktion der Eltern in Gang setzt, ist die Jugendhilfe aufgerufen, ihre Regulationsleistungen zu erbringen, wenn die Situation einer »Entwicklungs- und Erziehungseinschränkung« eintritt. Also genau dann, wenn die Regulationsleistungen der Eltern nicht mehr funktionieren und wenn das Kind von sich aus die Auswirkungen der elterlichen Dysfunktion nicht ausgleichen kann. Dabei ist wichtig zu sehen, dass Jugendhilfeleistungen in einer solchen Situation nicht die Aufgaben der (vorübergehend) ausgefallenen elterlichen Regulation übernehmen. Diese Leistungen bestehen in der Hauptsache nicht darin, dass Instanzen oder Personen der Jugendhilfe nun anstelle der Eltern die Erziehungsaufgabe in die Hand nähmen. Vielmehr beziehen sich die Regulationsleistungen der Jugendhilfe auf die Immunfunktion des Eltern-Kind-Systems, d. h. unmittelbar auf die nicht mehr hinreichend funktionstüchtigen elterlichen Erziehungskomponenten und erst mittelbar auf die dadurch erschwerten Entwicklungsaufgaben des Kindes. Die Regulationsleistung der Jugendhilfe hat durchaus Reparaturfunktion. Nur besteht sie in der Hauptsache nicht in der Reparatur der Entwicklungsbeeinträchtigung des Kindes. Gerichtet ist sie vielmehr auf die Erziehungsfunktion der Eltern. Als »Hilfe zur Erziehung« soll sie deren Erziehungsleistung

7 Exkurs: elterliche Erziehung und Kindeswohl

unterstützen und ggf. ihre Erziehungshandlungen auf deren Funktionalität hin ausrichten helfen« (ebd., S. 125 f.).

Während wir den Begriff der »Entwicklungs- und Erziehungseinschränkung« »dem Bereich des fachlich begründeten Argumentierens und Handelns der Jugendhilfe zuordnen, gehört der Begriff der Kindeswohlgefährdung originär zum Operieren des Rechtssystems. Von dort aus beeinflusst er das regulatorische Handeln der Jugendhilfe und das von Eltern« (ebd.). (Dass der Begriff gleichzeitig zum Selbstverständnis der Jugendhilfe gehört, wird weiter unten noch gesondert diskutiert.)

Kindeswohlgefährdung« ist das Pendant zum »Kindeswohl«. »Kindeswohl ist im deutschen Recht ein unbestimmter Rechtsbegriff[29]. In letzter Instanz entfaltet der Begriff des Kindeswohls seine normative Kraft erst in Form von gerichtlichen Beschlüssen. Diese dienen dazu, das Kindeswohl zu gewährleisten und Kindeswohlgefährdung abzuwenden, wenn die beiden Regulationsinstanzen Familie/Eltern und Jugendhilfe dazu nicht in der Lage sind« (ebd., S. 126) (s. a. Dettenborn & Walther, 2015, S. 73 f.).

Zur Erläuterung unserer Auffassung von der Bedeutung des Begriffs der Kindeswohlgefährdung gehen wir zunächst davon aus, dass das Kind in seiner Bewältigung unzureichender Lebensbedingungen überfordert ist. Dies wird wahrscheinlich Besorgnis erregende körperliche und/oder psychische Folgen nach sich ziehen. »Aber das kennzeichnet nach unserem Verständnis noch nicht die Situation der Kindeswohlgefährdung im Sinne des Gesetzes. Die Beunruhigung ist vielmehr zunächst und zumeist die Aufforderung an die Eltern, dafür zu sorgen, dass die überfordernden Lebensbedingungen sich bessern und ihren die Entwicklung des Kindes beeinträchtigenden Einfluss verlieren. Wenn Eltern so handeln, hat die Jugendhilfe und haben auch die Gerichte nichts damit zu tun. Kommen Eltern dieser Regulationspflicht (= Erziehungspflicht) nicht nach, so nimmt zunächst die Jugendhilfe, auf der Grundlage der Feststellung einer Einschränkung sowohl der kindlichen Entwicklung als auch der elterlichen Erziehungsmöglichkeiten, ihre oben erläuterte Regulationsaufgabe wahr. Das Gerichtswesen kommt erst dann ins Spiel, wenn auch die Regulationstätigkeit der Jugendhilfe nicht in der Lage ist, in der Kooperation mit den Eltern die Lebens- und Entwicklungsbedingungen des Kindes entscheidend und nachhaltig zu bessern und den entwicklungsbeeinträchtigenden Charakter dieser Bedingungen so aufzulösen« (Jacob & Wahlen, 2006a, S. 127), dass Entwicklung und Erziehung wieder möglich wird, und zwar im Rahmen von »Mindeststandards« (wohlgemerkt: nicht als »*Best*variante« sondern als »*Genug*variante« (!) – Dettenborn & Walther, 2015, S. 74; Wiesner, 2017). Denn – wie Wiesner (2017, S. 17) zu Recht feststellt – obliegt die positive Bestimmung des Kindeswohls den Eltern. »Sie haben den sogenannten Interpretationsprimat für das Kindeswohl« (ebd.).

»Es ist diese Situation, die dem rechtlich relevanten Tatbestand der »Kindeswohlgefährdung« entspricht. Ob dieser Tatbestand eingetreten ist, entscheiden al-

---

[29] Anders als in Deutschland wird im österreichischen Recht der Begriff »Kindeswohl« seit einer Änderung in § 138 ABGB im Jahr 2013 in 12 Kriterien definiert. Schmidt (2018) diskutiert unter anderem auf dieser Grundlage, ob sich aus Kriterien und Gewichtungen die Kindeswohlsituation in einer Formel berechnen lässt und so stringentere Entscheidungen ermöglicht werden.

lerdings letztlich nur Gerichte« (Jacob & Wahlen, 2006a, S. 127). Selbst wenn die Jugendhilfe mit einer Inobhutnahme reagiert, handelt es sich dabei immer nur um ein vorläufiges Agieren, mit dem – sofern mit den Eltern nicht Einvernehmen über notwendige Hilfen hergestellt werden kann – gleichzeitig eine gerichtliche Entscheidung veranlasst wird. In die Einschätzung des Gerichts fällt dann auf alle Fälle sowohl die Feststellung der Entwicklungseinschränkung des Kindes als auch die Einschätzung, »dass die Eltern nicht bereit oder in der Lage sind, die Gefährdung (oder die Einschränkung – d. A.) abzuwenden« (Wiesner, 2017, S. 18). Dies wird operationalisiert durch die Feststellungen, dass drei Kriterien *gleichzeitig* erfüllt sein müssen: (1) die gegenwärtig vorhandene Gefahr, (2) die Erheblichkeit der Schädigung sowie (3) die Sicherheit der vorhersagbaren Entwicklungsbeeinträchtigung (Kindler, Lillig, Blüml, Meysen & Werner, 2006). Mit einer solchen Entscheidung positioniert sich ein Gericht als die letzte Regulationsinstanz in der Reihe der nunmehr drei Systeme, die das Kindeswohl schützen: Eltern/Familie – Jugendhilfe – Gerichtswesen. »Alle drei haben die Aufgabe, Kindeswohlgefährdung abzuwenden, jede auf ihre Art und jede nach ihren Möglichkeiten. Dabei reagiert die nächstfolgende Instanz jeweils auf die Überforderung der vorangehenden und versucht, diese zu kompensieren. Wenn trotz aller Bemühungen die Kindeswohlgefährdung nicht abzuwenden ist, dann hat das Familiengericht »die zur Abwendung der Gefahr erforderlichen Maßnahmen zu treffen« (§ 1666 BGB). Bevor es solche, in das Elternrecht eingreifende Maßnahmen beschließt (die dann ggf. wiederum durch die Jugendhilfe zu realisieren sind), wird das Familiengericht daher regelmäßig prüfen, ob zuvor alle Regulationsmöglichkeiten, die den Eltern und der Jugendhilfe zur Verfügung stehen, tatsächlich ausgeschöpft sind. Entscheidend dabei ist, ob die Eltern gewillt und in der Lage sind, ggf. mit der Unterstützung der Jugendhilfe ihrer eigenen erzieherischen Regulationsaufgabe wirksam nachzukommen. Sind sie das nicht, wird das Gericht den Tatbestand einer Kindeswohlgefährdung im Sinne des Gesetzes feststellen müssen« (Jacob & Wahlen, 2006a, S. 127) (▶ Abb. 7.1).

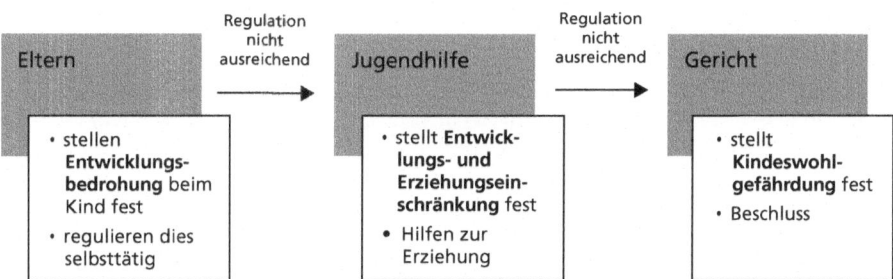

Abb. 7.1: Entwicklungsbedrohung – Entwicklungseinschränkung – Kindeswohlgefährdung

Allerdings wurde bereits darauf hingewiesen, dass der Begriff der Kindeswohlgefährdung nicht allein dem Bereich der Familiengerichtsbarkeit vorbehalten ist, sondern zugleich einen zentralen Arbeitsbegriff der Jugendhilfe darstellt. Das mag man aus systematischen Gründen kritisieren, weil die handlungsauslösenden Impulse sowie die

Operationalisierung des Begriffs durch seine Verwendung in zwei institutionellen Systemen an Eindeutigkeit verlieren. Jedenfalls ist der Begriff der Kindeswohlgefährdung auch im System der Jugendhilfe inzwischen ein Schlüsselbegriff. Gewissermaßen ist Kindeswohlgefährdung ein Begriff in zwei Welten.

Nicht erst mit der Einfügung des § 8a in das SGB VIII ist die Kindeswohlgefährdung zentraler Gegenstand und zugleich Maßstab der Arbeit der Jugendhilfe. Dabei geht gelegentlich verloren, dass der eigentliche Maßstab, der »Nordpol«, an dem die Jugendhilfe ihren Kompass ausrichtet (ebd.), der Begriff des Kindeswohls ist, nicht seine Gefährdung. Jedoch ist auch die Kindeswohlgefährdung für die Jugendhilfe, hier: die Jugendämter als Träger der öffentlichen Jugendhilfe, eine wesentliche und handlungsleitende Kategorie. Genau genommen spricht der § 8a SGB VIII von »Anhaltspunkten« für eine Gefährdung, von »Gefährdungseinschätzung« sowie von der »Abwendung« einer Gefährdung. Das stützt implizit die Aussage, dass die Entscheidung, ob eine Kindeswohlgefährdung vorliegt, letztlich keine Entscheidung der Jugendhilfe, sondern eine des Familiengerichts sein muss. Es weist der Jugendhilfe aber zugleich maßgebliche Arbeitsaufgaben zu.

»Was heißt das nun für das Handeln in der Jugendhilfe? Was heißt es für die Erkenntnis- und Hilfeleistungen, die von deren Fachkräften erwartet werden? Was heißt es für die Planung, Durchführung und Bewertung von Hilfen zur Erziehung? Für die diagnostischen und indikatorischen Aufgaben der Jugendhilfe im Bereich der Hilfen zur Erziehung ziehen wir nun folgende *Schlussfolgerungen*:

1. Sobald im Wahrnehmungsbereich der Jugendhilfe die Vermutung entsteht, dass die Erziehungs- und Entwicklungssituation eines Kindes den Charakter der Kindeswohlgefährdung hat oder entwickeln könnte, ist die Jugendhilfe zum Handeln aufgefordert.
2. Mit dem Signal, dass eine gefährdungsträchtige Situation vorliegen könnte, übernimmt die Jugendhilfe zunächst und zuerst einen Prüfauftrag. Zu prüfen ist, ob die Situation einer Entwicklungs- und Erziehungseinschränkung vorliegt und wie sie gegebenenfalls behoben werden kann. Die Prüfprozedur wird im einzelnen folgende Fragen beantworten« (Jacob & Wahlen, 2006a, S. 128):

Die *erste* Frage betrifft den *Schweregrad* der Einschränkung: Ist die elterliche Schutzfunktion gegenüber dem Kind so sehr beeinträchtigt, dass daraus auf Seiten des Kindes eine Entwicklungseinschränkung entstanden ist oder voraussichtlich entstehen wird?

Die *zweite* Frage, die dann zu prüfen wäre, lautet: Worin genau besteht die Entwicklungs- und Erziehungseinschränkung? Das ist in dreierlei Hinsicht zu klären:

- »Was sind die Merkmale der Entwicklungsbeeinträchtigung des Kindes?
- Welche Bedingungen üben einen die Entwicklung des Kindes beeinträchtigenden Einfluss aus?
- Was hindert die Eltern, erzieherisch den Einfluss dieser Bedingungen zu beheben oder zumindest hinreichend zu mildern?

Die *dritte* zu prüfende Frage orientiert sich an der *Indikationsprüfung* und lautet: Unter welchen Bedingungen wären die Eltern in der Lage, ihre Regulations-/Erziehungsfunktion dem Kind gegenüber angemessen und wirksam auszuüben? Und wie können sie unterstützt werden, solche Bedingungen (wieder) zu erreichen, die ihre Erziehungstätigkeit und damit den Entwicklungsprozess ihres Kindes sowie dessen Selbstregulationsfähigkeit positiv beeinflussen würden« (ebd.)?

3. Dieser diagnostische und indikatorische Prüfprozess ist mehr als der bloße Austausch von Informationen. Die Erkenntnis- und Kommunikationsleistung des Prüfenden/Diagnostizierenden ist nicht die eines externen Beobachters, sondern die eines professionell (An-)Teilnehmenden. Das bedeutet, dass dieser seinen Verstehensprozess mit dem der unmittelbar Betroffenen verbindet und damit praktisch »erste Hilfe« leistet. Er begibt sich so in eine professionelle Begegnung mit der Familie, denn er nimmt kongruent, wertschätzend und empathisch zu den Familienmitgliedern Kontakt auf, reflektiert sein Erleben und setzt dieses in Bezug zu den anderen diagnostischen Informationen. Anders gesprochen: Er begibt sich in eine professionelle Beziehung zur Familie. »Der Umgang der Familie mit diesem ersten Hilfeangebot wird damit selbst zum Prozess-Indikator ihrer aktuellen und potenziellen Entwicklungsmöglichkeiten« (ebd., S. 129). Kurz: Die Diagnostik und Hilfeplanung sind auch und gerade im Feld der Prüfung einer Entwicklungs- und Erziehungseinschränkung sowie einer Kindeswohlgefährdung im Bereich der Jugendhilfe »Beziehungsarbeit«. Diese ist so lange und so weitgehend wie möglich gemeinsam mit den Eltern und nicht vorschnell gegen die Eltern zu konzipieren und zu realisieren.
4. »Das elterliche Recht auf Hilfe zur Erziehung konkretisiert sich gerade in dem Anspruch auf die unter 2. und 3. skizzierte Prüfung ihrer Erziehungssituation durch Fachkräfte der Jugendhilfe sowie in dem Anspruch auf weitergehende Hilfen, sofern die Entwicklungs- und Erziehungseinschränkung diagnostisch bestätigt ist. Die darauf bezogene und initiierte Intervention dient der präventiven Abwendung von Kindeswohlgefährdung« (ebd.).

8 Interventionsformen der Jugendhilfe zur Unterstützung elterlicher Erziehung

8.1 System und rechtliche Grundlagen

Die beste wissenschaftlich fundierte Diagnostik von erzieherischen Situationen bliebe letztlich wertlos, wenn aus ihr nicht auch Hinweise für entsprechende Veränderungen folgen würden. Wesentliche Interventionsangebote für die Unterstützung oder Verbesserung elterlicher Erziehung bietet die Jugendhilfe, namentlich hier die Hilfen zur Erziehung. Zwar ist auch außerhalb der Jugendhilfe und unterhalb der Schwelle formalisierter Interventionen Raum für unterstützende Angebote, dazu werden im Abschnitt 8.3 ausgewählte Beispiele dargestellt (▶ Kap. 8.3). Ebenso kann bereits die Erläuterung diagnostischer Befunde ein erster Schritt für Veränderungen sein, insbesondere wenn diese auf Seiten der Eltern auf Verständnis und Akzeptanz treffen. Solche Anstöße für Veränderung werden etwa bei interventionsbezogenen Begutachtungen (Lübbehüsen & Kolbe, 2014) auch gezielt eingesetzt.

Jedoch werden insbesondere die Hilfen zur Erziehung nach dem SGB VIII zu den Interventionsformen gehören, die zur Verbesserung elterlicher Erziehung in Betracht kommen. Deshalb werden diese im Folgenden in Bezug auf ihre Merkmale, Wirkungsweise und Einsatzmöglichkeit genauer dargestellt. Damit verbunden werden Hinweise zur Systematik und zur Arbeitsweise der Jugendhilfe. Dadurch soll ein besseres Verständnis für die Jugendhilfe als Kooperationspartnerin ermöglicht und eine erfolgreiche Kooperation mit dem System der Jugendhilfe unterstützt werden. Wer als Fachkraft erwägt, für seine Klienten eine erzieherische Hilfe aus dem Bereich der Jugendhilfe in Anspruch zu nehmen, wird hier Informationen darüber finden, welche Wirkungen von den unterschiedlichen Hilfeformen erwartet werden können und wie solche Hilfen gewährt und gesteuert werden.

Voraussetzung für eine diagnostische Bewertung elterlicher Erziehung und die Identifikation eines spezifischen Bedarfs für eine Intervention ist ein möglichst konsistentes und theoriegeleitetes Verständnis von Erziehung, von den kindlichen Bedürfnissen, den daraus abzuleitenden Themen und Aufgaben der Erziehung, den erzieherischen Bedingungen und Tätigkeiten[30]. Erst daraus können notwendige Veränderungen definiert und Ziele für eine Hilfe zur Erziehung als Intervention zur Unterstützung und Förderung elterlicher Erziehung beschrieben werden. Ein sol-

---

30 Siehe Kapitel 2 dieses Buches (▶ Kap. 2).

ches konsistentes und theoriegeleitetes Verständnis elterlicher Erziehung ist in der Jugendhilfe nicht per se vorhanden. Es kann sich aus konzeptionellen Ansätzen ergeben (Rätz, Schröer & Wolff, 2014) oder auch intuitiv bei den anwendenden Fachkräften vorhanden sein. Beispielhaft ist ein solches Konzept in Bundeskonferenz für Erziehungsberatung (2008, ▶ Kap. 2.2) für die Perspektive der Erziehungsberatung formuliert, kann aber so auch für die Hilfen zur Erziehung insgesamt hilfreich sein.

Anders als das in der Einführung dieses Buches entwickelte Verständnis elterlicher Erziehung berücksichtigen z. B. Rätz et al. (2014) die elterliche Erziehung nicht als besonderes, primäres Erziehungssystem, sondern subsumieren sie als eine von verschiedenen Umweltbedingungen. In diesem Erziehungsverständnis kommt den Eltern eine Rolle als Teil des Mikrosystems Familie zu. Dass das SGB VIII den Eltern als Inhabern der Personensorge Ansprüche auf Hilfe zur Erziehung einräumt, scheint dann als bloße Rechtswahrnehmung im Auftrag der Kinder zu gelten. Jedoch betont gerade diese Rechtskonstruktion, mit der Eltern einen Anspruch auf Hilfe für ihre eigene Erziehungstätigkeit haben, die besondere Stellung der elterlichen Erziehung. Gadow, Peucker, Pluto, Santen und Seckinger (2013) weisen ebenfalls darauf hin, dass der (Re-)Aktivierung elterlicher Erziehungskompetenzen im Bereich der Hilfen zur Erziehung eine wichtige Funktion zukommt. Gleichzeitig beklagen sie für diesen Aspekt fehlende fachliche Konzepte und empirische Studien. Diese unterschiedliche Gewichtung elterlicher Erziehung wird im Folgenden immer wieder dann wichtig werden, wenn für die Hilfe zur Erziehung untersucht wird, ob deren Wirkungen sich stärker auf das Kind/den Jugendlichen oder auf die elterliche und familiäre Erziehungssituation beziehen.

Die Jugendhilfe hat mit der Einführung des Kinder- und Jugendhilfegesetzes 1991 auch formalrechtlich den Wechsel vom Fürsorge- und Eingriffsrecht zum einem *Leistungsrecht* vollzogen, das Bürgerinnen und Bürgern ein Recht auf Leistungen und auf Angebote zur Unterstützung und Hilfe gibt. Dieser »Paradigmenwechsel« (Wiesner, 2006; Walper, 2015; Fazekas, 2015) war in einer breiten gesellschaftlichen Debatte um Bürgerrechte und Emanzipation gegenüber dem Staat seit den späten 60er Jahren des 20. Jahrhunderts angestoßen worden. Zwar hat die Jugendhilfe weiterhin auch Schutzpflichten und Eingriffsrechte, jedoch wird zunächst als sozialrechtlichem Normalfall von Eltern ausgegangen, die sich bei erzieherischen Schwierigkeiten selbst Hilfe holen, diese zur Verbesserung der Situation nutzen und daran aktiv mitwirken im Sinne einer als im gemeinsamen Tun erfolgenden Koproduktion. Weiterhin ist für die Jugendhilfe kennzeichnend, dass Leistungen der Jugendhilfe, insbesondere auch die Hilfen zur Erziehung, nicht vom Jugendamt[31] selbst erbracht werden, sondern von freien Trägern der Jugendhilfe. Somit ergibt sich ein »sozialrechtliches Dreiecksverhältnis« (Wiesner, 2006) aus den Eltern bzw. Personensorgeberechtigten als Leistungsberechtigten, dem freien Träger als dem Leistungserbringer und dem Jugendamt als Leistungsgewährendem. Zwischen diesen

---

31 Mit »Jugendamt« gemeint ist hier im Sinne des § 70 SGB VIII die Verwaltung des Jugendamts. Das Jugendamt wird als zweigliedrige Behörde aus dem Jugendhilfeausschuss und der Verwaltung gebildet.

drei Akteuren sind Ziele, Umfang und Inhalt einer Hilfe zu vereinbaren.[32] Der Hilfeplanungsprozess als *Aushandlungsprozess* gehört zu den wichtigsten Merkmalen der Jugendhilfe und stellt auch für Kooperationspartner der Jugendhilfe den Rahmen dar, in dem sie ihre jeweilige Expertise einbringen können. Das korrespondiert mit weiteren konzeptionellen Merkmalen der Jugendhilfe: Der konzeptionelle Ansatz der Jugendhilfe ist zunächst[33] nicht normativ, sondern emanzipatorisch, ihre Arbeitsweise ist geprägt durch die Handhabung von Ambivalenzen, von zirkulärprozesshaften (also nicht statischen) Entscheidungen, von permanenten Aushandlungsprozessen sowie von einer eher diskursiven und deskriptiven Erkenntnisweise und einem eher ideografischen als kategorialen diagnostischen Verständnis (»Fallverstehen«). Die Kooperation mit einem solchen System kann für andere Fachdisziplinen durchaus eine »professions- und handlungstheoretische Herausforderung« (Gahleitner, 2010) darstellen.

8.1.1 Kindeswohl und Hilfen zur Erziehung

Das SGB VIII hat die Hilfen zur Erziehung als individuellen Rechtsanspruch ausgestaltet. Dieses Recht steht den Eltern bzw. Personensorgeberechtigten zu. Die Formulierung »hat Anspruch auf« (§ 27 Abs. 1 SGB VIII) räumt Eltern ein starkes Recht auf Leistungen gegenüber dem Staat ein, das z. B. nicht mit dem Hinweis auf fehlende Haushaltsmittel abgewiesen werden kann. Gleichzeitig ist das elterliche Recht an Bedingungen gebunden, die vom Jugendamt zu prüfen sind. Der Anspruch besteht, »wenn eine dem Wohl des Kindes oder des Jugendlichen entsprechende Erziehung nicht gewährleistet ist und die Hilfe für seine Entwicklung notwendig und geeignet ist« (§ 27 Abs. 1 SGB VIII). Damit wird das Kindeswohl der entscheidende Indikator für den Rechtsanspruch auf Hilfe zur Erziehung. Das ist einerseits konsequent, weil der Begriff des Kindeswohls die zentrale Orientierung der gesamten Jugendhilfe darstellt. Jacob und Wahlen (2006a) bezeichnen das Kindeswohl als den »Nordpol, nach dem die Kinder- und Jugendhilfe ihren Kompass ausrichtet« (S. 15). Gleichzeitig löst der Bezug auf das Kindeswohl als unbestimmter Rechtsbegriff keine unmittelbaren Handlungen aus, sondern muss weiter operationalisiert werden (dazu z. B. Kindler, Lillig, Blüml, Meysen & Werner, 2006).

Insbesondere geht es dabei um die Schwelle, ab der das Kindeswohl als gefährdet[34] bezeichnet wird. Körner und Heuer (2014) stellen verschiedene in der Jugendhilfe-

---

32 Wesentliche dieser Merkmale der Jugendhilfe standen im Rahmen der SGB-VIII-Novelle 2016/2017 auf dem Prüfstand. Ein Arbeitsentwurf sah gravierende Änderungen sowohl an dem Kanon der Hilfen zur Erziehung selbst als auch an den Rechtsansprüchen und auch am sozialrechtlichen Dreieck vor. Nach massiver Kritik zahlreicher Fachverbände sind diese Teile nicht Gesetz geworden, so dass die hier skizzierten Grundzüge der Jugendhilfe voraussichtlich weiter Bestand haben werden.
33 Natürlich existieren auch im Jugendhilferecht Normen und der emanzipatorische Rahmen wird begrenzt, letztlich durch die Eingriffsbefugnisse bei der Gefährdung des Kindeswohls. Dennoch stellt der beschriebene Rahmen eine wesentliche konzeptionelle Abgrenzung von der Jugendhilfe gegenüber dem Stand des Jugendwohlfahrtsgesetzes von 1961 dar.
34 Eine systematische Einordnung hierzu findet sich im Kapitel 7 (▶ Kap. 7).

praxis zur Anwendung kommende Instrumente zur Feststellung einer möglichen Kindeswohlgefährdung zusammen und ergänzen diese um ein psychodiagnostisches Prüfkonzept. Für Eingriffe in das Sorgerecht ist der Nachweis einer Kindeswohlgefährdung erforderlich, für die Gewährung einer Hilfe zur Erziehung hingegen »nur« der Befund, dass eine dem Kindeswohl entsprechende Erziehung nicht gewährleistet ist. Dann ist das Kindeswohl beeinträchtigt, aber nicht automatisch gefährdet[35]. Zunächst – also ohne Eingriff in das Sorgerecht – sollen Hilfen zur Erziehung nämlich dazu dienen, eine dem Kindeswohl entsprechende und der gesunden kindlichen Entwicklung förderliche Erziehung wieder zu gewährleisten. Dazu sind, weil Kindeswohl kein normativer Begriff[36] ist, im individuellen Fall, also für die von den Eltern angestrebte und von ihnen zu beschreibende Erziehungssituation (nicht eine idealisierte oder abstrakt wünschenswerte Erziehungssituation) Unterstützung und Hilfe zu gewähren. Das macht den oben beschriebenen Aushandlungsprozess so entscheidend. Das ist auch deshalb relevant, weil nur durch die Mitbestimmung und aktive Mitwirkung der Familie eine erfolgreiche Hilfe aussichtsreich wird. Deshalb sind die Beteiligungsrechte, die das SGB VIII Eltern und Kindern an verschiedenen Stellen einräumt (§§ 5, 8, 36a) so wichtig, auch wenn sie zugleich eine große methodische Herausforderung für die Jugendhilfe darstellen. Eltern haben nach § 5 SGB VIII auch ein Wunsch- und Wahlrecht, um die konkrete Einrichtung bzw. den Träger der Hilfe auszuwählen, sofern das nicht zu unverhältnismäßigen Mehrkosten führt. Damit sind die Hilfen zur Erziehung die interventionsbezogene Antwort der Jugendhilfe auf Beeinträchtigungen erzieherischer Verhältnisse sowohl, wenn Eltern dies beantragen, als auch wenn Gerichte diese wegen einer Kindeswohlgefährdung mittels gerichtlicher Sorgerechtseinschränkung feststellen. In jedem Fall wird aber die Verbesserung der erzieherischen Situation in Bezug auf das Kindeswohl für die Ausgestaltung der Hilfe handlungsleitend sein.

Deutlich wird zugleich, dass der emanzipatorische Ansatz der Jugendhilfe da »endet«, wo Eltern ihr Sorgerecht nicht ausreichend ausüben (können). Umso anspruchsvoller ist die Arbeit der Jugendhilfe, auch in diesen Fallkonstellationen die Akzeptanz und die Mitwirkung der Eltern zu erlangen, ohne die eine Hilfe kaum erfolgreich sein kann.

8.1.2 Verfahren der Hilfeentscheidung, -planung und -steuerung

Im zuvor skizzierten sozialrechtlichen Dreieck aus Sorgeberechtigten, leistungserbringendem Träger und dem formal entscheidenden Jugendamt kann keine Seite ohne die

---

35 Hier wird schnell deutlich, dass der in der öffentlichen Debatte oftmals vorgetragene Auftrag der Gesellschaft an das Jugendamt »Es darf kein totes Kind geben!« die Kinderschutzaufgabe des Jugendamtes nicht nur verkürzt, sondern geradezu aus der falschen Richtung, nämlich vom Ende her definiert. Kinder zu schützen muss heißen, Gefährdungen des Kindeswohls möglichst präventiv zu vermeiden bzw. möglichst früh zu beenden.
36 Jedenfalls nicht als gesellschaftliche oder gesetzliche Norm. Die Norm wird zunächst von den Eltern bestimmt.

beiden anderen handeln. Eine Hilfe kann auch vom Jugendamt nicht ohne die Sorgeberechtigten oder ohne einen mitwirkungsbereiten Träger realisiert werden. Rechtlich wird eine Hilfeentscheidung in Form eines Leistungsbescheides des Jugendamts gegenüber den sorgeberechtigten Antragstellern sowie einer Kostenübernahmeerklärung des Jugendamts gegenüber dem leistungserbringenden Träger verbindlich. Vorausgegangen ist jeweils ein Hilfeplanverfahren, in dem über den Bedarf, die Ziele sowie Art und Umfang einer Hilfe ein Aushandlungsprozess stattgefunden hat. Anders als bei den Eingliederungshilfen des SGB XII gibt es für die Hilfen zur Erziehung im SGB VIII kaum standardisierte Verfahren, die eine Bedarfsfeststellung und eine daraus abgeleitete Hilfeform vorgeben (ein Beispiel sind die Sozialpädagogischen Diagnosetabellen des Landesjugendamts Bayern nach Britze et al., 2013[37]). Auch deshalb bieten die in den Kapiteln 1 bis 6 dieses Buches erarbeiteten Darstellungen Hinweise für ein systematisches und von wissenschaftlichen Erkenntnissen abgeleitetes Handeln. Zunächst sind jeweils für einen konkreten Einzelfall die Hilfebedarfe und die Ziele der Betroffenen zu erheben und daraus Pläne für die Ausgestaltung einer Hilfe zu erarbeiten. Das macht das Hilfeplanverfahren besonders anspruchsvoll, bietet jedoch für Kooperationspartner auch wichtige Zugangsmöglichkeiten, wenn sie eigene Empfehlungen für eine spezifische Hilfegestaltung geben können.

Anspruchsvoll ist für das Jugendamt nicht nur die Planung einer auf den individuellen Einzelfall zugeschnittenen Hilfe, sondern auch die für eine gelingende Hilfeplanung unabdingbare Kommunikation auf Augenhöhe mit den betroffenen Personen einer Familie. Es gehört ja gerade zu den Merkmalen familienbezogener Not- und Konfliktsituationen, dass z. B. Eltern und Kinder unterschiedliche Sichtweisen und Bewertungen dieser Situationen, verschiedene Ursachen- und Schuldzuschreibungen sowie eine unterschiedliche Bereitschaft haben, sich persönlich in eine Hilfemaßnahme einzubringen. Gerade in zugespitzten und krisenhaften Situationen, wenn die notwendige Zeit für den Aushandlungsprozess fehlt, wird dieser Hilfeplanungsprozess in Zwischenschritten erfolgen und auch bei laufender Hilfe weitergeführt werden. Dabei darf nicht übersehen werden, dass es erhebliche strukturelle Unterschiede in der Position der Eltern sowie des leistungserbringenden Trägers gegenüber dem Jugendamt gibt. Gerade zwischen Eltern und Jugendamt bewirkt die Funktion des Leistungsgewährenden in Verbindung mit den potenziellen Eingriffsbefugnissen ein Machtgefälle zuungunsten der Eltern, hinzu kommt die Professionalisierung zum Beispiel in der Sprache. Es bedarf besonderer Aufmerksamkeit der Fachkräfte, um in dieser Konstellation einen wirklichen Aushandlungsprozess zu ermöglichen. Ombudschaftliche Beratung kann ein Instrument sein, das Eltern und Kindern oder Jugendlichen hilft, ihre Rechte und Interessen auf Augenhöhe wahrzunehmen. Nach Straus, Höfer und Hackenschmied (2017) kann diese Beratungsform spezifische unterstützende Wirkungen bei Eltern und Jugendlichen erzielen und wird zugleich von Fachkräften der Jugendhilfe ebenfalls mehrheitlich als unterstützend wahrgenommen.

Prinzipiell sind eine laufende Überprüfung und zyklische Reflexion der Hilfeplanung erforderlich, weshalb die Hilfe zur Erziehung für definierte Zeiträume ge-

---

37 Siehe auch Abschnitt 4.3 dieses Buches (▶ Kap. 4.3)

währt wird, nach denen auf der Grundlage neuer Zwischenstände neu entschieden wird. Anspruchsvoll wird die Hilfeplanung des Jugendamts zudem, weil die Institution Jugendamt intern qualitätssichernde strukturelle Abläufe in der Hierarchie des Amtes einplant und nicht zuletzt, weil die Hilfen zur Erziehung zu erheblichen kommunalen Ausgaben führen, die zusätzlich Druck auf die Kostenseite und die Wirtschaftlichkeit von Hilfen zur Folge haben. Der Prozess der Hilfeplanung, der nach der Diagnostik resp. dem Fallverstehen die Entscheidung über eine Hilfe, die Planung ihrer inhaltlichen Ausgestaltung sowie die weitere Steuerung über die Bewertung von Zwischenergebnissen beinhaltet, ist eine zentrale Aufgabe für die Jugendämter und zugleich ein wesentlicher Kooperationsprozess für freie Träger und andere Kooperationspartner der Jugendhilfe. Er stellt somit auch den Ort dar, an dem solche Kooperationspartner ihre spezifische Expertise für die Hilfeentscheidung des Jugendamts zur Verfügung stellen können.

8.2 Wirksamkeit und differenzielle Indikation

Anders als vielfach erwartet gibt es keine eindeutige Festlegung des Jugendamtes, auf welche Problemkonstellationen und Bedarfslagen sie mit welcher Hilfeart zu reagieren hätte. Auch stellt der in den §§ 27 ff. SGB VIII geregelte Kanon der Hilfearten ausdrücklich keine abschließende oder vollständige Aufzählung der möglichen Hilfeformen dar. Zwar sind in den meisten Jugendämtern die vertraglichen Vereinbarungen mit den Trägern an die Hilfearten der einzelnen Paragraphen gekoppelt. Jedoch sieht das SGB VIII ausdrücklich vor, dass sich Art und Umfang einer Hilfe nach dem Bedarf im Einzelfall richten, so dass prinzipiell auch Abwandlungen und Kombinationen von bestehenden Hilfearten möglich sind.

Das Fehlen von standardisierten Regelungen ist also einerseits Ausdruck der Bedeutung des individuellen Einzelfalls und der notwendigen Aushandlung der beteiligten Akteure. Die »Indikationsstellung« wird hier eben auch im Aushandlungsprozess zwischen Eltern, Kind bzw. Jugendlichem sowie dem Jugendamt stattfinden. Andererseits hat auch der Forschungsstand in der Jugendhilfe zu den Indikationen und der Wirksamkeit von Hilfearten zu bestimmten Fallkonstellationen nicht das Niveau, wie es etwa aus der Medizin oder der Psychotherapie bekannt ist. Beide Phänomene scheinen einander zu bedingen, weil Forschungsbemühungen für mehr empirische Absicherung häufig mit dem Verweis auf die unabdingbar zu berücksichtigende Individualität von Hilfeprozessen in Frage gestellt werden[38]. Zu der umfangreichen Debatte in der Jugendhilfe hierzu kann exemplarisch etwa auf Tornow (2014b), Sell (2009) oder Nüsken (2008) verwiesen werden.

---

38 Zur Debatte über Ideografie vs. Nomothetik in der Psychologie vertritt z. B. Wahlen (2013a) die Position eines »Sowohl–als-auch«: Beide seien nicht alternativ, sondern komplementär zueinander.

Wenn in der Jugendhilfe Wirkungsforschung stattfindet, ist sie überwiegend durch Daten auf der Grundlage von Einschätzungsmethoden bestimmt und nur selten mit empirisch gesicherten quantitativen Daten auf metrischen Skalenniveaus begründet (Albus et al., 2010; Macsenaere & Paries, 2006; Tornow, 2014b). Das Bundesmodellprogramm »Wirkungsorientierte Jugendhilfe« hat in mehreren Kommunen entsprechende Projekte begleitet und dazu umfangreiche Berichte und Untersuchungen veröffentlicht. Verwiesen wird hier auf die Hefte 3 (Gabriel, Keller & Studer, 2007) und 10 (Albus et al., 2010) der Schriftenreihe. Zu den wenigen Studien mit quasiexperimentellem Design und testtheoretisch geprüften Instrumenten zählt die Jugendhilfeeffektestudie JES (Schmidt et al., 2003), die in mehreren Bundesländern umfangreiche Daten erhob und Ergebnisse für verschiedene ambulante und stationäre Hilfearten aus dem Bereich der Hilfen zur Erziehung lieferte. Wichtige Befunde lieferten auch die Studie »Evaluation erzieherischer Hilfen« (EVAS) (Macsenaere & Knab, 2004) sowie das WIMES-Projekt (Tornow 2008, 2009). Dennoch muss die Datenlage der Wirkungsforschung im Bereich der Jugendhilfe etwa im Vergleich zur Psychotherapieforschung als schmal bezeichnet werden. Einen Überblick dazu geben zum Beispiel Nüsken und Böttcher (2018).

Es darf dabei nicht übersehen werden, dass der ambivalente Charakter der Jugendhilfe als Leistungs- und Hilfeangebot einerseits und als Akteur des staatlichen Wächteramts andererseits sich auch auf die Prozessqualität der Hilfeplanung auswirken kann: Wenn Beteiligung und Kooperation der Hilfeadressaten für eine gelingende und damit effektvolle Hilfe maßgeblich sind, dann kann gerade dieses Kriterium beeinträchtigt werden – entweder, weil die Zustimmung der Familie im Aushandlungsprozess für die nach Expertenauffassung und Datenlage optimale Hilfeart nicht erlangt werden kann oder weil eine Hilfe zur Abwendung einer Kindeswohlgefährdung eben auch ohne eine wirkliche Zustimmung oder sogar gegen den Willen von Eltern oder Kind bzw. Jugendlichen als unabweisbar notwendig erachtet wird.

Es kann deshalb auch im Folgenden nicht für die einzelnen Hilfearten eindeutig dargestellt werden, für welche Problemkonstellationen in welchen Familientypen sie besonders wirksam oder weniger wirksam wären. Immerhin belegen die vorliegenden Befunde insgesamt und teils eindrucksvoll, dass Jugendhilfe wirkt. Sowohl bei den Einschätzungen bezüglich der Zielerreichung als auch bei gemessenen Effekten werden für die untersuchten Hilfearten signifikante Ergebnisse ermittelt (Schmidt et al., 2003). Auch im Vergleich von abgebrochenen zu regulären beendeten Hilfen werden diese Unterschiede deutlich (ebd.). Beim Vergleich der Effektstärken muss auch das erheblich unterschiedliche durchschnittliche Ausgangsniveau der Störungen und Belastungen bei den einzelnen Hilfearten berücksichtigt werden.

Dennoch ergibt sich aus der Auswertung der Ergebnisse der Jugendhilfeeffektestudie (Schmidt et al., 2003) »ein immenser Verbesserungebedarf« (S. 470) für die Prognose- und Indikationsstellung der Jugendämter. Schmidt et al. (2003) gehen in der Analyse der Jugendhilfeeffektestudie über die Verifikation von Prognoseannahmen hinaus und ermitteln über eine Regressionsanalyse Prädiktoren, die für die untersuchten Hilfearten die jeweiligen Veränderungen voraussagen. Wenn damit rückwirkend die untersuchten Hilfen bewertet werden, ergibt sich ein Eignungsgrad der gewählten Hilfe für den jeweiligen Einzelfall. Auf den Punkt gebracht fragt die Studie auf dieser Grundlage, ob die in Anspruch genommenen Hilfen unter dem

Aspekt der Vorhersage auf Grundlage der ermittelten Prädiktoren tauglich waren. Das wird – je nach Hilfeart – für 16,3 bis 56,9 % der Hilfen bestätigt, im Mittel für 29,2 %. Weitere 56,2 % der Hilfen werden als bedingt tauglich bezeichnet. Immerhin bestätigen die Ergebnisse, dass in Bezug auf die Variable »Problematik des Kindes« mit zunehmendem Schweregrad intensivere Hilfearten genutzt werden: von Erziehungsberatung und Sozialpädagogischer Familienhilfe über Erziehungsbeistandschaft und Tagesgruppe bis zur Heimerziehung. In einem zusammenfassenden Vergleich von Einschätzungsbefunden (in Bezug auf Zielerreichung) mit Messwerten finden Schmidt et al. (2003): »Die Betrachtung der Differenzen legt nahe, dass nicht etwa das Erreichen kindbezogener Ziele unterschätzt, sondern eher das Erreichen familienbezogener Ziele überschätzt wird« (S. 519). Damit bleibt das eigentliche Ziel der Hilfen zur Erziehung, die elterliche Erziehung entsprechend dem Kindeswohl zu verbessern, zu häufig nur eine »Nebenwirkung«, wenn in Bezug auf die kindliche Problematik und die Umfeldbelastungen Verbesserungen erreicht werden können.

8.2.1 Hilfeentscheidung zwischen empirisch begründeter Expertise und partizipativer Aushandlung

Eine solche empirische Berechnung von optimalen Hilfeentscheidungen führt natürlich zu intensiven und auch kritischen Debatten. Die Autoren selbst (Schmidt et al., 2003) weisen auf die Begrenztheit ihrer Analysen angesichts einer Varianzaufklärung von nicht mehr als 20 % und auf die grundsätzlichen Schwierigkeiten der Vorhersage psychosozialer Entwicklungen hin. Auch Arnold (2010) betont, dass verfügbare Daten die Autonomie der Beteiligten stärken und nicht schwächen sollen und die Entscheidungshoheit dadurch nicht eingeschränkt werden kann. Es geht ihm ausdrücklich nicht um eine Kontroverse »zwischen der klinischen und mechanischen Prognosemethode« (S. 263). Jedoch wird zum Beispiel von Macsenaere (im Druck) ein verstärkter Einsatz von sozialpädagogischer Diagnostik sowie von Schmidt et al. (2003) der von psychosozialer Diagnostik gefordert. Gahleitner (2010) fordert einen Zuwachs an diagnostischen Kenntnissen und Methoden in der Jugendhilfe und dabei als Mindeststandard eine Kombination von operationalisierbarer Psychodiagnostik, biografischer Anamnese und lebensweltbezogener Diagnostik. Sozialpädagogische Diagnostik wird unterschiedlich konzipiert, siehe etwa Krause und Peters (2012), Uhlendorff, Cinkl und Marthaler (2008), Krause und Cinkl (2011), Britze, Dittmann, Hillmeier und Huber (2013).

In der Praxis ist, selbst wenn empirische Werte eine geringere Erfolgswahrscheinlichkeit anzeigen, immer noch die Frage zu beantworten, ob für eine individuelle Problemkonstellation eine besser geeignete Hilfeart tatsächlich zur Verfügung steht und auch im Aushandlungsprozess der Hilfeplanung als Ergebnis erzielt werden kann. Die Akzeptanz einer Hilfe bei den Adressaten und das Wunsch- und Wahlrecht der Eltern haben im Hilfeplanverfahren ein großes Gewicht. Dennoch kann es nach Auffassung der Autoren nur von Vorteil sein, wenn bei einer Hilfeentscheidung alle verfügbaren Informationen und gerade auch empirische Daten »auf dem Tisch« liegen und bei der Hilfeentscheidung berücksichtigt werden.

Es gibt nach Einschätzung der Autoren trotz vielfältiger Wortmeldungen und Verfahrensentwürfe (so auch MAD-J, Jacob & Wahlen, 2006) bislang keinen Konsens in der Jugendhilfe über erforderliche Standards einer Diagnostik. Die Argumente von Kritikern diagnostischer Verfahren beziehen sich eher auf eine befürchtete verfahrenslastige Vereinseitigung. Jedoch findet damit eine wichtige und nach Ansicht der Autoren überfällige fachliche Weiterentwicklung der Jugendhilfe bisher nicht statt.

Nach unserer Auffassung kann es nicht darum gehen, die empirische oder auch durch besondere Profession begründete Expertise dem partizipativen Aushandlungsprozess bei der Entscheidung für eine bestimmte Hilfe gegeneinander zu stellen. Vielmehr handelt es sich um zwei verschiedene, aber nicht alternativ, sondern kumulativ notwendige Zugänge zu diagnostischem Wissen und Verstehen. Diesen Zugängen ist jeweils ein eigener Ort im Prozess der Hilfeentscheidung zuzuweisen: Idealerweise geht die Fachkraft des Jugendamts mit allen professionell verfügbaren Informationen über den Einzelfall in den Aushandlungsprozess. Sie hat dazu eigene diagnostische Informationen erhoben und gegebenenfalls auch Diagnostik anderer Systeme wie Schule oder Gesundheitsdienste eingeholt und diese für die jugendhilferelevanten Fragestellungen eingeordnet. Und sie verfügt im erforderlichen Maß über empirische Kenntnisse zu typischen Zusammenhängen, Wirkungen und Erfolgswahrscheinlichkeiten. Mit diesem Wissen geht die Fachkraft in den Gesprächsprozess mit der Familie und später auch mit dem leistungserbringenden Jugendhilfeträger, um in diesem Prozess das konkret Mögliche bestmöglich zu vereinbaren. Sie leitet aus den dort erarbeiteten Hilfezielen eine prognostische Einschätzung darüber ab, wann und mit welcher Wahrscheinlichkeit die Ziele mit der gewählten Hilfe erreicht werden können. Wahlen (2013a) weist ihr dabei die Rolle als Koordinatorin zu, die die einzelnen Beiträge zur Hilfeplanung integriert, darauf achtet, dass sie mit den Zwecken von Erziehungshilfen, mit den erarbeiteten Zielen sowie mit den Interessen der Kinder bzw. Jugendlichen »in Einklang kommen oder bleiben« (S. 74) und dabei auch die gesetzlichen Vorgaben sowie die Kosten und die Wirtschaftlichkeit der Hilfe im Blick hat. So sollen in einer »Verantwortungsgemeinschaft« mit anderen Professionellen, den Eltern sowie den Kindern bzw. Jugendlichen »fachlich multiprofessionelle erarbeitete, jugendhilfespezifische Hilfeentscheidungen mit begründeten Effizienzerwartungen zustande kommen« (ebd.). Die Fachkraft ist dabei permanent in einer Doppelfunktion tätig, in dem sie einerseits eigene Expertise einsetzt und parallel die Moderation des partizipativen Prozesses gestaltet.

Zugegebenermaßen stellt dieses Handeln sehr hohe Anforderungen an die Ausbildung, die Professionalität und die Fertigkeiten der Fachkräfte. Jedoch wird solches Handeln mehr oder weniger immer stattfinden. Eine Hilfeentscheidung des Jugendamtes setzt immer eine Diagnostik voraus. Auch wenn diese im problematischen Fall unsystematisch und unreflektiert verlaufen sollte, ist es doch eine Diagnostik. Ebenso trifft das Jugendamt eine Beurteilung über die Situation des Kindeswohls und stellt damit »Diagnosen«.

Die Jugendhilfe ist gut beraten, Fachstellungnahmen und Sachverständigengutachten als bereichernde interdisziplinäre Impulse für ihre Hilfeplanung zu verstehen. Und diese müssen sich nicht in einem Votum für oder gegen eine bestimmte Hilfeart erschöpfen, sondern können auch in unkonventionellen Überlegungen etwa zur

Verknüpfung von »klassischen« Hilfen zur Erziehung mit der Nutzung von bestehenden infrastrukturellen Angeboten liegen. Deshalb wird auf solche, eher präventiv angelegten Angebote im Zusammenhang mit Hilfen zur Erziehung im nächsten Abschnitt hingewiesen.

8.3 Präventive Interventionen

Dieser Begriff mag zunächst paradox anmuten, soll doch Prävention eigentlich gerade den Situationen vorbeugen, für die sonst eine Intervention erforderlich würde. Jedoch hat sich in der Jugendhilfe insbesondere im Kontext der Sozialraumorientierung eine Auffassung durchgesetzt, die die gezielte präventive Nutzung von infrastrukturellen Angeboten präferiert bzw. im Vorfeld von Interventionen die Verknüpfung mit solchen Angeboten anstrebt. Und tatsächlich bietet bzw. entwickelt die Jugendhilfe selbst eine Infrastruktur mit verschiedenen präventiv wirkenden Angeboten. Rätz et al. (2014) sehen die Kinder- und Jugendhilfe als »sozialpädagogische Dienstleistungsinfrastruktur für Kinder, Jugendliche und Eltern«, wobei die Autoren anmerken, dass die Angebote der Jugendhilfe vielfältiger sind und über sozialpädagogische Ansätze und Methodiken hinausgehen. Schrapper (2016a) systematisiert in Form einer Pyramide (▶ Abb. 8.1), wie stärkende und unterstützende Infrastrukturangebote der Jugendhilfe gleichsam den Unterbau darstellen für die Hilfen und Interventionen in besonderen Einzelfällen. Nach seiner Auffassung basiert die Wirkung der Jugendhilfe nicht auf isolierten Einzelmaßnahmen, sondern in der spezifischen Kombination von infrastrukturellen Angeboten mit gezielten Einzelhilfen.

Deshalb soll auf wesentliche Elemente dieser Infrastruktur und deren Potenzial für die Unterstützung in Einzelfällen mit Hilfebedarf hier beispielhaft kurz eingegangen werden.

8.3.1 Kindertagesbetreuung

Kindertagesbetreuung in Kita oder Tagespflege ist das Angebot der Jugendhilfe, mit dem mit Abstand am meisten Familien erreicht werden. Kita ist frühkindliche Bildung, sie leistet einen unschätzbaren Beitrag für die Integration von Kindern unterschiedlicher soziostruktureller Herkunft und sie ermöglicht Eltern eine selbstbestimmte Berufstätigkeit. Gleichzeitig bietet Kita einen Zugang zu pädagogischer Unterstützung von Eltern bezüglich ihrer erzieherischen Kompetenz (exemplarisch: Berliner Bildungsprogramm, Senatsverwaltung für Jugend Berlin, 2014a) und hat Potenzial zur Stärkung von Selbsthilfe.

Eine Verknüpfung von Hilfebedarf im Einzelfall im Rahmen von Hilfe zur Erziehung muss jedoch berücksichtigen, dass die Institution Kita strukturell vom verfügbaren Zeitrahmen für eine einzelne Familie und vom Qualifikationsniveau der Fachkräfte nicht überfordert werden darf. In diesem Rahmen jedoch kann die Betreuung

```
                KRISENINTERVENTION
              Kinderschutz, Inobhutnahme

           Vor Gefährdung schützen

            BEGLEITUNG UND
         HILFEN IN EINZELFÄLLEN
            Hilfen zur Erziehung

         Unsicherheiten ausgleichen

         BERATUNG, ENTLASTUNG,
             UNTERSTÜTZUNG
        Jugendschutz, Jugendsozialarbeit,
             Erziehungsberatung

        Selbstorganisation stärken

    INFRASTRUKTUR FÜR BILDUNG UND ERZIEHUNG
        Kita, Jugendarbeit, Familienbildung

    LEBENSWELTEN UND LEBENSBEDINGUNGEN
   Wohnen, Arbeit, Bildung, Kultur, Gesundheit, Freizeit
```

Abb. 8.1: Jugendhilfe zwischen Prävention, Leistungserbringung und Intervention (vereinfachte Darstellung nach Schrapper (2016b)

von Kindern und ein flankierendes Gesprächsangebot an Eltern eine Entlastung, Ermutigung und Unterstützung von Familien darstellen und so eine individuelle Hilfe unterstützen bzw., solange Art und Umfang der Probleme dies zulassen, auch ersetzen.

8.3.2 Erziehungsberatung

Erziehungsberatung ist nach § 28 SGB VIII eine Hilfe zur Erziehung (Menne, 2017) und zugleich sehr viel mehr als das. Die Leistung »Erziehungs- und Familienberatung« wird als eine Kombination von Hilfe zur Erziehung mit Beratungsangeboten nach §§ 17, 18 SGB VIII sowie Angeboten der Förderung der Erziehung nach § 16 SGB VIII (▶ Kap. 8.3.4) definiert (Senatsverwaltung für Jugend Berlin, 2017). Einige ihrer strukturellen Rahmenbedingungen kennzeichnen ihren präventiven Charakter: Die Inanspruchnahme ist freiwillig, vertraulich und kostenfrei. Nach § 36a Abs. 2 SGB VIII gehört die Erziehungsberatung zu den Leistungen, die keiner vorherigen Entscheidung des Jugendamts bedürfen, also für hilfesuchende Familien ohne formales Antrags- und Bescheidverfahren unmittelbar zugänglich sind. In der Regel nehmen Familien die Erziehungsberatung sehr niedrigschwellig in Anspruch und erhalten dabei eine Leistung, die flexibel zwischen verschiedenen beraterischen und therapeutischen Formen und Settings wechseln kann. Mit ihrer (psycho-)therapeutischen Kompetenz kann die Erziehungsberatung besondere Angebote an der Schnittstelle von SGB VIII und SGB V erbringen und das Fachpersonal kann an dieser Schnittstelle eine wichtige Brückenfunktion wahrnehmen. Zugleich bietet das Angebotsprofil der Erziehungsberatungsstellen das Potenzial, präventiv auf Familien an anderen Orten (Kita, Schule) zuzugehen und erzieherische Kompetenzen von Eltern im Vorfeld von Störungen zu stärken. Zu den Merkmalen der Strukturqualität von Erziehungsberatung, die direkt im § 28 SGB VIII verankert sind, gehört die Leistungserbringung durch ein multidisziplinäres Team von Fachkräften sowie eine hohe klinische Orientierung durch verschiedene therapeutische und beraterische Zusatzqualifikationen. »Diese Besonderheit der Hilfeplanung und der Hilfegewährung als prozessorientierte, methodenvariable, reflexive und im Wesentlichen psychologische Beratung ermöglicht eine hocheffiziente, qualifizierte Form psychosozialer Grundversorgung insbesondere bei Familien mit vielfältigen und dynamischen Problemen, die so von keiner anderen Institution realisiert werden kann« (Arbeitsgemeinschaft der Leitungen der Psychosozialen Dienste der bezirklichen Jugendämter Berlins, 2012, S. 2). Zugleich bietet sie eine besonders variable Palette von Interventionsformen an, die dadurch individuell auf den Bedarf eines Einzelfalles zugeschnitten werden können. Beratung kann sich auf den Fokus der Elternpersonen und/oder den Fokus der Kinder richten und zudem den institutionellen Kontext wie Schule oder Kita berühren, sie kann im Einzel-, Paar-, Familien- oder Gruppensetting erfolgen. Kennzeichnend ist die nicht ausschließliche, aber doch wesentliche psychologische und psychotherapeutische Prägung von Diagnostik, Hilfeplanung und Intervention. »Psychotherapie ist konstituierend für die Erziehungs- und Familienberatung« (Hundsalz, 2001). Diese psychologische Perspektive (»Verändern durch Selbst-Verstehen und Verstanden-Werden«, Jacob u. a., 2012) sowie eine systemische Perspektive bilden gemeinsam das »bifokale Grundgerüst« (ebenda) der Erziehungsberatung, das ergänzt wird durch sozialpädagogische, mediatorische und andere therapeutische Sichtweisen und Kompetenzen. Die durch das Fachkräfteteam geprägte Arbeitsstruktur unterstützt zudem eine kollegiale Reflexion und Evaluation der Fallbearbeitung. In der Praxis liegen Schwerpunkte der Erziehungsberatung bei Fragen und Konflikten im Themenkreis von Trennung/Scheidung, Sorge- und Umgangsregelungen, bei Entwicklungsstörungen und insbesondere frühkindlichen Regulationsstörungen sowie bei Beziehungs- und Bindungsproblemen.

Erziehungsberatung wird relativ häufig evaluiert durch Zufriedenheitsmessungen (z. B. Nitsch, 2010; Hundsalz, 2001; Reissmann & Jacob, 2007) und erreicht dabei durchweg positive Ergebnisse. Roesler (2017) hat dies kombiniert mit standardisierten Messinstrumenten. Erziehungsberatung war auch Gegenstand der Wirkungsmessungen der Jugendhilfeeffektestudie JES (Schmidt et al., 2003) und hat dabei hohe Effektstärken gezeigt in Bezug auf die Gesamtauffälligkeit des Kindes. Bezüglich der Veränderungen im Umfeld erreicht Erziehungsberatung die höchsten Veränderungen von allen untersuchten Hilfeformen. Allerdings weisen die Autoren richtigerweise darauf hin, dass die Problemlagen der Familien, die in der EFB Hilfe suchen und finden, im Mittel weniger gravierend sind als die anderer Hilfearten aus dem Kanon der Hilfen zur Erziehung. Solche Merkmale wie »relativ intakte Familien … mit geringen chronischen Belastungen im Umfeld, die aber große Ressourcen im Umfeld verfügen« (S. 473) sprechen nach den Ergebnissen dafür, dass Familien am ehesten von Erziehungsberatung profitieren. Bei solchen Beschreibungen drängt sich allerdings die Frage auf, ob solche ressourcenstarken Familien im Alltag der Jugendhilfe überhaupt als Hilfeempfänger vorkommen. Vielmehr wird aus der Praxis beschrieben, dass längst auch in der Erziehungsberatung schwere Störungsbilder, oft verbunden mit psychischen Erkrankungen, sowie auch Hochstrittigkeit im Kontext von Trennungs-, Umgangs- und Sorgerechtskonflikten zum Alltag gehören. Die Ergebnisse der JES-Studie machen jedoch darauf aufmerksam, dass damit die Zielgruppe, die am besten von Erziehungsberatung profitieren würde, evtl. nicht mehr erreicht wird. Die Prognosehinweise aus den Datenanalysen können auch darauf hindeuten, dass der Erfolg der Erziehungsberatung gemindert werden kann, wenn Familien mit zu starken Belastungen und Problemlagen diese Hilfeart wählen. Dazu ist zweierlei zu bedenken. Erstens: Solange diese Familien nicht in anderen Hilfen »ankommen« (damit ist der gesamte Prozess von der Kontaktaufnahme über die Hilfeplanung und -entscheidung sowie die Mitwirkung in der Hilfe selbst gemeint), ist eine begrenzte Hilfe in der Erziehungsberatung möglicherweise wirksamer als eine andere Hilfeart, die nicht oder nicht rechtzeitig in Anspruch genommen wird. Zweitens aber können auch Maßnahmen erforderlich sein, die für Familien mit weniger gravierenden Problemlagen die niedrigschwelligen Zugänge in die Erziehungsberatung sichern und sogar erleichtern. Eventuell benötigt eine Erziehungsberatungsstelle gesonderte Zugangswege oder Anmeldekontingente, damit sie die »Stärken« der Erziehungsberatung optimal und eben auch präventiv (im Sinne einer sekundären Prävention) zur Geltung bringen kann. Wenn die Kapazitäten der Erziehungsberatung vollständig mit besonders schwierigen Fallkonstellationen und hochstrittigen Elternkonflikten ausgelastet werden, droht die Erziehungsberatung ihre Rolle als niedrigschwelliges Infrastrukturangebot zu verlieren.

Die zentralen Ergebnisse der Wir.EB-Studie zur Effektivität der Erziehungsberatung (Arnold, 2014; Arnold, 2017; Arnold & Macsenaere, im Druck) zeigen, dass »Erziehungsberatung erhebliche Verbesserungen im familiären Zusammenleben bewirkt« (Macsenaere, im Druck). Die Effektstärken sind besonders hoch in den Bereichen familiäres Zusammenleben, den Bewältigungsfähigkeiten und der psychischen Integrität/Gesundheit bei den jungen Menschen sowie auf die Eltern bezogen bei Bewältigungsfähigkeiten, psychische und körperliche Integrität/Gesundheit sowie ferner noch die Erziehungskompetenz. Bemerkenswert ist, dass auch für Faktoren der Strukturqualität wie ein Beratungsbeginn kurz nach der Anmeldung sowie bestimmte Zusatzqualifikationen beim Fachpersonal signifikante Effekte auf die Wirkung der Hilfe gemessen werden konnten.

8.3.3 Frühe Hilfen

Seit dem Bundeskinderschutzgesetz 2012 werden unter dem Stichwort Frühe Hilfen »lokale und regionale Unterstützungssysteme mit koordinierten Hilfsangeboten für Eltern und Kinder ab Beginn der Schwangerschaft und in den ersten Lebensjahren mit einem Schwerpunkt auf der Altersgruppe der 0- bis 3-Jährigen« (Nationales Zentrum Frühe Hilfen, 2018) finanziert, anfangs als Bundesprogramm, seit 2018 aus einer Bundesstiftung. »Frühe Hilfen tragen in der Arbeit mit den Familien dazu bei, dass Risiken für das Wohl und die Entwicklung des Kindes frühzeitig wahrgenommen und reduziert werden. Wenn die Hilfen nicht ausreichen, eine Gefährdung des Kindeswohls abzuwenden, sorgen Frühe Hilfen dafür, dass weitere Maßnahmen zum Schutz des Kindes ergriffen werden« (ebd.). Frühe Hilfen werden zur Vermeidung von Kindeswohlgefährdung sowie zum Schutz von Kindern eingesetzt, ohne selbst Hilfe zur Erziehung zu sein. Angebote werden zum Beispiel durch Familienhebammen oder mit Familienpatenschaften erbracht und können regional unterschiedlich sein. Das Nationale Zentrum hat eine Evaluation Früher Hilfen unter besonderer Beachtung der Kosten-Nutzen-Aspekte veröffentlicht (Meier-Gräwe & Wagenknecht, 2011), die zeigt, dass die vergleichsweise geringen Kosten für Frühe Hilfen durch vermiedene Folgekosten von Kindeswohlgefährdungen in mehrfacher Höhe auch wirtschaftlich eine gute Investition darstellen.

8.3.4 Angebote der Familienförderung

Die Förderung der Erziehung in der Familie gem. § 16 SGB VIII ist ein Auftrag der Jugendhilfe, der ausdrücklich auch den Aufbau elterlicher Erziehungskompetenzen (oder besser: ihrer erzieherischen Handlungsfähigkeit, ▸ Einführung) beinhaltet. Wenn sich die Jugendhilfe nicht im interventionistischen Reagieren auf festgestellte Kindeswohlgefährdungen beschränken will und ihren gesetzlichen Auftrag aus § 1 SGB VIII, zur Förderung und Stärkung von Kinder, Jugendlichen und Familien sowie zur Schaffung positiver Lebensbedingungen beizutragen, ernst nimmt, stellt die Förderung der Erziehung in der Familie eine entscheidende Aufgabe dar, um proaktiv erzieherische Kompetenzen von Eltern zu stärken und die Auswirkungen erzieherischer Probleme auf das Kindeswohl zu mindern. Allerdings hat das Gesetz diese Aufgabe nicht – wie bei den Hilfen zur Erziehung – als individuellen Rechtsanspruch ausgestaltet, sondern als eine allgemeine Gewährleistungsverpflichtung des Jugendamtes. In der Folge ist es ungleich schwieriger, eine angemessene Haushaltsausstattung für solche Angebote zu erreichen. Gadow et al. (2013) bilanzieren aus den Ergebnissen der umfangreichen Erhebung »Jugendhilfe und sozialer Wandel« eine steigende Tendenz von Angeboten der Familienförderung in den untersuchten Jugendamtsbezirken, jedoch keine flächendeckende Infrastruktur für präventive Angebote. Sie sehen den fehlenden individuellen Rechtsanspruch auf präventive Leistungen als einen der Gründe dafür. Zudem liegen kaum Daten zur Inanspruchnahme dieser Leistungen vor. »Insofern lässt sich empirisch gar nicht feststellen, ob der öffentliche Stellenwert, der diesem Thema zugemessen wird, sich auch in einer veränderten Praxis der Kinder- und Jugendhilfe niederschlägt« (S. 153). Damit liegen auch keine sicheren Erkenntnisse darüber vor, ob die Inanspruchnahme von präventiven Angeboten den Bedarf an individuellen Hilfen zur Erziehung senkt oder im Gegenteil die Nachfrage danach erhöht. Hinweise darauf, dass eine gute präventive Infrastruktur die Ausgaben für ambulante Erziehungshilfe senken kann, fanden hingegen Olk und Wiesner (2014, siehe auch Wiesner & Olk, 2015) in der Evaluation zum Bremer Projekt ESPQ. Dieses mehrjährige Projekt über Erziehungshilfe, soziale Prävention und Quartiersentwicklung ergab, dass ausreichende, hochwertige und zielgenaue infrastrukturelle Angebote helfen, individuellen Hilfebedarf bei den (ambulanten) Hilfen zur Erziehung zu reduzieren. Somit haben Angebote der Familienförderung – vergleichbar denen der Jugendarbeit und Jugendsozialarbeit – ein großes Potenzial, psychosozial belastete Familien zu stärken, ihnen Erfahrungen von Zugehörigkeit und Selbstwirksamkeit zu ermöglichen sowie Selbsthilfe zu organisieren.

Die Angebotsformen reichen von offenen und wenig strukturierten Kontaktangeboten (Elterncafé) über definierte Kursangebote für elterliche Erziehung mit ganz unterschiedlichen konzeptionellen Grundlagen (das behavioristisch konzipierte Triple P, Starke Eltern – starke Kinder, »Kind im Blick«, FuN [Familie und Nachbarschaft], Rendsburger Elterntraining, Opstapje, die bindungstheoretischen Kurskonzepte STEEP und PeKiP) bis hin zu stark an Einzelfallarbeit orientierten Projekten.

Evaluationen liegen eher vereinzelt und in unterschiedlicher empirischer Qualität vor, z. B. von Retz und Walper (2015) über »Kinder im Blick« oder von Schumann und Willenbring (2007) bzgl. Opstapje. Für das Programm Triple P wird eine Reihe von Befunden sowie eine Metaanalyse angegeben. Datenbanken wie die »Grüne Liste Prävention« des Landespräventionsverbands Niedersachsen oder das Infoportal Prävention des Landeszentrums Gesundheit Nordrhein-Westfahlen bieten einen Überblick über verschiedene Programme und geben Hinweise zur Datenqualität von Wirksamkeitsnachweisen. Eine Metaanalyse zur Wirkung von familienbezogenen Präventionsmaßnahmen in Deutschland liegt von Weiss, Schmucker und Lösel (2015) vor, in der immerhin 45 kontrollierte Evaluationen aus Deutschland aus den Jahren 1976 bis 2010 überwiegend zu Erziehungskursen für Eltern mit insgesamt 4 213 teilnehmenden Personen ausgewertet wurden. Die Ergebnisse weisen in Bezug auf die elternbezogenen Effekte zwar heterogene, aber ausnahmslos positive Effekte aus (hochsignifikant, mittlere Effektstärke), bei den kindbezogenen Erfolgsmaßen waren die Effekte etwas schwächer und dabei homogener. Soweit in den Studien Follow-up-Effekte ermittelt wurden, waren (meist innerhalb von 14 Monaten) elternbezogene Effekte abgeschwächt vorhanden, die kindbezogenen Effekte waren stabil. Angesichts der äußerst heterogenen »Landschaft« von Elternkursprogrammen sind diese Ergebnisse ermutigend. Jedoch sind die in die Untersuchungen einfließenden Angebote nach Einschätzung der Autoren nicht repräsentativ für die reale Praxis der Familienbildungsangebote. So waren klassische Erziehungskurse in den Studien im Vergleich zu den Ergebnissen einer Bestandsaufnahme überrepräsentiert. Ebenso ist die »Rekrutierung« der teilnehmenden Personen bei den Studien nicht ohne Weiteres mit der Alltagspraxis vergleichbar, was Stichprobeneffekte zur Folge hat. Dennoch sprechen die Ergebnisse für »moderate, aber praktisch relevante Wirkungen« insbesondere hinsichtlich des elterlichen Erziehungsverhaltens. Auch gezielte Kombinationen von einzelfallbezogenen Hilfen mit infrastrukturellen Angeboten der Familienförderung stellen eine interessante Option dar (Olk & Wiesner, 2014).

8.3.5 Schulsozialarbeit

Die Schule bietet als zentrale Instanz kognitiver Bildung und sozialer Erziehung eine Fülle von Anknüpfungspunkten für unterschiedliche Formen von Angeboten, die unterstützend für Kinder aus Familien mit unzureichenden elterlichen erzieherischen Fähigkeiten sein können. Andererseits wird nicht selten der schulische Lehr- und Lernalltag durch Kinder mit erziehungsbedingten Auffälligkeiten beeinträchtigt. Somit sind Schule und Jugendhilfe in ihrer Aufgabenerfüllung auf vielfältige Weise miteinander verbunden, obgleich ihr systemspezifischer Zugang zu den Problemlagen von Kindern unterschiedlich ist (Zeddies, 2012). Gemeinsam gestaltete oder zumindest strukturell verbundene Angebotsformen können sowohl Hilfen zur Erziehung am Ort Schule, etwa in Form von Erziehung in einer Tagesgruppe (▶ Kap. 8.4.6), sein als auch Angebote der schulbezogenen Jugendarbeit und Jugendsozialarbeit. Solche Angebote sind im Kinder- und Jugendhilferecht nicht als individueller Rechtsanspruch eines jungen Menschen oder seiner Familie formuliert, sondern als allgemeiner Gewährleistungsauftrag. Somit stellt die Leistungsgewährung für ein individuelles Kind keine Einzelfallentscheidung des Jugendamtes dar, vielmehr ist für eine bestimmte Angebotsform eine Projektfinanzierung erforderlich, die durch das Jugendamt, die Schule, ggf. auch durch Drittmittel oder eine Kombination daraus erfolgen kann (Meysen, Beckmann, Reiß & Schindler, 2014).

So sind zum Beispiel *Schülerklubs* Einrichtungen der schulbezogenen Jugendarbeit. Die Angebote sind außerschulische Aktivitäten und sollen die informelle Bildung der Kinder fördern. Sie sind ein Angebot für alle Schülerinnen und Schüler, unabhängig von der Feststellung eines besonderen Hilfebedarfs. Dennoch werden Schülerklubs eher dort eingerichtet, wo Schule und Jugendhilfe einen besonderen Bedarf sehen. Somit haben sie einen klassisch primär-präventiven Ansatz. Schulbezogene Jugendsozialarbeit hat hingegen ihren Auftrag darin, benachteiligte Schülerinnen und Schüler – mit dem Ziel einer besseren sozialen Integration – zu fördern. Speziell in *Schulstationen* werden dazu einzel- und gruppenbezogene Unterstützungsformen eingesetzt, die Schüler und Schülerinnen mit Lern- und Verhaltensproblemen sozial fördern und unterstützen sowie ihre Kompetenzen gezielt stärken sollen. Dies bezieht eine gezielte Elternarbeit ein. Die pädagogischen Fachkräfte in der Schulstation können auch in akuten Konfliktsituationen mit den Schülern nach Auswegen, Deeskalationsmöglichkeiten und Konfliktlösungen suchen (Zeddies, 2012).

8.4 Ambulante und teilstationäre Hilfen zur Erziehung

Die Unterscheidung der Hilfen zur Erziehung nach dem Setting in ambulante bzw. teilstationäre und stationäre Hilfen ist fachlich üblich und allgemein sinnvoll. Jedoch unterscheiden sich die einzelnen Hilfearten deutlich und werden deshalb hier in ihren Eigenschaften sowie – soweit verfügbar – mit Daten zur spezifischen Wirksamkeit einzeln dargestellt. Nach Gadow et al. (2013) sind die ambulanten Hilfen durch ihren starken Anstieg zum quantitativ wichtigsten Bestandteil des Spektrums der erzieherischen Hilfen geworden.

Dabei befindet sich die Angebotsstruktur der ambulanten Hilfen zur Erziehung ungeachtet der scheinbar starren Vorgaben durch die Fixierung in jeweils gesonderten Paragraphen des SGB VIII in einer beständigen Veränderung durch neu hinzu tretende Angebotsformen, die Flexibilisierung der Hilfeformen sowie die unterschiedliche Verknüpfung mit anderen infrastrukturellen Angeboten wie z. B. Schulen oder Stadtteilzentren.

8.4.1 Sozialpädagogische Familienhilfe

Sozialpädagogische Familienhilfe (SPFH) spielt bei den Hilfen zur Erziehung eine zentrale Rolle. Dafür sprechen einmal die Fallzahlen: Nach der Erziehungsberatung mit ihrer besonderes niedrigschwelligen Zugangsweise (▶ Kap. 8.3.2) stellt die Sozialpädagogische Familienhilfe mit Abstand die am häufigsten gewählte Form der Hilfen zur Erziehung dar. Die Inanspruchnahme der Sozialpädagogischen Familienhilfe weist nach den Ergebnissen der Bundesjugendhilfestatistik insbesondere in den Jahren seit 2006 starke Wachstumsraten auf (Statistisches Bundesamt, 2016). Dabei zeigt sich, dass die Inanspruchnahme besonders bei Alleinerziehenden gestiegen ist und dort etwa fünfmal höher liegt als bei Familien, in denen beide Eltern zusammenleben (Gadow et al., 2013).

Aber auch mit ihrer Arbeitsweise bildet sie das fachliche Ideal der Erziehungshilfe am besten ab: Fachkräfte gehen in den Alltag der Familie und suchen die Familie dort auf, wo die ganz realen Probleme bestehen. Am Küchentisch, bei der Hausarbeit oder den Schulaufgaben, bei Behördengängen oder wo immer eine erziehende Person an ihre Grenzen kommt, kann die Fachkraft sie begleiten und unterstützen und alternative Handlungsoptionen erarbeiten und trainieren. Gleichzeitig kann diese unmittelbare Alltagsnähe eine Entlastung für überlastete Erziehungssysteme bieten.

Sozialpädagogische Familienhilfe wird häufig gewählt bei Familien mit (auch mehreren) jüngeren Kindern und bei erzieherischen Problemlagen von mittlerem Schweregrad, jedoch gehen nicht selten Krisen- oder Gefährdungssituationen dem Hilfebeginn voraus (Macsenaere, im Druck). Sozial benachteiligte Familien erhalten besonders häufig Sozialpädagogische Familienhilfe. Obwohl auch die Kinder in die Hilfeerbringung einbezogen werden, liegt der Fokus jedoch auf den Eltern als Initiatoren und Durchführenden von Veränderungsprozessen.

Genau hier, bei der Verortung der Hilfe im Alltag bzw. im Haushalt der Familie, liegt aber auch eines der größten Risiken der SPFH: wenn sie als bloße Entlastung oder gar Haushaltshilfe verstanden wird, ist ein sozialpädagogisches Wirkungspotenzial kaum zu erwarten. Dieses Missverständnis wird nicht selten durch die Familien selbst geäußert. Das ist einerseits auch verständlich, denn die Intervention direkt im familiären Wohnzimmer stellt natürlich eine Grenzüberschreitung dar. Die Familie spricht nicht an neutralem Ort über ihre Probleme, sondern lässt die Fachkraft daran teilhaben, sie miterleben und gibt damit die für die Selbstachtung wichtige Option einer durch das Gespräch vermittelten Darstellung auf. Gleichzeitig wird das Agieren der Fachkraft manchmal gar nicht als sozialpädagogische Intervention sichtbar, weil an der Verhaltensoberfläche das gemeinsame Aufräumen einer vermüllten Wohnung, der gemeinsame Wochenendeinkauf oder ein gemeinsamer

Gang zum Amt wahrgenommen werden. Aber auch seitens der leistungserbringenden Träger und Fachkräfte gibt es zwischen einer »zupackende(n) Fürsorglichkeit« (Trede, 2014, S. 20) und einer auf Ressourcenaktivierung und Empowerment (Helming, 2001) bzw. die Entwicklung neuer Kompetenzen und eigener Lösungen ausgerichteten sozialpädagogischen Unterstützung großen konzeptionellen Spielraum. Helming (ebd.) zählt unter anderem lösungsorientiertes und ressourcenorientiertes Denken, systemisches Wissen sowie Kooperationsfähigkeit und Aushandlungskompetenz zu den Grundlagen des methodischen Handelns, dazu die Fähigkeit zu Selbstreflexion sowie Beratungs- und Gesprächsführung. Rätz et al. (2014) verweisen auf eine vielfältige Methodendiskussion sowie eine methodische Ausdifferenzierung und Weiterentwicklung der Sozialpädagogischen Familienhilfe angesichts von Familien mit komplexen Problemlagen auf verschiedenen Ebenen, umfangreich erforderlichen Vernetzungskontakten zu verschiedenen Institutionen sowie den häufig präsenten Fragen möglicher Kindeswohlgefährdung. Beispielhaft werden Video-Home-Training, Familienaktivierungsmanagement oder Verwandtschaftsrat genannt. Hier liegen einerseits Chancen, durch solche Entwicklungen im Rahmen der Hilfeart der Sozialpädagogischen Familienhilfe verbesserte konzeptionelle Antworten auf die Anforderungen zu erhalten, die die Bedarfe von Familien an die Kinder- und Jugendhilfe stellen. Es gibt ein relativ breites Spektrum von Interventionen, die im Rahmen der Hilfeplanung zwischen Familie, Jugendamt und Träger für den Bedarf eines Einzelfalles individuell spezifisch zugeschnitten werden können. Andererseits droht eine gewisse Beliebigkeit, wenn die Hilfeplanabsprachen nicht genau genug erfolgen. Und für die Evaluation von Hilfen sowie für die Forschung wird es dadurch schwieriger, Ergebnisse der Sozialpädagogischen Familienhilfe in angemessenen Vergleichsgruppen zu erheben und zu interpretieren.

Seitens der beauftragenden Jugendämter gibt es ein ähnliches Risiko von zu unscharfen Auftragslagen. Wenn das Jugendamt sich bei einer unklaren Beurteilung einer möglichen Kindeswohlgefährdung von der SPFH-Fachkraft erhofft, diese werde akute Gefährdungen schon durch ihre Anwesenheit vermeiden und im Übrigen durch ihren Bericht helfen, zu einer genaueren Einschätzung der Lage zu kommen, so wird mit solchen unterschwelligen Aufträgen ein klarer Kontrakt zwischen der Familie und den Fachkräften erschwert oder geradezu sabotiert. Helming (2001) sieht die sozialpädagogische Familienhilfe im strukturellen Widerspruch zwischen Kontroll- und Hilfeauftrag. Die Sozialpädagogische Familienhilfe benötigt deshalb eine besonders sorgfältige Auftragsklärung zwischen der Familie, den Fachkräften und dem Jugendamt und größtmögliche Transparenz über die Ziele und Wirkungsweise der Hilfe.

Über die Arbeitsweise und Wirkung der Sozialpädagogischen Familienhilfe gibt es Untersuchungen mit sehr unterschiedlichen methodischen Ansätzen. So berichtet Helming (2010) über eine Studie mittels Fragebögen sowie über ein Praxisforschungsprojekt mit verschiedenen qualitativen Ansätzen, zum Beispiel teilnehmender Beobachtung und Fallbegleitung. Die Wirkung der Sozialpädagogischen Familienhilfe wurde auch in der Längsschnittuntersuchung Jugendhilfeeffektestudie (JES) (Schmidt et al., 2003) grundsätzlich bestätigt. Die Ergebnisse weisen mittlere kindbezogene Effekte und überdurchschnittliche familienbezogene Effekte der SPFH aus. Zu ähnlichen Ergebnisse kommt die EVAS-Studie (IKJ, 2016) Der SPFH gelingt es demnach, Ressourcen der Kinder zu stärken und Defizite zu reduzieren. Auch eine Verbesserung der Schulleistungen war insbesondere bei jüngeren Kindern nachweisbar. Die Effekte sind bei Kindern einer mittleren Altersgruppe (11 bis 13 Jahre) am stärksten, Jungen profitieren etwas stärker als Mädchen. Zudem gelingt es in besonderem Maße, Störungen bei den Eltern zu reduzieren. Die Effektivität der SPFH ist in hohem Maße von der Hilfedauer abhängig ist: Merkliche Effekte werden im Schnitt nach einem Jahr erreicht und dann bis zum Ende des zweiten Jahres kontinuierlich gesteigert (Macsenaere, 2017). Messbaren Einfluss auf die Wirksamkeit der SPFH haben auch Elemente der Prozessqualität, insbesondere die Mitarbeit der Hilfeadressaten, ein gelungener Aufbau eines Arbeitsbündnisses, die Übereinstimmung der Hilfeziele mit den Wünschen der Klientinnen und Klienten sowie die kontinuierliche Arbeit ohne größere Unterbrechungen oder Wechsel der Fachkräfte.

8.4.2 Erziehungsbeistand, Betreuungshelfer

Dies ist – zumindest in Bezug auf die Begrifflichkeit – eine etwas merkwürdige Hilfeart. Denn das SGB VIII benutzt in § 30 nicht nur parallel zwei Begriffe für diese Hilfeart, sondern es handelt sich zudem um Begriffe mit etwas atypischer Geschichte.

Der Erziehungsbeistand war schon im seit 1961 geltenden Jugendwohlfahrtsgesetz JWG bekannt. Er war mit besonderen Befugnissen ausgestattet, die dem damaligen Fürsorge- und Eingriffsrecht entsprechenden. Im § 58 JWG heißt es: Der Erziehungsbeistand »…hat bei der Ausübung seines Amtes das Recht auf Zutritt zur Wohnung des Minderjährigen. Das Grundrecht auf Unverletzlichkeit der Wohnung (Artikel 13 Abs. 1 des Grundgesetzes) wird insoweit eingeschränkt« (Bundesgesetzblatt, 1961). Der Betreuungshelfer wiederum bezieht sich auf das Jugendgerichtsgesetz JGG und wird dort im § 10 JGG als eine mögliche Weisung im Ergebnis eines Jugendstrafverfahrens benannt. Diese wird weiterhin in ihrer ursprünglichen Ausprägung auf Anordnung eines Jugendrichters als »Erziehungsmaßregel« verwendet. Das SGB VIII formuliert nun in § 30, dass der Erziehungsbeistand und der Betreuungshelfer »das Kind oder den Jugendlichen bei der Bewältigung von Entwicklungsproblemen möglichst unter Einbeziehung des sozialen Umfelds unterstützen und unter Erhaltung des Lebensbezugs zur Familie seine Verselbständigung fördern« sollen. Damit wird beiden Funktionsbezeichnungen eine gemeinsame Aufgabe zugeschrieben. Nach den Ergebnissen der Bundesjugendhilfestatistik hat die Inanspruchnahme von Erziehungsbeistandschaft kontinuierlich zugenommen. Bei der Betreuungshilfe liegen die Fallzahlen in Relation zur relevanten Bevölkerungsgruppe der unter 27-Jährigen auf einem relativ konstanten niedrigen Niveau und steigen seit 2007 leicht an. Jedoch ist hier die Überschneidung mit richterlichen Weisungen zur Einsetzung eines Betreuungshelfers zu beachten, die hier vermutlich uneinheitlich abgebildet werden (Gadow et al., 2013). In der Praxis kommt die Hilfe nach § 30 SGB VIII vor allem dann zum Einsatz, wenn sich eine ambulante Hilfe zur Erziehung an ein älteres Kind bzw. einen Jugendlichen richtet und weniger an die Eltern oder das gesamte Familiensystem. Im Gegensatz zur Familienzentrierung der Sozialpädagogischen Familienhilfe und der Gruppenorientierung der sozialen Gruppenarbeit richtet die Erziehungsbeistandschaft ihren Fokus auf den jeweiligen jungen Menschen. Zielklientel der Erziehungsbeistandschaft sind ältere Kinder, Jugendliche und junge Volljährige mit Entwicklungsproblemen. Das Altersbereich der 14- bis 18-Jährigen ist am stärksten vertreten. Männliche Klienten sind mit 65 % deutlich überrepräsentiert.

Typische Themen sind Finanzen/Schulden, Wohnen, Schule/Ausbildung/Beruf, aber auch Gesundheit, Freizeit und soziale bzw. Beziehungsprobleme. Der Handlungsansatz der Erziehungsbeistandschaft integriert Komm- und Gehstrukturen und kann – je nach Konstellation des Einzelfalles – im Einzel-, Gruppen- und Familiensetting erfolgen sowie auch freizeitpädagogische Arbeit umfassen (Rätz et al., 2014). Insofern besteht eine große Bandbreite von möglichen Arbeitsformen, die im Hinblick auf die individuellen Bedarfe und Bedingungen abgestimmt werden können. Dabei soll das Kind bzw. der Jugendliche bei seinen eigenen Bewältigungsbemühungen unterstützt und so in seiner Entwicklung gefördert werden. Gleichzeitig sind Bezüge der Hilfe auf das Eltern- und Familiensystem sowie das weitere soziale Umfeld mit einzubeziehen.

Macsenaere (im Druck) berichtet aus der EVAS-Studie mittlere Effektstärken bei der Stärkung von Ressourcen sowie dem Abbau von Defiziten der jungen Menschen. Ressourcen werden insbesondere in Bereichen wie sozial-kommunikative Kompetenzen, Bewältigungsstrategien, Selbstsicherheit und Autonomie gestärkt. Bei der Reduzierung von dissozialem Verhalten und sozialer Unsicherheit, die als typische Probleme beim Einsatz von Erziehungsbeistandschaften gelten, sind die Effekte geringer. Wie auch in anderen Hilfearten gibt es auch bei der Erziehungsbeistandschaft einen deutlichen Zusammenhang zwischen Hilfedauer und Effektivität: Bereits nach sechs Monaten liegen merkliche positive Veränderungen vor. Diese steigen aber nahezu linear bis zum maximalen Effektniveau, das nach 24 Monaten erreicht wird, weiter an.

In der Jugendhilfeeffektestudie (Schmidt et al., 2003) fällt bei dieser Hilfeart eine besonders hohe Abbruchquote von 43,2 % auf. Dabei erfolgte ein Großteil der Abbrüche (9 von 16) schon früh im Hilfeverlauf und – was bei anderen Hilfen kaum vorkam – in 6 von 16 Abbrüchen erst spät im Hilfeverlauf. Über die Abbruchquoten wird auch bei der Heimerziehung (▶ Kap. 8.5.2) noch zu sprechen sein. Sie ist unter anderem abhängig von der Spezifik der Altersgruppe, für die eine Hilfeart besonders häufig eingesetzt wird. Deshalb muss die Abbruchquote von Hilfen zwar sorgfältig analysiert werden, kann aber auch nicht in einer verkürzten Argumentation eindimensional zum Misserfolgskriterium erklärt werden. Für die Erziehungsbeistandschaft berichtet die Jugendhilfeeffektestudie aber auch über eine geringe Treffsicherheit der durch Fachkräfte gestellten Prognose. Bezüglich der familiären Problematik kann die Erziehungsbeistandschaft wenig Veränderung erreichen. Das entspricht auch dem eher auf das Kind bzw. den Jugendlichen zentrierten Ansatz dieser Hilfeart. Die Autoren schätzen die Befundlage jedoch selbst als »schwer interpretierbar« ein.

8.4.3 Soziale Gruppenarbeit

Da kindliche Entwicklung sich mit zunehmendem Alter eines Kindes stärker im Kontext des Kontakts zu Gleichaltrigen vollzieht, ist es naheliegend, diesen Rahmen auch bei Interventionen für eine gelingende kindliche Entwicklung zu berücksichtigen. Schon im eher grundsätzlich angelegten § 27 SGB VIII, der den einzelnen erzieherischen Hilfen voran gestellt ist, wird in Absatz 2 gefordert, das soziale Umfeld des Kindes oder Jugendlichen in die Hilfe einzubeziehen. Das setzt die Hilfeart der sozialen Gruppenarbeit nun unmittelbar um. Gruppenarbeit kann neben der Einzelfall- und der Gemeinwesenarbeit als eine der klassischen Methoden sozialer Arbeit bezeichnet werden (Krause und Peters, 2014). Sie kommt auch außerhalb der Hilfen zur Erziehung zum Einsatz, etwa in der offenen Kinder- und Jugendarbeit oder in der Schulsozialarbeit. Soziales Lernen, Selbsthilfe und informelle Bildung, aber auch soziale und emotionale Reifung sind wesentliche Effekte der Förderung der Entwicklung, die mit sozialer Gruppenarbeit angestrebt werden.

In einer Gruppe von zumeist bis zu acht Kindern oder Jugendlichen wird eine gruppenbezogene Intervention erbracht, die unmittelbar den sozialen Kontakt der Kinder oder Jugendlichen untereinander zum Gegenstand haben soll und somit den beteiligten Kindern/Jugendlichen ein sozialpädagogisch unterstütztes Feld für soziales Lernen bieten soll. Strukturell ist daran bemerkenswert, dass für jedes der teilnehmenden Kinder der Hilfebedarf nach § 29 SGB VIII individuell festgestellt und beschrieben werden muss und gleichzeitig die Gruppe als eigenständige Struktur ihre eigenen Regeln für ein gemeinsames Erleben, Agieren, Lernen der Kinder/Jugendlichen finden muss. Der Grad der Homogenität oder Heterogenität der einzelnen Kinder und ihrer individuellen Problemgeschichten wird damit zu einem wichtigen Parameter für die Konstruktion einer solchen Gruppe. Es ist eine große Bandbreite von Gruppenangeboten möglich, die sich nach Altersgruppe, Geschlecht und thematischen Schwerpunkten unterscheiden können. Je nach Intensität des Konzepts finden die Gruppentreffen ein- bis viermal wöchentlich statt. Sie werden ergänzt durch Elterngespräche, in denen die Eltern Feedback zum sozialen Verhalten der Kinder sowie Hinweise zum elterlichen Erziehungsverhalten bekommen. Gleichzeitig ist hier – jedoch nur in gewissem Umfang – eine individuelle Intervention zur Problemgeschichte und dem häufig auch auf Seiten der Eltern sichtbaren Bedarf möglich. Die sozialpädagogischen Fachkräfte, die soziale Gruppenarbeit durchführen, berichten immer wieder darüber, wie die großen Bedürfnisse der Eltern in solchen Gesprächen offenkundig werden, aber eben nur in einem vergleichsweise geringen Umfang erfüllt werden können. Insofern gehört die Abwägung der Bedarfe auf Seiten des Kindes bzw. Jugendlichen sowie auf Seiten der Eltern zum Kern der Hilfeentscheidung für eine soziale Gruppenarbeit. Es wird aber in der Praxis davon ausgegangen, dass die Effekte der sozialen Gruppenarbeit für Kinder im Grundschul- sowie im jüngeren Oberschulalter dann besonders stark sind, wenn die der Hilfe zugrunde liegenden Probleme sich wesentlich auf die soziale Interaktion unter Gleichaltrigen beziehen. Hinsichtlich der Wirkungen und Wirkfaktoren bescheinigt Macsenaere (2017) dieser Hilfeart hinsichtlich ihrer spezifischen Klientel ausgesprochen hohe Effekte: In sämtlichen untersuchten Ressourcenskalen (soziale Integration, soziale Attraktivität, sozial-kommunikative Kompetenzen, besondere Fähigkeiten/Leistungen, Interessen und Freizeitbeschäftigung, Überzeugungen und Bewältigungsstrategien, Selbstsicherheit, Autonomie, Funktion in Familie und körperliche Gesundheit) werden über den Hilfeverlauf ausgeprägte Entwicklungen erreicht. Ebenso konnten Defizite wie Bindungsstörungen, Störungen des Sozialverhaltens, Zwangsstörungen, umschriebene Entwicklungsstörungen und depressive Störungen reduziert werden, weniger jedoch Alkohol-, Drogen- oder Medikamentenmissbrauch. Aspekte von selbstunsicherem Verhalten, sozialer Kompetenz durch Empathie, Führungsanspruch oder Beeinflussbarkeit sind in einem sozialpädagogisch gestalteten Gruppenprozess intensiver bearbeitbar, neue Verhaltensmöglichkeiten und Lernerfolge in einem vergleichsweise sicheren Rahmen besser auszuprobieren als das in anderen Settings von Erziehungshilfe möglich wäre. Nach der von Macsenaere (ebd.) zitierten EVAS-Studie sind schon in den ersten sechs Monaten der Hilfe merkliche positive Entwicklungen erkennbar. Der Großteil der Effekte wird aber erst ab dem zweiten Hilfejahr erreicht. Hinsichtlich des Alters wird ein atypischer Zusammenhang gefunden: Die Effekte sind bei älteren Personen stärker, das höchste Niveau wird in der Altersgruppe der über 18-Jährigen erreicht. Das ist bemerkenswert, weil Gadow et al. (2013) darauf hinweisen, dass gerade in dieser Altersgruppe die soziale Gruppenarbeit seltener genutzt wird.

8.4.4 Intensive Sozialpädagogische Einzelbetreuung

Intensive Sozialpädagogische Einzelbetreuung ist eine aufsuchende Form der Betreuung an den Lebensorten und in den Lebensräumen der Jugendlichen und jungen Volljährigen.

Konzeptionell wird die intensive sozialpädagogische Einzelbetreuung von anderen ambulanten Erziehungshilfen wie etwa von der Hilfe eines Erziehungsbeistands dadurch abgegrenzt, dass mit der intensiven sozialpädagogischen Einzelbetreuung eine Integration von Jugendlichen oder jungen Volljährigen in die elterliche Familie nicht mehr angestrebt wird. Hier geht es dezidiert um die Begleitung und Unterstützung bei der Entwicklung junger Menschen in Eigenverantwortung und Selbständigkeit. Dafür ist diese Hilfeform auch sehr gut geeignet und wirksam. Die elterliche Erziehung oder deren Stärkung spielen keine zentrale Rolle mehr, manchmal ist deren Marginalisierung bzw. die Zurücknahme der elterlichen Einflussnahme sogar ausdrückliches Ziel, um die Entwicklung der Selbständigkeit des jungen Menschen zu stärken. Die zentralen Fragen drehen sich um Wohnraum, die materielle Sicherung des Lebensunterhalts, Ausbildungsfragen. Beziehungsfragen, seien es solche in Bezug auf Partnerschaft, auf die Beziehung zu den Eltern oder anderen Personen, können darin eingeschlossen sein. Aufgrund der besonderen Entwicklungsgefährdungen, derentwegen diese Hilfeform in der Praxis gewährt wird, spielen häufig auch existenzielle Fragen wie Suchtverhalten, Delinquenz oder Suizidalität eine Rolle. Die Intensität dieser Hilfe kann je nach Maßgabe des Einzelfalles und auch im Hilfeverlauf stark unterschiedlich sein.

Die intensive sozialpädagogische Einzelbetreuung wird auch gewählt bei besonders schwierigen Problemlagen von älteren Jugendlichen und jungen Volljährigen, bei denen sich auch die Frage einer stationären Hilfe (▶ Kap. 8.5) stellt. Wenn etwa Prostitution, Delinquenz oder Suchtverhalten die Entwicklung erheblich gefährden, kommen verschiedene Interventionsformen in Betracht. Weil aber das Autonomiebestreben dieser Klienten und die genannten Störungen manchmal auch eine stationäre Hilfe überfordern, haben einige dieser Klienten schon mehrere Abbrüche von verschiedenen Formen der Hilfen zur Erziehung erlebt. Die Fachliteratur listet unter Stichworten wie »Systemsprenger« verschiedene konzeptionelle Lösungsansätze auf, die Praxis kennt mindestens ebenso viele Misserfolge. In solchen Fällen kann eine intensive sozialpädagogische Einzelbetreuung zumindest eine Option sein.

8.4.5 Exkurs: psychotherapeutische Hilfen zur Erziehung

Unter Erziehungshilfen werden häufig »recht selbstverständlich« (Birtsch, Münstermann & Trede, 2001, S. 9) sozialpädagogische Hilfearrangements verstanden. Das SGB VIII hingegen definiert in § 27 Abs. 3, dass Hilfe zur Erziehung insbesondere die Gewährung pädagogischer und damit verbundener therapeutischer Leistungen umfasst. Sowohl die Formulierung »insbesondere« als auch die ausdrückliche Erwähnung »damit verbundener therapeutischer Leistungen« verdeutlicht, dass ein verengter Blick auf sozialpädagogische Angebote weder dem jugendhilfespezifischen Bedarf noch dem Anspruch des SGB VIII genügen würde.

Unter den therapeutischen Leistungen spielen psychotherapeutische Hilfen oder psychotherapeutische Angebotsbestandteile von Erziehungshilfen eine besondere Rolle. Wenn schon das Fallverstehen bzw. die Diagnostik der Jugendhilfe als biopsychosoziale Diagnostik (Gahleitner & Homfeldt, 2013) interdisziplinär angelegt sein sollten, so können psychotherapeutische Interventionen ein wesentliches Element in der Hilfeplanung darstellen. Schwierigkeiten bereiten dabei die sozialrechtliche Einordnung und versorgungsstrukturelle Einbindung solcher Interventionen. Dies setzt zunächst die Abgrenzung von Psychotherapie als Krankenbehandlung zu psychotherapeutischen Erziehungshilfen voraus (Schmidt, 2017). Hierzu hat zum Beispiel die Psychotherapeutenkammer Berlin in einer eigens für die Psychotherapie in der Jugendhilfe eingesetzten Arbeitsgruppe (»KJHG-Kommission«) vertiefte Hinweise für die Indikationsstellung (Psychotherapeutenkammer Berlin, 2005) und für Qualitätsmerkmale in der Durchführung von Psychotherapie in der Jugendhilfe (Psychotherapeutenkammer Berlin, 2006) erarbeitet und diese zur Grundlage eines speziellen Curriculums gemacht (Psychotherapeutenkammer Berlin, 2009). Auch die Bundeskonferenz für Erziehungsberatung hat sich zum Verhältnis von Psychotherapie und Hilfen zur Erziehung und speziell zur Relevanz von Psychotherapie in der Erziehungsberatung (▶ Kap. 8.3.2) positioniert (Menne, 2015) und eine gemeinsame Stellungnahme mit der Bundespsychotherapeutenkammer veröffentlicht (Bundeskonferenz für Erziehungsberatung, 2008a).

Damit korrespondiert die landesrechtliche Regelung von Psychotherapie, Integrativer Lerntherapie und Familientherapie als Hilfe zur Erziehung bzw. als Eingliederungshilfe nach § 35a SGB VIII (▶ Kap. 8.6.3) im Berliner Rahmenvertrag für Hilfen in Einrichtungen und durch Dienste der Kinder- und Jugendhilfe (BRV Jug) (Senatsverwaltung für Bildung, Jugend und Familie Berlin, 2006). Auch wenn es in anderen Bundesländern solche dezidierten Regelungen nicht gibt, ist prinzipiell die Einbeziehung von psychotherapeutischen Hilfen als Leistungsbestandteil der Hilfen zur Erziehung nach § 27 Abs. 3 SGB VIII möglich und ggf. im Einzelfall zu regeln.

8.4.6 Erziehung in der Tagesgruppe

Die Erziehung in der Tagesgruppe stellt als tagesstationäre oder teilstationäre Hilfeform eine Zwischenform zwischen den ambulanten und den stationären Hilfen dar. Einerseits erreicht keine andere ambulante Hilfeform einen so großen zeitlichen Umfang der Betreuung (typisch ist eine Betreuung montags bis freitags von 13 bis 18 Uhr). Da die Betreuung in einer Gruppe von (in der Regel sechs bis zwölf) Kindern bzw. Jugendlichen erfolgt, ist eine intensive Interaktion mit starken Impulsen des sozialen Lernens zu erwarten. Die Betreuung wird flankiert durch Elterngespräche. Elternarbeit kann auch durch Teilnahme und Teilhabe der Eltern an Teilen des Alltags in der Tagesgruppe oder gemeinsamen Veranstaltungen gestaltet werden. Dennoch besteht ein wesentlicher Effekt der Tagesgruppe darin, Kinder im Alltag außerhalb der Familie zu betreuen und damit auch elterliche Defizite in der Erziehung zu kompensieren. Andererseits leben die Kinder weiterhin in ihren Familien, die Tagesgruppe stellt keine Betreuung über Tag und Nacht dar. Auch am Wochenende sind die Kinder in den Familien. Die Veränderung der familiären Situation ist damit deutlich geringer als bei einer stationären Erziehungshilfe. Diese Hilfeart wird häufig gewählt, wenn die kindbezogenen Problemlagen einen hohen Schweregrad bzw. komplexe Hilfebedarfe mit kindbezogenen, schulbezogenen und familienbezogenen Anteilen aufweisen und deshalb ein großer Hilfeumfang erforderlich erscheint. Die schulischen Bezüge bzw. die Integration oder auch Reintegration in das Schulsystem spielen in der Regel eine besondere Rolle. Das ist schon deswegen relevant, weil die Erziehung in der Tagesgruppe von ihrem Setting die Wahrnehmung von Ganztagsangeboten der Schule für diese Kinder ausschließt und insofern eine Integrationseinschränkung bedeutet. Es wird deshalb zu beachten sein, ob die betreffenden Kinder wegen der bestehenden Problemlagen nur unzureichend in die Ganztagsangebote integrierbar sind.

Erziehung in der Tagesgruppe kann auch zum Einsatz kommen, wenn elterliche Erziehungsdefizite oder Beeinträchtigungen des Kindeswohls gravierend sind und nur mit einer so umfänglichen Hilfe eine Fremdunterbringung in Vollzeitpflege oder Heimerziehung vermieden werden kann.

Die Inanspruchnahmeraten sind seit 1991 kontinuierlich steigend, seit 2007 gibt es eine deutliche Zunahme. Das ist insofern durchaus überraschend, weil die Schnittmenge mit schulischen Ganztagsangeboten mit deren Ausbau nicht zu einer Reduzierung des Bedarfs an Tagesgruppen geführt hat.

In der Jugendhilfeeffektestudie (Schmidt et al., 2003) erreicht die Tagesgruppe deutliche Effekte bei der Verbesserung der Gesamtauffälligkeit sowie dem Funktionsniveau des Kindes. Die Effekte in Bezug auf psychosoziale Belastungen im Umfeld sind dagegen eher gering. Die Ergebnisse der Studie in Bezug auf die Vorhersage von Wirkungen zeigen, dass die Veränderung der elterlichen Problematik bei der Indikationsstellung relativ treffsicher prognostiziert wird. Prognosen zur Veränderung der kindlichen Problematik sind hingegen nicht aus den Daten begründbar. Für die Motivation der Kinder zur Mitwirkung scheint die Einbeziehung der Geschwister in die Hilfeplanung eine Rolle zu spielen. Zudem wurde bei der Tagesgruppe eine besonders hohe Abbruchquote festgestellt.

Tagesgruppen sollten sich konzeptionell nicht lediglich unspezifisch als betreuende Einrichtung oder als Kompensation für ein unzureichendes erzieherisches Niveau des Elternhauses verstehen. Wenn der Anspruch der Tagesgruppe sich darauf beschränken würde, Kinder nach der Schule außerhalb ihres erzieherisch unzureichenden familiären Alltags zu betreuen, wäre das – gerade angesichts des Ausbaus von schulischen Ganztagsangeboten – nicht ausreichend. Deshalb besteht auch hier die Notwendigkeit, Konzeptionen und Kooperationen spezifisch und sorgfältig abzustimmen.

Eine Stärke der Tagesgruppe besteht in spezifischen konzeptionellen Zugängen für Störungs- und Belastungsbilder, die in Regelangeboten nicht hinreichend versorgt werden können. Dabei kann die Stärkung elterlicher Erziehungskompetenz durch eine intensive Elternarbeit eine zentrale Rolle spielen, wenn diese im Setting der Hilfe einen entsprechenden Stellenwert einnimmt und eine geeignete methodische Umsetzung erfolgt.

8.5 Stationäre Hilfen zur Erziehung

8.5.1 Vollzeitpflege

Wenn Kinder in einer Pflegefamilie aufwachsen, so klingt das zunächst nach »fremden Kindern ein Zuhause geben« (Senatsverwaltung für Bildung, Jugend und Familie Berlin, 2018), aber nicht unbedingt nach einer stationären Hilfe zur Erziehung. Doch genau das ist es eben auch. Die Hilfe zur Erziehung in Vollzeitpflege bedeutet »eine zeitlich befristete Erziehungshilfe oder eine auf Dauer angelegte Lebensform« (§ 33 SGB VIII). Privatpersonen, die nur bedingt als Fachkräfte bezeichnet werden können – der Duden kennt dafür inzwischen den Begriff »semiprofessionell« – erbringen im staatlichen Auftrag eine Erziehungshilfe in ihrem Privathaushalt. Andererseits ist die Aufnahme eines Pflegekindes für viele Pflegeeltern die »Vorstufe« einer gewünschten Adoption. Vor dem Gesetz zur »Ehe für alle« war es für homosexuelle Paare eine der wenigen Optionen, selbst ein Kind zu erziehen.

Die sehr unterschiedlichen Herangehensweisen an das Thema Pflegefamilie sind kaum zu übersehen. Und so vielschichtig wie die Herangehensweisen sind auch die alltäglichen Erfahrungen und die Bewertungen der Praxis der Vollzeitpflege[39]. Zunächst zu den Zugangsvoraussetzungen: Vollzeitpflege ist erlaubnispflichtig, die Erlaubnis erteilt das Jugendamt. Das gilt auch für die Aufnahme eines Kindes im Rahmen einer privatrechtlichen Vereinbarung. Gesetzliche Grundlage ist § 44 SGB VIII. Lediglich bei der Verwandtenpflege, wenn also Großeltern, Tante bzw. Onkel oder Geschwister ein Kind aufnehmen, ist die Pflegeerlaubnis nicht erforderlich. Aber auch hier ist es wichtig, den rechtlichen Rahmen zu klären: Handelt es sich um die Auf-

---

39 Einen umfassenden Überblick zur Struktur und Praxis der Pflegekinderhilfe mit Ergebnissen aus einer aktuellen Erhebung bieten van Santen, Pluto und Peucker (2019).

nahme und Erziehung eines Kindes mit der Bevollmächtigung durch die Eltern? Wünschen die Eltern diese Form als Hilfe zur Erziehung? Sollen die Pflegeeltern auch Teile des Sorgerechts ausüben? Diese Fragen sind für die rechtliche und finanzielle Situation von Pflegeeltern von erheblicher Bedeutung.

Pflegeeltern gebührt zunächst großer Respekt dafür, dass sie ein Kind in ihre häusliche, also private und intime Gemeinschaft aufnehmen. Zugleich müssen aus der Sicht der Jugendhilfe auch hier die Chancen und Risiken in Bezug auf das Kindeswohl abgewogen werden. Das Jugendamt hat dabei nicht die Aufgabe, »ideale« Erziehungsbedingungen für Kinder in Vollzeitpflege zu sichern. Es hat aber sicherzustellen, dass die Pflegeperson das Kindeswohl gewährleistet und Gefährdungen für das Kindeswohl abwendet. Insbesondere wenn das Jugendamt eine Pflegeperson nach § 33 SGB VIII beauftragt, hat diese Pflegeperson spezifische erzieherische Aufträge zu erfüllen, die sich aus der Hilfeplanung ergeben und darüber dem Jugendamt regelmäßig zu berichten.

Dabei sollte allen Beteiligten klar sein, dass Kinder, für die das Jugendamt eine stationäre Hilfe gewährt, eine belastete Biografie mitbringen. Die zwischen der Herkunftsfamilie, den Pflegeeltern und dem Jugendamt auszuhandelnde Hilfeplanung sollte klar genug die individuellen Problemlagen beschreiben und Ziele für die Erziehung in der Pflegefamilie benennen. Insbesondere ist der Kontakt zur Herkunftsfamilie ein kritischer Punkt, der möglichst genau besprochen werden sollte. Dabei ist zu klären, ob eine Rückkehr des Kindes in die Herkunftsfamilie angestrebt wird oder die Vollzeitpflege auf Dauer angelegt ist. Dieser Punkt ist angesichts oft jahrelanger familiengerichtlicher Auseinandersetzungen häufig eine besondere Belastung für die Beteiligten. Pflegeeltern haben dazu Anspruch auf Beratung und Unterstützung. Es gibt auf Kurzzeitpflege spezialisierte Pflegeeltern, die immer wieder ad hoc kurzfristig unterzubringende Kinder aufnehmen und dabei wissen und berücksichtigen, dass eine langfristige Perspektive in ihrem Haushalt nicht gegeben sein wird.

Über die Wirkungen bzw. die Geeignetheit von Vollzeitpflege gibt es nach Macsenaere und Esser (2015) einen unzureichenden Forschungsstand in Deutschland. Es ergeben sich aus den vorliegenden Befunden Hinweise zu qualitativen Bedingungen, die sowohl die Betreuungsleistung durch die Pflegepersonen selbst als auch die begleitende Unterstützung der Pflegefamilie betreffen. Pflegeeltern sollten als Bindungsperson emotional und auch faktisch verfügbar sein, feinfühlig auf die Bedürfnisse und Signale des Kindes reagieren können und emotionale Wärme zeigen, wie sie in Kapitel 2 auch für funktionale elterliche Erziehung beschrieben wurde (▶ Kap. 2). Auch deshalb spielt die Motivation von potenziellen Pflegeeltern bei der Überprüfung ihrer Geeignetheit eine zentrale Rolle. Sie sollen darüber hinaus auch zu einem konstruktiven Kontakt mit der Herkunftsfamilie des Kindes bereit sein. Für Fälle, in denen sorgeberechtigte Eltern die Vollzeitpflege einseitig beenden wollen und die Herausgabe des Kindes verlangen, steht den Pflegeeltern ein Antrag auf Verbleibensanordnung nach § 1632 Abs. 4 BGB zu (Küfner, 2008). Hierbei geht es um einen schwerwiegenden Eingriff in das Sorgerecht, weshalb das Familiengericht hier eine besonders sorgfältige Abwägung zu treffen hat.

Eindeutige Indikationskriterien, die die Geeignetheit von Vollzeitpflege in Abgrenzung zur Heimerziehung (▶ Kap. 8.5.2) erklären, existieren nach Macsenaere und Esser (2015) nicht. Praktisch werden vor allem Kinder in sehr jungem Alter, also insbesondere unter drei Jahren, die unabdingbar in stationärer Jugendhilfe leben müssen, nach Möglichkeit in einer Pflegefamilie untergebracht. Ebenso sollte der Schweregrad der Problematik zu dem semiprofessionellen Setting passen. Demzufolge werden eher Kinder mit geringeren Auffälligkeiten und geringerem pädagogischen Bedarf in einer Pflegefamilie untergebracht, deren Eltern jedoch sehr schwerwiegende Problemlagen aufweisen (Arnold, 2010). Alternativen altersgerechter Unterbringung in der Heimerziehung können sonst nur familienanaloge Wohnformen sein.

8.5.2 Heimerziehung

Die Zahl der Kinder und Jugendlichen, die in Heimerziehung leben, ist bundesweit nur wenig größer als die der Kinder in Pflegefamilien (Statistisches Bundesamt, 2016b). Beide Zahlen sind jedoch seit 2007 stetig angestiegen, obgleich die Bevölkerung der Altersgruppe unter 21 Jahren von 16,9 Mio. 2007 auf 15,5 Mio. im Jahr 2015 gesunken ist (ebd.). Sowohl der Anteil der stationären Hilfen zur Erziehung als auch die Aufteilung auf Pflegefamilien und Heimerziehung unterliegt starken regionalen Schwankungen. Diese Zahlen werden – nicht zuletzt wegen der erheblichen fiskalischen Auswirkungen – intensiv ausgewertet (exemplarisch: Arbeitsstelle Kinder- und Jugendhilfestatistik, 2016). Es wird deutlich, dass die Kinder- und Jugendhilfe in den Stadtstaaten sowie in Ballungszentren und Großstädten in deutlich höherem Anteil stationäre Erziehungshilfen gewährt, was überwiegend durch die entsprechenden soziostrukturellen Bedingungen begründet wird (ebd., S. 31 f.).

Stationäre Jugendhilfe in Einrichtungen über Tag und Nacht (§ 34 SGB VIII) kann unterschieden werden zwischen Heimerziehung bzw. der Betreuung in Wohngemeinschaften sowie der Betreuung in eigener Wohnung (betreutes Einzelwohnen). Dabei wird in der Heimerziehung noch weiter differenziert nach Unterbringungsformen in Wohngruppen mit klassischem Schichtdienst und Bezugserzieherinnen sowie familienanalogen Betreuungsformen, die mehr Kontinuität und Bindungsmöglichkeit bieten. Darüber hinaus gibt es Einrichtungen mit heilpädagogisch-therapeutischer Intensivbetreuung, wobei der hier verwendete Therapiebegriff uneinheitlich und zuweilen unspezifisch ist (▶ Kap. 8.4.5). Viele Projekte bieten zudem verschiedene Module an (Regelleistung, Intensivleistungen, Zusatzleistungen, geringere Betreuungsdichte, Verselbständigungsphase), für die im Verlauf Heimerziehung die Betreuungsintensität dem individuellen Bedarf entsprechend angepasst werden kann. Heimerziehung findet nach Möglichkeit unter Erhalt der sozialräumlichen Bezüge in der Nähe des bisherigen Wohnorts statt. Es kann aber auch Gründe geben, die für eine Betreuung an einem anderen Ort sprechen, in dem spezifische Bedarfe besser erfüllt werden können[40]. Daraus ergibt sich eine Fülle von

---

40 Erziehungshilfe im Ausland wird jedoch – obwohl grundsätzlich vom SGB VIII zugelassen – eine seltene Ausnahme bleiben. Neben praktischen, bürokratischen und gelegentlich auch konsularischen Problemen wird hier die große Schwierigkeit gesehen, die in einer besonders isolierten Umgebung begonnene Verhaltensänderung bei Rückkehr in die früheren Lebensverhältnisse aufrechtzuerhalten.

Optionen bei der Auswahl der richtigen Einrichtung für eine stationäre Erziehungshilfe. Dann muss auch noch ein freier Platz für die Altersgruppe, das Geschlecht und die konkrete pädagogische Bedarfslage verfügbar sein. In vielen Jugendämtern wurden inzwischen spezielle Fachkräfte oder Teams für das Einrichtungsmanagement eingerichtet. Natürlich spielen die Kosten eines Angebots dabei auch eine Rolle. Nach § 5 SGB VIII wird das Wunsch- und Wahlrecht der Betroffenen begrenzt, wenn dadurch unverhältnismäßige Mehrkosten entstehen.

Das SGB VIII unterscheidet als mögliche Ziele der Erziehungshilfe

- Rückkehr in die eigene Familie,
- Erziehung in einer anderen Familie,
- auf Dauer angelegte Erziehungshilfe mit Vorbereitung auf ein selbständiges Leben.

Schon aus diesen gesetzlichen Regelungen wird deutlich, dass die stationäre Hilfe zur Erziehung grundlegend unterschiedliche Aufträge erfüllen soll und dabei den wörtlichen Sinn der Hilfe zur Erziehung in manchen Konstellationen verlässt: Wenn nämlich die Heimerziehung oder die Erziehung in einer Pflegefamilie auf Dauer und Verselbständigung angelegt sind, dann sind sie eigentlich keine Hilfen für die elterliche Erziehung mehr, sondern sie leisten diese Erziehung selbst. Sie kompensieren die nicht aufholbaren Defizite der elterlichen Erziehungskompetenz und ersetzen letztlich die elterliche Erziehung durch eine institutionelle Erziehung.

Das ist im Grunde ein mehrere hundert Jahre altes Prinzip der Fürsorgeerziehung. Jedoch führt die Zuordnung der Heimerziehung – gerade wenn diese auf Dauer und Verselbständigung angelegt ist – zu den Hilfen zur Erziehung zu einem systemlogischen und auch konzeptionellen Bruch. Dieser ambivalente Auftrag wird dadurch verstärkt, dass die Hilfen zur Erziehung zugleich das Instrument der Jugendhilfe sind, um die Gefährdung des Kindeswohls abzuwenden (▶ Kap. 8.1.1). Gerade in Fällen von Sorgerechtseinschränkungen durch das Familiengericht kann die Heimerziehung also in die Situation kommen, Aufträge Dritter (des Jugendamtes) zur Erziehung von Kindern und Jugendlichen zu übernehmen, die dem erklärten Willen der Eltern widersprechen. Dabei gerät erzieherisches Handeln der Jugendhilfe – wie ja auch im erzieherischen Handeln von Eltern – immer wieder auch in Konflikte mit den Kindern und Jugendlichen, in deren Interesse die Jugendhilfe tätig sein will. Wie schon am Beispiel der intensiven sozialpädagogischen Einzelbetreuung (▶ Kap. 8.4.4) angedeutet, kennt auch die Heimerziehung das Scheitern etwa angesichts von völliger Verweigerung oder massiver Gewalt gegen andere oder sich selbst.

In Deutschland hat in den letzten zwanzig Jahren eine umfangreiche Aufarbeitung von Unrecht in der Heimerziehung früherer Jahrzehnte begonnen (u. a. Gahleitner, 2009; Gerstner, Emrich & Berndt, 2011). Das heutige Wissen über die Wirkungsweise von Macht und struktureller Gewalt in (auch wohlwollender) institutioneller Erziehung muss die heutige Jugendhilfe zu besonderer Sorgfalt und Reflexion ihres fachlichen Tuns und Unterlassens führen. Dafür ist es gut, dass schon das SGB VIII das Zusammenwirken mehrerer Fachkräfte und unterschiedlicher Fachrichtungen fordert. Nach Einschätzung der Autoren liegt aber in einer verbesserten interdisziplinären Kooperation, die die Kompetenzen von sozialpädagogischen und erzieherischen Fachkräften mit denen von psychologischen, medizinischen, juristischen und schulpädagogischen Fachkräften systematisch verbindet, noch weiteres Verbesserungspotenzial.

Aus den verfügbaren empirischen Befunden wird deutlich, dass die Fallgruppe in der Heimerziehung äußerst heterogen ist und einige wesentliche systematische Unterschiede aufweist, die in den bisher vorliegenden Studien noch zu wenig differenziert werden. Das gilt sowohl für das Alter zu Hilfebeginn mit seiner Auswirkung auf die Abbruchquote und noch mehr für das zentrale Hilfeziel in der Differenzierung zwischen Rückkehr in die Familie vs. Hilfe auf Dauer mit dem Ziel der Verselbständigung.

In Bezug auf den Nutzen von Elternarbeit in der stationären Erziehungshilfe berichten Gadow et al. (2013) aus den Erhebungen im Rahmen des Projekts »Jugendhilfe und sozialer Wandel«, dass sich eine Minderheit der Einrichtungen sowie der Jugendämter skeptisch äußert: Der Aussage, dass durch Elternarbeit nur sehr geringe Veränderungen im elterlichen Erziehungsverhalten erreicht werden können, stimmten 29 % der Einrichtungen und 19 % der Jugendämter zu. Gleichzeitig bestätigten 53 % der Einrichtungen und 54 % der Jugendämter die Aussage, dass Elternarbeit wichtiger geworden sei. 86 % der Einrichtungen und 91 % der Jugendämter unterstützten z. B. die Nutzung von Elterntrainings als Ergänzung für die Elternarbeit. Wichtigste Ziele der Elternarbeit sind nach Conen (1990) erfolgreiche Reintegration (vor allem jüngerer Kinder) in die Familie und die Unterstützung der Heimerziehung durch die Eltern. Dazu gehört aber auch, bisherige negative Wirkungen in der Erziehung abzuschwächen und eine Veränderung und Befähigung der Eltern in der Erziehung zu erreichen. Das traditionelle Selbstverständnis der Heimerziehung ist hingegen eher kindzentriert, wirkliche Elternarbeit (z. B. durch Kombination mit Elterntrainings oder Elternseminaren) erfordert eine Änderung dieses Selbstverständnisses sowie der Arbeitssettings. Nach Conen (2007) muss ein systemischer Blick auf Elternarbeit die starke Loyalitätsbindung der Kinder an die Eltern berücksichtigen, trotz aller Ambivalenz dieser Bindung auch in Heimerziehung. Diese hat Vorrang gegenüber anderen Loyalitätsbindungen. Daraus leitet Conen die Notwendigkeit ab, die Eltern intensiv in die Heimerziehung einzubeziehen, beginnend bei der Aufnahme, fortlaufend im Alltag der Heimerziehung und insbesondere bei auftretenden Erziehungsschwierigkeiten. »Unmotiviertheit« und »Widerstand« von Eltern können aus systemischer Sicht als im spezifischen Kontext »funktional« verstanden werden.

Die gleichen Schwierigkeiten gelten selbstverständlich ebenso im Prozess der Hilfeplanung und -entscheidung. Auch das Jugendamt kennt Kommunikationsverhalten von Eltern, das als »Widerstand« erlebt wird. Fachkräfte berichten ebenso über Eltern, die ihre Kinder scheinbar nur noch loswerden wollen (»Abgabemuster«) oder auch eine »Scheinkooperation«, wenn Eltern zwar der Hilfe formal zustimmen, durch ihr weiteres Handeln diese jedoch zu sabotieren scheinen. Die verhängnisvolle Wirkung von nicht verstandener Bedeutung dieses elterlichen Verhaltens kann darin liegen, dass Jugendamt und Einrichtung sich darauf einrichten, die Heimerziehung quasi ohne die Eltern zu gestalten. Die Eltern bleiben dann außen vor, sind nicht mehr erzieherische Akteure und haben zugleich kein Lernfeld für ihre eigene erzieherische Handlungsfähigkeit. Das ist zentral, denn nach Krause und Peters (2014) besteht die Elternarbeit in der Heimerziehung vor allem im »Arrangement von Lernfeldern« (S. 129).

Somit erscheinen Konzepte besonders wichtig, die in der Methodik der Gesprächsführung und vor allem in der professionellen Haltung der Fachkräfte Kompetenzen stärken, um die Eltern immer wieder »im Spiel« zu halten. Solche Konzepte sind zum Beispiel unter dem Stichwort »Elternaktivierung« (Biene, 2003; Biene, im Druck) bekannt.

Zu den wichtigen Befunden für die Heimerziehung gehört, dass die Prävalenz psychischer Erkrankungen in der Population von Kindern in Heimerziehung gegenüber einer Normalpopulation deutlich erhöht ist. Hier gebührt insbesondere der Ulmer Heimkinderstudie (Fegert, Besier & Goldbeck, 2008 Schmid, 2007) das Verdienst, wesentliche epidemiologische Befunde dazu veröffentlicht und zugleich versorgungsstrukturelle Verbesserungsmöglichkeiten aufgezeigt zu haben. Nach Schmid (2011) sind über 70 % der Heimkinder im klinisch auffälligen Bereich und über 30 % im klinisch hoch auffälligen Bereich. Zugleich wurde erhoben, dass eine Vielzahl der betroffenen Kinder im Setting der Heimerziehung nicht die notwendige Krankenbehandlung erhält. Darüber hinaus hat die Studie aber ebenso zeigen können, dass eine in die Heimerziehung strukturell integrierte kinderneuropsychiatrische Behandlung der Kinder zu signifikant verbesserten Ergebnissen sowohl der psychischen Gesundheit als auch der Jugendhilfe führt. Schließlich zeigt die Studie versorgungspolitisch, dass die Versorgungsstrukturen des SGB V für diese Patientengruppe nicht hinreichend geeignet sind, und ergibt ein Plädoyer für eine integrierte Versorgung insbesondere von psychisch schwer erkrankten Kindern in gemeinsam durch Jugendhilfe und Krankenbehandlung betriebenen Einrichtungen. Solche Einrichtungen – wie die in Berlin betriebene Tagesgruppe TAN.go[41] – sind allen beschriebenen Bedarfen und Vorteilen zum Trotz in der Praxis schwer zu etablieren und deshalb immer noch seltene Ausnahmen.

Über die Ergebnisse und Wirkungen von Heimerziehung kann zunächst optimistisch berichtet werden: »Die in Heimerziehung betreuten Kinder sind die schwierigste Gruppe mit der höchsten Symptombelastung ... In dieser Gruppe gelingt die beste Symptomreduktion aus der schwierigsten Ausgangslage« (Schmidt et al., 2003, S. 531). Auch die WIMES-Studie unterstützt den positiven Gesamtbefund: Stationäre Heimerziehung wirkt (Tornow, 2009). Dabei ist zu beachten, dass die deutlicheren Effekte in der zweiten Hälfte des Hilfeverlaufs erreicht werden. Unter anderem deshalb ist die Analyse der Abbruchquoten bei der Heimerziehung besonders wichtig. So fand Tornow, dass das Alter bei Hilfebeginn einen starken Einfluss auf die Abbruchquote hat: Diese steigt besonders bei Mädchen zwischen zwölf und 14 Jahren sowie bei Jungen ab 16 Jahren an (Tornow, 2014a). Insgesamt ermittelt WIMES eine Abbruchquote von 34,3 % bei stationären Jugendhilfen (Tornow, 2008). Tornow kommt daraus zu der Forderung, dass Heimerziehung früher einsetzen sollte und Abbrüchen wirksamer begegnet werden könnte (Tornow

---

41 TAN.go steht für »Tagesgruppe als Netzwerk« und ist ein gemeinsames Projekt des Jugendhilfeträgers Kinderhaus Berlin - Mark Brandenburg e. V. mit dem Evangelischen Krankenhaus Königin Elisabeth Herzberge

2008a, Tornow 2009). Er schätzt, dass damit die Wirksamkeit um bis zu 20 % gesteigert werden könnte (Tornow 2009). Abbrüche werden auch in den Ergebnissen der Jugendhilfeeffektestudie (Schmidt et al., 2003) analysiert. Hier wurden 28,9 % der Hilfen durch Abbruch beendet. Der Großteil der Abbrüche (9 von 13) erfolgte in einer frühen Phase der Hilfe (Gruppe 1 und 2 von insgesamt 5 Verlaufsgruppen), wobei hier die für die Hilfeart typische Dauer berücksichtigt wird, die für die Heimerziehung länger ist als für andere Hilfearten. Als Begründungen werden (unabhängig von der Hilfeart) bei frühen Abbrüchen am häufigsten veränderte äußere Umstände in der Familie genannt, bei späteren Abbrüchen eine Krise bzw. eine Verschlimmerung der Probleme sowie fehlende Mitwirkung der Eltern. Dabei wird fehlende Mitwirkung der Eltern bei Heimerziehung überdurchschnittlich häufig genannt, bei der Erziehungsberatung z. B. gar nicht. Neben dem Schweregrad der Ausgangsproblematik wurde hier auch die Bedeutung der Prozessqualität für eine Abbruchwahrscheinlichkeit bestätigt. Insbesondere bei schlechter Qualität der Kooperation mit den Eltern sind Abbrüche wahrscheinlicher. Zwar ist der Einfluss der Prozessqualität auf die Abbruchquote signifikant, jedoch können die einzelnen Faktoren in einer Varianzanalyse nur 9,9 % der Varianz der Prozessqualität erklären, so dass die Einzelergebnisse lediglich als Tendenzen betrachtet werden sollten.

8.5.3 Besondere Konstellationen stationärer Jugendhilfe

Inobhutnahme

Die Inobhutnahme von Kindern und Jugendlichen durch das Jugendamt ist im § 42 SGB VIII geregelt. Diese Aufgabe ist somit kein Bestandteil der Hilfen zur Erziehung, sondern wird unter den »anderen Aufgaben der Kinder- und Jugendhilfe« behandelt. Da das Jugendamt hier in staatlichem Auftrag in das elterliche Sorgerecht eingreift, ist es verständlich, dass Inobhutnahme sehr häufig eine zugespitzte Konfliktsituation beinhaltet und zugleich zu einer vorläufigen Lösung dieser Situation führen soll. Die Inobhutnahme ist keineswegs die einzige Aufgabe, mit der das Jugendamt sein aus Artikel 6 Absatz 2 Grundgesetz abgeleitetes staatliches Wächteramt erfüllt. Das tut es mittelbar auch mit dem gesamten Katalog seiner Leistungen und Angebote. Aber die Inobhutnahme stellt die unmittelbarste Form dar, mit der das Wächteramt ausgeübt wird.

Dabei ist die Inobhutnahme vor allem eine Schutzmaßnahme. Das Jugendamt wird zunächst verpflichtet, Kinder und Jugendliche, die um Obhut bitten, in seine Obhut zu nehmen. Zugleich regelt das Gesetz, wann damit vorübergehende Eingriffe in das elterliche Sorgerecht verbunden sein können und dass im Streitfall unverzüglich eine Entscheidung des Familiengerichts herbeizuführen ist. Das entspricht genau der im Kapitel 7 dieses Buches erläuterten Rollenaufteilung zwischen Sorgeberechtigten, Jugendhilfe und Gerichtsbarkeit bei der Sicherung des Kindeswohls und der Abwendung von Kindeswohlgefährdung (▶ Kap. 7).

Kinder und Jugendliche, die vom Jugendamt in Obhut genommen werden, werden nicht automatisch in Einrichtungen der Heimerziehung untergebracht. Das Jugendamt wird auch prüfen, ob zum Beispiel Personen aus dem familiären oder sozialen Umfeld eines Kindes in Betracht kommen, das Kind während der Inobhutnahme zu betreuen. Wenn das nicht möglich ist, wird das Kind in einer Einrichtung der stationären Erziehungshilfe untergebracht. Das kann sowohl eine Vollzeitpflege (▶ Kap. 8.5.1) im Sinne der Kurzzeitpflege sein wie auch eine Einrichtung der Heimerziehung. Häufig hält die Jugendhilfe dafür Kriseneinrichtungen vor, die für eine Akutaufnahme spezialisiert sind und konzeptionell besonders darauf eingestellt, Kinder und Jugendliche in vorübergehenden, noch nicht langfristig entschiedenen Konstellationen zu betreuen.

Das Jugendamt soll den Zustand der Inobhutnahme nach Möglichkeit zügig zu beenden, indem auf eine Klärung entweder durch Einvernehmen mit den Sorgeberechtigten oder durch gerichtliche Entscheidung hingewirkt wird. Deshalb dauern viele Inobhutnahmen nur einige Tage oder längstens wenige Wochen an, nur in Ausnahmefällen sollte der Zustand der Inobhutnahme länger bestehen bleiben.

Freiheitsentziehende Unterbringung

Wenn Kinder schwere Straftaten begehen, wird regelmäßig in der Öffentlichkeit der Ruf nach »geschlossener Unterbringung« dieser Kinder oder auch von Jugendlichen laut. Krause und Peters (2014) bezeichnen die geschlossene Unterbringung als den »Streitfall der Jugendhilfe schlechthin« (S. 144). Von Kritikern wird sie als das Ende der Jugendhilfe und als eine unzulässige Grenzüberschreitung der partizipativ angelegten Jugendhilfe bewertet. Allerdings wurde in den vorangegangenen Abschnitten schon dargestellt, wie komplex, dynamisch und ambivalent die Aushandlungsprozesse der Jugendhilfe verlaufen können. In diesem Zusammenhang und anerkanntermaßen lediglich als Ultima Ratio stellt die Unterbringung im Zusammenhang mit freiheitsentziehenden Maßnahmen eine weitere mögliche Zuspitzung dar.

Dafür gelten eigene und sehr restriktive rechtliche Regelungen, um eine sachgerechte Handhabung von Maßnahmen, mit denen in elementare Grundrechte junger Menschen eingegriffen wird, zu sichern. In § 1631b BGB ist geregelt, dass für eine freiheitsentziehende Unterbringung drei Genehmigungsschritte kumulativ erforderlich sind: der Antrag der Sorgeberechtigten, die Zustimmung des Jugendamts und die Genehmigung durch das Familiengericht. Die Genehmigung wird ausdrücklich an das Kindeswohl gebunden, dabei insbesondere an die Abwendung einer Selbst- und Fremdgefährdung. Durch diesen Terminus berührt das Jugendhilferecht die landesrechtlichen Unterbringungsregelungen der Psychiatrie (PsychKG). Dennoch kann und muss auch die freiheitsentziehende Unterbringung in der Jugendhilfe über die bloße Gefahrenabwendung hinaus einen pädagogischen oder therapeutischen Impuls anstreben, um im Sinne der Jugendhilfe sinnvoll sein zu können. Denn Jugendhilfe kann weder die Schutzfunktion der (geschlossenen) Psychiatrie noch die Restriktions- und Sanktionsfunktion des Strafrechts übernehmen. Deshalb wird davon ausgegangen, dass freiheitsentziehende Maßnahmen in der Jugendhilfe darauf ausgelegt sein sollen, zumindest perspektivisch einen Zugang des jungen Menschen in eine pädagogische oder therapeutische Intervention zu befördern. Die freiheitsentziehenden Maßnahmen sind dabei nicht an den gesamten Aufenthalt in einer entsprechenden Einrichtung gebunden, sondern jeweils befristet genehmigt und sollen abhängig vom konkreten Bedarf beendet werden, auch wenn der junge Mensch weiter in der Einrichtung betreut wird.

Mit der Ergänzung der Regelungen um den neuen Absatz 2 im § 1631b BGB hat der Gesetzgeber 2017 zusätzlich geregelt, dass konkrete Maßnahmen wie medikamentöses oder mechanisches Fixieren oder der Einschluss in »Time-Out«-Räume ebenso genehmigungsbedürftig sind (Hoffmann, 2017).

In der Praxis der Jugendhilfe handelt es sich um seltene Fälle. Krause und Peters (2014) gehen von 0,2 % aller fremd untergebrachten Kinder bzw. Jugendlichen aus. Macsenaere und Schittler (2010) untersuchen aus einer Grundgesamtheit von 28 000 Jugendhilfefällen, darunter 13 661 Fällen von Heimerziehung, 410 Fälle auf der Grundlage des § 1631b BGB. Sie finden dabei, dass »trotz schwerster Ausgangslagen und damit verbundener Risikofaktoren gute Ergebnisse« erreicht werden konnten. Die Effekte nehmen dabei mit zunehmender Verweildauer zu. Bedeutsam ist, dass nicht nur ein Abbau von kritischer Symptomatik, sondern auch ein Aufbau von Ressourcen und eine Stärkung von Resilienzfaktoren gezeigt werden konnte.

Schrapper (2013b) berichtet aus einer Langzeitstudie über Effekte und Wirkungen geschlossener Unterbringung in 24 Fällen. Er findet zwar im empirischen Material »kaum eindeutige Hinweise« für die Wirkungen der freiheitsentziehenden Unterbringung. Jedoch ergibt die Auswertung von 67 Interviews mit den betroffenen Jugendlichen vielfältige Anhaltspunkte dafür, dass diese Form der Betreuung in der Rückschau als positiv bewertet wird, wenn die jungen Menschen verlässliche Reaktionen und konstante Rückmeldungen auf ihr Verhalten erfuhren und damit Selbstwirksamkeit erlebten. Die freiheitsentziehende Unterbringung kann nach diesen Ergebnissen vor allem dann zu einem positiven Wendepunkt in der Biografie hoch belasteter junger Menschen werden, wenn Anschlusshilfen sorgfältig und mit viel Geduld gestaltet werden.

Hilfen für junge Volljährige, Careleaver

Hilfen zur Erziehung sind ihrer Natur nach solche Hilfen, die Eltern minderjähriger Kinder für die Erfüllung ihrer Erziehungsaufgabe in Anspruch nehmen können. Es wurde bereits deutlich, dass dieser Zugang nicht durchgehalten werden kann, wenn von einer Erziehungsleistung die Rede ist, die die unzureichende elterliche Erziehung ersetzen muss. Eine weitere Ausweitung der Erziehungshilfen betrifft Hilfen, die für volljährig werdende oder bereits Volljährige gewährt werden können. Das SGB VIII weist in § 41 jungen Volljährigen das Recht zu, für sich selbst Hilfen für die Persönlichkeitsentwicklung und zu einer eigenverantwortlichen Lebensführung zu beantragen. Dabei wird auf den Kanon der Hilfearten der Hilfen zur Erziehung verwiesen. Auch nach der Beendigung einer Hilfe soll weitere Unterstützung als Hilfe bei der Verselbständigung gewährt werden. Damit berücksichtigt das Gesetz die besonderen Belastungen, die entwicklungspsychologisch für junge Volljährige beim Übergang ins Erwachsenenleben bestehen können. Die formalrechtliche Eigenverantwortung mit Vollendung des 18. Lebensjahres ist ja nicht in allen Bereichen der psychosozialen Reifung unmittelbar gleichzeitig vorhanden. Ähnlich wird das beispielsweise bei der individuellen Abwägung der Anwendung von Jugend- bzw. Erwachsenenstrafrecht gehandhabt.

Speziell wird damit den Bedürfnissen von sogenannten »Careleavern« Rechnung getragen, also jungen Volljährigen, die aus der Heimerziehung oder einer Pflegefamilie heraus die Selbständigkeit erreichen. Es ist zu berücksichtigen, dass diese jungen Menschen ohnehin mit einer erheblich vergrößerten Belastung ihrer Biografie das Erwachsenenalter erreichen und dann nicht auch noch früher als die meisten Menschen aus Herkunftsfamilien ein vollständig eigenverantwortliches Erwachsenenleben bewältigen können. Die Unterstützung für die Entwicklung von Selbständigkeit ist – analog zu der elterlichen Erziehungsaufgabe in diesem Lebensalter – regelhaft eines der Erziehungsziele in stationärer Jugendhilfe auch schon vor dem Erreichen der Volljährigkeit. Andererseits steht für erwachsene Menschen ein eigenes soziales Unterstützungs- und Hilfesystem zur Verfügung. Somit sollen Hilfen für junge Volljährige bei Bedarf auch gute Übergänge in dieses Hilfesystem ermöglichen.

Hilfen für junge Volljährige werden wie Hilfen zur Erziehung nach dem individuellen Bedarf im Einzelfall gewährt und setzen einen partizipativen Prozess der Hilfeplanung sowie die aktive Mitwirkung des jungen Volljährigen in der Durchführung der Hilfe voraus. Sie können in der Regel maximal bis zum 21. Lebensjahr gewährt werden, darüber hinaus nur in besonders begründeten Einzelfällen.

Unbegleitete minderjährige Geflüchtete

Als im Jahr 2015 die Zahl der geflüchteten Menschen, die in Deutschland und anderen europäischen Ländern Schutz suchten, stark anstieg und deren Unterbringung in vielen Kommunen krisenhafte Zustände auslöste, geriet auch eine Unterbringungsform der Jugendhilfe in den Fokus: die Jugendhilfe für unbegleitete minderjährige Geflüchtete. Mit der vollständigen Ratifikation der UN-Kinderrechtskonvention durch die Bundesrepublik Deutschland 2010, mit der zuvor erklärte Vorbehalte zurückgenommen wurden, gelten auch die ausländerrechtlichen Teile der Konvention, die für minderjährige Flüchtlinge die Zuständigkeit der Jugendhilfe begründen. Damit ist Abschiebehaft gegen Kinder und Jugendliche ausgeschlossen. Für den Personenkreis der unbegleitet eingereisten minderjährigen Flüchtlinge bedeutet dies im Regelfall die Inobhutnahme (▶ Kap. 8.5.3) durch die Behörden sowie die Unterbringung in stationärer Jugendhilfe.

Die Jugendhilfe hat diese Aufgabe bereits in den früheren Jahren übernommen, mit dem starken Fallzahlenstieg seit 2015 geriet diese jedoch auch in den Fokus der öffentlichen Aufmerksamkeit. Auch in den letzten Jahren gilt, dass die meisten Personen dieser Gruppe zwischen 16 und 17 Jahren alt sind und Kinder nur vergleichsweise selten als unbegleitete Geflüchtete aufgenommen werden. Zu den Besonderheiten dieser Arbeit gehört, dass zunächst sowohl in Bezug auf das Alter als auch auf sorgeberechtigte Personen Zweifel bestehen können, die in einem Clearing ausgeräumt werden müssen. Der Jugendhilfebedarf wird sich unter anderem stark am Bildungsstatus orientieren, weil die Fragen von Spracherwerb, Beschulung und Ausbildungsperspektiven für diese Personengruppe besondere Priorität haben. Ob

Traumafolgen in der Betreuung zu bearbeiten sind oder zu eigenständigem Hilfebedarf führen, muss ebenfalls geprüft werden. Darüber hinaus ist eine migrationsspezifische Kompetenz für die leistungserbringenden Träger wichtig, um den Jugendlichen auch kulturell das »Ankommen« in Deutschland zu erleichtern. Die Vernetzung mit vor Ort tätigen Initiativen und Angeboten kann die Integration der jungen Geflüchteten unterstützen.

Noch im Jahr 2015 hat die Bundesregierung das Gesetz zur Verbesserung der Unterbringung, Versorgung und Betreuung ausländischer Kinder und Jugendlicher (Bundesgesetzblatt, 2015) erlassen, mit dem erstmals ein Ausgleich unterschiedlicher Belastungen zwischen den Bundesländern nicht durch finanzielle Ausgleichsleistungen, sondern durch den Umzug von betroffenen Personen geregelt wurde. Einen Überblick über weitere Rechtsfragen in diesem Kontext gibt Dürbeck (2018).

8.6 Angebotsformen der Jugendhilfe außerhalb der Hilfen zur Erziehung

8.6.1 Gemeinsame Unterbringung von Mutter bzw. Vater und Kind

Rechtssystematisch außerhalb der Hilfen zur Erziehung – nämlich im zweiten Abschnitt »Förderung der Erziehung in der Familie« – regelt der § 19 SGB VIII die Betreuung von Mutter oder Vater gemeinsam mit Kind in besonderen »gemeinsamen Wohnformen«. Die Unterscheidung von den Hilfen zur Erziehung ergibt sich, weil hier der Hilfebedarf aus der Persönlichkeitsentwicklung von Mutter bzw. Vater abgeleitet wird. Eine grundsätzliche Zielstellung dieser Hilfen sind die Stärkung der Erziehungskompetenz, die Festigung der Bindung zwischen Mutter bzw. Vater und Kind sowie die Verselbstständigung und Klärung der gemeinsamen Perspektive (Senatsverwaltung für Bildung, Jugend und Familie Berlin, 2014). Das Angebot richtet sich an alleinerziehende Eltern mit Kindern unter sechs Jahren. Auch ohne den unmittelbaren Zusammenhang mit dem Kindeswohlbegriff ergibt sich aus der Konstellation, dass die gemeinsame Unterbringung von Mutter bzw. Vater mit Kind zugleich direkte Bezüge zur Gewährleistung des Kindeswohls der jungen Kinder hat. Da es sich um sehr junge Kinder, häufig auch Säuglinge handelt, spielt der Schutz dieser Kinder vor Gefährdungen, die sich aus der Problematik in der Persönlichkeitsentwicklung der Mutter bzw. des Vaters ergeben, eine zentrale Rolle. Insofern richtet sich diese Form der Hilfe sowohl an die Mütter als auch an ihre Kinder. Daraus ergibt sich für die Fachkräfte ein doppelter Auftrag (Iglisch, 2015), da die Förderung und Unterstützung der Elternperson mit der Sicherung des Kindeswohls und dem Schutz der Kinder verbunden werden müssen. Im Übrigen sind die Verfahren von Hilfegewährung und -planung analog zu denen bei den Hilfen zur Erziehung.

In familiengerichtlichen Verfahren spielt diese Hilfeform eine Rolle, wenn damit trotz bestehender Kindeswohlgefährdung ein Entzug des Sorgerechts vermieden werden kann. Jedoch gibt es kaum Untersuchungen darüber, in welchen Konstellationen und mit welchen Interventionen diese Hilfe tatsächlich zu einer dem Kindeswohl entsprechenden Verselbständigung führen kann. Da diese Unterbringungsform zudem besonders kostenaufwändig ist, führen die Perspektivklärung und die Frage der Hilfedauer nicht selten zu Auseinandersetzungen.

8.6.2 Hilfe in Notsituationen

In Abgrenzung zu den Hilfen zur Erziehung wird Hilfe in Notsituationen nach § 20 SGB VIII nicht mit einem besonderen erzieherischen Bedarf begründet, sondern mit dem »Ausfall« des sonst betreuenden Elternteils durch gesundheitliche oder andere zwingende Gründe. Dementsprechend liegt der Fokus dieser Unterstützungsleistung nicht auf der Arbeit an pädagogischen Zielen, sondern im Aufrechterhalten einer hinreichenden Betreuungssituation für Kinder im Haushalt der Familie. Damit soll insbesondere eine anderweitige Unterbringung, etwa im Rahmen von stationärer Hilfe zur Erziehung, vermieden werden. Denn diese wäre ein erheblich größerer Eingriff in das Leben der Familie und zudem ohne den erzieherischen Bedarf nicht begründet.

Hilfen in Notsituationen werden häufig gewährt, wenn der betreuende Elternteil schwer erkrankt und eine stationäre Krankenbehandlung erforderlich wird oder sonst durch die Erkrankung die Betreuung im Haushalt nicht möglich ist. Dabei ist zunächst die Leistung von Haushaltshilfe nach § 38 SGB V durch die Krankenkasse vorrangig (Münder, Meysen & Trenczek, 2009), die sowohl auf die Versorgung des Haushalts als auch auf die Betreuung von Kindern unter 12 Jahren ausgerichtet ist. Die Hilfen nach § 20 SGB VIII sind auf temporäre Notsituationen ausgerichtet. Denn das Ziel der Unterstützung ist es, für das Kind die familiäre Betreuungssituation zu erhalten, bis die Eltern diese Aufgabe wieder selbst übernehmen. In einer der wenigen Arbeiten über die Evaluation von Hilfen nach § 20 SGB VIII berichtet Herrmann (2010) über eine Untersuchung von 36 Fällen sowie eine Kontrollgruppe von 10 Fällen. Darin erwiesen sich die Problemlagen der untersuchten Fälle wie zu erwarten als weniger schwerwiegend als die bei Hilfen zur Erziehung. Zugleich waren psychische Belastungen erhöht, so dass die Haushaltshilfe der Krankenkasse nicht ausreichend war. Im Ergebnis wurden längerfristige Hilfen mit einem auf pädagogische Ziele ausgelegten Ansatz und pädagogisch weitergebildetem Personal als besonders erfolgreich bewertet. Das erscheint plausibel, jedoch sind in der Praxis gerade der temporäre Charakter sowie eine pädagogische Intensität unterhalb der von Hilfen zur Erziehung wesentliche Merkmale der Hilfe in Notsituationen.

8.6.3 Eingliederungshilfen für seelisch behinderte Kinder und Jugendliche

Hilfen nach § 35a SGB VIII stellen Eingliederungshilfen für seelisch behinderte Kinder bzw. Jugendliche dar. Dieser Regelung haften einige Merkwürdigkeiten an und es darf angenommen werden, dass sie schon bei der Verabschiedung des SGB VIII in gewissem Sinn eine Verlegenheitslösung war. Denn Eingliederungshilfen für Kinder mit anderen Behinderungen (namentlich körperlichen und geistigen Behinderungen) sind nicht im Kinder- und Jugendhilferecht des SGB VIII, sondern im sechsten Kapitel des SGB XII bei den Eingliederungshilfen geregelt[42]. Für die Zuordnung des § 35a sind zwei Argumente wichtig: Die Leistungen, die zur Eingliederung von seelisch behinderten jungen Menschen gewährt werden sollen, entsprechen weitgehend dem Leistungskatalog der Hilfen zur Erziehung. Ungeachtet der unterschiedlichen Anspruchsvoraussetzungen sowie der abweichenden Vorschriften zur Feststellung des Leistungsanspruchs sind die Anbieter sowie die Angebote der Leistungen weitgehend vergleichbar (Münder et al., 2009), auch wenn Eingliederungshilfen für seelisch Behinderte in ihrem Leistungsangebot auf die zugrunde liegende psychische Erkrankung des Kindes oder Jugendlichen auf spezifische Weise Bezug nehmen und dafür verschiedene therapeutische Angebotselemente enthalten.

Das zweite Argument für die Zuordnung der Eingliederungshilfe für seelische behinderte Kinder und Jugendlich zur Kinder- und Jugendhilfe und eben nicht zum SGB XII führt direkt in die umfangreichen Debatten zum Thema Inklusion. Anders als bei den körperlich und geistig behinderten Kindern und Jugendlichen hat für den Personenkreis der seelisch behinderten Kindern und Jugendlichen der Gesetzgeber schon 1990 entschieden, dass diese ihre Leistungen nicht mit dem primären Fokus auf die Behinderung, sondern als Kinder bzw. Jugendliche mit einem spezifischen Bedarf aus der Kinder- und Jugendhilfe erhalten. Einen Überblick über die verschiedenen Zugänge des Systems von Behandlung und Rehabilitation psychisch kranker und seelisch behinderter Kinder und Jugendlicher, ihre Abgrenzung und Verknüpfung liefert zum Beispiel Hoffmann (2010).

Zu den oben erwähnten besonderen Anspruchsvoraussetzungen und bei der Feststellung des Leistungsanspruchs sind einige Besonderheiten zu beachten: Leistungsberechtigt für Leistungen nach § 35a ist das Kind bzw. der/die Jugendliche selbst, nicht – wie bei den Hilfen zur Erziehung – seine Eltern. Die Eltern werden aber als Inhaber des Sorgerechts im Namen ihres Kindes die Leistungen beantragen. Insofern ist dieser Unterschied rechtssystematisch bedeutsam, aber für die Praxis nicht gravierend. Für die Feststellung des Leistungsanspruchs und damit für die Feststellung, ob eine seelische Behinderung vorliegt, sind dem Jugendamt durch den § 35a Vorgaben für ein zweistufiges Verfahren gemacht. Zunächst muss im ersten Schritt die Abweichung der seelischen Gesundheit vom für das Lebensalter typischen Zustand festgestellt werden und im zweiten Schritt ermittelt werden, ob dadurch die Teilhabe am Leben in der Gesellschaft beeinträchtigt ist oder eine solche Beeinträchtigung droht. Das Gesetz definiert auch, dass das Jugendamt für den ersten Schritt – die Beurteilung der seelischen Gesundheit – eine Stellungnahme eines Arztes oder Psychotherapeuten einzuholen hat und dass diese auf der Grundlage der Internationalen Klassifikation der Krankheiten zu erstellen ist. Zudem wird in

---

42 Mit der Einführung des Bundesteilhabegesetzes werden schrittweise Änderungen der rechtlichen Zuordnung und der Leistungsgewährung eingeführt.

§ 36 SGB VIII bestimmt, dass die Person, die die Stellungnahme abgegeben hat, an der weiteren Hilfeplanung beteiligt werden soll. Der zweite Schritt der Bedarfsprüfung – die Feststellung der Teilhabebeeinträchtigung – ist wiederum Aufgabe des Jugendamts, das dafür die Integration des Kindes oder Jugendlichen in den Bereichen des Lebens in der Familie, in der Schule sowie in der Peergroup beurteilen wird. Das Gesetz fordert dabei, dass ein Kausalzusammenhang der Teilhabeeinschränkung mit der zugrunde liegenden psychischen Erkrankung besteht.

Aus diesem Gesamtbild ergibt sich die Feststellung, ob eine seelische Behinderung vorliegt und welche Hilfe für die Eingliederung in dem betreffenden Bereich erforderlich ist. Aus diesen Anforderungen an das Entscheidungsverfahren wird deutlich, dass hier eine gute interdisziplinäre Zusammenarbeit besonders wichtig ist. Denn die Fachkompetenz ärztlicher oder psychotherapeutischer Stellungnahmen kann von Jugendamt weder ignoriert werden noch kann sie unmittelbar zu einer gewünschten Leistung führen. Es sind zwingend konsistente Befunde der ärztlichen/psychotherapeutischen Stellungnahme und der Prüfung der Teilhabe durch das Jugendamt erforderlich. Man kann sicher sagen, dass hier »Stolpersteinen« liegen, die in einer kompetenten Kooperation bewältigt werden müssen. Zudem bedeutet die Prüfung von möglicherweise vorrangig zu gewährenden Leistungen der Schule oder Krankenkasse (Moos & Müller, 2007) weitere Schwierigkeiten in der Leistungsgewährung. Nach unserer Erfahrung und Einschätzung ist es für das Gelingen solcher interdisziplinärer Kooperation und für gute Entscheidungen in diesem Kontext sinnvoll, wenn das Jugendamt, das die Entscheidung über die Gewährung von Eingliederungshilfen zu treffen hat, selbst über approbierte Fachkräfte (z. B. in der Erziehungsberatung, ▶ Kap. 8.3.2) verfügt, die fachlich und kommunikativ eine »Brücke« schlagen können zwischen ärztlichen bzw. psychotherapeutischen Diagnosen und den jugendhilflichen Befunden sowie den spezifischen Leistungsanforderungen.

Die Eingliederungshilfe für seelisch Behinderte berührt, da hier mit Methoden der Jugendhilfe im Kontext psychischer Erkrankungen gearbeitet wird, zugleich stark das Verhältnis von Jugendhilfe und Psychotherapie (▶ Kap. 8.4.5). Im Rahmen der Leistungen nach § 35a generiert die Jugendhilfe – um den Bedarfen dieser spezifischen Zielgruppe gerecht zu werden – Angebote, die über pädagogische Interventionen hinausgehen und unterschiedliche therapeutische Arbeits- und Angebotsformen integrieren. Jedoch werden dabei auch schwierige Grenzbereiche deutlich: Wenn die Jugendhilfe Menschen mit schweren psychischen Erkrankungen auch mit dem Einsatz therapeutischer Verfahren betreut, darf sie dennoch nicht versäumen, die Krankenbehandlung mit ihren aus den SGB V begründeten Leistungen zu sichern und in das Betreuungskonzept möglichst gut einzubinden. Und wenn die Jugendhilfe selbst therapeutische Verfahren einsetzt, muss sie sich mit den dafür geltenden Standards der Diagnostik, Indikation und Intervention auseinandersetzen. Ein beliebiger oder auch eklektischer Einsatz therapeutischer Verfahren führt eben keineswegs automatisch zu den gewünschten Wirkungen.

Nachdem in den ersten Jahren des Kinder- und Jugendhilfegesetzes in der Jugendhilfe sowohl Unsicherheiten bezüglich der ärztlichen Einflussnahme auf der Grundlage des § 35a als auch teilweise ein übergroßer therapeutischer Optimismus zu beobachten waren, sind – unter anderem wegen der Verfahrensklarstellungen mit dem Gesetz zur Weiterentwicklung der Kinder- und Jugendhilfe (Deutsches Institut für Jugend- und Familienrecht e. V., 2004) – in den letzten Jahren vielfach verbesserte interdisziplinäre Abstimmungsverfahren etabliert und auch die Klarheit der eigenen Rolle der Jugendhilfe in Verbindung mit den Leistungen anderer Sozialleistungsträger verbessert worden. Anzustreben sind aber auch Angebote, die von Jugendhilfe und Krankenkassen gemeinsam getragen werden und in denen die unterschiedlichen Sozialsysteme mit ihren jeweiligen Kompetenzen und Ressourcen gemeinsam eine integrierte Betreuung und Behandlung von Kindern und Jugendlichen sichern, die sowohl Bedarf an Krankenbehandlung als auch an Jugendhilfe bzw. Eingliederungshilfe haben.

8.6.4 Angebote und Auflagen für delinquente Jugendliche im Rahmen des JGG

Das Jugendgerichtsgesetz (JGG) nimmt in § 12 direkt Bezug auf die Hilfen zur Erziehung, indem die Erziehungsbeistandschaft (► Kap. 8.4.2) sowie Erziehung in einer betreuten Wohnform (► Kap. 8.5) auch als Auflage des Gerichts als Sanktion auf Straftaten von Jugendlichen verhängt werden können. Obgleich das JGG mit Begriffen wie »Weisungen« und »Zuchtmitteln« einen gänzlich anderen, nämlich ordnungsrechtlichen Zugang zu (delinquenten) Verhaltensauffälligkeiten von Jugendlichen hat als das Jugendhilferecht, ist die Jugendhilfe doch mit sozialpädagogischen Stellungnahmen und Aufträgen regelhaft in Jugendstrafverfahren beteiligt. Sie wird dabei auch Vorschläge unterbreiten, welche jugendgerichtlichen Sanktionsformen nach der Einschätzung der Jugendhilfe geeignet sind, den betroffenen Jugendlichen bei der Entwicklung zu einer erfolgreichen Lebensbewältigung und einem Leben ohne Straftaten zu unterstützen. Dabei kommen nach § 10 JGG zum Beispiel soziale Trainingskurse, Arbeitsleistungen oder auch aktive Bemühungen um einen Täter-Opfer-Ausgleich in Betracht. Es gibt auch therapeutisch angelegte Konzepte von sozialkognitiven Trainings wie das Berliner Denkzeit-Projekt (Körner, 2006). Das Jugendamt wird solche Weisungen in Kooperation mit dafür spezialisierten Angeboten freier Träger umsetzen.

8.7 Zusammenfassende Überlegungen für die Indikationsstellung

Mit den in den vorangegangenen Abschnitten zitierten Angaben zu Wirkungen und Einsatzgebieten der verschiedenen Hilfe- und Angebotsformen kann und soll nicht der Eindruck vermittelt werden, als läge für eine differenzielle Indikationsstellung in der Jugendhilfe eine ausreichend belastbare Datenlage und ein entsprechender fachlicher Konsens vor. Im Abschnitt 8.2 sind die bestehenden Schwierigkeiten bereits dargestellt worden (► Kap. 8.2). Insbesondere die differenziellen Aspekte einer

8.7 Zusammenfassende Überlegungen für die Indikationsstellung

Indikationsstellung, also die Geeignetheit von Hilfearten für bestimmte Störungslagen unter Berücksichtigung weiterer psychologischer und soziostruktureller Bedingungen der Familie und ihres Umfelds, sind bisher nicht ausreichend untersucht. Hinzu kommt der hier schon mehrfach erläuterte unauflösliche Zusammenhang mit der Motivation und Mitwirkungsbereitschaft von Eltern und Kindern bzw. Jugendlichen für die Hilfen, der sich gravierend auf Hilfeerfolg oder Abbruchrisiko auswirkt und die entscheidende Bedeutung einer partizipativen Ausgestaltung der Hilfeentscheidungs- und Planungsprozesse verdeutlicht.

Ein System von Richtlinien, das für eine bestimmte Fallkonstellation die notwendige und geeignete Hilfeart ermittelt, wird deshalb auf absehbare Zeit nicht vorliegen. Auf vorliegende diagnostische Verfahren und Leitlinien wurde im Abschnitt 8.2 hingewiesen (▶ Kap. 8.2). Immerhin lassen sich aus den vorliegenden Befunden, Abhandlungen und Praxiserfahrungen einige Hinweise für die Indikationsstellung ableiten. Dazu zählt, dass

a) eine Befunderhebung oder Fallverstehen (ob dabei der Begriff der Diagnostik nun verwendet wird oder nicht) auch lebensweltbezogene Aspekte und Ressourcen berücksichtigen muss, um damit die Verfügbarkeit und Geeignetheit von sozialräumlichen Unterstützungssystemen und präventiven Angeboten (▶ Kap. 8.3) noch unterhalb der Schwelle einer formalen Hilfe zur Erziehung einbeziehen zu können.
b) eine funktionale Indikationsstellung dann wahrscheinlicher ist, wenn sie im Sinne Gahleitners (2010) auf verschiedene diagnostische Ebenen zurückgreift und diese mit dem partizipativen Prozess der Hilfeplanung integriert.
c) die jeweils mildeste geeignete Form einer Hilfe gewählt wird, also die mit dem weniger gravierenden Eingriff in die Familie. Die Frage der Geeignetheit ist aber unter Berücksichtigung der erwarteten Wirkung zu beurteilen. Einfache Formeln wie »ambulant vor stationär« können im Einzelfall in die Irre gehen, wie an der Vielzahl von Hilfeabbrüchen erkennbar wird.
d) ein genauer Auftrag für die konkrete Ausgestaltung einer Hilfe mitentscheidend ist. Insbesondere bei den sehr häufig gewählten ambulanten Hilfeformen waren einige Wirksamkeitsbefunde weniger gut als erwartet, was möglicherweise durch eine genauere »Passung« der Interventionsform in Bezug auf Methodik und Setting zur Familie und ihrer Problemlage verbessert werden kann. Die unterschiedlichen Befunde der Hilfearten bezüglich ihrer Wirkungen beim Kind/Jugendlichen oder bei den Eltern geben dafür weitere Hinweise.
e) für die Wahl der Hilfeart und die Bestimmung von Hilfezielen eines Einzelfalles der Fokus der kind- bzw. jugendlichenbezogenen im Verhältnis zu den elternbezogenen Interventionszielen ausschlaggebend sein sollte. Gerade in Bezug auf die Elternarbeit in den Erziehungshilfen sind eine partizipative Feststellung des individuellen Bedarfs und zugleich eine elternaktivierende Haltung und Methodenkompetenz der Fachkräfte erforderlich, damit eine Verbesserung der elterlichen Erziehung gelingen kann.
f) bei stationären Hilfen eine frühzeitige Festlegung darüber geboten ist, ob die Rückkehr des Kindes oder Jugendlichen in die Herkunftsfamilie angestrebt werden kann oder nicht. Dafür ist ggf. auch zusätzliche Expertise heranzuziehen. Lange andauernde Unentschiedenheit in dieser Frage ist – auch wenn sie z. B.

durch fortdauernde gerichtliche Verfahren bedingt wird – eine massive Belastung für die betroffenen Personen und schwächt die Wirkungsmöglichkeiten einer Hilfe erheblich. Wenn es eine Rückkehroption gibt, sollten alle Ressourcen der Hilfe diesem Ziel zugeordnet werden.

g) eine laufende Hilfesteuerung nach der Erstbewilligung dringlich bleibt, da der größte Teil der Wirkung oft erst im zweiten Hilfejahr nachweisbar ist, aber bereits im ersten Hilfejahr ein mögliches Scheitern erkennbar werden kann.

Dabei ist klar, dass manche Hilfeentscheidungen auch bei der Berücksichtigung allen empirischen Wissens als schwieriger Kompromiss erfolgen müssen – etwa, weil die Zustimmung der Familien nicht zu erlangen ist oder eine besser geeignete Hilfe nicht verfügbar ist.

Dass sich für die Jugendhilfepraxis bezüglich der Indikationsstellung Spielraum für Verbesserungen aufzeigt, wird durch die dargestellte Situation hinreichend deutlich. Solche Verbesserungen erfordern dreierlei: eine für die komplexe Aufgabenwahrnehmung notwendige Ausstattung mit geeignetem Fachpersonal (von Pirani & Zeddies, 2016), den verstärkten Einsatz von systematischen und empirisch fundierten Arbeitsverfahren (sowohl in Bezug auf Diagnostik bzw. Fallverstehen als auch in Bezug auf die Prozessqualität der Hilfesteuerung) sowie eine professionelle Haltung, die die Verbindung von partizipativem, wissenschaftlich fundiertem und selbstreflexivem Arbeiten sichert.

Schmidt et al. (2003) liefern eine pointierte Zusammenfassung: Sie sehen (hier mit dem Blick auf abgebrochene Hilfeprozesse), dass bessere Effekte zu erreichen wären, wenn »die Effektivität der Beratungsstellenarbeit auf die Elternarbeit in vollstationären Hilfen übertragen werden könnte« (S. 536 f.). Im Grunde bedeutet das nichts anderes, als die spezifischen Stärken der verschiedenen Hilfearten für die Wirkungen im konkreten Einzelfall zu kombinieren und zu optimieren. So wäre Jugendhilfe häufiger erfolgreich und stärker wirksam.

Elterliche Erziehung als ursprünglichste Form der Förderung der kindlichen Entwicklung durch eine von tiefen Emotionen getragene elterliche Beziehung verdient nach unserer Auffassung in stärkerem Maß die Aufmerksamkeit von wissenschaftlicher Konzeptionierung, diagnostischer Untersuchung und professioneller Unterstützung. Wir hoffen, mit diesem Arbeitsbuch Fachkräfte zu ermutigen, sich vertiefter mit der elterlichen Erziehung zu befassen. Und wir hoffen zugleich, damit zu fundierten Einschätzungen und wirkungsvollen Hilfen beitragen zu können.

Rückmeldungen zum Umgang sowohl mit den dargestellten konzeptionellen Ideen wie auch mit den hier vorgestellten Instrumenten sind bei den Autoren willkommen.

Literatur

Ahnert, L. (Hrsg.). (2019). *Frühe Bindung. Entstehung und Entwicklung*. 4. Auflage. München/Basel: Reinhardt.
Ahnert, L. (Hrsg.). (2014): *Theorien in der Entwicklungspsychologie*. Berlin: Springer VS.
Ahrens, H.-J. (1999). Differentielle Psychologie. In R. Asanger & G. Wenninger (Hrsg.), *Handwörterbuch der Psychologie* (S. 113–120). Weinheim: Beltz Verlag.
Ainsworth, M. & Wittig, B. (1969). Attachment and exploratory behavior of one-year-olds in a strange situation. In B. M. Foss (Hrsg.), *Determinants of infant behavior IV* (S. 111–136). London: Methuen.
Aguilar-Raab, C., Mühlhan, L. & Schweitzer, J. (2014): EVOS. Evaluation of Social System. In C. J. Kemper, E. Brähler & M. Zenger (Hrsg.), *Psychologische und sozialwissenschaftliche Kurzskalen* (S. 72–75). Berlin: Medizinisch Wissenschaftliche Verlagsgesellschaft.
Al-Ammar, K. (2010). Ursachen und Folgen elterlicher Verwöhnung. In E. Witruk, D. Riha, A. Teichert, N. Haase & M. Stueck (Hrsg.), *Learning, adjustment and stress disorders. With special reference to Tsunami affected regions* (S. 195–205). Frankfurt a. M.: Lang.
Albus, S., Greschke, H., Klingler, B., Messmer, H., Micheel, H., Otto, H. & Polutta, A. (2010). Abschlussbericht der Evaluation des Bundesmodellprogramms »Qualifizierung der Hilfen zur Erziehung durch wirkungsorientierte Ausgestaltung der Leistungs-, Entgelt- und Qualitätsvereinbarungen nach §§ 78a ff SGB VIII«. Zugriff am 10.03.2018 unter http://www.wirkungsorientierte-jugendhilfe.de/seiten/material/wojh_schriften_heft_10.pdf.
Alderfer, C. P. (1972). *Existence, relatedness, and growth*. New York: Free Press.
Alderfer, C. P. (1982). *Existence, relatedness and growth. Human Needs in Organizational Settings*. New York: Free Press.
Al-Manssour, I., Albert, C. & Al-Ammar, K. (2010). Der Einfluss elterlicher Verwöhnung auf Schulfähigkeit und Lese-Rechtschreib-Kompetenz im Grundschulalter. In E. Witruk, D. Riha, A. Teichert, N. Haase & M. Stueck (Hrsg.), *Learning, adjustment and stress disorders. With special reference to Tsunami affected regions* (S. 154–193). Frankfurt a. M.: Lang.
Arbeitsgemeinschaft der Leitungen der Psychosozialen Dienste der bezirklichen Jugendämter Berlins (2012). *Positionspapier Aufgaben- und Methodenverständnis institutioneller Erziehungsberatung*. (unveröffentlicht).
Arbeitsgemeinschaft für Kinder- und Jugendhilfe (AGJ) (Hrsg.). (2009). *Sozialgesetzbuch VIII auf dem Stand des Kinderförderungsgesetzes. Gesamttext und Begründungen* (13. Auflage). Berlin: Eigenverlag.
Arbeitsgemeinschaft für Kinder- und Jugendhilfe (AGJ) (Hrsg.). (2015a). Junge Menschen an der Schnittstelle von Kinder- und Jugendpsychiatrie und Kinder- und Jugendhilfe. Empfehlungen der Arbeitsgemeinschaft für Kinder- und Jugendhilfe – AGJ zur Entwicklung gemeinsamer Eckpunkte der Zusammenarbeit beider Systeme. Zugriff am 20.10.2015 unter https://www.agj.de/fileadmin/files/positionen/2015/Kinder-_und_Jugendpsychiatrie_und_KJH_.pdf.
Arbeitsgemeinschaft für Kinder- und Jugendhilfe (AGJ) (Hrsg.). (2015b). Freiheitsentziehende Maßnahmen im aktuellen Diskurs. Konsequenzen für die Weiterentwicklung der Hilfen zur Erziehung. Diskussionspapier der Arbeitsgemeinschaft für Kinder- und Jugendhilfe – AGJ. Zugriff am 15.11.2015 unter https://www.agj.de/fileadmin/files/positionen/2015/Freiheits entziehende_Ma%C3%9Fnahmen_neu.pdf.
Arbeitsgemeinschaft für Kinder- und Jugendhilfe (AGJ) (Hrsg.). (2015c). Weiterentwicklung und Steuerung der Hilfen zur Erziehung. Empfehlungen der Arbeitsgemeinschaft für Kin-

der- und Jugendhilfe – AGJ. Zugriff am 19.12.2015 unter https://www.agj.de/fileadmin/files/positionen/2015/Positionspapier_Weiterentwicklung_Hilfen_zur_Erziehung_NEU.pdf.
Arbeitsgruppe Fachtagungen Jugendhilfe im Deutschen Institut für Urbanistik (Hrsg.) (2015). *Wissen, was wirkt! Wirkungsforschung und Evaluation in den Hilfen zur Erziehung – Praxiserfahrungen und Impulse. Materialien zur Fachtagung am 11. und 12. Juni 2015*. Berlin: Eigenverlag.
Arbeitskreis OPD-KJ (Hrsg.). (2016). *OPD-KJ-2 Operationalisierte Psychodynamische Diagnostik im Kindes- und Jugendalter: Grundlagen und Manual*. Göttingen: Hogrefe.
Arbeitsstelle Kinder- und Jugendhilfestatistik (Hrsg.). (2016). *Monitor Hilfen zur Erziehung 2016*. Dortmund: Eigenverlag Forschungsverbund DJI/TU Dortmund an der Fakultät 12 der Technischen Universität Dortmund. Zugriff am 14.04.2018 unter http://akjstat.tu-dortmund.de/fileadmin/Startseite/Monitor_Hilfen_zur_Erziehung_2016.pdf.
Arnold, J. (2010). Entwicklung eines evidenzbasierten Vorhersagemodells für indizierte Hilfeentschei-dungen im Rahmen der Jugendhilfe. In M. Macsenaere, S. Hiller & K. Fischer (Hrsg.), *Outcome in der Jugendhilfe gemessen* (S. 257–265). Freiburg im Breisgau: Lambertus.
Arnold, J. (2014). Wirkungsevaluation in der Erziehungsberatung (Wir.EB) – Hintergründe und Ziele des Projekts. *Informationen für Erziehungsberatungsstellen*, (2), 10–14.
Arnold, J. (2017). Erziehungsberatung wirkt! Ergebnisse der deutschlandweiten Wirkungsstudie »Wir.EB«. *Informationen für Erziehungsberatungsstellen*, (1), 12–18.
Arnold, J. & Macsenaere, M. (im Druck). *Wirksamkeit der Erziehungsberatung. Ergebnisse der bundesweiten Studie Wir.EB*. Freiburg: Lambertus.
Arnold, D. S., O'Leary, S. G., Wolff, L. S. & Acker, M. M. (1993). The Parenting Scale: A measure of dysfunctional parenting in discipline situations. *Psychological Assessment, 5* (2), 137–144.
Asendorpf, J. (2012). *Psychologie der Persönlichkeit* (5. Auflage). Berlin: Springer.
Asendorpf, J. & Banse, R. (2000). *Psychologie der Beziehung*. Bern: Huber.
Bak, P. M. (2010). Kinder und Fernsehen. Befunde, Klärungen und Folgen. In W. Aretz & K. Mierke (Hrsg.), *Aktuelle Themen der Wirtschaftspsychologie. Beiträge und Studien* (Band 2, S. 245–269). Köln: Kölner Wissenschaftsverlag.
Bandura, A. (1997). *Self-efficacy: The exercise of control*. New York: Freeman.
Barker, R. G. (1968). *Ecological psychology*. San Francisco: Jossey-Bass.
Baumrind, D. (1966). Effects of authoritative parental control on child behavior. *Child Development, 37*, 887–907.
Bayerisches Landesjugendamt (Hrsg.). (2001). *Sozialpädagogische Diagnose. Arbeitshilfe zur Feststellung des erzieherischen Bedarfs*. München: Bayerisches Landesjugendamt.
Bayerisches Landesjugendamt (Hrsg.). (2009). *Sozialpädagogische Diagnose. Arbeitshilfe zur Feststellung des erzieherischen Bedarfs* (Neuauflage). München: Bayerisches Landesjugendamt.
Beelmann, A. & Raabe, T. (2007). *Dissoziales Verhalten von Kindern und Jugendlichen*. Göttingen: Hogrefe.
Beelmann, A., Stemmler, M., Lösel, F. & Jaursch, S. (2007). Zur Entwicklung externalisierender Verhaltensprobleme im Übergang vom Vor- zum Grundschulalter. *Kindheit und Entwicklung, 16* (4), 229–239.
Belsky, J. (1984). The determinants of parenting: A process model. *Child Development, 55* (1), 83–96.
Belsky, J. & Barends, N. (2002). Personality and Parenting. In M. H. Bornstein (Hrsg.), *Being and Becoming a Parent* (Handbook of Parenting, Band 3, 2. Auflage, S. 415–438). Mahwah (NY): Lawrence Erlbaum Associates Publishers.
Benninghoven, D., Cierpka, M. & Thomas, V. (2008). Überblick über familiendiagnostische Fragebogeninventare. In M. Cierpka (Hrsg.), *Handbuch der Familiendiagnostik* (3. Auflage, S. 427–446). Berlin: Springer.
Benz, M. & Scholtes, K. (2015). Von der normalen Entwicklung zur Entwicklungskrise und zur Regulationsstörung. In M. Cierpka (Hrsg.), *Regulationsstörungen. Beratung und Psychotherapie für Eltern mit kleinen Kindern* (S. 1–14). Berlin, Springer.
Berg-Cross, L. (2000). *Basic Concepts in Family Therapy: An Introductory Text* (2. Auflage). London: Routledge.
Bernstein, B. (1973). Ein sozio-linguistischer Ansatz zur Sozialisation. Mit einigen Beiträgen zur Erziehbarkeit. In D. Claessens & P. Milhoffer (Hrsg.), *Familiensoziologie. Ein Reader als Einführung* (S. 241–270). Frankfurt a. M.: Athenäum.

Biene, M. (2003). Geschichte des Triangel-Konzepts. In Eckart-Fachverband (Hrsg.), *Elternaktivierung. Evaluation und Beschreibung des sogenannten Triangel-Konzepts (neu: SIT)* (Kontakt Spezial, S. 5–12). Münster: Diakonisches Werk. Zugriff am 02.12.2015 unter http://www.sitinstitut.ch/Dokumente/Publikationen/Publikation%20des%20Eckart%20Fachverbands%20zum%20SIT-Modell.pdf.
Biene, M. (im Druck). *Systemische Interaktionstherapie und -beratung. Ein Praxishandbuch für systemisches Arbeiten mit Kindern und Jugendlichen und ihren Familien.* Stuttgart: Kohlhammer.
Biermann, H., Belhadj-Kouider, E., Lorenz, A. L., Dupont, M. & Petermann, F. (2016). Die Bedeutung des sozialen Milieus bei Jugendlichen mit externalisierenden Verhaltensauffälligkeiten. Analyse einer Bremer kinder- und jugendpsychiatrischen Inanspruchnahmepopulation. *Zeitschrift für Psychiatrie, Psychologie und Psychotherapie, 64* (1), 55–66.
Biermann-Ratjen, E.-M, Eckert, J. & Schwartz, H.-J. (2003). *Gesprächspsychotherapie. Verändern durch Verstehen* (9., überarbeitete, erweiterte Auflage). Stuttgart: Kohlhammer.
Birtsch, V., Münstermann, K. & Trede, W. (Hrsg.). (2001). *Handbuch Erziehungshilfen. Leitfaden für Ausbildung, Praxis und Forschung.* Münster: Votum.
Bischof-Köhler, D. (2011). *Soziale Entwicklung in Kindheit und Jugend. Bindung, Empathie, Theory of Mind.* Stuttgart: Kohlhammer.
Blanz, B. & Schneider, S. (2007). Angststörungen. In B. Herpetz-Dahlmann, F. Resch, M. Schulte-Markwort & A. Warnke (Hrsg.), *Entwicklungspsychiatrie* (2. Auflage, S. 744–770). Stuttgart: Schattauer.
Boeckh, J., Huster, E.-U. & Benz, B. (2004). *Sozialpolitik in Deutschland: Eine systematische Einführung.* Wiesbaden: VS Verlag für Sozialwissenschaften.
Böhm, M. (1993). *Familiäre Ursachen von Bulimie.* Unveröffentlichte Diplomarbeit, Universität Regensburg.
Böhm, W. (2004). *Geschichte der Pädagogik.* München: C. H. Beck
Bois-Reymond, N. du (1994). Die moderne Familie als Verhandlungshaushalt. Eltern-Kind-Beziehungen in West- und Ostdeutschland und in den Niederlanden. In M. du Bois-Reymond, P. Büchner, H.-H. Krüger, J. Ecarius & B. Fuhs (Hrsg.), *Kinderleben: Modernisierung von Kindheit im interkulturellen Vergleich* (S. 137–219). Opladen: Leske & Buderich.
Booth, C. L., Rose-Krasnor, L., McKinnon, J. & Rubin, K. H. (1994). Predicting Social adjustment in middle childhood: The role of preschool attachment security and maternal style. *Social Development, 3* (3), 189–204.
Borba, M. (1999). *Parents do make a difference.* San Francisco: Jossey Bass.
Bourdieu, P. (1976). *Sozialer Sinn. Kritik der theoretischen Vernunft.* Frankfurt a. M.: Suhrkamp.
Bourdieu, P. (1982). *Die feinen Unterschiede.* Frankfurt a. M.: Suhrkamp.
Braunmühl, E. von (1983). *Antipädagogik. Studien zur Abschaffung der Erziehung.* Weinheim, Basel: Beltz.
Brazelton, T. B. & Greenspan, S. I. (2002). *Die sieben Grundbedürfnisse von Kindern. Was jedes Kind braucht, um gesund aufzuwachsen, gut zu lernen und glücklich zu sein.* Weinheim: Beltz.
Brezinka, W. (1999). *Grundbegriffe der Erziehungswissenschaft.* München: Reinhardt Verlag.
Brisch, K. H., Grossmann, K. E., Grossmann, U. & Köhler, L. (2010). *Bindung und seelische Entwicklung: Grundlagen, Prävention und klinische Praxis.* Stuttgart: Klett.
Britze, H., Dittmann, A., Hillmeier, H. & Huber, G. (2013). *Sozialpädagogische Diagnose-Tabelle & Hilfeplan – Arbeitshilfe zur Anwendung der Instrumente bei der Prüfung von Anhaltspunkten für eine Gefährdung des Kindeswohls, der Abklärung von Leistungsvoraussetzungen einer Hilfe zur Erziehung und der Durchführung des Hilfeplanverfahrens in der Praxis.* München: Zentrum Bayern Familie und Soziales Bayerisches Landesjugendamt.
Bronfenbrenner, U. (1981). *Die Ökologie der menschlichen Entwicklung. Natürliche und geplante Experimente.* Stuttgart: Klett-Cotta.
Bronfenbrenner, U. (1986). Ecology of the family as a context of human development: Research perspectives. *Developmental Psychology, 22,* 723—742.
Bundesgesetzblatt (1961). Bekanntmachung der Neufassung des Reichsgesetzes für Jugendwohlfahrt vom 11. August 1961 (JWG). Bundesanzeiger Verlag. Zugriff am 03.12.2015 unter http://www.bgbl.de/xaver/bgbl/start.xav?start=%2F%2F*%5B%40attr_id%3D'bgbl161s1205.pdf'%5D#__bgbl__%2F%2F*%5B%40attr_id%3D%27bgbl161s1205.pdf%27%5D__1449157013085.

Bundesgesetzblatt (2015). Teil I Nr. 42. Gesetz zur Verbesserung der Unterbringung, Versorgung und Betreuung ausländischer Kinder und Jugendlicher vom 28. Oktober 2015. Zugriff am 18.11.2017 unter https://www.mkffi.nrw/sites/default/files/asset/document/2015-11-01_gesetz_uma_bgbl.pdf.

Bundeskonferenz für Erziehungsberatung (bke) (Hrsg.). (2004). *Arme Familien gut beraten. Hilfe und Unterstützung für Kinder und Eltern* (Materialien zur Beratung, Band 12). Fürth: Eigenverlag.

Bundeskonferenz für Erziehungsberatung (bke) (Hrsg.). (2008). Gelingende Erziehung. Stellungnahme. *Informationen für Erziehungsberatungsstellen*, (1), 3–9.

Bundeskonferenz für Erziehungsberatung (2008a). Psychotherapeutische Kompetenz in der Erziehungs- und Familienberatung. Gemeinsame Stellungnahme von BKE und Bundespsychotherapeutenkammer (BPtK). Wiederabdruck. In K. Menne (Hrsg.). (2015), *Fachliche Grundlagen der Beratung* (S. 219–223). Fürth: Eigenverlag.

Bundeszentrale für gesundheitliche Aufklärung (BZGA) (Hrsg.). (2011). *Gesundheitsfördernde Elternkompetenzen. Expertise zu wissenschaftlichen Grundlagen und evaluierten Programmen für die Förderung elterlicher Kompetenzen bei Kindern im Alter von 0 bis 6 Jahren*. Köln: BZGA.

Campbell, S. B. (1995). Behavior Problems in preschool Children: A review of recent research. *Journal of Child Psychology and Psychiatry, 36* (1), 113–149.

Chen, X.; Dong, Q. & Zhou, H. (1997). Authoritative and authorian parenting practices and social and school performance in Chinese children. *International Journal of Behaviral Development, 21*, 855–873.

Cierpka, M. (Hrsg.) (2003). *Handbuch der Familiendiagnostik*. Berlin York: Springer.

Cierpka, M. (Hrsg.) (2008). *Handbuch der Familiendiagnostik* (3. Auflage). Berlin: Springer.

Cierpka, M., Frevert, G. (1994). *Die Familienbögen*. Göttingen/Bern/Toronto/Seattle: Hogrefe.

Cina, A. & Bodenmann, G. (2009). Zusammenhang zwischen Stress der Eltern und kindlichem Problemverhalten. *Kindheit und Entwicklung, 18* (1), 39–48.

Conen, M.-L. (1990). Anforderungen an Elternarbeit in der Heimerziehung. *Soziale Arbeit* (7), 246–253. Zugriff am unter http://www.context-conen.de/artikel/Artikel-Anforderungen-an-Elternarbeit-in-der-Heimerziehung.pdf.

Conen, M.-L. (2007) Schwer zu erreichende Eltern. Ein systemischer Ansatz in der Heimerziehung. In H.-G. Homfeld & J. Schulze-Krüdener (Hrsg.), *Elternarbeit in der Heimerziehung* (S. 61–76). München: Reinhardt. Verfügbar unter http://www.context-conen.de/artikel/Artikel-Schwer-zu-erreichende-Eltern.pdf.

Cohn, D. A., Cowan, P. A., Cowan, C. P. & Pearson, J. (1992). Mothers' and fathers' working models of childhood attachment relationships, parenting styles and child behavior. *Development and Psychopathology, 4* (3), 417–431.

Das Jugendgerichtsgesetz (JGG). Zugriff am 17.11.2017 unter https://dejure.org/gesetze/JGG/12.html.

Deegener, G.; Spangler, G.; Körner, W. & Becker, N. (2009). *Eltern-Belastungs-Screening zur Kindeswohlgefährdung. Deutsche Form des Child Abuse Potential Inventory (CAPI)*. Göttingen: Hogrefe.

Deutsches Institut für Jugendhilfe und Familienrecht e.V. (DIJuF) (2004). Neuregelung mit Gesetzesbegründung. Gesetz zur Weiterentwicklung der Kinder- und Jugendhilfe (Kinder- und Jugendhilfeweiterentwicklungsgesetz – KICK). Zugriff am 10.12.2017 unter https://www.dijuf.de/tl_files/downloads/2010/fachliche_hinweise_stellungnahmen_des_dijuf/Tabelle KICKmitBegruendung.pdf.

Deutsches Institut für Jugendhilfe und Familienrecht e. V. (DIJuF) (2006). Arbeitsfassung/Diskussionsgrundlage zur Vorbereitung eines Gesetzes zur Stärkung von Kindern und Jugendlichen. Zugriff am 29.04.2018 unter http://kijup-sgbviii-reform.de/wp-content/uploads/2016/07/Arbeitsfassung-Reform-SGB-VIII-Gesetzesformulierungen-23.08.2016.pdf

Deutsches Institut für Jugendhilfe und Familienrecht e.V. (DIJuF) (2015). Hinweise des DIJuF vom 6. August 2015 zum Referentenentwurf eines Gesetzes zur Änderung des Sachverständigenrechts und zur weiteren Änderung des Gesetzes über das Verfahren in Familiensachen und in den Angelegenheiten der freiwilligen Gerichtsbarkeit. Zugriff am 08.12.2015 unter https://www.dijuf.de/tl_files/downloads/2015/DIJuF-Hinweise_RefE_Sachverstaendigenrecht_v._06_08_2015.pdf.

Deutsches Institut für Jugendhilfe und Familienrecht e. V. (DIJuF) (2016). Arbeitsfassung/Diskussionsgrundlage zur Vorbereitung eines Gesetzes zur Stärkung von Kindern und Jugendlichen. Änderung des Achten Buches Sozialgesetzbuch. Arbeitsfassung vom 23.08.2016. Zugriff am unter 09.05.2018 http://kijup-sgbviii-reform.de/wp-content/uploads/2016/07/Arbeitsfassung-Reform-SGB-VIII-Gesetzesformulierungen-23.08.2016.pdf.

Dettenborn, H. & Walter, E. (2015). *Familienrechtspsychologie* (2. Auflage). München: Reinhardt.

Domogalla, C. (2006). *Einflüsse psychosozialer Risikofaktoren auf die Qualität der Mutter-Kind-Interaktion*. Unveröffentlichte Dissertation, Ludwig-Maximilians-Universität München.

Dornes, M. (1998). *Die frühe Kindheit. Entwicklungspsychologie der ersten Lebensjahre*. Frankfurt a. M.: Fischer.

Dornes, M. (2000). *Die emotionale Welt des Kindes*. Frankfurt a. M.: Fischer.

Dornes, M. (2001). *Die emotionale Welt des Kindes*. Frankfurt a. M.: Fischer.

Downing, G. (2010). Videointervention bei gestörten Eltern-Kind-Beziehungen. In K.-H. Brisch & T. Hellbrügge (Hrsg.), *Bindung, Angst und Aggression* (S. 188–231). Stuttgart: Klett-Cotta.

Dürbeck, W. (2018). Unbegleitete minderjährige Flüchtlinge im Familienrecht. *FamRZ, 65* (8), 553–564.

Eckensberger, L. & Keller, H. (1998). Menschenbilder und Entwicklungskonzepte. In H. Keller (Hrsg.), *Lehrbuch Entwicklungspsychologie* (S. 11–56). Bern: Huber.

Egeland, B. (2002). Ergebnisse einer Langzeitstudie an Hoch-Risiko-Familien. In K.-H. Brisch, K. E. Grossmann, K. Grossmann & L. Köhler (Hrsg.), *Bindung und seelische Entwicklungswege. Grundlagen, Prävention und klinische Praxis* (S. 305–324). Stuttgart: Klett-Cotta.

Egle, U. T., Hoffmann, S. O. & Joraschky, P. (2005). *Sexueller Missbrauch, Misshandlung, Vernachlässigung*. Stuttgart: Schattauer.

El Mafaalani, A. & Wirtz, S (2011). Wieviel Psychologie steckt im Habitusbegriff? Pierre Bourdieu und die »verstehende Psychologie«. *Journal für Psychologie*, 1, 1–22.

El Mafaalani, A. (2014). *Vom Arbeiterkind zum Akademiker. Über die Mühen des Aufstiegs durch Bildung*. St. Augustin: Konrad-Adenauer-Stiftung.

Elder, G. H. jr. (1974). *Children of the Great Depression*. Chicago: University of Chicago Press.

Engfer, A. & Schneewind, K. A. (1976). *Der FSE – Ein Fragebogen zur Erfassung selbstperzipierter elterlicher Erziehungsstileinstellungen. Arbeitsbericht 9 des EKB-Projekts*. Universität Trier.

Eribon, D. (2017). *Rückkehr nach Reims*. Berlin: Suhrkamp.

Esser, G. & Petermann, F. (2010). *Entwicklungsdiagnostik*. Göttingen: Hogrefe.

Fahrenberg, J., Hampel, R. & Selg, H. (2010). *Das Freiburger Persönlichkeitsinventar* (8. Auflage). Göttingen: Hogrefe.

Fazekas, R. (2015). *25 Jahre SGV VIII: Paradigmenwechsel und Dauerbaustelle*. Freiburg: Lambertus.

Fegert, J. M., Besier, T. & Goldbeck, L. (2008). Positionspapier: Kinder und Jugendliche mit psychischen Störungen in der stationären Jugendhilfe und Reisenburger interdisziplinärer Appell der Fachkräfte. *Das Jugendamt. Zeitschrift für Jugendhilfe und Familienrecht*, 81 (4), 187–192.

Filipp, S.-H. & Aymanns, P. (2009). *Kritische Lebensereignisse und Lebenskrisen: Vom Umgang mit den Schattenseiten des Lebens*. Stuttgart: Kohlhammer.

Filipp, S.-H. (1995/1999). *Kritische Lebensereignisse*. Weinheim: Beltz/Psychologische Verlags Union.

Finke, J. (1994). *Empathie und Interaktion*. Stuttgart: Georg Thieme.

Flick, U. (2011). *Triangulation* (3. Auflage). Berlin: Springer.

Fonagy, P., Gergely, G., Jurist, E., Target, M. & Vorspohl, E. (2006). *Affektregulierung, Mentalisierung und die Entwicklung des Selbst*. Stuttgart: Klett-Cotta.

Fraiberg, S., Adelson, E. & Shapiro, V. (1975). Ghost in the nursery. *Journal of the American Academy of Child Psychiatry, 14*, 387—422.

Franiek, S. & Reichle, B. (2007). Elterliches Erziehungsverhalten und Sozialverhalten im Grundschulalter. *Kindheit und Entwicklung, 16* (4), 240–249.

Frazer, A. & Fite, P. J. (2016). Maternal psychological control, use of supportive parenting, and childhood depressive symptoms. *Child Psychiatry and Human Development, 47* (3), 384–396.

Frick, P. J. (1991). *The Alabama Parenting Questionnaire*. Unpublished Instrument. Alabama: University of Alabama, Department of Psychology.

Frick, J. (2005). *Die Droge Verwöhnung. Beispiele, Folgen, Alternativen.* Bern: Huber.
Frick, P. J., Christian, R. E. & Wootton, J. M. (1999). Age trends in the association between parenting practices and conduct problems. *Behavior Modification, 23* (1), 106–128.
Fritze, N. (1996). *Erziehungsfähigkeit und Erziehungsbedürftigkeit des Menschen.* Berlin: Weidler Buchverlag.
Fthenakis, W. (2000). Hat die Familie Zukunft? Manuskript eines Vortrages. Zugriff am 20.2.2001 unter www.csu.bayeren.landtag.de.
Fuhrer, U. (2005). *Lehrbuch Erziehungspsychologie.* Bern: Huber.
Fuhrer, U. (2007). *Erziehungskompetenz. Was Eltern stark macht.* Bern: Huber.
Fuhrer, U. (2009). *Lehrbuch Erziehungspsychologie.* Bern: Huber.
Fydrich, T., Sommer, G. & Brähler, E. (2007). *Fragebogen zur Sozialen Unterstützung (F-SozU).* Göttingen: Hogrefe.
Gabriel, B. & Bodenmann, G. (2006). Elterliche Kompetenzen und Erziehungskonflikte. Eine ressourcenorientierte Betrachtung von familiären Negativdynamiken. *Kindheit und Entwicklung, 15* (1), 9–18.
Gabriel, T., Keller, S. & Studer, T. (2007). Wirkungsorientierte Jugendhilfe, Band 03 Wirkungen erzieherischer Hilfen — Metaanalyse ausgewählter Studien. Zugriff am 10.03.2018 unter http://www.wirkungsorientierte-jugendhilfe.de/seiten/material/wojh_schriften_heft_3.pdf.
Gadow, T., Peucker, C., Pluto, L., v. Santen, E. & Seckinger, M. (2013). *Wie geht´s der Kinder- und Jugendhilfe? Empirische Befunde und Analysen.* Weinheim: Beltz Juventa.
Gahleitner, S. B. (2009). *Was hilft ehemaligen Heimkindern bei der Bewältigung ihrer komplexen Traumatisierung? Expertise im Auftrag des Runden Tisches Heimerziehung.* Berlin: Runder Tisch Heimerziehung. Zugriff am 13.06.2013 unter http://www.rundertisch-heimerziehung.de/documents/RTH_Expertise_Trauma_000.pdf.
Gahleitner, S. B. (2010). Klassifikation versus Fallverstehen: Versuch einer Integration und Implementation. *Archiv für Wissenschaft und Praxis der sozialen Arbeit, 41* (4), 30–42.
Gahleitner, S. B. & Homfeldt, H. G. (2013): Zur Implementierung biopsychosozialer Diagnostik in der Kinder- und Jugendhilfe – ein Vorschlag. In S. Gahleitner, K. Wahlen, O. Bilke-Hentsch & D. Hillenbrand (Hrsg.), *Biopsychosoziale Diagnostik in der Kinder- und Jugendhilfe. Interprofessionelle und interdisziplinäre Perspektiven* (S. 233–246). Stuttgart: Kohlhammer.
Galm, B., Hees, K. & Kindler, H. (2016). *Kindesvernachlässigung – verstehen, erkennen, helfen.* München: Reinhardt.
Gerstner, D., Emrich, A. & Berndt, E. (Hrsg.). (2011). *Heimerziehung in Berlin. West 1945–1975, Ost 1945–1989. Annäherungen an ein verdrängtes Kapitel Berliner Geschichte als Grundlage weiterer Aufarbeitung.* Berlin: Archiv der Jugendkulturen.
Gibaud-Wallston, J. & Wandersman, L. (1978). Development and utility of the parenting sense of competence scale. *Dissertation Abstracts International.* 39 (1-B), 379.
Gloger-Tippelt, G. (2007). Bindung und Sozialverhalten in der mittleren Kindheit. In C. Hopf & G. Nunner-Winkler (Hrsg.), *Frühe Bindungen und moralische Entwicklung. Aktuelle Befunde zu psychischen und sozialen Bedingungen moralischer Eigenständigkeit* (S. 69–103). Weinheim: Juventa.
Gloger-Tippelt, G. (2008). Bindung in der Kindheit – Grundlagen, Auswirkung von traumatischen Erfahrungen und Prävention. In M. Franz & B. West-Leuer, B. (Hrsg.), *Bindung, Trauma, Prävention. Entwicklungschancen von Kindern und Jugendlichen als Folge ihrer Beziehungserfahrungen* (S. 39–71). Gießen: Psychosozial-Verlag.
Gloger-Tippelt, G. (Hrsg.). (2001). *Bindung im Erwachsenenalter. Ein Handbuch für Forschung und Praxis* (S. 102–118). Bern: Huber.
Gloger-Tippelt, G., König, L., Zweyer, K. & Lahl, O. (2007). Bindung und Problemverhalten bei fünf und sechs Jahre alten Kindern. *Kindheit und Entwicklung, 16* (4), 209–219.
Gräser, H., Brandtstätter, J., Felser, G. (2001). Zufriedenheit in Partnerbeziehungen: Analyse latenter Entwicklungsgradienten im 14-Jahres-Längsschnitt. In S. Walper & R. Pekrun (Hrsg.), *Familie und Entwicklung. Perspektiven der Familienpsychologie* (S. 200—218). Göttingen: Hogrefe.
Grawe, K. (2000). *Psychologische Therapie.* Göttingen: Hogrefe.

Grolnick, W. S. & Farkas, M. (2002). Parenting and the development of children's self-regulation. In M. H. Bornstein (Hrsg.), *Practical issues in parenting* (Handbook of parenting, Band 5, S. 89–110). Mahwah (NY): Lawrence Erlbaum Associates Publishers.
Grossmann, K. & Grossmann, K. E. (2008). *Bindungen – das Gefüge psychischer Sicherheit* (4. Auflage). Stuttgart: Klett-Cotta.
Grüne Liste Prävention – CTC-Datenbank empfohlener Präventionsprogramme. Zugriff am 28.11.2017 unter http://www.gruene-liste-praevention.de/.
Hacker, W. (1999). Handlung. In R. Asanger & G. Wenninger (Hrsg.), *Handwörterbuch Psychologie* (S. 275–281). Weinheim: Psychologie Verlags Union.
Hahlweg, K. (2016). *Fragebogen zur Partnerschaftsdiagnostik (FPD)* (2., neu normierte, erweiterte Auflage). Göttingen: Hogrefe.
Halligan, S., Cooper, P., Healy, S. & Murray, L. (2007). The attribution of hostile intent in mothers, fathers and their children. *Journal of abnormal child psychology, 35* (4), 594–604.
Hancox, R. J., Milne B. J. & Poulton, R. (2004). Association between child and adolescent television viewing and adult health: a longitudinal birth cohort study. *The Lancet, 364,* 257–262.
Hannan, K. & Luster, T. (1991). Influence of parent, child, and contextual factors on the quality of home environment. *Infant Mental Health Journal, 12* (1), 17–30.
Havighurst, R. J. (1982). *Development tasks and education.* New York: Longman.
Heckhausen, J. & Heckhausen, H. (Hrsg.). (2010). *Motivation und Handeln* (4. Auflage). Berlin: Springer.
Heilmann, K., Bräsen, J., Herke, M., Richter, M. & Rathmann, K. (2017). Soziale Determinanten der subjektiven Gesundheit, Lebenszufriedenheit und krankheitsbedingten Schulfehltage von Heranwachsenden in Deutschland: Erste Ergebnisse des Nationalen Bildungspanels (NEPS). *Das Gesundheitswesen, 77,* 623–624.
Helming, E. (2001). Sozialpädagogische Familienhilfe und andere Formen familienbezogener Hilfen. In V. Birtsch, K. Münstermann & W. Trede (Hrsg.), *Handbuch Erziehungshilfen. Leitfaden für Ausbildung, Praxis und Forschung* (S. 541–571). Münster: Votum.
Helming, E. (2010). Arbeitsweise und Wirkung der Sozialpädagogischen Familienhilfe. In M. Macsenaere, S. Hiller & K. Fischer (Hrsg.), *Outcome in der Jugendhilfe gemessen* (S. 19–24). Freibung im Breisgau: Lambertus.
Helming, E., Eschelbach, D., Spangler, G. & Bovenschen, I. (2001). Einschätzung der Eignung und Vorbereitung von Pflegepersonen. In H. Kindler, E. Helmig, T. Meysen & K. Jurcyk (Hrsg.), *Handbuch der Pflegekinderhilfe* (S. 399–447). München: Deutsches Jugendinstitut e. V.
Hentig, H. von (2003). Jean-Jacques Rousseau. In H.-E. Tenorth (Hrsg.), *Klassiker der Pädagogik* (S. 72–92). München: C. H. Beck.
Herrmann, T. (2010). Evaluation des Modellprojektes »Hilfe zur Betreuung und Versorgung des Kindes in Notsituationen auf der Rechtsgrundlage des § 20 SGB VIII unter Einbeziehung ambulanter Erziehungshilfen« des Cariats-Verbandes für die Region Schaumburg-Blies. In M. Macsenaere, S. Hiller & K. Fischer (Hrsg.), *Outcome in der Jugendhilfe gemessen* (S. 25 – 28). Freiburg im Breisgau: Lambertus.
Herpertz-Dahlmann, B. & Remschmidt, H. (2000). Störungen der Kind-Umwelt-Interaktion und ihre Auswirkungen auf den Entwicklungsverlauf. In F. Petermann, K. Niebank & H. Scheithauer (Hrsg.), *Risiken in der frühkindlichen Entwicklung. Entwicklungspsychopathologie der ersten Lebensjahre* (S. 223–240). Göttingen: Hogrefe.
Hesse, E. & Main, M. (2000). Disorganized infant, child, and adult attachment: Collapse in behavioral and attentional strategies. *Journal of the American Psychoanalytic Association, 48* (4), 1097–1127.
Hetzer, H. (1929). *Kindheit und Armut. Psychologische Methoden in Armutsforschung und Armutsbekämpfung* (Psychologie der Fürsorge, Bd. 1, 1. Auflage). Leipzig: Hirzel.
Hetzer, H. (1937). *Kindheit und Armut. Psychologische Methoden in Armutsforschung und Armutsbekämpfung* (Psychologie der Fürsorge, Bd. 1, 2. überarbeitete Auflage). Leipzig: Hirzel.
Hiebsch, H. & Vorwerg, M. (1980). *Sozialpsychologie.* Berlin: Deutscher Verlag der Wissenschaften.
Hillmeier, H. (2004). Sozialpädagogische Diagnose. Eine Arbeitshilfe des Bayerischen Landesjugendamtes. In M. Heiner (Hrsg.), *Diagnostik und Diagnosen in der sozialen Arbeit. Ein*

Handbuch (S. 203–217). Frankfurt a. M.: Deutscher Verein für öffentliche und private Fürsorge e.V.

Hillmeier, H. & Britze, H. (2013). Sozialpädagogische Diagnose – ein Meilenstein auf dem Weg zu einer wirkungsorientierten Prozessgestaltung in der Einzelfallhilfe. In S. B. Gahleitner, K. Wahlen, O. Bilke-Hentsch & D. Hillenbrandt (Hrsg.), *Biopsychosoziale Diagnostik in der Jugendhilfe* (S. 143–158). Stuttgart, Kohlhammer.

Hinte, W. (2002). Fälle, Felder und Budgets – zur Rezeption sozialraumorientierter Ansätze in der Jugendhilfe. In Senatsverwaltung für Bildung, Jugend und Sport (Hrsg.), *Berliner Jugendhilfe und Sozialraumorientierung. Dokumentation Sozialraumtagung vom 16.–17.12.2002* (S. 11–43).

Hoffmann, B. (2010). Probleme und Perspektiven der Behandlung und Rehabilitation psychisch kranker bzw. seelisch behinderter – insbesondere traumatisierter – Kinder und Jugendlicher. *Das Jugendamt, Zeitschrift für Jugendhilfe und Familienrecht, 83* (1), (S. 8–14).

Hoffmann, B. (2017). Das Gesetz zur Einführung eines familiengerichtlichen Genehmigungsvorbehaltes für freiheitsentziehende Maßnahmen bei Kindern. *Das Jugendamt. Zeitschrift für Jugendhilfe und Familienrecht, 90* (7/8), 353–359.

Hofstede, G., Hofstede, G. J. & Minkov, M. (2010). *Cultures and organizations: Software of the mind* (3rd ed.). New York, NY: McGraw-Hill.

Hoghughi, M. (2004). Parenting – An Introduction. In M. Hoghughi & N. Long (Hrsg.), *Handbook of Parenting. Theory and research practice* (S. 1–18). London: Sage Publications, Inc.

Holtmann, M. & Schmidt, M. H. (2004). Resilienz im Kindes- und Jugendalter. *Kindheit und Entwicklung, 13* (4), 195–200.

Holzkamp, K. (1985). *Grundlegung der Psychologie*. Frankfurt a. M.: Campus.

Hommers, W. & Steinmetz-Zubovic, M. (2013). Zu Weiterentwicklungen in der familienrechtspsychologischen Testdiagnostik. *Praxis der Rechtspsychologie, 23* (2), 312–326.

Hommers, W. (2009). *Sorge- und Umgangsrechtliche Testbatterie (SURT)*. Göttingen: Hogrefe.

Hundsalz, A. (2001). Erziehungsberatung. In V. Birtsch, K. Münstermann & W. Trede (Hrsg.), *Handbuch Erziehungshilfen. Leitfaden für Ausbildung, Praxis und Forschung* (S. 504–524). Münster: Votum.

Hurrelmann, K., Laaser, U. & Razum, O. (2006). Entwicklung und Perspektiven der Gesundheitswissenschaften in Deutschland. In K. Hurrelmann, U. Laaser & O. Razum (Hrsg.), *Handbuch Gesundheitswissenschaften* (S. 11–49). Weinheim: Juventa.

Iglisch, S. (2015). Kinderschutz in Mutter-Kind-Einrichtungen. Professioneller Umgang mit Kindeswohlgefährdung sowie individuelle Handlungs- und Bewältigungsstrategien der pädagogischen Fachkräfte. Zugriff am 25.11.2017 unter http://edoc.sub.uni-hamburg.de/haw/volltexte/2015/2992/pdf/Iglisch_Sophia_BA_2015_06_29.pdf.

Infoportal Prävention Suche. Informieren, Fördern, Vernetzen. Landeszentrum Gesundheit Nordrhein-Westfalen (Hrsg.). Zugriff am 28.11.2017 unter https://www.lzg.nrw.de/praevention/dist/index.php.

Ingen, D. J. van, Freiheit, S., Steinfeldt, J. A., Moore, L. L., Wimer, D. J., Knutt, A. D., Scapinello, S. & Roberts, A. (2015). Helicopter parenting: The effect of an overbearing caregiving style on peer attachment and self-efficacy. *Journal of College Counseling, 18* (1), 7–20.

Irblich, D. & Renner, G. (Hrsg.). (2009). *Diagnostik in der klinischen Kinderpsychologie. Die ersten sieben Lebensjahre*. Göttingen: Hogrefe.

Jacob, A. (2015). Videogestützte Interaktionsbeobachtung in der familienrechtspsychologischen Begutachtung. *Rechtspsychologie, 1*, 46–72.

Jacob, A. (2016). *Interaktionsbeobachtung von Eltern und Kind* (2. Auflage). Stuttgart: Kohlhammer.

Jacob, A. & Wahlen, K. (2006a). Das *Multiaxiale Klassifikationssystem Jugendhilfe (MAD-J)*. Mit CD-ROM. München/Basel: Reinhardt.

Jacob, A. & Wahlen, K. (2006b). MAD-J. Computergestütztes Diagnosesystem für Windows-PC. Setup-Datei [Computer software]. Zugriff am 25.04.108 unter http://www.piworld.de/madj/.

Jacob, A. & Schiel, A. (2012). Elterliche Erziehungskompetenz: Konzepte und Diagnostik. *Praxis der Rechtspsychologie, 2*, 218–236.

Jacob, A. & Jacob, L. (im Druck): Dysfunktionale elterliche Erziehung. In: Volbert, R., Kannegießer, A.; Huber, A. & Jacob. A. (Hrsg.): *Empirische Ergebnisse der Familienrechtspsychologie*. Göttingen: Hogrefe.
Jäncke, L. & Edelmann, B. (2013). *Lehrbuch kognitive Neurowissenschaften*. Bern: Huber.
Jansen, F. & Streit, U. (2010). Erfolgreich erziehen. Kindergarten- & Schulkinder. 6. Aufl. Frankfurt: Fischer Krüger.
Janssens, K. A., Oldehinkel, A. J. & Rosmalen, J. G. (2009). Parental overprotection predicts the development of functional somatic symptoms in young adolescents. *Journal of Pediatrics, 154* (6), 918–923.
Joas, H. (1991). Rollen- und Interaktionstheorien in der Sozialforschung. In K. Hurrelmann & D. Ulich (Hrsg.), *Neues Handbuch der Sozialisationsforschung* (4. Auflage, S. 137–152). Weinheim: Beltz/Psychologische Verlags Union.
Johnson, J. G., Cohen, P., Kasen, S., Smailes, E. & Brook, J. S. (2002). Negativer Erziehungsstil und der Zusammenhang von psychiatrischen Störungen bei Eltern und ihren Nachkommen. *Zeitschrift für Psychosomatische Medizin und Psychotherapie, 48* (4), 396–410.
Jost, K. (2004). Auswirkungen der Armut bei Kindern und Jugendlichen. In Bundeskonferenz für Erziehungsberatung (Hrsg.), *Arme Familien gut beraten. Hilfe und Unterstützung für Kinder und Eltern* (Materialien zur Beratung, Band 12, S. 30–39). Fürth: Eigenverlag.
Juang, I. P. & Silbereisen, R. K. (1999). Elterliche Erziehung in verschiedenen ökologischen Nischen und zu unterschiedlichen Zeiten während der Jugend. In R. K. Silbereisen & J. Zinnecker (Hrsg.), *Entwicklung im sozialen Wandel* (S. 317–336). Weinheim: PVU.
Jünger, R. (2010). Schule aus der Sicht von Kindern. Zur Bedeutung der schulischen Logiken von Kindern mit privilegierter und nichtprivilegierter Herkunft. In A. Brake & H. Bremer (Hrsg.), *Alltagswelt Schule. Die soziale Herstellung schulischer Wirklichkeiten* (S. 159–184). Weinheim: Juventa.
Kammer für Psychologische Psychotherapeuten und Kinder- und Jugendlichenpsychotherapeuten im Land Berlin (Psychotherapeutenkammer) (2005). Indikationskriterien für Psychotherapie in der Jugendhilfe (SGB VIII). Zugriff am 17.12.2017 unter http://www2.psycho therapeutenkammer-berlin.de/uploads/15.12.2005_vs_beschluss_indikationskriterien.pdf.
Kammer für Psychologische Psychotherapeuten und Kinder- und Jugendlichenpsychotherapeuten im Land Berlin (Psychotherapeutenkammer) (2006). Qualitätsmerkmale bei der Durchführung ambulanter Psychotherapien im Rahmen der Jugendhilfe nach §§ 27 und 35a SGB VIII. Zugriff am 17.12.2017 unter http://www2.psychotherapeutenkammer-berlin.de/uploads/qualitaetsmerkmale_vs_beschluss_19.12.06_.pdf.
Kammer für Psychologische Psychotherapeuten und Kinder- und Jugendlichenpsychotherapeuten im Land Berlin (Psychotherapeutenkammer) (2009). Besonderheiten von Psychotherapie in der Jugendhilfe: Grundlage für ein Fortbildungscurriculum. Zugriff am 17.12.2017 unter http://www2.psychotherapeutenkammer-berlin.de/uploads/besonderhei ten._pth.jugendhilfe.05_02_09.pdf.
Katschnig, H. & Nouzak, A. (1999). Life-Event-Forschung. In R. Asanger & G. Wenninger (Hrsg.), *Handwörterbuch der Psychologie* (S. 398–405). Weinheim: Beltz Verlag.
Katzmann, J., Hautmann, C., Greimel, L., Imort, S., Pinior, J., Scholz, K. & Döpfner, N. (2015). Dysfunktionale Attributionen von Eltern und ihre Bedeutung für ihr Erziehungsverhalten und für expansives Problemverhalten von Kindern. Eine psychometrische Überprüfung und Anwendung der deutschen Fassung des Fragebogens zu dysfunktionalen elterlichen Attributionen (FDEA). *Zeitschrift für Klinische Psychologie und Psychotherapie, 44* (4), 266–274.
Kegan, R. (1994). *Die Entwicklungsstufen des Selbst*. München: Kindt.
Keller, H. & Kärtner, J. (2014). Die untrennbare Allianz von Entwicklung und Kultur. In L. Ahnert (Hrsg.), *Theorien in der Entwicklungspsychologie* (S. 502–519). Berlin: Springer VS.
Keller, H. (2001). Frühkindliche Sozialisationskontexte. In A. von Schlippe, G. Lösche & C. Hawellek (Hrsg.), *Frühkindliche Lebenswelten und Erziehungsberatung* (S. 17–38). Münster: Votum.
Keller, H. (2016). Psychological autonomy and hierarchical relatedness as organizers of developmental pathways. *Philosophical Transactions of the Royal Society – Series B, 371* (1686). Zugriff am 28.4.2017 unter http://rstb.royalsocietypublishing.org/content/371/1686/2015 0070.

Keller, H. & Chasiotis, A. (2008). Entwicklung im Spannungsfeld zwischen Natur und Kultur. In M. Hasselborn & R. Silbereisen (Hrsg.), *Psychologie des Säuglings- und Kindesalters. Enzyklopädie der Psychologie* (Band CV 4, S. 531–570). Göttingen: Hogrefe.
Kellmer Pringle, M. (1979). *Was Kinder brauchen.* Stuttgart: Klett-Cotta.
Kemper, C. J., Brähler, E. & Zenger, M. (2014). *Psychologische und sozialwissenschaftliche Kurzskalen.* Berlin: Medizinisch Wissenschaftliche Verlagsanstalt.
Keupp, H. (1999). Soziale Netzwerke. In R. Asanger & G. Wenninger (Hrsg.), Handwörterbuch der Psychologie (S. 696–702). Weinheim: Beltz Verlag.
Kim, H. J., Arnold, D., Fisher, P. & Zeljo, A. (2005). Parenting and preschoolers' symptoms as a function of child gender ans SES. *Child and Family Behavior Therapy,* 27, 23–41.
Kindler, H., Lillig, S., Blüml, H., Meysen, T. & Werner, A. (Hrsg.). (2006). *Handbuch Kindeswohlgefährdung nach § 1666 BGB und Allgemeiner Sozialer Dienst (ASD).* München: Deutsches Jugendinstitut e.V. Zugriff am 04.12.2015 unter http://db.dji.de/asd/ASD_Handbuch_Gesamt.pdf.
Kindler, H. (2004). Was ist bei der Einschätzung der Erziehungsfähigkeit von Eltern zu beachten? Top 62. In H. Kindler, S. Lillig, H. Blüml & A. Werner (Hrsg.), K*indeswohlgefährdung nach § 1666 BGB und Allgemeiner Sozialdienst (ASD).* Deutsches Jugendinstitut. Zugriff am15.07.2017 unter www.dji.de, http://213.133.108.158/asd/index.htm.
Klann, N., Hahlweg, K. & Heinrichs, N. (2002). *Diagnostische Verfahren für Berater* (2. Auflage). Göttingen/Bern/Toronto/Seattle: Hogrefe.
Kleiber, D. (1999). Handlungsforschung. In R. Asanger & G. Wenninger (Hrsg.), *Handwörterbuch Psychologie.* (S. 282–287). Weinheim: Psychologie Verlags Union.
Klemenz, B. (2003). *Ressourcenorientierte Diagnostik und Intervention bei Kindern und Jugendlichen.* Tübingen: dgvt-Verlag.
Klemm, T. (2008). *Konfliktverhalten in der Familie (KV-Fam).* Göttingen: Hogrefe.
Kliem, S., Job, A.-K., Kröger, C., Bodenmann, G., Stöbel-Richter, Y., Hahlweg, K. & Brähler, E. (2014). PFB-K. Partnerschaftsfragebogen-Kurzform. In C. J. Kemper, E. Brähler & M. Zenger (Hrsg.), *Psychologische und sozialwissenschaftliche Kurzskalen* (S. 232–234). Berlin: Medizinisch Wissenschaftliche Verlagsgesellschaft.
Kocalevent, R.-D. & Brähler, E. (2014). OSSS. Oslo Social Support Scale. In C. J. Kemper, E. Brähler & M. Zenger (Hrsg.). *Psychologische und sozialwissenschaftliche Kurzskalen* (S. 216–219). Berlin: Medizinisch Wissenschaftliche Verlagsgesellschaft.
Koch, G. & Derksen, B. (2015). *Eltern-Kind-Interaktion begleiten. Qualifizierungsmodul 7 für Familienhebammen und Familien-Gesundheits- und Kinderkrankenpflegerinnen und -pfleger.* Nationales Zentrum Frühe Hilfen (NZFH). Zugriff am 25.04.2018 unter: http://www.fruehehilfen.de/serviceangebote-des-nzfh/materialien/publikationen/qualifizierungsmodule/modul-7-eltern-kind-interaktion-begleiten/.
Kochanska, G., Forman, D. R., Aksan, N. & Dunbar, S. B. (2005). Pathways to conscience: Early mother-child mutually responsive orientation and children's moral emotion, conduct, and cognition. *Journal of Child Psychology and Psychiatry,* 46 (1), 19–34.
Körner, J. (2006). Wirksamkeit ambulanter Arbeit mit delinquenten Jugendlichen – Erste Ergebnisse einer vergleichenden Studie. *Zeitschrift für Jugendkriminalrecht und Jugendhilfe,* 17 (3), 267–274.
Körner, W. & Heuer, F. (2014). *Psychodiagnostik bei Kindeswohlgefährdung. Anwenderhandbuch für Beratungs- und Gesundheitsberufe.* Weinheim: Beltz Juventa.
Krampen, G. (1981). *IPC-Fragebogen zu Kontrollüberzeugungen.* Göttingen: Hogrefe.
Krause, R. (1998). *Allgemeine Psychoanalytische Krankheitslehre. Modelle* (Band 2). Stuttgart: Kohlhammer.
Krause, H.U. & Cinkl, S. (2011). *Praxishandbuch Sozialpädagogische Familiendiagnosen: Verfahren – Evaluation – Anwendung im Kinderschutz: Verfahren, Evaluation, Praxis und Anwendung im Kinderschutz.* Opladen: Barbara Budrich.
Krause, H.-U. & Peters, F. (Hrsg.). (2014). *Grundwissen Erzieherische Hilfen. Ausgangsfragen, Schlüsselthemen, Herausforderungen* (4. Auflage). Weinheim: Beltz Juventa.
Kreppner, K. (1998). Vorstellungen zur Entwicklung der Kinder. Zur Geschichte der Entwicklungstheorien in der Psychologie. In H. Keller (Hrsg.), *Lehrbuch zur Entwicklungspsychologie* (S. 121–146). Bern: Huber.

Krieck, E. (1922). *Philosophie der Erziehung*. Jena: Urban.
Kriz, J. (1999). *Systemtheorie für Psychotherapeuten, Psychologen und Mediziner. Eine Einführung*. Wien: Facultas.
Krohne, H. Kiehl, G., Neuser, K. & Pulsack, A. (1984). Das »Erziehungsstilinventar« (ESI). Konstruktion, psychometrische Kennwerte, Gültigkeitsstudien. *Diagnostica, 30* (4), 299–318.
Küfner, M. (2008). Rückkehr oder Verbleib. Eine Analyse der Rechtsprechung zu Herausgabekonflikten bei Pflegekindern. Deutsches Institut für Jugendhilfe und Familienrecht (DIJuF) e.V. Zugriff am 18.11.2017 unter https://www.dijuf.de/tl_files/downloads/2010/pflegekinder hilfe_deutschland/081023_Pflegekinderhilfe_RechtsprechungsanalyseHerausgabekonflikte_ 18-08-2008.pdf.
Kuhl, J. & Kazén, M. (1997). *Persönlichkeits-Stil- und Störungsinventar (PSSI)*. Göttingen: Hogrefe.
Kuhn, T. S. (1996). *Die Struktur wissenschaftlicher Revolutionen* (13. Auflage). Frankfurt: Suhrkamp.
Kumnig, M., Höfer, S., Huber, A., Messner, C., Renn, D., Mestel, R., Klingelhöfer, J., Kopp, M., Doering, S., Schüßler, G. & Rumpold, G. (2013). Muster dysfunktionaler Erziehungsstile und psychische Störungen im Erwachsenenalter. *Zeitschrift für Psychosomatische Medizin und Psychotherapie, 59* (4), 356–368.
Laireiter, A.-R., Perrez, M., Baumann, U. (2001). Diagnostik von Belastung und Belastungsbewältigung. In R.-U. Stieglitz, U. Baumann & H. J. Freyberger (Hrsg.), *Psychodiagnostik in klinischer Psychologie, Psychiatrie, Psychotherapie* (2. Auflage, S. 229–245). Stuttgart: Georg Thieme.
Lampert, T. & Kurth, B.-M. (2007). Sozialer Status und Gesundheit von Kindern und Jugendlichen. Ergebnisse des Kinder- und Jugendgesundheitssurveys (KiGGS). *Deutsches Ärzteblatt, 104* (43), A 2944–A 2949.
Lampert, T. & Thamm, M. (2004). Soziale Ungleichheit des Rauchverhaltens in Deutschland. *Bundesgesundheitsblatt Gesundheitsforschung Gesundheitsschutz, 47,* 1033–1042.
Largo, R. H. (1999). *Kinderjahre. Die Individualität des Kindes als erzieherische Herausforderung*. München: Piper.
Laucht M (2003). Vulnerabilität und Resilienz in der Entwicklung von Kindern. In K. H. Brisch & T. Hellbrügge (Hrsg.), *Bindung und Trauma* (S. 53–71). Stuttgart: Klett-Cotta.
Lauterbach, C, & Schaefer, E. S. (1965). Mapping the projections of child variables upon a special parent behavior model and vice versa. Zugriff am 01.05.2017 unter https://eric.ed. gov/?id=ED017935.
Lauterbach, W. & Lange, A. (2002). Soziale Lage der Kinder. In Deutsches Kinderhilfswerk e. V. (Hrsg.), *Kinderreport Deutschland* (S. 63–80). München: Kopaed.
Lee, R. E. & Stacks, A. M. (2001). Reconsidering the factor structure of the Beavers interactional scales: do external ratings mirror self-reports? *Contemporary Family Therapy, 23* (4), 455–464.
Lehwald, G. (2009). *Beiträge zur Motivationsdiagnostik und Motivförderung in der Schule unter besonderer Beachtung von Underachievement* (Band 2). Salzburg: Österreichisches Zentrum für Begabtenförderung und Begabungsforschung.
Levine, R. (1999). *Eine Landkarte der Zeit. Wie Kulturen mit der Zeit umgehen*. München: Pieper.
Lewin, K., Lippitt, R. & White, R. K. (1939). Patterns of aggressive behavior in experermentally created »social climate«. *Journal of Social Psychology, 10,* 271–299.
Leyendecker, B. & Agache, A. (2016). Engagement türkischstämmiger Väter im Familien- und Erziehungsalltag fördert das subjektive Wohlbefinden von Kindern. *Praxis der Kinderpsychologie und Kinderpsychiatrie, 65* (1), 57–74.
Lichtenberg, J. (1989). *Psychoanalysis and Motivation*. Hillsdale (NY): The Analytic Press.
Lob-Corzilius, T. (2007). Übergewicht und Adipositas – eine Herausforderung für die öffentliche Gesundheit. Umwelt Medizin. *umwelt·medizin·gesellschaft, 3* (20), 180–184.
Lohaus, A., Ball, J. & Lißmann, I. (2019). Frühe Eltern-Kind-Interaktion. In L. Ahnert (Hrsg.), *Frühe Bindung* (S. 147–161). München: Reinhardt.
Lösel, F., Beelmann, A. & Jaursch, S. (2008). *Die deutschen Versionen der Parenting Sense of Competence Scale (PSOC) und der Parenting Scale (PARS)*. Universität Erlangen. Institut für Psychologie.
Lübbehüsen, B. & Kolbe, F. (2014). Intervenierendes Arbeiten bei Begutachtungen nach § 1666 BGB. *Praxis der Rechtspsychologie, 24* (2), 319–345.

Mabbe, E., Soenens, B., Vansteenkiste, M. & van Leeuwen, K. (2016). Do Personality Traits Moderate Relations Between Psychologically Controlling Parenting and Problem Behavior in Adolescents? *Journal of personality, 84* (3), 381–392.
Maccoby, E. E. & Martin, J. A. (1983). Socialization in the context of the family. Parent-child interaction. In E. M. Hetherington (Hrsg.), *Socialization, personality, and social development* (Handbook of child psychology, Band. 4, 4. Auflage, S. 1–101). Chichester (NY): Wiley.
Macsenaere, M. (in Druck). *Evaluation ambulanter Jugendhilfemaßnahmen.*
Macsenaere, M. & Esser, K. (2015). *Was wirkt in der Erziehungshilfe? Wirkfaktoren in Heimerziehung und anderen Hilfearten* (2. Auflage). München: Reinhardt.
Macsenaere, M. & Knab, E. (2004). *Evaluationsstudie erzieherischer Hilfen (EVAS). Eine Einführung.* Freiburg: Lambertus.
Macsenaere, M. & Paries, G. (2006). Wirkungsorientierte Steuerung im Dialog. Mehr Einblick, Übersicht und Effizienz im Bereich der Hilfen zur Erziehung. *Zeitschrift für Jugendhilfe und Familienrecht, 79* (3), 113–119.
Macsenaere, M., Paries, G. & Arnold, J. (2009). *EDT! Evaluation der Sozialpädagogischen Diagnose-Tabellen – Abschlussbericht.* München: Bayerisches Staatsministerium für Arbeit und Sozialordnung, Familie und Frauen.
Macsenaere, M. & Schittler, O. (2010). Klientel, Prozesse und Ergebnisse geschlossener Unterbringung. In M. Macsenaere, S. Hiller & K. Fischer (Hrsg.), *Outcome in der Jugendhilfe gemessen* (S. 179–183). Freiburg im Breisgau: Lambertus.
Maslow, A. (1981). *Motivation und Persönlichkeit.* Reinbek: Rowohlt.
Mattejat, F. & Remschmidt, H. (2006). *Inventar zur Erfassung der Lebensqualität bei Kindern und Jugendlichen. ILK.* Göttingen: Hogrefe.
Mattejat, F. (1985). *Familie und psychische Störungen.* Stuttgart: Enke.
Mayring, P. (2016). *Einführung in die qualitative Sozialforschung* (6. Auflage). Weinheim: Beltz.
McHale, J. P. & Cowan, P. A. (Hrsg.). (1996). *Understanding how family-level dynamics affect children's development: Studies of two-parent families. New Directions for Child Development.* San Francisco: Jossey-Bass.
Medienpädagogischer Forschungsverbund Südwest (2014). KIM-Studie. K+Medien, Computer + Internet. Zugriff am 05.06.2017 unter https://www.mpfs.de/studien/kim-studie/2014/.
Meier, E., Vogl, K. & Preckel, F. (2014). Motivational Characteristics of students in gifted classes: The pivotal role of need for cognition. *Learning and Individual Differences, 33,* 39–46.
Meier-Gräwe, U. & Wagenknecht, I. (2011). *Kosten und Nutzen Früher Hilfen.* Köln: Nationales Zentrum Frühe Hilfen (Eigenverlag). Zugriff am 01.05.2018 unter https://www.fruehehilfen.de/no_cache/serviceangebote-des-nzfh/materialien/publikationen/einzelansicht-publikationen/titel/kosten-und-nutzen-frueher-hilfen/
Menne, K. (2015). Psychotherapeutisch kompetente Erziehungsberatung – ihre Rahmenbedingungen und rechtlichen Grundlagen. *Praxis der Kinderpsychologie und Kinderpsychiatrie, 64,* 4–19.
Menne, K. (2017). *Erziehungsberatung als Hilfe zur Erziehung.* Weinheim: Beltz Juventa.
Mergenthaler, A (2012). *Gesundheitliche Resilienz. Teil I: Forschungsstand zur sozialen Ungleichheit der Gesundheit und konzeptionelle Grundlagen gesundheitlicher Resilienz im Alter.* Wiesbaden: Verlag für Sozialwissenschaften.
Meysen, T., Beckmann, J., Reiß, D. & Schindler, G. (2014). *Recht der Finanzierung von Leistungen der Kinder- und Jugendhilfe. Rechtlicher Rahmen und Perspektiven im SGB VIII.* Baden-Baden: Nomos.
Mielck, A. (2000). *Soziale Ungleichheit und Gesundheit in Deutschland.* Bern: Huber.
Miller, A. (1983). *Am Anfang war Erziehung.* Frankfurt a. M.: Suhrkamp.
Miller, Y. (2001). *Erziehung von Kindern im Kindergartenalter. Erziehungsverhalten und Kompetenzüberzeugungen von Eltern und der Zusammenhang mit kindlichen Verhaltensstörungen.* Unveröffentlichte Dissertation, Technische Universität Braunschweig.
Mills, R., Hastings, P., Helm, J., Serbin, L., Etezadi, J., Stack, D., Schwartzman, A. E. & Li, H. H. (2013). Temperamental, parental, and contextual contributors to early-emerging internalizing problems: A new integrative analysis approach. *Social Development, 21* (2), 229–253.
Moss, E., Cyr, C. & Dubois-Comtois, K. (2004). Attachment at early school age and developmental risk: Examining family contexts and behavior problems of controlling-caregiving,

controlling-punitive, and behaviorally disorganized children. *Developmental Psychology,* 40 (4), 519–532.
Moos, M. & Müller, H. (2007). Einführung und Arbeitshilfe zur Eingliederung nach § 35a SGB VIII. Zugriff am 10.12.2017 unter http://www.ism-mz.de/fileadmin/uploads/Downloads/Arbeitshilfe___35a.pdf.
Moss, E., Smolla, N., Cyr, C., Dubois-Comtois, K., Mazzarello, T. & Berthiaume, C. (2006). Attachment and behavior problems in middle childhood as reported by adult and child informants. *Development and psychopathology,* 18 (2), 425–444.
Münder, J., Meysen, T. & Trenczek, T. (Hrsg.). (2009). *Frankfurter Kommentar zum SGB VIII Kinder und Jugendhilfe* (6. Auflage). Baden Baden: Nomos.
Nationales Zentrum Frühe Hilfen (2018). Was sind Frühe Hilfen? Zugriff am 10.03.2018 unter https://www.fruehehilfen.de/fruehe-hilfen/was-sind-fruehe-hilfen/
Naumann, S., Bertram, H., Kuschel, A., Heinrichs, N., Hahlweg, K. & Döpfner, M. (2010). Der Erziehungsfragebogen (EFB). Ein Fragebogen zur Erfassung elterlicher Verhaltenstendenzen in schwierigen Erziehungssituationen. *Diagnostica,* 56 (3), 144–157.
Nave-Herz, R. (Hrsg.). (2003). *Wandel und Kontinuität der Familie in Deutschland. Eine zeitgeschichtliche Analyse.* Stuttgart: Kohlhammer.
NICHD Early Child Care Research Network (2002). Early child Care and children's development prior to the school entry: Results from the NICHD Study of Early Child Care. *American Educational Research Journal,* 39 (1), 133–164.
Nishikawa, S., Sundbom, E. & Hagglof, B. (2010). Influence of perceived parental rearing on adolescent self-concept and internalizing and externalizing problems in Japan. *Journal of Child and Family Studies,* 19 (1), 57–66.
Nitsch, R. (2010). Erziehungsberatung als hilfreiche Erfahrung. In M. Macsenaere, S. Hiller & K. Fischer (Hrsg.), *Outcome in der Jugendhilfe gemessen* (S. 13–18). Freiburg im Breisgau: Lambertus.
Nübel, B. (1994). Herder in der Erziehung der NS-Zeit. In J. Schneider (Hrsg.), *Herder im ›Dritten Reich‹* (S. 51–73). Bielefeld: Aisthesis.
Nüsken, D. (2008). Wirkungsorientierte Qualifizierung. Hintergründe, Aspekte und Einblicke in das Bundesmodellprogramm Wirkungsorientierte Jugendhilfe. *Zeitschrift für Kindschaftsrecht und Jugendhilfe,* (6), 232–238.
Nüsken, D. & Böttcher, W. (2018). *Was leisten die Erziehungshilfen? Eine einführende Übersicht zu Studien und Evaluationen der HzE.* Weinheim: Beltz Juventa.
Oerter, R. & Montada, L. (Hrsg.). (2002). *Entwicklungspsychologie* (5., vollständig überarbeitete Auflage). Weinheim: Beltz/Psychologische Verlags Union.
Olk, T. & Wiesner, T (2014). *Dreijahresbericht (2011-2013) der wissenschaftlichen Begleitung zum Modellprojekt »Erziehungshilfe, Soziale Prävention und Quartiersentwicklung« (ESPQ) in Bremen.* (unveröffentlicht).
Olson, D. H. (2000). Circumplex model of marital and family systems. *Journal of Family Therapy,* 22, 144–167.
Ostler, T. & Ziegenhain, U. (2008). Risikoeinschätzung bei (drohender) Kindeswohlgefährdung: Überlegungen zu Diagnostik und Entwicklungsprognose im Frühbereich. In U. Ziegenhain & J. M. Fegert (Hrsg.), *Kindeswohlgefährdung und Vernachlässigung* (S. 67–83). München: Ernst Reinhardt Verlag.
Papoušek, M. (1999a): *Münchner Kommunikationsdiagnostik. Arbeitsblätter der Münchner Schreisprechstunde.* München: Münchner Kinderzentrum.
Papoušek, M. (1999b): Regulationsstörungen der frühen Kindheit. Entstehungsbedingungen im Kontext der Eltern-Kind-Beziehungen. In R. Oerter, C. von Hagen, G. Röper & G. Noam (Hrsg.), *Klinische Entwicklungspsychologie* (S. 148–169). Weinheim: Beltz/Psychologische Verlags Union.
Paterson, G. & Sanson, A. (1999). The association of behavioral adjustment to temperament, parenting, and family characteristics among 5-year-old children. *Social Development,* 8 (3), 293–309.
Patry, J.-L. & Perrez, M. (2003). Störende Bedingungen des Lernens und der Entwicklung im Kindesalter. Ein Klassifikationsversuch. *Salzburger Beiträge zur Erziehungswissenschaft,* 7, 73–93.

Pauli-Pott, U. & Bade, U. (2002). Bindung und Temperament. In B. Strauß, A. Buchheim & H. Kächele (Hrsg.), *Klinische Bindungsforschung* (S. 129–144). Stuttgart: Schattauer.
Perrez, M. (2000). Psychologie des Familien- und Paarstresses. Forschungsentwicklungen. In K. A. Schneewind (Hrsg.), *Familienpsychologie im Aufwind* (S. 69–88). Göttingen: Hogrefe.
Perrez, M. (2004). Stressoren in der Familie und Familie als Stressor im Vorfeld der Entwicklung von Störungen bei Kindern und Jugendlichen. In P. F. Schlottke, G. Lauth, R. K. Silbereisen & S. Schneider (Hrsg.), *Störungen im Kindes- und Jugendalter* (Enzyklopädie der Psychologie, S. 193–246). Göttingen: Hogrefe.
Perrez, M. & Schöbi, D. (2001). Soziales Coping in der Selbst- und in der Fremdperspektive. In S. Walper & R. Pekrun (Hrsg.), *Familie und Entwicklung. Aktuelle Perspektiven der Familienpsychologie* (S. 219–237). Göttingen: Hogrefe.
Petermann, U. & Petermann, F. (2006). Erziehungskompetenz. *Kindheit und Entwicklung, 15* (1), 1–8.
Peterander, F. & Speck, O. (Hrsg.). (1996). *Frühförderung in Europa*. München: Reinhardt.
Petersen, R., Petermann, F. & Petermann, U. (2017). Feinfühliges Elternverhalten und kindliche Emotionsregulation. Ein systematischer Review. *Kindheit und Entwicklung, 26* (3), 147–156.
Petrowski, K., Paul, S., Zenger, M. & Brähler, E. (2012). An ultra-short screening version of the recalled parental rearing behavior questionnaire (FEE-US) and ist factor structure in a German sample. *BMC Medical Research Methodology, 12*, 169. Zugriff am 06.08.2017. Verfügbar unter //bmcmedresmethodol.biomedcentral.com/articles/10.1186/1471-2288-12-169.
Petrowski, K.; Paul, S.; Zenger, M. & Brähler, E. (2014). FEE-US. Fragebogen zum erinnerten elterlichen Erziehungsverhalten – Ultra Short. In C. J. Kemper, E. Brähler, & M. Zenger (Hrsg.), *Psychologische und sozialwissenschaftliche Kurzskalen* (S. 80–83). Berlin: Medizinisch Wissenschaftliche Verlagsanstalt.
Petzold, M. (1999). *Entwicklung und Erziehung in der Familie*. Baltmannsweiler: Schneider Hohengehren.
Pfundmair, M. (2017). Interkulturelle Elternschaften. *Praxis der Rechtspsychologie*. (2), 4–66.
Pithon, G. (1996). Ein Elternbildungs- und Evaluationsprogramm mit »Risiko«-Müttern. In F. Peterander & O. Speck (Hrsg.), *Frühförderung in Europa* (S. 116–25). München: Reinhardt.
Pirani, U. von & Zeddies, R. (2016). Von Fällen und Quoten. Vorschläge für ein Personalbemessungsmodell im Allgemeinen Sozialen Dienst. *Das Jugendamt. Zeitschrift für Jugendhilfe und Familienrecht, 89* (10), 474–477.
Prinz, S. (2014). Geschmack. In G. Fröhlich & B. Rehbein (Hrsg.), *Bourdieu. Handbuch. Leben – Werk – Wirkung* (S. 104–110). Stuttgart: J. B. Metzler.
Rätz, S., Schröer W. & Wolff, M. (2014). *Lehrbuch Kinder- und Jugendhilfe. Grundlagen, Handlungsfelder, Strukturen und Perspektiven* (2. Auflage). Weinheim: Beltz Juventa.
Ravens-Sieberer, U. & Bullinger, M. (2000). *KINDL®. Fragebogen zur Erfassung der gesundheitsbezogenen Lebensqualität bei Kindern und Jugendlichen. Revidierte Form. Manual.* Zugriff am 25.04.2018 unter www.kindl.org.
Reichle, B. & Gloger-Tippelt, G. (2007). Familiale Kontexte und sozial-emotionale Entwicklung. *Kindheit und Entwicklung, 16* (4), 199–208.
Reissmann, A. & Jacob, A. (2007). Evaluation – und immer noch kein Ende. Was verstehen Ratsuchende unter Erfolg und Zufriedenheit? *Informationen für Erziehungsberatungsstellen*, (3), 10–15.
Reitzle, M., Winkler Metzke, C. & Steinhausen, H.-C. (2001). Eltern und Kinder. Der Zürcher Kurzfragebogen zum Erziehungsverhalten (ZKE). *Diagnostica, 47* (4), 196–207.
Remschmidt, H. (2011). *Kinder- und Jugendpsychiatrie: Eine praktische Einführung* (6. Auflage). Stuttgart: GeorgThieme.
Remschmidt, H. & Mattejat, F. (1999). *Der Familien-Identifikationstest (FIT)*. Göttingen: Hogrefe.
Remschmidt, H., Schmidt, M. & Poustka, F. (Hrsg.). (2017). *Multiaxiales Klassifikationsschema* (7. Auflage). Bern: Huber.
Retz, E. & Walper, S. (2015). Hochstrittige Eltern in Zwangskontexten: Effekte des Elternkurses Kinder im Blick. *Praxis der Rechtspsychologie, 25* (1/2), 61–84.
Richter, A. (2000). *Wie erleben und bewältigen Kinder Armut? Eine qualitative Studie über die Belastungen aus Unterversorgungslagen und ihre Bewältigung aus subjektiver Sicht von Grundschulkindern einer ländlichen Region.* Aachen: Shaker.

Richter, A. (2005). Armutsprävention – Ein Auftrag für die Gesundheitsförderung. In M. Zander (Hrsg.), *Kinderarmut. Einführendes Handbuch für Forschung und soziale Praxis* (S. 200–217). Wiesbaden: Verlag für Sozialwissenschaften.
Richtlinien der American Academy of Child and Adolescent Psychiatry 1995. Zit. Nach Wiefel, A., Kuntze, L., Winter, M., Seither, C., Wilthen, B., Lenz, K., Grüters, A. und Lehmkuhl, K. (2007): Diagnostik und Klassifikation von Verhaltensauffälligkeiten bei Säuglingen und Kleinkindern. *Praxis der Kinderpsychiatrie und Kinderpsychologie, 56* (2007), 59–81.
Robert-Koch-Institut (RKI) (2008, 2011). KiGGS: Studie zur Gesundheit von Kindern und Jugendlichen in Deutschland. Zugriff am 15.3.2018 unter www.kiggs-studie.de.
Roesler, C. (2017). Hohe Klientenzufriedenheit bei begrenzter Problemreduktion. Ein Überblick über die Wirkungsforschung zur Erziehungsberatung und eine empirische Untersuchung des »Diskrepanzphänomens«. *Familiendynamik. Systemische Praxis und Forschung, 42* (3), 220–231.
Rogers, C. (1987). *Eine Theorie der Psychotherapie, der Persönlichkeit und der zwischenmenschlichen Beziehungen.* Köln: GwG-Verlag.
Rogers, C. & Schmidt, P. F. (1995). *Person-zentriert. Grundlagen von Theorie und Praxis.* Main: Matthias-Grünwald-Verlag.
Rothbaum, F. & Weisz, R. (1994). Parental caregiving and child externalization behavior in nonclinical samples: A meta-analysis. *Psychological Bulletin, 116* (1), 55–74.
Saemisch, C. (2012). *Elterlicher Erziehungsstil und Sozialverhalten von Kindern im Kindergartenalter.* Unveröffentlichte Dissertation, Heinrich-Heine-Universität Düsseldorf.
Santen, E. v., Pluto, L. & Peucker, C. (2019). *Pflegekinderhilfe – Situation und Perspektiven. Empirische Befunde zu Strukturen, Aufgabenwahrnehmung sowie Inanspruchnahme.* Weinheim: Beltz Juventa
Saß, H., Wittchen, H.-U. & Zaudig, M. (1998). *Diagnostisches und Statistisches Manual Psychischer Störungen DSM-IV* (2. Auflage). Göttingen: Hogrefe.
Satow, L. (2013). Eltern-Erziehungsstil-Inventar. Zugriff am 25.10.2017 unter http://www.drsatow.de.
Schauder, T. (2011). *Die Aussagen-Liste zum Selbstwertgefühl für Kinder und Jugendliche. ALS* (3. Auflage). Göttingen: Hogrefe.
Scheithauer, H., Niebank, K. & Petermann, F. (2000). Biopsychosoziale Risiken in der frühkindlichen Entwicklung: Das Risiko- und Schutzfaktorenkonzept aus entwicklungspsychopathologischer Sicht. In F. Petermann, K. Niebank & H. Scheithauer (Hrsg.), *Risiken in der frühkindlichen Entwicklung. Entwicklungspsychopathologie der ersten Lebensjahre* (S. 65–97). Göttingen: Hogrefe.
Schernhardt, P. (2014). *Regulationsstörungen und Eltern-Kind-Beziehungen. Zusammenhänge mit elterlicher Befindlichkeit, Bindungsrepräsentation und Beziehungsqualität.* Unveröffentlichte Dissertation, Universität Innsbruck.
Schleiermacher, F. E. D. (1959). *Ausgewählte Pädagogische Schriften. Besorgt von Ernst Lichtenstein.* Paderborn: Ferdinand Schöningh.
Schmidt, H.-D. (1982). *Grundriß der Persönlichkeitspsychologie.* Berlin: Deutscher Verlag der Wissenschaften.
Schmid, M. (2007). *Psychische Gesundheit von Heimkindern. Eine Studie zur Prävalenz psychischer Störungen in der stationären Jugendhilfe.* Weinheim: Juventa.
Schmid, M. (2011). *Psychische Störungen in der stationären Kinder- und Jugendhilfe – Prävalenzen und Versorgungsprobleme.* BPtK-Tagung »Versorgung psychisch erkrankter Kinder und Jugendlicher in der stationären Jugendhilfe« vom 04.04.2011. (unveröffentlicht)
Schmidt, M., Schneider, K., Hohm, E., Pickartz, A., Macsenaere, M., Petermann, F., Flosdorf, P., Hölzl, H. & Knab, E. (2003). *Effekte erzieherischer Hilfen und ihre Hintergründe. Schriftenreihe des Bundesministeriums für Familie, Senioren, Frauen und Jugend* (Band 219). Stuttgart: Kohlhammer.
Schmidt, P. F. (2002). Was ist personzentriert? In C. Iseli et al. (Hrsg.), *Identität, Begegnung, Kooperation* (S. 219–256). Köln: GwG-Verlag.
Schmidt, R.G.M. (2017): Psychotherapie in der Jugendhilfe. Handbuch 2017. Zugriff am 29.12.2017 unter http://www2.psychotherapeutenkammer-berlin.de/uploads/handbuch_pt_jugendhilfe_2017_final.pdf.

Schmidt, J.-R. (2018): Alle wollen der Kinder Wohl – nur wie? Zu der Frage, ob eine Kindeswohlformel die schwierigen Sorgerechtsentscheidungen nach Trennung und Scheidung erleichtern könnte. *ZKJ Kindschaftsrecht und Jugendhilfe*, 13, 343–346.
Schmidtchen, S. (1999). Spieltherapie als entwicklungsorientierte Intervention. In R. Oerter, C. v. Hagen, R. Röper & G. Noam (Hrsg.), *Klinische Entwicklungspsychologie* (S. 381–399). Weinheim: Psychologische Verlags Union.
Schmidtchen, S. (2001). *Allgemeine Psychotherapie für Kinder, Jugendliche und Familien. Ein Lehrbuch*. Stuttgart: Kohlhammer.
Schneewind, K. A. (2001). Kleine Kinder in Deutschland: Was sie und ihre Eltern brauchen. In A. von Schlippe, G. Lösche & C. Hawellek (Hrsg.), *Frühkindliche Lebenswelten und Erziehungsberatung* (S. 124–150). Münster: Votum.
Schneewind, K. A. (1980). Elterliche Erziehungsstile. Einige Anmerkungen zum Forschungsgegenstand. In K. A. Schneewind & T. Herrmann (Hrsg.), *Erziehungsstilforschung* (S. 19–30). Bern: Huber.
Schneewind, K. A. (1999). *Familienpsychologie* (2. Auflage). Stuttgart: W. Kohlhammer.
Schneewind, K. A. (Hrsg.). (2000). *Familienpsychologie im Aufwind*. Göttingen: Hogrefe.
Schneewind, K. A. & Schmidt, M. (1999). Familiendiagnostik im Kontext der Klinischen Entwicklungspsychologie. In R. Oerter, C. von Hagen, G. Röper & G. Noam (Hrsg.), *Klinische Entwicklungspsychologie. Ein Lehrbuch* (S. 270–298). Weinheim: Beltz Psychologie-Verlags-Union.
Schneider, U., Stilling, G. & Woltering, C. (Hrsg.). (2017). Bericht zur Armutsentwicklung in Deutschland 2017. Parietätischer Wohlfahrtsverband. Zugriff am 01.04.2018 unter www.isl-ev.de.
Schorn, A. (2011). Die Sicherung des Kindeswohls durch bindungsorientierte Frühprävention oder Warum die Stärkung der elterlichen Beziehungskompetenz so wichtig ist. In B. Goldberg & A. Schorn (Hrsg.), *Kindeswohlgefährdung. Wahrnehmen – Bewerten – Intervenieren* (S. 187–214). Opladen: Barbara Buderich.
Schrapper, C. (2013a). Betreuung des Kindes Anna. Rekonstruktion und Analyse der fachlichen Arbeitsweise und organisatorischen Bedingungen des Jugendamts der Stadt Königswinter im Fall »Anna«. *Das Jugendamt. Zeitschrift für Jugendhilfe und Familienrecht*, 86 (1), 2–16.
Schrapper, C. (2013b). Woher die Freiheit bei all dem Zwange? Empirische Befunde und pädagogische Reflexionen zur geschlossenen Unterbringung in der Jugendhilfe. Forum Jugendhilfe, Berlin: Arbeitsgemeinschaft für Kinder- und Jugendhilfe – AGJ Nr. 4./2013 , 10–16.
Schrapper, C. (2016a). *Flexibler Mix aus klassischen und sozialräumlichen Angeboten bei Hilfen zur Erziehung – was heißt das für ASD und Wirtschaftliche Jugendhilfe? DIJuF ZweiJahrestagung vom 22./23.11.2016*. Bonn-Bad Godesberg (unveröffentlicht).
Schrapper, C. (2016b). Was leistet sozialräumlich orientierte Jugendhilfe für den Bildungserfolg junger Menschen? Zentrale Befunde des Projekts »EPSO II« (Evaluation Prävention Sozialräumlich-Orientierte Arbeit der Jugendhilfe in der Stadt Essen). Zugriff am 10.03.2018 unter https://www.uni-koblenz-landau.de/de/koblenz/fb1/sempaed/sozpaed/vortraege/epso.
Schreyer-Mehlhop, I. & Petermann, U. (2011). Mütterliche Erziehungspraktiken und Verhaltensauffälligkeiten von Kindern im Vorschulalter. *Zeitschrift für Entwicklungspsychologie und Pädagogische Psychologie*, 43 (1), 39–48.
Schuengel, C., Bakermans-Kranenburg, M. J. & Ijzendoorn, M. H. van (1999). Frightening maternal behavior linking unresolved loss and disorganized infant attachment. *Journal of Consulting and Clinical Psychology*, 67 (1), 54–63.
Schumacher, J., Eisemann, M. & Brähler, E. (1999). Rückblick auf die Eltern: Der Fragebogen zum erinnerten elterlichen Erziehungsverhalten (FEE). *Diagnostica*, 45, 194–204.
Schumacher, J., Eisemann, M. & Brähler, E. (2000). *Fragebogen zum erinnerten elterlichen Erziehungsverhalten (FEE). Handanweisung*. Bern: Huber.
Schumann, M. & Willenbring, M. (2007). *Opstapje – Schritt für Schritt. Ein Frühförderprogramm für Kleinkinder aus sozial benachteiligten Familien. Zwischenbericht der wissenschaftlichen Begleitung*. (unveröffentlicht).
Schwarzer, R. & Jerusalem, M. (Hrsg.). (1999). *Skalen zur Erfassung von Lehrer- und Schülermerkmalen. Dokumentation der psychometrischen Verfahren im Rahmen der Wissenschaftlichen*

Begleitung des Modellversuchs Selbstwirksame Schulen. Berlin: Freie Universität Berlin. Zugriff am 24.10.2017. Verfügbar unter http://www.selbstwirksam.de.
Sears, R. Baldwin, A. & Levin, H. (1957). *Patterns of Child Rearing.* Stanford: Stanford University Press.
Seay, A., Freysteinson, W. M. & McFarlane, J. (2014). Positive Parenting. *Nursing Forum, 49* (3), 200–207.
Seligman, M. & Csikszentmihalyi, M. (2000). Positive psychology: An introduction. *American Psychologist, 55* (1), 5–14.
Sell, S. (2009). Wirkungsorientierung in der Jugendhilfe – schon ein Auslaufmodell? *EREV-Schriftenreihe,* (4), 8–13.
Sellin, I. (2003). *Varianten der Selbstwertschätzung und Hilfesuche.* Dissertation, Technische Universität Chemnitz.
Senatsverwaltung für Bildung, Jugend und Sport Berlin (2002). *Berliner Jugendhilfe und Sozialraumorientierung. Dokumentation Sozialraumtagung vom 16.–17.12.2002.*
Senatsverwaltung für Bildung, Jugend und Sport Berlin (2006). *Ressourcen-, Lösungs- und Sozialraumorientierung in Sozialen Diensten – Fallteamtrainings.* Schulungsmaterial.
Senatsverwaltung für Bildung, Jugend und Wissenschaft Berlin (2014a): *Berliner Bildungsprogramm für Kitas und Tagespflege.* Weimar: Das Netz.
Senatsverwaltung für Bildung, Jugend und Wissenschaft Berlin (2014b). Berliner Rahmenvertrag für Hilfen in Einrichtungen und durch Dienste der Kinder- und Jugendhilfe (BRVJug). Zugriff am 30.10.2015 unter http://www.berlin.de/sen/jugend/recht/rahmenvertraege/brvjug/#rahmenvertrag.
Senatsverwaltung für Bildung, Jugend und Familie Berlin (2014). Anlage D.8 (Rahmenleistungsbeschreibung: Gemeinsame Wohnformen für Mütter/Väter und Kinder) in der Fassung vom 01.08.2014 zum Berliner Rahmenvertrag für Hilfen in Einrichtungen und durch Dienste der Kinder- und Jugendhilfe (BRV Jug). Zugriff am 25.11.2017 unter http://www.berlin.de/sen/jugend/recht/rahmenvertraege/brvjug/#rahmenvertrag.
Senatsverwaltung für Bildung, Jugend und Familie (2006). Rahmenleistungsbeschreibung Ambulante therapeutischen Leistungen gemäß SGB VIII als Anlage D.5 zum Berliner Rahmenvertrag für Hilfen in Einrichtungen und durch Dienste der Kinder- und Jugendhilfe (BRV Jug). Zugriff 17.12.2017 unter http://www.berlin.de/sen/jugend/recht/rahmenvertraege/brvjug/.
Senatsverwaltung für Jugend, Bildung und Familie Berlin (2017). Rahmenvertrag über Erziehungs- und Familienberatung im Land Berlin. Zugriff am 10.03.2018 unter https://www.berlin.de/sen/jugend/familie-und-kinder/erziehungs-und-familienberatung/#rv.
Senatsverwaltung für Bildung, Jugend und Familie Berlin (2018). Pflegefamilie: Fremden Kindern ein zu Hause geben. Zugriff 14.04.2018 unter https://www.berlin.de/special/familien/3050297-2864562-pflegefamilie-fremden-kindern-ein-zu-hau.html.
Senatsverwaltung für Gesundheit, Umwelt und Verbraucherschutz Berlin (2011). *Kinderschutz. Handeln im Rahmen interdisziplinärer Kooperation.* Dokumentation zur Fachtagung.
Skatsche, R., Buchegger, M., Schulter, G. & Papoušek, I. (2013). *Strukturiertes Interview zur Erfassung der Kind-Eltern-Interaktion (SKEI).* Bern: Huber.
Sozialpädagogisches Institut im SOS Kinderdorf e. V. (Hrsg.). (2001). *Jugendämter zwischen Hilfe und Kontrolle.* München: Eigenverlag.
Statistisches Bundesamt (2016a). Ambulante erzieherische Hilfen nach Jahren. Zugriff am 21.04.2018 unter https://www.destatis.de/DE/ZahlenFakten/GesellschaftStaat/Soziales/Sozialleistungen/KinderJugendhilfe/Tabellen/AmbulanteHilfenZeitreihe.html.
Statistisches Bundesamt (2016b). Kinder- und Jugendhilfe. Hilfe zur Erziehung außerhalb des Elternhauses. Zugriff am 14.04.2018 unter https://www.destatis.de/DE/ZahlenFakten/GesellschaftStaat/Soziales/Sozialleistungen/KinderJugendhilfe/Tabellen/HilfenErziehungAusElternhausMerkmal.html.
Staudt, E., Kailer, N., Kottmann, M., Kriegesmann, B., Meier, A., Muschik, C., Stephan, H. & Ziegler, A. (2002). *Kompetenzentwicklung und Innovation. Die Rolle der Kompetenz bei Organisations-, Unternehmens- und Regionalentwicklung.* Münster: Waxmann.
Stavemann, H. H. (2002). *Sokratische Gesprächsführung in Therapie und Beratung.* Weinheim: Beltz

Stern, D. (1996). *Die Mutterschaftskonstellation*. Stuttgart: Klett Cotta.
Stormshak, E. A., Bierman, K. L., McMahon, R. J. & Lengua, L. J. (2000). Parenting practices and child disruptive behavior problems in early elementary school. *Journal of Clinical Child Psychology, 29* (1), 17–29.
Straus, F., Höfer, R. & Hackenschmied, G. (2017). *Evaluation der BBO Jugendhilfe. Kurzzusammenfassung wichtiger Ergebnisse*. Arbeitsmaterial der Fachveranstaltung »Abschluss des Modellprojekts Berliner Beratungs- und Ombudsstelle Jugendhilfe (BBO Jugendhilfe)« vom 29. November 2017. Berliner Beratungs- und Ombudsstelle Jugendhilfe.
Suchodeletz, A. von (2008). *Die Entwicklung von Selbstregulation im Übergang vom Kindergarten in die Schule: Die Rolle von mütterlicher Erziehung und kindlichem Temperament*. Dissertation an der Universität Konstanz.
Taubner, S. (2016). *Konzept Mentalisieren. Eine Einführung in Forschung und Praxis*. Gießen: Psychosozial-Verlag.
Tausch, R. & Tausch, A.-M. (1998). *Erziehungs-Psychologie. Begegnung von Person zu Person* (11. Auflage). Göttingen: Hogrefe.
Teubert, D. (2011). *Coparenting: Das elterliche Zusammenspiel bei der Kindererziehung*. Dissertation, Philipps Universität Marburg.
Textor, M. R. (2016). Die »NICHD Study of Early Child Care« – ein Überblick. In M. R. Textor (Hrsg.), *Das Kita-Handbuch*. Zugriff am 25.04.2018 unter: http://www.kindergartenpaedagogik.de/1602.html.
Thomasius, R. (1996). *Familiendiagnostik bei Drogenabhängigkeit. Eine Querschnittstudie zur Detailanalyse von Familien mit opiatabhängigen Jungerwachsenen*. Berlin: Springer.
Tomoff, M. (2017a). *Positive Psychologie. Erfolgsgarant oder Schönmalerei?* Berlin: Springer.
Tomoff, M. (2017b). *Positive Psychologie in der Erziehung*. Berlin: Springer.
Tornow, H. (2008): Wirksamkeit von Hilfen zur Erziehung – neue Längsschnitt-Ergebnisse aus dem WIMES-Projekt. *EREV-Schriftenreihe*, (4), 7–38.
Tornow (2008a): Wie und wie oft Hilfen zur Erziehung abbrechen. Empirische Ergebnisse und ein Vorschlag zur Abhilfe. *EREV-Schriftenreihe*, (4), 45–71.
Tornow, H. (2009): Die Wirksamkeit stationärer Hilfen zur Erziehung. Befunde einer Längsschnittuntersuchung im WIMES-Projekt. *EREV-Schriftenreihe*, (4), 50–68.
Tornow, H. (2014a). Ursachen und Rahmenbedingungen stationärer Abbrüche in der Langzeitstudie AbiE. In Evangelischer Erziehungsverband e.V. – EREV- (Hrsg.), Abbrüche in der stationären Erziehungshilfe (ABiE). *Praxisforschungs- und Praxisentwicklungsprojekt. Wirkfaktoren, Systemmodelle, Strategien* (S. 13–35). Hannover: Selbstverlag.
Tornow, H. (2014b). Qualitätsentwicklung und wirkungsorientierte Steuerung von Hilfen zur Erziehung. Anmerkungen zu einem pragmatischen Vorgehen. *Neue Praxis, 44* (4), 406–411.
Trede, W. (2014). Was sind erzieherische Hilfen? In H.-U. Krause & F. Peters (Hrsg.). (2014). *Grundwissen Erzieherische Hilfen. Ausgangsfragen, Schlüsselthemen, Herausforderungen* (Basistexte Erziehungshilfen, 4., überarbeitete und aktualisierte Auflage). Weinheim: Beltz Juventa.
Triple-P. Wichtigste Forschungsergebnisse. Zugriff am 28.11.2017 unter http://www.triplep.de/de-de/was-kann-triple-p/evidenzbasiert/wichtigste-forschungsergebnisse/.
Trommsdorf, G. (2001). Eltern-Kind-Beziehungen aus kulturvergleichender Sicht. In S. Walper & R. Pekrun (Hrsg.), *Familie und Entwicklung: Aktuelle Perspektiven der Familienpsychologie* (S. 36–62). Göttingen: Hogrefe.
Tschöpe-Scheffler, S. (2003). *Fünf Säulen der Erziehung*. Frankfurt a. M.: Matthias-Grünewald-Verlag.
Tschöpe-Scheffler, S. (2005). Unterstützungsangebote zur Stärkung der elterlichen Erziehungsverantwortung oder: Starke Eltern haben starke Kinder. *Zeitschrift für Soziologie der Erziehung und Sozialisation, 25*, 248–262.
Uhlendorff, H. (2001). *Erziehung im sozialen Umfeld. Eine empirische Untersuchung über elterliche Erziehungshaltungen in Ost- und Westdeutschland*. Opladen: Leske & Budrich.
Uhlendorff, U., Cinkl, S. & Marthaler, T. (2008). *Sozialpädagogische Familiendiagnosen. Deutungsmuster familiärer Belastungssituationen und erzieherischer Notlagen in der Jugendhilfe*. Weinheim: Beltz Juventa.

Valtin, R., Hornberg, S., Buddeberg, M., Voss, A., Kowoll, M. & Potthoff, B. (2010). Schülerinnen und Schüler mit Leseproblemen – eine ökosystemische Betrachtungsweise. In W. Bos, S. Hornberg, K.-H. Arnold, G. Faust, L. Fried, E.-M. Lankes et al. (Hrsg.), *IGLU 2006 – die Grundschule auf dem Prüfstand. Vertiefende Analysen zu Rahmenbedingungen schulischen Lernens* (S. 43–90). Münster: Waxmann.

Verrocchio, M. C., Marchetti, D. & Fulcheri, M. (2015). Perceived parental functioning, self-esteem, and psychological distress in adults whose parents are separated/divorced. *Frontiers in Psychology*, 6. Zugriff am 25.04.2018. Verfügbar unter: http://journal.frontiersin.org/Journal/10.3389/fpsyg.2015.01760/abstract.

Volger, I. (2004). Die Innenwelt der Eltern als relevante Außenwelt des Kindes. Theoretische Grundlagen tiefenpsychologischer Erziehungsberatung. *Korrespondenz des Evangelischen Zentralinstitutes, 20,* 3–13.

Wahlen, K. (2008). *Erziehungs- und Familienberatungsstellen in öffentlicher und freier Trägerschaft – Rollen, Funktionen, Aufgaben.* (unveröffentlicht).

Wahlen, K. (2013). Diagnostik aus der Perspektive des Jugendamtes. In S. B. Gahleitner, K. Wahlen, O. Bilke-Hentsch & D. Hillenbrandt (Hrsg.), *Biopsychosoziale Diagnostik in der Jugendhilfe* (S. 34–48). Stuttgart: Kohlhammer.

Wahlen, K. (2013a). Diagnostik aus der Perspektive der Psychologie. In S. Gahleitner, K. Wahlen, O. Bilke-Hentsch & D. Hillenbrand (Hrsg.), *Biopsychosoziale Diagnostik in der Kinder- und Jugendhilfe. Interprofessionelle und interdisziplinäre Perspektiven* (S. 34–48). Stuttgart: Kohlhammer.

Wahlen, K. & Jacob, A. (2013). Diagnostik der Erziehungs- und Entwicklungssituation nach dem Multiaxialen Diagnosesystem Jugendhilfe. In S. B. Gahleitner, K. Wahlen, O. Bilke-Hentsch & D. Hillenbrandt (Hrsg.), *Biopsychosoziale Diagnostik in der Jugendhilfe* (S. 132–142). Stuttgart: Kohlhammer.

Walper, S. (1988). *Familiäre Konsequenzen ökonomischer Deprivation.* München: Psychologie Verlags Union.

Walper, S., Fichtner, J. & Normann, K. (Hrsg.). (2011). *Hochkonflikthafte Trennungsfamilien: Forschungsergebnisse, Praxiserfahrungen und Hilfen für Scheidungseltern und ihre Kinder.* Weinheim: Juventa.

Walper, S., Gerhard, A.-K., Schwarz, B. & Gödde, M. (2001). Wenn an Kindern gespart werden muss: Einflüsse der Familienstruktur und finanzieller Knappheit auf die Befindlichkeit von Kindern und Jugendlichen. In S. Walper & R. Pekrun (Hrsg.), *Familie und Entwicklung. Aktuelle Perspektiven der Familienpsychologie* (S. 266-291). Göttingen: Hogrefe.

Walper, S. & Pekrun, R. (Hrsg.). (2001). *Familie und Entwicklung. Aktuelle Perspektiven der Familienpsychologie.* Göttingen: Hogrefe.

Wapler, F. (2015). Dreiecksverhältnisse. Über die Rechte der Kinder, Jugendlichen und ihrer Eltern im SGB VIII. *Zeitschrift für Kindschaftsrecht und Jugendhilfe, 10* (9/10), 336-341.

Weigand, G. (2004). *Schule der Person.* Würzburg: Ergon.

Weiss, L. H. & Schwartz, J. C. (1996). The relationship between parenting types and older adolescent' personality, academic achievement, adjustment, and substance use. *Child Development, 67,* 2101–2114.

Weiss, M., Schmucker, M. & Lösel, F. (2015). Meta-Analyse zur Wirkung familienbezogener Präventionsmaßnahmen in Deutschland. *Zeitschrift für Klinische Psychologie und Psychotherapie, 44* (1), 27–44.

Wiefel, A., Kuntze, L., Winter, M., Seither, C., Wilthen, B., Lenz, K., Grüters, A. & Lehmkuhl, K. (2007). Diagnostik und Klassifikation von Verhaltensauffälligkeiten bei Säuglingen und Kleinkindern. *Praxis der Kinderpsychiatrie und Kinderpsychologie, 56,* 59–81.

Wiesner, R. (Hrsg.). (2006). *SGB VIII Kinder- und Jugendhilfe. Kommentar* (3. Auflage). München: C. H. Beck.

Wiesner, R. (2017). Kindeswohl in Einrichtungen – zur Konkretisierung eines unbestimmten Rechts-begriffs. *Blickpunkt Jugendhilfe, 22* (3+4), 15–30.

Wiesner T. & Olk, T. (2015). Steuerung und Weiterentwicklung der Hilfen zur Erziehung durch Organisationsentwicklung? Lehren aus einem Evaluationsprojekt. *Dialog Erziehungshilfen,* (1), 29–34.

Wissenschaftlicher Beirat für Familienfragen (2005). *Familiale Erziehungskompetenzen. Beziehungsklima und Erziehungsleistungen in der Familie als Problem und Aufgabe*. Weinheim, München: Juventa.
Wissenschaftlicher Beirat Psychotherapie (2008). *Glossar zu wiederkehrenden Begriffen im Zusammenhang mit den Stellungnahmen des Wissenschaftlichen Beirats Psychotherapie* (Stand: 24.02.2003). Selbstverlag. Zugriff am 01.10.2017. Verfügbar unter http://www.wbpsycho therapie.de.
Wolff, M. S. de & van Izendoorn, M. H. van (1997). Sensitivity and Attachement: A meta-analysis on parental antecedents of infant attachement. *Child Development, 68* (4), 571–591.
Zander, M. (2010). Im Schutze der Unbewusstheit. Ansätze zu seiner psychologischen Fundierung des Habitus-Begriffs im Werk Pierre Bourdieus. *Journal für Psychologie, 1*, 1–19.
Zeanah, C. H. & Benoit, D. (1995). Clinical applications of a parent persception interview in infant mental health. *Child and Adolescent Psychiatric Clinics of North America, 4*, 539–554.
Zeddies, Rainer (2012). Krisen aus der Sicht der Jugendhilfe – Aufgaben und Angebote der Jugendhilfe bei der Prävention und Nachsorge. In S. Drews & K. Seifried (Hrsg.), *Krisen im Schulalltag. Prävention, Management und Nachsorge* (S. 111–118). Stuttgart: Kohlhammer.
Zentner, M. (2000). Das Temperament als Risikofaktor in der frühkindlichen Entwicklung. In F. Petermann, K. Niebank & H. Scheithauer (Hrsg.), *Risiken in der frühkindlichen Entwicklung. Entwicklungspsychopathologie der ersten Lebensjahre* (S. 257–281). Göttingen: Hogrefe.
Zima, P. V. (2004). *Was ist Theorie? Theoriebegriff und Dialogische Theorie in den Kultur- und Sozialwissenschaften*. Tübingen: Francke UTB.

Verzeichnis der elektronischen Zusatzmaterialien

> **Hinweis zu den elektronischen Zusatzmaterialien[43]**
>
> Zusätzliche Materialien finden Sie online auf unserer Homepage www.kohlhammer.de unter: https://dl.kohlhammer.de/978-3-17-033780-0

Triple E: Einflüsse auf elterliches Erziehungsverhalten – Interview

Triple E: Einflüsse auf elterliches Erziehungsverhalten – nachträgliche Reflexion des Interviewenden

Interviewleitfaden zur Diagnostik von Elterlichem Erziehungsverhalten (IDEE)

Kindeswohl (Österreich)

Das Multiaxiale Diagnosesystem Jugendhilfe (MAD-J) – Elterliche Erziehungskompetenz

Interview zur Einschätzung der Entwicklung des Kindes und zur Erziehungskompetenz der Eltern 0–3 Jahre (MAD-J)

Interview zur Einschätzung der Erziehung und der Erziehungsbedingungen 0–3 Jahre – Auswertungsbogen (MAD-J)

Interview zur Einschätzung der Entwicklung des Kindes und zur Erziehungskompetenz der Eltern ab 4 Jahre (MAD-J)

Interview zur Einschätzung der Erziehung und der Erziehungsbedingungen ab 4 Jahre – Auswertungsbogen (MAD-J)

---

43 Wichtiger urheberrechtlicher Hinweis: Alle zusätzlichen Materialien, die im Download-Bereich zur Verfügung gestellt werden, sind urheberrechtlich geschützt. Ihre Verwendung ist nur zum persönlichen und nichtgewerblichen Gebrauch erlaubt. Jede Verwendung außerhalb der engen Grenzen des Urheberrechts ist ohne Zustimmung des Verlags unzulässig und strafbar. Das gilt insbesondere auch für Vervielfältigungen, Übersetzungen, Mikroverfilmungen und für die Einspeicherung und Verarbeitung in elektronischen Systemen.

Stichwortverzeichnis

B

Befund   25, 79, 136–137, 151, 165
Betreuung   171, 183, 185, 188, 194, 196–197, 200
Betreuungshelfer   180
Bindung   17–20, 38–39, 43, 45–46, 55, 69–71, 81, 116, 128, 130, 190, 196
Bindungsmuster   18

D

Diagnostik   13, 15, 34, 40, 46, 54, 82, 89, 103, 106, 109, 112, 120–122, 131, 135, 139–140, 144, 146, 148, 151, 161–162, 167, 169–170, 173, 184, 199, 201–202, 208
- Beurteilung der elterlichen Erziehung   120
- Checkliste   116, 119, 153–154
- Fragebogenverfahren   34, 106, 108, 117, 126–127
- Gütekriterien   113, 121, 125
- Interview
  - IDEE   109
  - Triple E   9, 153–154
- Skalen   33–34, 85–86, 98, 107–108, 110, 113, 117, 119–120, 124, 126–127, 132, 140–141, 218
- Testverfahren   121
Dysfunktionale Erziehung

E

Eingliederungshilfe   93, 184, 198–200
Elterliche Erziehung   11, 84–85, 87, 109, 123, 132, 202
- Definition   11
- gelingend/nicht gelingend   16
- inkonsistent   19
- Modelle und Konzepte   30
  - Ansätze kindlicher Bedürfnisse 39–40, 43
- Vier-Komponenten-Modell   43
- Zwei-Komponenten-Modell   40
- Dyadisch-interaktionell/ entwicklungspsychologisch   35
- Erziehungsdimensionen   33
- sozialökologisch-systemisch   31, 50
  - Conceptual framework parenting   50
  - Integratives Konzept der Elternbildung   50
- Theorie der kindlichen Fertigkeiten nach Borba   37
- Theorie der Sensitivität   38
- Unidirektional elternorientiert   31
Elterliche Erziehungseinstellungen   87
Elterliche Erziehungserfahrungen   85, 132
Elterliche Erziehungsziele   84
Elterliche Paarbeziehung
- Kompensationshypothese   77
- Spill-over-Hypothese   77
Elterliche Persönlichkeitsmerkmale   35, 37, 79, 82
Elterliches Erziehungsverhalten   55
Elterliches Wissen über Erziehung   86
Elternarbeit   177, 185–186, 190–191, 201–202
Eltern-Kind-Beziehung   15, 62, 68, 72–78, 80, 89, 111, 119, 122
Erziehungsbeistand   180
Erziehungsberatung   45–47, 59, 70, 99, 126, 163, 169, 172–174, 178, 184, 192, 199
Erziehungseinschränkung   157–158, 160–161
Erziehungskompetenz   25, 36, 50, 56, 119, 174, 186, 189, 196
Erziehungspartnerschaft   123
Erziehungsschwierigkeiten   88, 190
Erziehungsstile   20, 31–32, 34–35, 106–109
- Autoritäre Erziehung   19
- Autoritative Erziehung   20, 32, 34
- laissez-faire   31–32
Erziehungsthemen   30, 46–47

F

Familienentwicklung 69
Familienförderung 175
Familienstruktur 68
Förderung 10–11, 18, 23, 32, 50–51, 63, 88, 135, 148, 162, 172, 175, 182, 196, 202
- Förderung der Erziehung in der Familie 175
- Mangelnde Förderung 23
Freiheitsentziehende Unterbringung 193
Frühe Hilfen 174

G

Geschlecht 27, 182, 189
Gesundheit 41, 91, 102, 128, 143, 174, 176, 181–182, 191, 198

H

Habitus 42, 100
Heimerziehung 169, 181, 185, 187–192, 194–195
Hilfe in Notsituationen 197
Hilfebedarf 171, 176, 182, 196
Hilfeentscheidung 165–167, 169–170, 182
Hilfen für junge Volljährige 194–195
Hilfen zur Erziehung 89, 93, 160, 162–169, 171, 173, 175, 177–178, 182, 184, 188–189, 192, 194–198, 200
- Ambulant 22, 119, 168, 175, 177, 180, 183, 185, 201
- Psychotherapeutische Hilfen 184
- Stationäre Hilfen 177, 186
- Teilstationär 119, 177, 185
Hilfeplanung 93–95, 97, 104, 131, 161, 166, 168–170, 173–174, 179, 184–185, 187, 190, 195, 199, 201

I

Indikation 167, 199
Individualität des Kindes 89–90
Inobhutnahme 159, 192–193, 195
Interaktion 9, 141, 39, 43, 50, 61, 64, 66–67, 69, 73–74, 80, 82, 110–111, 157, 182, 185
Interaktionsmuster 18, 44, 64, 66, 72–74, 76, 78, 117, 122–123
Interview 110, 222

J

Jugendarbeit 176–177, 182
Jugendhilfe 10, 31, 40, 46, 63, 89, 93–94, 104, 112, 116, 118, 131, 157–171, 174–175, 177, 179, 181, 184, 187–196, 198–200, 202

K

Kindertagesbetreuung 171
Kindeswohl 156, 158–159, 164, 169, 175, 187, 193, 197
Kindeswohlgefährdung 36, 39–40, 64, 93, 120, 157–161, 165, 168, 175, 179, 192, 197
Kommunikation 11, 39, 43, 65–66, 68–72, 77, 124, 126, 128, 130, 166
Körperliche Gewalt 145
Krisen 97, 104, 178

L

Lebensqualität des Kindes 143

M

Monitoring 21, 24–25, 29, 33, 118
- Mangelndes Monitoring 24

N

Netzwerke 97, 104, 149
Normierung 141

P

Persönlichkeit 10, 63, 66, 89, 91, 131
- Persönlichkeit der Eltern 35, 62, 78, 80
- Persönlichkeit des Kindes 34–35, 62, 91, 96
Pflegefamilie 186–189, 195
- Eignung 187
Positive Psychologie 30
Präventive Interventionen 171
Prozessmodell 16, 52
Psychische Störung 92

S

Schulsozialarbeit 176, 182

Selbstorganisation 53
Soziale Gruppenarbeit 181
soziale Ungleichheit 99
Sozialpädagogische Einzelbetreuung 183
Sozialpädagogische Familienhilfe 178–179

T

Tagesgruppe 169, 177, 185–186, 191
Transitionen 97

V

Vollzeitpflege 185–187, 193

W

Wirksamkeit von Hilfearten 167